KB069671

정서조절을 이용한
아동·청소년 상담

정서조절을 이용한
아동·청소년 상담

Michael A. Southam-Gerow 저 | 허재홍 역

Emotion Regulation
in Children and Adolescents:
A Practitioner's Guide

학지사

역자 서문

1960년대 인지혁명 이후 심리학계에서는 '인지'에 대한 관심이 주류를 이루었다. 그러나 '정서가 돌아왔다'라는 표현이 상징적으로 나타내듯, 1980년대 이후부터는 정서에 대한 관심이 고조되어 왔다. 상담에서 감정을 어떻게 다루는 것이 효율적인지 관심을 두고 있는 역자로서, 감정을 다루는 학술서를 접하게 되면 저절로 관심을 갖게 된다. 독자들도 아시다시피 정신역동 이론은 감정을 다루는 이론 체계다. 따라서 정신역동 이론에 바탕을 두고 상담을 하는 역자로서는, 정신역동 관점에서 감정을 어떻게 다루는지에 관심이 있는 것은 당연하고 이러한 관심에서 『초보자를 위한 정신역동상담』(2004)이라는 역서를 출판한 바가 있다.

역자는 정신역동 상담이 정서를 다루는 이론이기 때문에 정서를 다루는 다른 이론들을 접목할 수 있다면 상담에서 감정을 더 효과적으로 다룰 수 있을 것으로 보고 있다. 이 관점을 기반으로 현재 상담에서 널리 각광받고 있는 인지행동 접근이 정서를 어떻게 다루는지 알아보는 것은 매우 의미가 있다는 생각하던 차에 마침 우연히 이 책을 알게 되었다.

최근 우리 사회를 보면 충동을 조절하지 못한 개인때문에 발생하는 사건이 많이 발생하고 있다. 예전에는 사회 전반적으로 억제를 강조하는 분위기여서 행동으로 나타내기보다는 참는 경우가 많았으나 요즘에는 참기보다는 분출하는 경향이 늘고 있다. 참는 경우 여러 가지 심리문제를 일으키지만, 참지 않는 경우에도 여러 가지 심리문제를 일으킬 수 있다. 따라서 정신건강 관점에서 보면 예전에는 내면에 응어리진 것을 풀 수 있도록 표현하는 것을 강조했다면 이제는 밖으로 표출하려는 정서를 조절하는 것을 강조해야 하는 상황이다.

이런 상황에서 아동기부터 정서를 다룰 수 있는 역량을 키우는 것은 매우 중요한 과제라고 할 수 있다. 이 책에서는 정서조절을 아동 · 청소년 상담에서 어떻게 활용할 수 있는지 여러 가지 방안을 제시하고 있다. 특히 상담과정을 순서대로 나열하기보다는 모듈방식으로 각 주제를 서술하고 있어서, 상담자들이 필요한 주제를 선택하여 사용할 수 있는 장점이 있다. 정서조절이 중요하게 부각되는 시점에서 아동과 청소년을 대상으로 상담하는 상담자들이 이 책을 통해 많은 아이디어를 얻었으면 하는 바람이다.

이 책을 번역하는 데 도움을 준 경북대학교 대학원 심리학과 박사과정의 김강일 선생과 박나영 선생, 그리고 석사과정의 박유진과 윤희원에게 감사한다. 그리고 번역서 출간을 흔쾌히 허락해 주신 학지사 김진환 사장님, 그리고 편집을 맡아 수고해 주신 오수영 선생님께 감사드린다.

2016. 7.

허재홍 드림

감사글

겉으로 보기에, 책을 쓰는 일은 상당한 노력을 필요로 합니다. 많은 시간을 고독하게 보내야 하고, 마감 일자를 못 지키면 심한 불안이 생깁니다. 예측하지 못한 일들이 계속해서 발생하는 일이기도 하고 끝나지 않을 것만 같은 일이기도 합니다. 그럼에도 불구하고 이 책을 쓰는 데 노력을 들일 만한 가치가 있는 것은 이 책의 주제인 아동과 청소년들을 위한 감정 문제 개입이 정신건강 영역에서 매우 중요하기도 하고, 또 제가 관심 있는 주제이기도 하기 때문입니다. 십여 년 동안 저는 누군가는 반드시 이 주제를 다루는 책을 써야 한다고 생각했습니다. 따라서 제게 이 책을 쓸 기회가 생겼을 때 저는 기뻤습니다.

책 집필에 대한 대부분의 영예는 표지에 쓰여 있는 저자에게 돌아가지만, 사실 표지에 드러나지 않는 수많은 사람의 기여가 큽니다. 이 책을 쓰기까지 저는 많은 이에게서 다양한 도움을 받았고, 이들에게 감사합니다. 이들 중에는 학문과 지식의 멘토들이 있는데 이 멘토들은 제가 과학자와 저자로서 발전할 수 있도록 도움을 주었습니다. 여기에는 저의 고등학교 영어선생님인 Kircher 부인, 학부의 글쓰기 멘토인 Bert Hornback, Charles Bambach, Tish Ezekiel, 대학원 교수인 Phil

Kendall, Jay Efran, Rick Heimberg, Larry Steinberg, Bill Overton, Rob Fauber, 아동치료에 대해 내가 아는 모든 것을 내게 가르쳐 준 템플 대학교 아동 · 청소년 불안장애 클리닉의 대학원 친구들인 Serena Ashmore Callahan, Erika Brady, Tamar Chansky, Brian Chu, Ellen Flannery-Schroeder, Elizabeth Gosch, Aude Henin, Martha Kane, Amy Krain, Abbe Marrs-Garcia, Suzie Panichelli-Mindel과 Melissa Warman, 저의 현재 동료와 협력자인 Robert Allin, Marc Atkins, Doug Bilski, Eric Daleiden, Al Haskell, Ann Garland, Kimberly Hoagwood, Aaron Hogue, Yo Jackson, Michele MacPhee, Bryce McLeod, Mary Katherine O'Connor, Sonja Schoenwald, Scott Vrana, John Weisz 그리고 Janice Zeman, 저의 지칠 줄 모르는 버지니아 커먼웰스 대학교(VCU) 대학원 친구들인 Alyssa Ward, Kim Goodman, Ruth Brown, Shannon Hourigan(현재 모두 박사입니다), Aelxis Quinoy, Cassidy Arnold, Carrie Bair, Adriana Rodriguez 그리고 Julia Cox(모두 박사과정에서 일하고 있습니다)가 포함됩니다. 저는 또 VCU의 불안 클리닉의 많은 상담자(모두 언급하기엔 너무나 많습니다)와 제가 캘리포니아, 하와이, 메인, 매사추세츠, 미네소타, 워싱턴 DC, 버지니아에서 훈련시킨 많은 상담자에게 고마움을 전하고 싶습니다. 그들의 치료는 아동과 청소년 치료에 대해 제게 영감을 주었고 저를 깨우쳐 주었습니다.

특별히 두 명의 동료에게 감사 인사를 전하고 싶습니다. 우선, 저의 대학원 시절 많은 조언을 해 준 Phill Kendall인데, 1990년대 초 템플 대학교에 도착했을 당시 제게 있던 다듬어지지 않은 재능을 발견해 준 것에 특별히 더 감사를 전하고 싶습니다. 그는 제게 인지행동치료법과 학문 연구자가 되는 방법을 가르쳐 주었습니다. 감사합니다, Phil! 그리고 Bruce Chorpita에게 고맙다고 전하고 싶습니다. 그는 제가 처음 경력을 쌓기 시작했을 때 롤 모델이 되어 주었고, 그와 함께 생산적이고 즐거운 공동 연구를 할 수 있었습니다. 저는 그날 보스턴에서 우리가 점심을 함께 할 수 있었던 것에 감사드립니다.

저는 또한 Anne Marie Albano에게 감사하는데, 그녀는 이 책을 쓰도록 저를 격려해 주었습니다. 그녀의 지지가 가장 고마웠습니다. 또한 길퍼드 프레스, 특히 편집차장 Kitty Moore와 보조 편집차장 Alice Broussard에게 이 책을 쓰는 동안 그들이 보내 준 지지에 감사합니다. 특별히 이 책을 쓰는 내내 Alice가 제안한 훌륭한 편집들은 명예훈장을 받기에 충분하다고 생각됩니다. 그녀는 항상 저의 초고에 대해 정중하게 얘기를 해 주었지만, 또한 예리하고 꼼꼼하게 피드백을 해 주었습니다.

저는 미국 정신건강연구협회(NIMH)와 버지니아 커먼웰스 대학교(VCU)로부터 이 책에 쓰일 아이디어에 도움이 되는 연구를 위한 경제적 지원을 받았는데, 상당히 운이 좋았습니다. 저는 특별히 현재와 이전 프로그램 담당자인 NIMH의 Joel Sherrill, Serene Olin과 Heater Ringeisen에게 감사합니다. 제가 초심자였을 때 그들의 격려는 버팀목이 되었습니다.

좀 더 개인적인 차원에서, 저는 제 가족의 지지에 매우 감사합니다. 저의 부모님 Bob과 Carolyn은 저를 지식에 대한 끊이지 않는 굶주림과 어려운 일에 대한 열정 속에서 기르셨습니다. 이 두 가지는 이 책을 쓰는 데 매우 중요한 역할을 하였습니다. 저의 아이들인 Zen과 Evelyn은 계속되는 사랑과 격려의 원천이 되어 주었고, 제가 육아와 아동에 대해 잘 안다고 자만할 때 그들이 제게 겸손의 필요성을 일깨워 주었습니다. 끝으로, 저는 제게 준 그 어떤 것보다 값진 선물인 지지와 믿음을 준 저의 아내 Kim에게 감사합니다. 저에게는 여전히 시애틀에서의 하프 소리가 생생하게 들리는 듯합니다.

차 례

역자 서문 _ 5
감사글 _ 7

Part 1 정서와 정서조절의 배경 이론

Chapter 1 서 론 _____ 17
    정서관련 개입의 중요성 · 17
    이 책에서 다루는 범위 · 21
    책 구성 · 23
    결 론 · 24

Chapter 2 배경 이론: 정서과학 _____ 27
    정 서 · 28
    정서 역량 · 31

다른 주요 개념: 개인차와 기질 • 51
결 론 • 55

Chapter 3 **정서관련 평가** _____ 57
평가 목적 • 57
정서 평가 • 61
결 론 • 68

Chapter 4 **사례개념화: 기능분석 사용** _____ 69
진단기반 평가 대 기능분석기반 평가 • 69
배경 이론 • 71
기능분석 모형 • 72
기능분석 적용: 사례 연구 • 82
결 론 • 102

Chapter 5 **치료계획: 기능분석과 모듈 방식의 결합** _____ 105
모듈 방식 • 106
치료전략 파악 • 109
모듈의 표준 요소 • 111
추가할 요소 • 115
기능분석을 통한 치료계획 • 121
모두 적용해 보기: 채드와 브리트니 • 127
결 론 • 132

Chapter 6 **마지막 고려사항:**
양육자, 문화 그리고 까다로운 내담자 _____ 135
부모/양육자 참여 • 136

문화의 다양성 그리고 정서와의 관계 • 143
까다로운 내담자를 다루기 위한 전략 • 145
결 론 • 149

Part 2 상담 모듈

Module 1   정서 인식 기술 _____ 153
이 모듈을 사용하는 시기 • 153
목 표 • 154
절 차 • 155

Module 2   정서 이해 기술 _____ 181
이 모듈을 사용하는 시기 • 181
목 표 • 182
절 차 • 182

Module 3   공감 기술 _____ 211
이 모듈을 사용하는 시기 • 212
목 표 • 212
절 차 • 213

Module 4   정서조절 기술 1: 예방 기술 _____ 233
이 모듈을 사용하는 시기 • 235
목 표 • 235
절 차 • 236

Module 5　　**정서조절 기술 2: 통달** _____ 259
　　　　　　　이 모듈을 사용하는 시기 • 259
　　　　　　　목 표 • 260
　　　　　　　절 차 • 260

Module 6　　**정서조절 기술 3: 표현 기술** _____ 273
　　　　　　　이 모듈을 사용하는 시기 • 273
　　　　　　　목 표 • 274
　　　　　　　절 차 • 274

Module 7　　**정서조절 기술 4: 기본 인지 기술** _____ 303
　　　　　　　이 모듈을 사용하는 시기 • 304
　　　　　　　목 표 • 304
　　　　　　　절 차 • 305

Module 8　　**정서조절 기술 5: 각 정서에 맞는 인지 기술** _____ 337
　　　　　　　이 모듈을 사용하는 시기 • 337
　　　　　　　목 표 • 338
　　　　　　　절 차 • 338

　　　참고문헌 _ 363
　　　찾아보기 _ 375

정서와 정서조절의 배경 이론

Part

1

Chapter 1   서 론

Chapter 2   배경 이론: 정서과학

Chapter 3   정서관련 평가

Chapter 4   사례개념화: 기능분석 사용

Chapter 5   치료계획: 기능분석과 모듈 방식의 결합

Chapter 6   마지막 고려사항: 양육자, 문화 그리고 까다로운 내담자

Chapter 1
서 론

정서관련 개입의 중요성

행동치료와 인지행동치료가 유명해지면서, 치료 개발자들은 오랫동안 정서를 다루는 주제를 무시해 왔다. 인지행동치료(cognitive-behavioral therapy: CBT) 모델에서 정서를 중요시한다는 사실을 감안해 보면, 정서를 무시한 것은 다소 놀랍다. CBT 기본 모형에는 세 변인이 있다. 이 세 변인은 서로 연결되어 있으며, 상호 간 영향을 주는 순환되는 삼각형으로 종종 설명된다. 이 세 변인은 ① 행동, ② 사고, ③ 정서다. 이렇게 보는 방식은 복잡하지 않다. 즉, 어떤 사람이 하는 행동은 그 사람이 하는 생각과 느낌에 영향을 준다. 그리고 어떻게 느끼느냐는 어떤 행동을 하고, 어떤 생각을 하는지에 영향을 준다. 이런 식으로 영향을 미친다. 이 모형은 이러한 순환이 어디서 시작하고 끝이 나는지 예견하지 않는다. 대신 이 모형에서는 사고, 정서, 행동은 서로 관련되어 있고, 서로 영향을 준다는 생각을 간단하게 요약하고 있는 것이다.

이 모형에서 정서를 묘사하고 있음에도, 대부분 CBT 모형은 행동이나 인지에 초점을 둔 개입을 강조한다. 그 한 가지 이유는 관심이 없어서는 아니지만, 정서과학이 행동과학이나 인지과학에 뒤처져 있다는 사실이다. 과학자와 철학자들은 수 세기 동안 정서에 매료되었다. 초기 그리스 철학자들은 정서와 소위 열정에 대해 의견을 내비쳤다. 정서에 대해 논의한 적이 있다는 기록이 남아 있는 그리스 초기 사상가들이 여럿 있는데 그 가운데 한 명이 아리스토텔레스(Aristotle)다. 그는 정서, 사고 그리고 행동 사이의 관계를 설명한 최초의 사상가 중 한 명이다. 철학가와 예술가들은 여러 시대를 거쳐 정서에 대해 기술하였다. 어떤 이들은 정서를 인간이 나약해졌을 때 굴복하거나 합리적인 이성을 통해 극복할 수 있는 열정으로 묘사하였다. 또 어떤 이들은 정서에 대해 더 긍정적인 관점을 제시했는데, 이들은 정서가 대인관계에서 중요하다는 점과 우리에게 중요한 것을 더 잘 이해하는 데 유용하다는 점을 언급하고 있다.

보다 최근에 찰스 다윈(Charles Darwin)과 윌리엄 제임스(William James) 같은 과학자들은 정서를 이론으로 설명하고 인간의 삶에서 정서의 역할을 연구하였다. 하지만 특히 심리학 내에서 이러한 행동과학과 인지과학은 20세기 중반과 후반에 정신건강 문제를 위한 치료 개발과 관련하여 많은 주목을 받았다. 1980년대부터 2000년대 초반까지 출간된 무선 통제 실험을 개관해 보면, 행동치료와 인지행동치료의 우월성이 입증되는데, 이는 부분적으로 행동과학과 인지과학의 결과물에 바탕을 두고 있다.

그러나 1980년대 후반에 시작되어 1990년대와 2000년대까지 계속된 정서과학에 대한 새로운 관심은 인간 행동 분야를 휩쓸었다. 정서가 각광을 받는 몇 가지 이유가 있었지만, 주된 이유는 신경과학의 진보 때문이었다. 신경과학으로부터 뇌의 정서 회로를 더 잘 이해할 수 있게 되면서, 정서가 '관찰 가능'하게 되었고 과학의 대상이 되었던 것이다. 게다가 CBT를 포함한 다양한 접근법의 치료 효과에 대한 증거가 축적되면서, 치료 개발자들과 상담자들은 향상될 여지가 있는 영역을 발견하기 시작하였다. 이런 이유는 내담자들의 기대만큼 치료 효과가 나지 않았기 때문이다.

모두 그런 것은 아니지만, 이런 결과로 정서를 다양한 치료 모델에 통합시키려는 관심이 급증하였다. 아동과 청소년 상담에서만 보면, 정서 발달을 목표로 한 예방과 개입이 많다. 한 가지 예가 대안 사고를 촉진시키는 전략(Promoting Alternative Thinking Strategies: PATHS)인데, 이 전략은 학령기 아동들의 정서 능력 개발을 돕는 예방 프로그램이다(Greenberg, Kusche, Cook, & Quamma, 1995). PATHS는 특히 정서와 관련된 사회성 발달과 신경계 발달에 영향을 주도록 고안된 개입이 포함되어 있다. 예를 들면, 이 프로그램은 혼잣말과 같은 자기통제 전략을 가르치고, 이를 통해서 수직 통제라고 불리는 것을 향상시킴으로써(즉, 전두엽을 통한 정서조절인 고차처리 과정) 정서 발달에서 전두엽을 활성화시키려고 한다. PATHS는 정서를 이름 붙이고 알아내는 것과 같은 정서 교육 개념에 초점을 맞추고 있다. 이 프로그램은 수평적 의사소통(신피질 좌우 반구에 걸쳐 일어나는 정보처리, 즉 좀 더 간단히 말해 좌우 뇌의 소통; Greenberg & Kusche, 2002)을 향상시킨다.

　　여기에 다른 과학자들은 진단 가능한 정신병리가 있는 청소년들을 위한 정서를 활용한 치료를 개발하고 검증하였다. 예를 들면, 신디 수베그와 동료들(Suveg, Kendall, Comer, & Rabin, 2006)은 불안장애 아동들을 대상으로 한 정서중심 인지행동치료 프로그램(emotion-focused cognitive-behavioral treatment: ECBT)을 소개하였다. 이 프로그램에는 불안 치료를 위한 CBT 치료법에서 볼 수 있는 여러 개입전략이 있다. 이런 개입전략에는 불안에 대한 심리교육, 인지 기술, 문제해결 기술, 노출 등이 있고, 여기에 정서 이해 기술과 정서조절 기술을 구체적으로 언급하고 있는 내용들이 추가로 들어 있다. 마리아 코백스와 동료들(Kovacs et al., 2006)이 개발하고 검증한 최근의 또 다른 정서 활용 치료는 맥락 관련 정서조절치료(contextual emotion-regulation therapy: CERT)라고 불린다. 맥락 관련 정서조절치료는 대인관계에서 정서를 조절하는 것을 강조하는데, 이와 동시에 불쾌감에 대한 부적응적 반응을 파악하고 그 반응을 유지할 가능성이 있는 맥락 요소의 영향을 줄이는 데 초점을 맞추고 있다. 이 프로그램에서 청소년들은 다양한 기술을 배우는데 여기에는 정서 발달에 대한 정보와 정서조절 기술에 대한 정보가 들어 있다. 사전 연구에서 ECBT와 CERT는 모두 효과가 있는 것으로 나타났다.

성인의 치료에 적용되고 있는 정서 이론과 정서 연구에 대한 관심은 아주 뜨겁다. 정서를 강조한 최초의 상담자 가운데 마샤 리네한(Masha Linehan, 1993)이 있는데 리네한은 변증법 행동치료(dialectical behavior therapy: DBT)를 개발하였다. 변증법 행동치료의 정서 측면에는 정서 경험과 관련하여 '수용'전략을 강조한다. 스티브 헤이즈와 동료들(Hayes, Strosahl, & Wilson, 1999)이 개발한 수용전념치료 모델(accetance and commitment therapy: ACT)은 유사한 생각을 가지고 있는데 이 접근에서 심리 고통이 있는 내담자를 돕는 한 방법은 내담자가 정서 경험을 수용하도록 돕는 것이다. 정서관련 개입을 받아들이는 다른 많은 치료가 성인을 대상으로 개발·검증되었는데(개관을 위해 Mennin & Farach, 2007 참조) 이 논의는 이 짧은 서론에서 다루기에는 너무 방대하다.

분명히 아동과 청소년을 위한 정서관련 개입에 대한 관심은 인기 있는 주제다. 하지만 내가 논문 주제를 정하고 있던 1990년대 중반에는 이런 접근이 거의 없다. 그 결과 나는 젊은 상담자로서 내 경험을 활용하고 있으며 인지행동 모형에 정서가 빠져 있다는 것을 알게 되었다. 상세하게 보면 정신건강 문제가 있는 아동은 정서를 잘 이해하지 못하는데, 이들을 대상으로 행동과 사고에 초점을 맞추게 되면 이 문제는 제대로 치료되지 않을 수 있다. 관찰에서 파생된 내 연구는 불안 문제가 있는 아동이 정서를 이해하는 데 어려움을 겪는다고 시사하였다. 하지만 사실 그런 문제가 없는 아동도 정서를 이해하는 데 어려움을 겪는다(Southam-Gerow & Kendall, 2007). 이런 생각을 지지하는 다양한 연구자들의 10여 년 이상된 연구가 있다(Suveg, Southam-Gerow, Goodman, & Kendall, 2007 참조).

또 다른 내 관심사는 새로운 맥락에서 사용할 수 있도록 치료를 변용하는 것이다. 특히 관심 있는 것은 증거기반이 있는 치료를 조사연구에서 떼어 내어 다른 장면에 있는 상담자들이 치료하고 있는 내담자들에게 적합하도록 그것을 변용할 수 있게 그들과 함께 작업하는 것이다. 중부 버지니아의 공공 정신건강 클리닉에서 상담자들과 함께 이러한 연구를 하는 동안, 나는 증거기반 치료가 감정에 좀 더 초점을 둘 필요가 있다는 피드백을 공식적 혹은 비공식적으로(예: 초점 집단)

받았다(Southam-Gerow, Hourigan, & Allin, 2009 참조). 우리가 했던 연구의 일부로서 나는 이 부분에 대해 상담자들로부터 피드백을 추가로 받았고 이 책의 기초인 정서에 대한 치료 모듈 세트를 작성하였다. 이 책에 있는 모듈들은 공공 정신건강 클리닉에서 청소년과 가족들을 대상으로 했던 우리의 연구에서 작성·활용하였다.

이 책에서 다루는 범위

가장 중요한 것은 이 책은 단독 치료 프로그램으로 제작되지 않았다는 것이다. 이 책에서 설명하는 치료 전략들은 모듈 방식으로 구성되어 있는데 이 개념은 5장에 더 자세히 설명되어 있다. 모듈식 접근의 한 가지 특징은 다른 상담 접근 방식에 '끼워 넣을' 수 있다는 것인데, 이는 새 레고 블록을 기존에 만들어 놓은 레고 조형물에 끼어 넣을 수 있는 것과 비슷하다. 요약하면, 이 책에 수록된 치료 개입 전략은 단독으로 사용할 수도 있고 다른 상담 기법과 함께 사용할 수도 있다.

적용 가능한 문제

이 책의 치료 전략들은 정서관련 결핍, 가령 정서 인식 부족, 정서 이해 부족, 공감 기술 부족 또는 정서조절 부족 등이 있는 아동과 청소년을 위해 고안되었다. 이러한 정서관련 문제가 상담을 받으러 오는 다양한 내담자에게 나타나는 것을 감안해 보면 이 책의 치료 전략들은 특정 DSM 장애나 아동의 문제만을 위해 고안되었다고 보이지는 않는다. 바로 이 점이 특정 장애나 임상 집단을 대상으로 한 다른 책들과 구별되는 점이다. 이 책은 다양한 유형의 문제를 가지고 있는 청소년은 물론 정서 역량만 부족한 청소년에게 도움을 주기 위해 집필하였다. 예를 들어, 불안 문제를 가진 아동과 심각한 행동 문제를 보이는 청소년은 둘 다 정서 이해 부족이라는 공통점이 있는데 이들 모두를 도울 수 있도록 고안된 것이다.

사실, 이 치료 전략들은 DSM 진단이 내려진 아동들에게 적용하기 위해 고안되었다. 외래에서 보게 되는 흔한 문제, 가령 경중도의 행동 문제, 불안 그리고 우울 장애와 같은 문제 외에도 전문 서적을 참고하면서 치료해야 하지만, 몇몇 개입 전략은 아스퍼거 증후군이 있는 아동들에게 사용하는 것이 가능하다(예: White, 2011). 물론 고든 폴(Gordon Paul)의 조언에 따라, 치료 전략이 적용될 수 없는 대상은 분명히 밝혀야 한다. 치료에서 근본적으로 초점을 맞추어야 할 것으로서 이 책의 개입 전략이 잘 적용되지 않는, 적어도 치료의 주요 표적으로서 다루지 않는 장애로는 정신병, 정신지체, 중증의 자폐증이 있다. 덧붙이자면, 이 책에 있는 모듈들이 심각한 품행장애가 있는 아동이나 만성적인 자살 행동을 하는 청소년에게 도움이 될 수는 있지만 최근 이러한 문제들을 위해 검증되고 잘 고안된 치료법들이 있는 것을 감안하면, 이들을 주요 치료 대상으로 하는 것은 적합하지 않을 수도 있다.

적용 가능한 연령

이 책에서 설명하는 개입 전략들은 학령기 아동이나 청소년을 대상으로 고안되었다. 이 책의 예시들은 발달단계별 개입 전략을 설명하기 위해 각기 다른 연령 집단에 맞추어져 있다. 그래서 아동과 청소년을 대상으로 상담하는 상담자를 위해 집필하였다. 하지만 이 책에 있는 방법을 일부 수정한다면 성인 내담자에게도 유용할 수 있다. 요약하면, 개입 전략들은 다양한 발달단계에 있는 아동이나 청소년에게 적용될 수 있지만, 개입 전략은 아동이나 청소년의 연령이나 성숙도에 기반을 두어서 적용해야 한다.

적용 가능한 환경

이 책에서 소개된 개입 전략을 사용하기 위해 고려해야 할 또 다른 점은 개입 전략이 적용되는 환경이다. 지금까지 대부분의 증거기반 치료는 학교나 외래에서 검증이 되었다. 이 책의 개입 전략은 많은 증거기반 치료 프로그램에서 일부 도출하거나 영감을 받았기 때문에 학교나 외래기관에서는 확실히 적절하다. 하지만 수용시설, 낮병원, 가정기반 치료와 같은 다양한 환경에서 이 책에서 소개하는 전략이나 이 전략과 유사한 방법을 실행하는 상담자들에게 자문을 하면서 이런 환경에서도 유용하다는 것을 알게 되었다.

책 구성

이 책은 2부로 구성되어 있다. 1부는 2부에서 소개하는 치료 모듈에 대한 개념틀을 제공한다. 2장에서는 이 책에서 논의하고 있는 정서관련 구성개념의 배경 이론을 설명하고 있다. 또한 2부에 설명된 모듈을 독자가 적용하고 이해하는 것을 돕기 위해 충분한 정도의 배경 이론 전반에 대해 설명하고 있다. 관심 있는 독자들은 정서과학과 관련되어 있는 이론과 실험 주제를 심도 있게 다루고 있는 문헌을 참고하기 바란다. 3장은 중요한 평가에 대해 간략하게 개관하고 정서관련 개념을 측정하기 위한 도구들을 설명한다. 4장에서는 치료계획을 촉진하기 위해 고안된 구체적인 평가 절차로서 기능분석을 소개한다. 그리고 이렇게 하는 것이 왜 타당한가를 보여 주고 있다. 이런 장이 이 책에 왜 포함되었는가? 언급했던 바와 같이 내 주요 연구 분야 가운데 하나가 임상가와의 협력을 통해 증거기반 치료를 다양한 장면에 적용해 보는 것이기 때문이다. 이러한 작업을 통해 나는 치료 개념화가 구체적인 치료 전략을 가르치고 적용하는 데 매우 중요하다는 것을 이해하게 되었다. 중부 버지니아에서, 우리는 복잡한 다중 문제에 증거기반 모듈치료 방법을 융통성 있게 적용하는 방안으로 기능분석을 성공적으로 사용하였다. 기능분석은 이 책에 포함된 모듈의 개발 및 적용의 중요한 방식이기 때문에, 독자들은 기능분석을 이해할 필요가 있다. 5장에서는 기능분석을 치료계획으로 전환시키는 방법을 설명하고 있다. 이 책에서 설명하고 있는 치료전략은 모듈 형태이기 때문에 모듈 방식에 대해서 개관한다. 모듈 방식은 정신건강 치료 분야에서 현재 가장 선호하는 방식이다. 하지만 이 용어가 수많은 다양한 접근법을 가리키는 데 사용되고 있어서 이들 모두가 진정한 모듈 방식은 아니다. 그래서 5장은 모듈 방식을 정의하고 이 책의 상당 부분을 구성하고 있는 전략을 적용하는 것이 중요한지 설명하고 있는 것이다. 또한 모듈 방식과 기능분석이 모듈을 실행하는 데 있어서 어떻게 함께 작용하는지를 명확하게 설명하고 있다. 1부의 마지막 장인 6장에서는 보호자를 상담에 어떻게 끌어들이는지, 다양한 집단에 모듈을 어떻게 사용하는지, 그리고 까다로운 내담자를 어떻게 다루는지를 설명한다.

2부에는 각기 다른 전략인 여덟 가지 모듈이 있다. ① 정서 인식 기술, ② 정서 이해 기술, ③ 공감 기술, ④ 정서조절 기술 1: 예방 기술, ⑤ 정서조절 기술 2: 통달, ⑥ 정서조절 기술 3: 표현 기술, ⑦ 정서조절 기술 4: 기본 인지 기술, ⑧ 정서조절 기술 5: 각 정서에 맞는 인지 기술.

모듈은 순서에 따라 배열하였다. 5장에서 언급한 바와 같이 모듈의 배열은 확정된 것이 아니다. 경우에 따라서는 여덟 가지 모듈을 한꺼번에 사용할 수도 있으나, 상황마다 다른 순서로 사용할 수도 있다.

결 론

정신건강 문제가 있는 아동과 청소년을 돕는 중요한 관점 가운데 하나는 정서에 초점을 맞추어 자신의 정서 경험을 알게 하고 살펴보도록 돕는 것이다. 이 책의 모듈을 통해서 상담자는 다양한 내담자의 정서 발달 결손을 개선시킬 수 있는 치료계획을 세울 수 있다. 이 책은 내담자가 자기 자신과 타인의 정서 단서를 알아차리고 반응하는 데 도움이 되는 방법, 감정들이 어떻게 작용하며 그 감정이 의미하는 바가 무엇인지 이해하도록 돕는 전략 그리고 내담자가 일상생활에서 부딪히고 힘들어하는, 때로는 혼란스러울 수 있는 정서 경험을 다루는 방법을 배우는 데 도움이 되는 다양한 기법을 제공하고 있다.

Chapter 2
배경 이론: 정서과학

오랜 시간 동안 심리학의 주된 이론적 관점인 행동주의는 인간 행동의 결정 요인에 중요한 결과물을 이룩해 왔다. 고전적 조건형성, 조작적 조건형성 그리고 사회학습 패러다임으로부터 얻은 통찰들은 인간 발달과 정신건강 문제들을 우리가 이해할 수 있도록 과학적이면서도 실용적으로 기여하였다. 심리치료 분야를 발전시켜 나가는 데 있어서 행동주의 이론의 중요성에 대해서는 누구도 의심하지 않는다. 그러나 행동주의는 내부 변인을 제외하면서 정신 요소를 방정식에서 배제해 왔다.

연구자들과 상담자들이 의미 만들기를 과학적인 탐구로 되돌려 놓았을 때, 이러한 노력은 '인지 혁명'이라고 불렸다. 인지 이론과 연구의 영향은 상당했으며, 비방이 없는 것은 아니지만 인지 관점과 행동 관점의 통합은 하나의 결실로서 등장하였다. 그 분야의 대부분의 전문가는 다양한 심리 문제에 대한 인지행동치료의 근거가 되는 강력한 증거기반에 대해서는 잘 인식하고 있다.

인지행동치료는 많은 강점이 있음에도, 인지행동 요소를 강조함으로써 연구자와 상담자가 임상 현장에서 정서의 역할을 과소평가하도록 해 왔다. 치료 분야에서는 흔히 '정서장애' 또는 '정서 문제'에 대해서 언급하고, 정서가 인간 경험의 토대임에도 불구하고 최근까지 많은 이론 모델은 발달과 정신병리에 있어서 정서의 역할에 대해 적절하게 고찰하지 않았다. 다행히 다양한 집단의 연구자들이 이루어낸 연구 노력의 결과는 치료 분야가 '정서 혁명'을 경험하고 있음을 시사하고 있다. 발달 정신병리학의 연구는 정상 발달과 이상 발달에서 점점 더 정서 과정의 중요성을 강조하고 있다.

또한 신경과학 및 정신생리학의 발전은 감정에 수반하는 신경 및 정신 생리학적인 지식과 그것들이 어떻게 적응에 영향을 미치는지에 대한 지식을 크게 확장시켰다. 뿐만 아니라 교육, 과학, 의학 그리고 입법 분야에서 급증해 온 정서지능, 정서 역량, 정서 교육이라는 개념으로 정서에 대한 관심이 뜨거워지고 있다. 마지막으로, 이 책과 가장 밀접한 관련이 있는 정서과학의 개념과 연구 결과들은 다양한 심리적 문제를 위한 개념 및 치료 모델을 개발하고 적용하는 데 영향을 미쳤다(예: Greenberg, 2002; Mennin & Farach, 2007; Suveg et al., 2007).

이 책은 정서과학의 연구 결과를 기반으로 한 실용적인 치료 기법을 제공하고 있다. 이런 기법들을 설명하기 전에, 몇 가지 중심 개념에 대한 배경지식은 도움이 될 것이다. 이 장에서는 이 책 전체에 걸쳐서 쓰일 핵심 개념에 대한 기초 지식을 제공한다. 여기에는 **정서, 정서 역량, 정서 인식, 정서 이해, 공감, 정서조절, 정서 사회화** 등이 있다. 이후로 나오는 논의들은 내용을 총망라하기보다는 실례를 들어 설명할 예정이다. 이들 각 개념은 이 책 전체의 주안점이 될 수 있다(그리고 보통 그렇기도 하다). 여기서의 목표는 빠르게 성장하고 있는 정서과학 분야의 기초를 이해하도록 하여 정서과학에 대한 폭넓은 시야를 제공하는 것이다.

정 서

인간 정서의 본질에 대한 의문들은 다양한 학문 사이에서 생산성이 있기는 하지만 길고 해결되지 않는 논쟁을 일으켜 왔다. 심리학 내에서 정서에 대한 최근 이론적 입장에는 상당한 차이가 있으며, 이것을 모두 논의하는 데는 또 다른 책이 필요하다. 그래서 실용적인 이유로 정서 이론가들이 취한 몇 가지 주요한 입장만 논의한다. 이 부분에 대해 관심 있는 독자는 다양한 자료들을 참고하기 바란다 (예: Ekman, 1992; Frijda, 1986; Izard, Kagan, & Zajonc, 1984; Lewis, Haviland-Jones, & Barrett, 2008).

> **정서**: 인간 경험의 감정 측면. 정서에는 생리 영향, 심리 영향 그리고 환경 영향이 복잡하게 상호작용한다.

정서의 정의를 내리는 작업은 정서 구조가 정서 적응에 도움이 되고 동기와 관련이 된다고 보는 입장에서, 정서 기능이 정서 적응에 도움이 되고 동기와 관련이 된다는 입장으로 발전해 갔다(Campos, Campos, & Barrett, 1989; Campos, Frankel, & Camras, 2004; Izard et al., 1984; Saarni, 1999). 초기 이론들은 정서의 생물학적인 기초에 중점을 두고 있다. 여기에는 정서의 생물진화론적 기원에 초점을 맞춘 찰스 다윈(Charles Darwin)과 윌리엄 제임스(William James)의 저작들이 있는데 이들의 생각은 "나는 곰을 보면 도망가기 때문에 곰을 무서워한다."로 간결하게 요약되어 왔다. 이러한 정서에 대한 초기 접근 방식들은 강한 생리학적 경험과 정서의 '느낌' 사이의 밀접한 연관성을 주목하였다.

생리학적·구조적인 전통을 따르는 이론가들은 다음에 나오는 몇 가지의 주제에 중점을 두었다. ① 어떤 정서가 기본 정서일 수 있는가(그리고 이렇기 때문에 진화를 통해 인간에게 '장착'될 수 있는가), ② 정서는 얼굴과 몸에 어떻게 나타나는가, ③ 정서가 뇌에서 어떻게 '경험'되는가(이는 어떤 뇌 영역이 어떤 정서를 수반하는가를 강조하는 것이다), ④ 문화 간의 정서 보편성이 있는가 없는가. 정서에 대한 생리 및 구조적인 접근이 앞으로 나올 심리적인 접근과 근본적으로 구별된다고 말하는 것은 정확하지 않다. 실제로 양측의 이론가들은 핵심에 대해서는 동의한다. 하지만 이 개관의 목적을 위해 어떤 이론은 정서의 생물학적인 부분을 강조하고 또 어떤 이론은 우리가 정서심리학이라고 부르는 것을 강조하고 있다고 해 두면 유용하다.

심리학 이론은 대부분 '기능주의'라고 말할 수 있는데, 종종 정서에서 인지 평가의 중요성을 강조한다.

정서 평가를 강조한 것은 지난 세기 중반이었으며, 인지 혁명과 같이 정서 경험에 의미, 특히 사회 맥락 내의 의미가 관련 있음을 별로 강조하지 않았다는 인식에 대한 반작용이었다. 예를 들면, 기능주의자 중 주요 인물인 조셉 캠포스(Joseph Campos)는 정서를 개인에게 중요한 문제에 대해 "개인과 내부 환경 또는 외부 환경 사이의 관계를 형성, 유지 또는 와해하는 과정"이라고 정의하였다(Campos et al., 1989, p. 395). 다른 말로 하면, 정서는 사람이 환경에 적응하고, 그 사람의 목표/관심사에 맞도록 환경을 수정하도록 동기를 부여한다는 것이다(Frijda, 1986 참조). 비슷하게, 아널드(Arnold)는 정서에 대해 이와 같이 정의한다. "정서란 대상이 적합하다고 판단되면 가까이하고 적합하지 않다고 판단되면 멀리하는 느낌 경향성으로서 정서 유형에 따라 구체적인 신체 변화에 의해 강화된다."(Arnold & Gasson, 1954, p. 294)

기능주의 학파의 개념화는 심리진화론 관점과 유사한 견해를 취하고 있다. 이 관점에 따르면 정서는 생리학적 시스템(생물학적이고 심리진화론적인 구성 요소)을 조직하고 중요한 사건에 대한 적응적인 반응을 촉진하도록 돕는 방향으로 진화되었다(기능주의 관점에서의 구성 요소는 Darwin, 1872; Ekman, 1992; Gray, 1990; Izard et al., 1984 참조). 예를 들어, 이자드(Izard, 1977)의 차별정서 이론에서는 정서는 특정한 행동 경향성 또는 행동 반응 패턴과 연관된다고 제안한다. 행동 경향성은 위험한 상황에 직면했을 때, 시간이 오래 걸리는 인지 과정(추론, 문제해결)보다 좀 더 효과적이고 빠르게 행동을 할 수 있게 한다(Gray, 1990 참조).

많은 이론가가 정서에 대해 기능주의 견해를 취하지만, 강조점은 모두 다르다. 예를 들어, 어떤 이론가들은 정서의 관계적인 측면을 강조하는데 그렇기 때문에 사건의 대인관계 의미가 정서를 이해하고 정의하는 데 중심이 된다(예: Lazarus, 1991). 마찬가지로 사회구성주의 관점에서는 정서 의미가 사건에 의해 생겼다고 생각할 때 개인이 취하는 적극적인 역할을 강조하는데, 수치심과 당황스러움과 같은 이른바 자기참조 정서에서 특히 그렇다(예: Lewis, 2008; Frijda, 1986 참조).

　요약하면 정서관련 이론은 역사가 길고 보통 다양하지만, 최근 정서에 대한 설명은 생물학적이고 진화론적인 토대, 즉 정서는 인간 생존에서 매우 중요한 역할을 한다는 데 초점을 맞추고 있다. 뿐만 아니라 대부분의 설명은 정서의 기능적인 측면을 강조하는데, 특히 대인관계에서 정서가 하는 기능과 관련해서 그렇다. 즉, 정서는 우리에게 무엇이(그리고 누가) 중요한지를 알려 주고, 다른 사람과 대상과의 관계를 유지할지 혹은 중단할지 우리에게 동기를 부여한다.

　앞에서 살펴본 정서에 대한 정의와 함께, 다음 절에서는 정서 역량부터 시작하여 다양한 정서관련 구조에 초점을 맞출 것이다.

정서 역량

　정서 역량은 어떤 의미에서 정서 발달의 주된 목표다. 중요한 연구들이 정서 역량(또는 사회-정서 능력이라고 불리기도 한다)은 정신/행동 건강, 학업 성취 그리고 사회 적응을 포함한 다수의 결과와 관련된다는 것을 시사하고 있다(Masten, Burt, & Coatsworth, 2006; Saarni, 1999). 하지만 정서 역량이 정확하게 무엇일까? 정서의 중요성이 인정되고 있음에도, 정서와 마찬가지로 정서 역량에 대해 일치하는 정의는 존재하지 않는다. 정서과학은 비교적 신생 분야이기 때문에 밝혀진 사실이 거의 없고 그래서 개념 영역의 상당수가 논쟁의 여지가 많아서 추가적인 증거들을 필요로 하고 있다.

> **정서 역량**: 정서 기능의 다양한 측면에 걸쳐 다양한 맥락에서 적응적으로 기능하는 개인의 능력

〈표 2-1〉 **정서 역량과 관련된 엄선된 요소 구성개념**

• 자신과 타인에 대한 정서 인식	• 정서조절
• 정서 이해	• 정서 사회화
• 공감	

사니(Saarni, 1999)는 널리 인용되고 있는 광범위하고 포괄적인 정서 역량의 개념에 대해 설명하고 있다(예: Denham, 2006; Trentacosta & Izard, 2007). 사니는 정서 역량에 이바지하는 요소들을 찾아냈는데 여기에는 개인의 학습 이력과 도덕심 그리고 정서 발달과 관련된 여러 가지 요소가 있다. 사니가 말한 몇몇 정서 역량의 구성요소는 〈표 2-1〉에 나와 있다. 이들 각각의 기술은 간단히 논의할 필요가 있다.

정서 인식

정서 인식은 정서 역량과 관련된 가장 기본적인 기술로 여겨지는데, 여기에는 자기 자신의 정서 경험과 타인의 정서 경험에 대한 내적 성찰 등이 있다(예: Stegge & Terwogt, 2007). 사니(1999)는 자기 자신의 정서를 인식하는 것과 타인의 정서를 인식하는 것을 구분 짓고 있다. 곧 논의할 주제인 정서 인식과 정서 이해는 서로 밀접한 관련이 있다. 이 책에서는 이들 개념을 구분 짓기 위해 노력을 기울였는데, 독자들이 보는 것처럼 이러한 구분은 약간 인위적이다. 정서를 이해하는 데 추상적으로 이해를 하든, 개인의 직접적인 경험의 맥락 속에서 이해를 하든 둘 다 정서 인식에 영향을 미친다. 마찬가지로 정서 인식을 증가시키는 정서 경험(정서를 포함한 살아온 경험—이것이 바로 삶의 대부분이다)은 정서 이해에 영향을 준다.

> **정서 인식**: 자기 자신(혹은 타인)의 정서 경험을 아는 것

자기 자신의 정서에 대한 인식임을 고려하여 사니는 전제조건이 자기라는 느낌이 있는 것이라고 언급하였다. 즉, 한 개인은 다른 사람과 구별되어 있으면서 정서를 인식할 수 있는 (대개) 일관성 있는 '자기'로서 존재한다는 사실을 인식해야 한다는 것이다. 이것을 출발점으로 하여, 정서 인식은 한 개인이 자신의 정서 상태를 파악하도록 하는 다양한 신체 단서, 인지 단서 그리고 사회 단서를 알아차리고 분석하는 것에서 나오는 것이다. 이러한 상태에 대해서 알아야 할 몇 가지 측면이 있는데 정서를 인식한다는 것은 절대적으로 동시에 일어나는 것은 아니라는 점이다.

우선, 정서는 신체 전반에 걸쳐 생리적 변화를 수반한다. 실제로 이러한 변화의 의미를 아는 것은 중요한 발달 과업이다. 정서과학은 특정 정서와 관련된 생리적 체계, 특히 뇌 체계가 발견되고 있고 있다는 점에서 이 분야에서는 가장 앞서 있다. 이러한 생리적 현상과 특정 정서 '경험' 사이에 완전한 일대일 대응이 없다고 하더라도, 사람은 붉어진 얼굴, 빨리 뛰는 심장, 꽉 쥔 주먹, 몹시 화가 나 보이는 패턴이 분노와 관련 있는 신체 느낌을 나타낸다는 것을 학습할 것이다. 뿐만 아니라 사람은 불안 때문에 속이 불편하다는 느낌과 아주 매운 칠리 때문에 생긴 비슷한 느낌 사이의 차이를 구분할 수 있다.

둘째, 정서 인식에는 느낌이 신체에서 복잡한 생리 반응을 수반한다는 사실을 아는 것과 몇 가지 정서 특성에 대해 인식하는 것이 포함된다. 첫째, 느낌은 강도와 지속성이 다양하다. 즉, 아동들은 느낌이 강할 수도 있고 약할 수도 있다는 것과 기분이 긴 시간 동안 지속되거나 빠르게 사라질 수 있다는 것을 배운다. 게다가 아동들은 기분이 선형적이고 순차적으로 발생하지 않는다는 것을 알게 된다. 한 가지 이상의 느낌이 동시에 일어나는데, 예를 들어 아동이 축구 시합 동안 공이 자신에게 굴러오고 있어서 불안감을 느끼기도 하고, 공을 강하게 찰 것이라 예상되는 것에 흥분하기도 하며, 관중석에서 자신을 좋아하는 사람을 바라보는 것에 행복을 느낄 때와 같은 경우다. 이러한 정서 특성들은 느낌이 어떻게 작동하는지에 대한 다양한 관점을 반영한다. 이는 후에 정서 이해에 대한 논의에서 다룬다.

마지막으로, 정서는 맥락과 관련이 있다. 정서는 사물 또는 사람과 관련되어 일어난다. 그러므로 정서는 다른 사람들의 행동, 주변에서 일어나는 사건들 그리고 한 개인의 내적 세계에서 일어나는 사건들의 영향을 받는다고 할 수 있다. 간단한 예를 들어 보자. 한 아이의 누나가 아이의 장난감을 갖고 웃으면서 도망가는 장면을 상상해 보라. 그 아이는 다양한 생리적 경험을 체험하기 시작한다. 그의 얼굴은 붉어지고, 주먹을 꽉 움켜쥐며, 눈을 흘긴다. 이러한 반응들이 앞서 논의된 첫 번째 단계를 이룬다(신체 느낌). 아이가 이 장난감에 매우 높은 가치를 부여하고 있다고 상상해 보자. 그의 소중한 장난감이다! 그 아이는 또한 누나가 그의 물건 중 하나를 가로챈 일이 이번 주에 처음이 아니라는 사실을 떠올릴 것이다. 뿐만 아니라 그 아이의 어머니가 방 밖에 있고, 지난 몇 주간 자기보다 누나 편을 들어준 것처럼 보였다고 상상해 보자. 그러다가 밤이 되었고, 아이는 피곤해졌으며 배가 고파졌다. 이러한 모든 정보는 이 아이의 화와 같이 아이가 경험하고 있을지도 모르는 느낌에 대한 경험과 인식에 관련되어 있다.

이러한 맥락 단서들은 대체로 일이 벌어지고 난 다음에 알게 된다. 즉, 이 아이는 스스로가 얄궂은 장난, 장난감에 대한 애착 그리고 늦은 저녁 식사 때문에 화가 났다는 것을 나중에 이해하는 것이 훨씬 쉽다. 반면에 상담자는 예방 면에서뿐만 아니라 그 순간에 맥락 단서를 이용하는 것이 좋다는 것을 즉각 알아차린다. 실제로 만약 어떤 아이가 그 순간에 누나와 함께 있는 상황이 진짜로 화가 나는 상황임을 인식할 수 있다면, 이 아이는 정서를 조절할 수 있는 힘을 통합하여 불쾌한 상황을 피할 수 있을 것이다. 예를 들어, 그 아이는 다음과 같이 스스로에게 말할 수 있다. "누나는 단순히 나를 짜증나게 하려고 하는 거야. 나는 누나가 나를 짜증나게 하는 것에 휩쓸릴 필요가 없어. 나는 내 장난감을 돌려받을 거야." 예방책으로서 스스로를 매우 화나게 만드는 상황을 아는 것은 화낼 가능성을 감소시키거나, 최소한 화를 내더라도 그 영향을 줄이도록 도와준다. 요약하면, 맥락 단서에 대한 인식은 적응적인 정서조절을 하려고 노력하는 데 강력한 동맹군이 될 수 있다.

관찰할 수 있는 단서에 상당히 의존하고 있지만, 타인의 정서를 인식하는 발달 과정은 어떤 면에서는 매우 유사하다. 예를 들어, 얼굴 표정과 신체 단서는 분명하게(하지만 완전하게 믿을 수는 없지만) 타인의 정서 상태에 대한 신호를 나타낸다. 게다가 인식한다는 것에는 맥락 요소를 가늠하는 것도 해당되는데 여기에는 어떤 특정 상황이 다른 사람을 화나게 할지, 슬프게 할지 또는 즐겁게 할지도 포함된다. 안목이 있는 독자들이라면 겉으로 드러난 표현과 상황만으로는 다른 사람의 정서를 아는 것이 불완전하다는 것을 알 것이다. 실제로 정서가 내면의 상태라는 것과 다른 사람들이 내면의 상태를 감출 수 있다는 것을 이해하는 것은 아동이 타인의 감정에 대한 강력하고 정확한 인식을 발달시키기 위해 반드시 갖추고 있어야 하는 중요한 지식이다.

자기 자신의 정서를 가늠하는 데 맥락 요소를 계산하는 것도 복잡하기는 하지만, 다른 사람의 정서를 판단할 때는 더욱 복잡하다. 왜냐하면 자기 자신을 다른 사람의 입장에 놓이게 하고(다른 사람의 관점을 취하는 것) 그 상황이 특정 사람에게 어떤 느낌을 느끼게 했는지 상상해야 하기 때문이다. 한 사람을 잘 안다는 것은 그 또는 그녀의 정서 상태를 알아낼 때 중요한 지표로서 역할을 할 수 있다. 예를 들어, 한 아이가 수영 대회에서 막 상을 받으려고 하는 다른 아이를 본다고 상상해 보자. 수상자에 대해 다음의 가능한 사실들을 알고 있다면, 관찰 중인 아동은 수상자의 정서를 알아내는 데 도움이 될 것이다. ① 상을 받는 아이는 자신이 그 상을 받을 정도로 기량을 갖추지 못했다고 말하였다. ② 상을 받는 아이는 이전에 상을 받은 적이 전혀 없고, 이 상은 그 아이의 삶에서 주된 업적을 나타낸다. ③ 상을 받는 아이는 과거에 이 상을 여러 번 받았고, 그 아이와 같은 팀 내에 다른 누구도 이 상을 원하지도 않고 상을 타고 싶어 하지도 않는다. ④ 좋은 행동이든 나쁜 행동이든, 상을 받는 아이는 다른 사람이 그 아이를 주목하는 것을 좋아하지 않는다. 이러한 사실들을 안다면, 관찰하는 아이는 상을 받는 아이의 행동을 더 적절하게 평가할 수 있을 것이다. 이러한 사전 지식 없이 수상자의 정서를 알 가능성은 희박해진다.

요약하면, 정서 인식은 정서 역량의 핵심 요소다. 신체 단서를 알아차리는 것, 정서 경험을 인식하는 것 그리고 정서와 관련된 많은 맥락 요인을 아는 것은 적응적인 자기조절을 촉진하고, 사회에서 다른 사람과 적응적으로 상호작용하도록 도와준다. 이 책의 모듈 1은 정서 인식 기술의 발달에 초점을 두고 있다.

정서 이해

정서 이해는 정서 과정(예: 정서 상태, 정서조절) 또는 정서 작동에 대한 신념에 관한 의식 수준의 지식을 의미한다[Izard와 Harris(1995)의 귀인체계 참조]. 어떤 의미에서 정서 이해란 정서조절에 관한 지식뿐만 아니라 정서 인식으로 알게 되는 지식도 포괄한다. 정서 이해란 정서 역량의 다른 요소들과 함께 상호작용하기 때문에 정서 역량을 구축하는 초석으로 생각할 수 있다.

> 정서 이해: 정서 과정(정서 상태, 정서조절) 또는 정서가 어떻게 작동하는지의 신념에 대한 의식 수준의 지식

정서 이해가 넓고 중요하나 구성개념이라는 것을 감안하여 상대적으로 더 많은 분량을 여기에 할애할 것이다. 그리고 이 논의는 점점 심화하여, 기본 정서 지식으로 시작해서 더 복합적인 정서 지식으로 진행할 것이다. 정서 이해는 ① 정서 표현의 인식(즉, 표정, 몸짓), ② 자신(타인)의 정서 원인 그리고 정서 단서에 대한 이해, ③ 다양한 정서에 대한 이해, ④ 타인과 의사소통할 때 정서 표현을 의도적으로 사용하는 방법에 대한 이해(또는 그 반대; 예: 표현 규칙, 숨기고 있는 정서), ⑤ 정서에 대처하는 방법에 대한 지식(이해)(즉, 정서조절) 등이 있다. 마지막에 언급한 정서조절에 대해서는 이 장 후반부에서 논의할 것이다. 여기서 하는 논의는 정서조절에 대해 **아는 것**(즉, 자기 자신의 정서를 바꿀 수 있다는 것을 아는 것)이지 정서조절을 **하는 것**은 아니다.

정서 표현에 대한 인식

아동은 적어도 생후 2년 내에 정서와 관련된 얼굴 표정을 인식할 수 있는데, 어떤 연구자들은 10주 된 영아의 얼굴 표정에서 아동이 정서를 이해하고 있다는 몇 가지 증거가 있다고 하였다(Izard & Harris, 1995). 그러나 이러한 초기 반응들이 다른 사람의 정서를 인식하는 것을 나타내는지, 자신에게 영향을 주는 신호를 인식하는 것인지, 혹은 단순한 모방인 것인지와 같은 몇 가지 의문이 남아 있다. 여하튼 두 살이 되면 대부분의 아동은 얼굴 표정에 대한 정서 명칭을 사용하고 정서 주제에 대해 이야기한다(예: Camras & Allison, 1985). 더 나아가 얼굴 표정을 구분하는 아이들의 능력은 발달이 더 진전되었다는 것을 보여 주는데, 여기에는 구분하는 것이 더 어려운 부정 정서(예: 슬픔, 분노)도 포함된다. 게다가 좀 더 큰 아이들은 정서를 일으키는 상황에 있는 사람에게 적합한 얼굴 표정을 고를 수 있다.

정서의 원인과 단서

정서의 원인과 결과 그리고 추론에 사용되는 단서와 관련해서 발달심리학 연구는 상황과 연결하여, 즉 정서를 '행동'으로 설명하는 것에서 더 넓게 그리고 더 추상적으로 이해하는 능력으로 발달해 가는 과정을 자세히 설명하고 있다. 다시 말해서, 아동이 정서를 이해하게 되는 초기 단계에서는 세상이 자기의 정서를 일으킨다. 즉, 아동은 "어떤 사람이 장난감을 망가뜨렸기 때문에 내가 화가 났다."라는 자신의 이론에 바탕을 둔다. 아동은 자라나면서 정서에 대한 자신의 설명을 더 내면으로 향하게 하고 내부 원인에 초점을 맞춘다. "망가진 장난감이 내게 중요하기 때문에 내가 화가 나는 거야." 또는 "망가진 장난감이 내 친구라고 생각했기 때문에 화가 나는 거야."

물론 정서의 행동으로 설명하는 것에서 정서의 내면으로 설명하는 것으로 변화되는 것이 절대적인 것은 아니다. 정서를 일으킨 원인에 대한 아동의 이해는 자라면서 더 정밀해진다. 아동은 현재 정보와 과거 요소를 포함하여 특정 정서의 많은 결정 요인을 정의하는 것을 배운다. 아동은 특정 정서를 결정하는 다양한 요인을 파악하는 것을 배우는데 여기에는 현재 정보와 이전의 요소 등이 있다. 예를 들어, 아동은 장난감이 망가졌을 때 느낀 분노가 단지 자매가 장난감을 망가뜨렸다는 단순한 사실만 관련된 것이 아니라는 것을 배울 수 있다. 분노는 그런 단순한 사실과 연관될 뿐만 아니라 ① 장난감을 얼마나 재미있게 갖고 놀았는가, ② 돌아가신 할아버지가 주신 장난감이라는 것, ③ 이 아이 역시 자매의 장난감을 작년에 망가뜨려서 죄책감을 느끼고 있다는 것 등과 연관되어 있다. 연구에 따르면 아무리 정서에 대해서 어린 아이라도 "나는 그 인형을 좋아했기 때문에 미치도록 화가 난다."와 같이 제한되긴 하지만 '추상적인' 개념을 이해하고 있다는 사실은 언급해 둘 만하다. 그러나 아동이 높은 수준의 정서 역량을 의미하는 정서의 뉘앙스를 알게 되는 것은 발달과 적절한 경험이 있을 때다.

　아동이 자라면서, 그들의 정서 추론은 다양한 유형의 정보를 더 복합적으로 사용하고 분화가 되게 사용하도록 발달한다. 예를 들어, 아동은 한 친구가 물을 무서워해서 수영을 하지 않아서 수영장 파티가 그 친구를 불안하게 한다는 사실을 알 때와 같이 과거 사실과 개인의 정보를 사용하는 것을 배운다. 아동은 또한 표현 규칙이라는 것에 대해서도 배운다. 표현 규칙이란 언제, 어떻게, 어떤 정서를 표현하는가에 대한 암묵적인 사회 관습이다. 고전적인 예로 원치 않은 선물을 받았을 때를 생각해 보자. 아동은 이상하고 촌스러운 오래된 양말과 같이 마음에 들지 않는 선물을 받았다. 만약 아동이 혼자 있었다면 실망한 느낌을 표현할 수 있었을 것이다. 그러나 선물을 주는 사람이 앞에 있다면, 아동은 다른 정서인 감사를 표현해야 할 것이다. 발달은 또한 정서 추론에도 영향을 준다. 아이가 어릴 때, 부모의 행동은 아이의 정서에 많은 영향을 주며, 십 대에는 친구의 행동이 그들의 정서에 더 중요하다. 아동이 정서에 대해서 반드시 배워야 하는 또 다른 요소는 목표나 신념의 영향력이 크다는 점이다. 예를 들어, 미셸과 그의 친구 타야가 축구 게임을 하고 있다고 가정해 보자. 그들의 팀이 지고 있을 때 그들의 얼굴에는 실망스러운 표정이 나타날 것이다. 하지만 타야는 미셸이 축구 게임보다 게임이 끝나고 앨리사의 집에 가는 것에 대해 더 흥분하고 있다는 것을 알고 있다고 가정해 보자. 그렇다면 타야는 팀이 지더라도 미셸이 많이 실망하지는 않을 것을 알고 있다.

정서 영향에 대한 이해는 아동에게 있어서 발달의 결과물이다. 하나의 정서는 그다음에 나타나는 정서나 사건에 일시적으로 영향을 미칠 수 있다. 예를 들어, 아동이 하굣길에 난폭하게 운전하는 버스를 탔다면 집에 도착해서 과제를 했냐는 질문을 받았을 때 평소보다 더 많은 화와 짜증을 낼 수 있다. 이러한 정서 영향은 보통 시간이 지나면서 없어지기는 하지만 즉각적인, 즉 '촉발시키는' 사건 이후에도 종종 지속되기도 한다. 성장하면서 이런 현상에 대한 이해는 좀 더 체계가 잡히고 분화되며 통합되어 가는데 정서(긍정 정서 또는 부정 정서)와 정서의 대상은 이 발달을 조절한다. 예를 들어, 만약 아동이 정말로 친구와 외출을 하고 싶다면, 아동은 부모가 시킨 학교 과제, 집안일 또는 깜빡하고 하지 못한 일(애완견에게 먹이 주는 것과 같은)을 한 후에 외출할 것이다.

복합 정서

또한 아동은 성장하면서 그들(또는 타인)이 동시에 한 가지 이상의 정서를 경험하는 것을 이해하기 시작한다. 정서가 동시에 발생할 수 있을 뿐만 아니라(그리고 종종 그렇게 된다) 하나 이상의 대상으로 향할 수 있다는 것을 이해하는 것이다. 이런 종류의 이해는 아동이 부모에게 화를 내면서도 여전히 사랑할 수도 있다는 것을 깨닫는 것과 같이 양가감정과 직접적으로 관련이 있다. 이러한 이해는 선천적인 것이 아니다. 연구에 따르면 미취학 아동에게 위 내용과 관련된 모든 정보를 확인해 보도록 훈련을 시켰어도, 정서가 동시에 발생할 수 있다는 것을 부인했다고 한다. 복합 정서에 대한 이해가 발달한다는 것은 한 가지 이상의 감정을 동시에 느낄 수 있다는 단순한 생각에 복합성을 더하게 된다. 아동은 이러한 두 가지 느낌이 다음과 같이 될 수 있음을 배워야 한다. 첫째, 서로 다른 감정가가 될 수 있고(예: '행복과 분노' 대 '행복과 자랑스러움'), 둘째, 다른 강도를 가질 수 있으며(예: '매우 행복함과 조금 화남' 대 '매우 행복하고 매우 자랑스러움'), 셋째, 다른 대상이 있을 수 있다(예: 아동의 생일 케이크는 행복하지만 그녀의 자매가 촛불을 꺼 버리는 것에 대해서는 화가 나는 것)는 것이다. 복합 정서를 이해하는 데는 믿음과 목표와 같은 내면 요소가 정서를 '일으킬 수' 있다는 사실을 이해하는 것이 도움이 된다.

의사소통하기 위한 의도적인 정서 사용

정서를 숨기거나 바꿀 수 있다는 통찰보다 정서 이해의 발달에 있어서 중요한 것은 없을 것이다. 이 사실을 이해하는 것은 중요하다. 이 책의 나머지 부분에서 자세하게 이야기하는 바와 같이 느끼는 방식을 바꾸는 방법을 배우는 것은 사회 적응에 중요하기 때문이다. 정서를 숨기는 것과 바꾸는 것은 분명히 다른 것이지만 이 둘은 모두 중요한 요소로서 정서가 변할 수 있다는 관념을 가지고 있다. 정서를 숨기는 경우에, 사람은 어떤 정서를 느낄 수 있지만 아무도 모르게 하거나 몇 사람만 알게 할 수 있다는 것을 배운다. 사실 아동은 내면에서 어떤 감정을 느낄 때, 겉으로는 다른 정서를 느끼고 있다고 다른 사람에게 보여 줄 수도 있다.

아동이 자신의 정서를 바꿀 수 있다는 것을 이해할 때, 아동은 본질적으로 정서의 원인에 대해 모아 온 정보를 적용하고 있다는 것을 말한다. 다시 말해서, 만약 아동이 슬픔을 느끼고 있지만 행복을 느끼기 원한다면, 아동이 슬픔 또는 행복의 원인에 대해 아는 것이 도움이 될 것이다. 예를 들어, 무엇이 슬프게 했는지를 아는 것은 슬픔을 줄이기 위하여, 생각 혹은 상황을 변화시키는 조치를 취하여, 아동을 도울 수 있을 것이다. 유사하게 아동은 행복감을 증진시키기 위해 자신의 생각이나 상황을 변화시킬 수 있다. 물론 이는 정서조절 과정인데 이 주제는 이 장 후반부에서 자세히 논의한다.

누군가에게 춤을 요청할 때 불안을 숨기거나 친구에게 이야기를 하면서 슬픔을 숨기는 것과 같이 정서를 숨기고 변화시키는 것은 개인 내의 목표를 달성하게 한다. 또한 그것은 인간관계의 목표를 이루는 데 도움을 준다. 이러한 예로는 관계를 유지하기 위해 받은 선물에 대한 실망감을 감출 때나 누군가의 팀이 시합에서 더 잘 하도록 마음을 가다듬는 것과 같은 경우를 들 수 있다. 이러한 정서 이해가 발달한다는 것은 ① 정서 반응을 변화시키거나 조절할 수 있다는 것에 대한 신념, ② 표현 규칙을 지켜야 하는 필요성과 장점에 대한 이해, 그리고 ③ 1차(문제중심)와 2차(정서중심) 대처전략을 모두 사용하는 것 등이 증가하는 것이다.

요약하면, 아동은 정서가 표현되는 방식, 발생하는 방식, 초래되는 방식 그리고 변화시키는 방식에 대한 비교적 복합적인 이해를 발달시키는 것이다. 정서 경험의 복합성은 정서 역량의 탐구에서 정서에 대해 배울 것이 많다는 것을 의미한다. 정서 인식은 중요한 첫 번째 단계를 의미하지만, 여기서 다룬 정서 이해 요소들은 이후의 발달되는 공감과 정서조절에서 매우 중요하다. 이 책의 모듈 2는 학습 요점과 정서 이해의 여러 측면과 활동에 초점을 맞추고 있다.

공 감

공감할 수 있는 능력은 정서 역량에 도움을 주는 또 다른 핵심 기술이다. 공감과 동정은 밀접하게 관련된 단어인데 이 단어의 정의를 논의할 필요가 있다. 사니(1999)는 공감은 (대상)**과 함께 느끼는 것**으로, 동정은 (대상)**에 대해서 느끼는 것**으로 정의한다. 따라서 공감은 더 밀접하게 '개입되어' 있는 구성개념이며, 더 성숙한 형태의 정서 경험을 의미한다고 생각된다. 예로서, 한 아동은 같은 반 아이가 선생님께 야단맞는 것이 심하다고 느꼈을 때 동정을 느끼고, 이후에 그 경험에 대해 대화를 나눌 때 공감을 하고 지지한다. 다시 말하면, 공감은 도움을 주기 위해 다른 사람의 상황에 맞출 수 있도록 도와준다.

> **공감**: 타인과 함께 느끼는 것. 그럼으로써 도움이나 지지를 제공하기 위해 효과적으로 반응할 수 있는 것

많은 과학자는 공감 발달이 단계를 거쳐 진행된다는 사실에 주목해 왔다. 첫째, **유사모방**이 있는데, 이때 아동은 상대방을 놀리는 것이 아니라 그의 감정을 흉내

내는 식으로 반응한다. 예를 들어, 아동의 친구가 울 때 아동이 함께 우는 것은 친구가 어떻게 느끼는지 이해하는 것이 아니라 친구가 하는 행동을 따라 하는 것이다. 둘째, **정서적 함입**이 있는데 아동이 다른 사람의 입장이 되어 보고 다른 사람의 상황을 자신의 상황으로 상상해 보는 것이다. 이렇게 행동하는 것은 아동이 다른 사람이 어떻게 느끼는지 알기 시작하는 데 도움을 준다. 예를 들어, 친구가 아이스크림을 떨어뜨려서 울고 있다면, 아동은 아마도 빈 아이스크림콘을 들고 서 있는 자기 자신을 상상할 것이다. 셋째, **반향**이다. 여기서 아동은 자신의 비슷한 정서 경험을 떠올림으로써 타인의 정서를 경험한다. 친구가 우는 것을 볼 때, 아동은 아이스크림을 떨어뜨렸거나 혹은 이와 유사한 '외식이 취소된' 상황을 떠올린다. 이를 통해 친구의 정서에 대한 아동의 경험이 점점 더 강해지고 자기 것이 되어 가는 것을 볼 수 있다. 이것은 아동이 그의 친구가 느끼고 있는 것을 알 수 있게 해 주는 한 도움이 된다. 그러나 만약 아동 자신의 감정이 다른 친구를 도울 때 방해가 된다면, 친구와 같은 느낌을 느끼는 결과는 문제가 될 수도 있다. 여기서 동정과 공감 사이의 차이는 분명하다. 이 정의에 따르면, 진정한 공감이 되기 위해서는 이른바 **경계가 있는 공감**이 필요하다. 아동은 동정(그럼으로써 너무 지나치게 감정에 빠지는 위험)이 없이 공감할 수 있도록 자기 자신과 타인 사이의 경계를 만드는 것을 배우게 된다. 이러한 종류의 공감으로 아동은 도움을 줄 수 있다. 독자들도 아는 바와 같이 경계가 있는 공감은 상담자가 늘 하는 작업이다.

대다수의 아동은 다른 사람의 정서를 어느 정도는 공감하고 이를 통해 대인 관계를 증진시킨다. 하지만 어떤 아동은 종종 다른 사람의 느낌을 알아차리는 데 문제가 있다. 이런 아동은 대개 공감 기술을 발달시키는 데 필요한 정서 인식과 이해가 부족하다. 또 다른 그룹의 아동은 다른 사람의 정서 경험을 직면할 때 개인적인 고통을 경험한다. 이러한 아동들은 다른 아동들이 격앙되어 있거나 때때로 이 아동들에게 공격적이고 가혹하게 반응할 때, 종종 화를 내거나 좌절감을 표현한다. 이 책의 모듈 3은 아동의 공감을 발달시키는 데 도움을 주고 앞에서 언급한 세 가지 문제를 해결할 수 있는 조언을 제공한다.

정서조절

정서조절 연구는 지난 10년간 급격하게 증가해 왔다. 그로스와 톰슨(Gross & Thompson, 2007)이 언급했듯이 정서조절에 대한 과학적 연구는 다른 두 이론적 접근에서 나오게 되었다. 첫 번째는 성격심리학 접근으로, 이 접근은 스트레스 대처, 심리방어에 대한 정신분석 연구, 기능주의 정서 이론에 대한 연구에 뿌리를 두고 있다. 두 번째는 발달심리학 접근으로, 이는 기능주의 이론에 뿌리를 두고 있는데 여러 요소(예: 기질, 사회화)를 통한 정서조절의 발달을 강조하고 있다. 이 두 가지 접근은 때때로 공통성이 없기 때문에 정서조절이라는 구성개념을 개념화하는 데 있어 약간의 차이가 발생한다. 다행히도 지난 10년간 연구에서는 구성개념을 명확히 하는 데 초점을 맞추었다. 비록 이러한 과정은 명확한 개념화를 이루지는 못했지만, 공통이 되는 지침은 생길 수 있었다.

> **정서조절**: 자신의 목표를 달성하기 위하여 정서 반응, 특히 정서의 강도와 일시적인 특성을 모니터링하고 평가하고 조정하는 데 책임이 있는 내부/외부 과정(Thompson, 1994, pp. 27-28)

첫째, 정서조절은 변증법적인 구성개념으로 보는데 여기에는 정서를 행동 조절자로 보기도 하고 조절되는 현상으로 보기도 하지만, 대부분의 연구는 조절되는 현상으로서 정서를 강조한다. 예를 들면, 톰슨(1994)의 정의가 자주 언급되는데 그는 "자신의 목표를 이루기 위해 특히 강렬하게 지속되는 자신의 정서 반응을 관찰하고 평가하며 조정하는 외부 또는 내부의 과정"이라고 정의하고 있다(pp. 27-28). 뿐만 아니라 그는 정서를 조절할 수 있는 몇 가지 가능한 방법을 설명하고 있다. 그것은 ① 신경생리 반응(스트레스 상황에서 신체가 빠른 행동을 준비하기 위해 아드레날린을 방출하는 것과 같은 뇌가 매개하는 신체 반응), ② 주의 과정(탈진을 하지 않기 위해

결승선에 초점을 맞출 때와 같이 어떤 특정한 자극에 주의를 두는 것), ③ 해석/귀인(즉, 사기를 떨어뜨리지 않기 위해 게임에서 이기지 못한 것을 불운한 탓으로 돌리는 경우와 같이 자신에게 일어난 일을 자신의 정서 반응을 바꾸는 것으로 '설명하는 것'), ④ 대처자원 접근(즉, 신뢰하는 사람 혹은 상호작용이 가능한 사람과 이야기를 하는 것), ⑤ 환경에의 노출(즉, 자신의 기분을 좋게 해 주는 즐거운 파티와 같이 자신의 정서에 영향을 주는 특정 장소에 가는 것), ⑥ 반응/행동(즉, 스스로 기분을 고취시키기 위해 확실하게 즐거운 활동에 참여하는 것을 선택하는 것과 같이 자기 정서를 변화시키기 위해 하는 특정 행동)이다.

정서조절의 두 번째 측면은 통제와 조절을 구분하는 것과 관련이 있다. 대부분의 이론가는 정서조절을 통제 이상으로 보는데, 이들은 통제를 정서 행동의 "역동적인 정리와 조절"이라고 언급하고 있다(Cole, Michel, & Teti, 1994, p. 83). 반면에, 통제는 정서 과정의 규제로 본다. 이런 이유로, 대부분의 이론가는 정서조절이 단지 정서를 멈추게 하거나 감소시키는 것 이상이라는 사실에 동의한다. 사실 정서조절을 할 때 때로는 정서 각성이 증가하기도 한다(예: 불평으로 가득 차 있는 아이들이 있는 차 속에서 긍정적이고 낙관적인 태도를 취하는 것. 정서조절과 정서 함양을 비교해 보라; Fredrickson, 1998). 이러한 맥락에서 정서조절 곤란이라는 것은 단지 자신의 정서에 대해 '통제'가 부족한 것이 아니라, 조절이 "병리적인 방식으로 기능"하고 있는 것을 의미한다고 할 수 있다(Cole et al., 1994, p. 80).

정서조절의 세 번째 측면으로는 아동과 환경 변인이 있다(예: 가족, 문화). 정서조절 발달에서 아동의 기질 그리고 양육자의 특성(예: 애착과 양육 방식)과 행동의 상호작용은 특히 중요하다(예: Calkins, 1994). 이런 관점에서 보면, 정서조절은 대체로 아동과 부모 및 양육자의 관계 맥락 속에서 발달한다.

마지막으로, 정서조절은 사회정서 역량과 정신건강의 중요한 과정이라고 볼 수 있다. 다시 말하면 자신의 정서를 조절한다는 것은 중요한 과제를 제시하는 것인데, 이것은 개인 간 그리고 개인 내 기능에 모두 중요하다.

정서조절은 복합적인 방식으로 그리고 수많은 과정을 통해 일어난다. 정서조절의 두 가지 관점, 즉 과정/기능 모형과 발달 모형을 다음에서 검토하고자 한다.

정서조절의 과정/기능 모형

그로스와 톰슨(2007)이 소개한 과정/기능 모형은 조절 과정을 다섯 가지로 범주로 제시하고 있다. 행동 관점에서, 이 다섯 가지 범주에는 선행 사건 초점 과정과 결과/반응 초점 과정이 있다.

첫 번째 범주인 **상황 선택**(situation selection)은 선행 사건에 초점을 맞추는 접근으로서 긍정 정서를 최대화하고 부정 정서를 최소화하는 상황을 선택하는 것이다. 물론 이러한 전략을 오용하는 수단은 많이 있다. 예를 들어, 사회 상황을 피하는 것이 수줍은 사람들에게 불안(긴장)을 감소시키는 효과적인 방법이지만, 장기간으로 보면 적응에는 별로 도움이 되지 않을 것이다. 따라서 이 전략은 장기적인 정신건강을 유념하고서 적용하면 많은 이점이 있다. 그로스와 톰슨(2007)이 언급했듯이, 이 상황 선택 전략은 보통 부모들이 사용한다. 부모들은 자녀들이 성장해 나가는 데 충분하지만 과도하지 않은 상황을 선택하려고 최선을 다한다. 따라서 상황 선택은 어떤 정서 사회화가 중요한가에 대한 하나의 전략을 제시해 준다. 이 전략은 양육자가 사용함으로써 본보기가 된다.

두 번째 범주인 **상황 수정**(situation modification)은 상황 선택과 미묘한 차이가 있는데 '상황 수정'은 완전히 새로운 상황을 선택하기보다 진행 중인 상황을 변화시키는 것이다. '상황 선택'은 선행 사건 관리전략인 반면 '상황 수정'은 반응 초점 전략인 것이다. 한 예로, 수줍음이 많은 한 아동이 파티에 가려는 상황을 생각해 보자. 그 소녀는 파티에 일찍 간다면, 자기가 입장하는 것을 소수의 사람만이 볼 것이라고 생각하여 그렇게 결정할 수도 있다. 이것이 상황 선택(또는 선행 사건 초점) 접근이다. 그런데 소녀가 파티에 도착했을 때, 파티에 참석한 사람들이 노래방 기계를 켜고 노래를 부르기 시작했다고 상상해 보자. 여기서 이 수줍음 많은 소녀는 노래 부르는 사람들의 청중 역할을 하겠다고 말함으로써 상황을 수정하려고 노력할 수 있고, 이 상황을 수정함으로써(노래 부르는 역할이 아닌 청중 역할을 하겠다고 함으로써) 고통을 감소시키게 된다.

세 번째 범주는 **주의 배치**로 또 다른 반응 초점 전략이다. 이 전략은 정서를 일으키는 상황의 어떤 측면에 의식적으로 초점을 두는 것이다. 주의 배치의 예는 분산, 집중, 심지어는 해리 등이 있다. 주의 배치 전략을 좀 더 의식적으로 사용하는 것은 이후에 발달하지만, 이 전략을 사용한다는 증거는 학령전기 아동들에게 명확하게 나타난다.

　네 번째 범주는 **인지 변화**, 즉 **인지 평가**다. 인지전략은 늘 그런 것은 아니지만 반응에 초점을 맞춘 전략의 전형이다. 우리는 정서 반응을 조절하기 위해 특정 상황이 일어나기 전이나 일어나는 동안 또는 일어난 후에 다양한 평가를 고려하거나 적용할 수 있다. 예를 들어, 한 대회에서 자신의 수영 팀이 진 아동의 반응을 상상해 보자. 인지 평가는 경기의 중요성을 깎아내리거나(예: "이 경기는 우리의 주 경쟁자와 겨뤄서 이겼던 지난주 대회만큼 중요하지 않아.") 최선을 다한 노력을 강조할 수 있다(예: "나는 최선을 다해서 수영했고, 실제로 나는 개인 기록을 깼어."). 유사한 (또는 대안적인) 인지 평가는 추후에 이용할 수도 있다(예: 다음 날 학교에서 수영대회의 결과에 대해서 알려지거나 다른 사람들이 그 사건에 대해서 물을 때). 이런 종류의 사후평가는 아동 및 청소년의 행동 문제를 치료하는 대부분의 인지치료에서 많이 사용하는 것이다. 하지만 이런 평가는 선행 평가에서도 사용된다(예: 다음 경기를 앞둔 상황). 그다음 대회가 다가오면서, 이 아동은 우수했던 경기를 떠올리거나("나는 지난 대회에서 정말 잘했어.") 또는 자기 팀원들의 잠재력에 대해 긍정적으로 생각한다("우리 팀은 이번 주에 굉장히 많이 연습했어.").

　분명히 이러한 전략은 부정 정서를 증가시키는 데 이용할 수도 있다. 선수가 대회의 중요성에 초점을 맞추거나("만약 다음 경기에서 진다면 우리는 챔피언십에 도전하지 못할 것이다.") 또는 자신이 경기를 얼마나 못했는지("나는 경기에서 졌고, 우리 팀은 너무 많은 점수를 내줬다.")에 초점을 맞춤으로써 그만큼 쉽게 기가 죽을 수도 있다.

　그로스와 톰슨이 제안한 다섯 번째이자 마지막 범주는 **반응조절**이다. 반응조절은 순서상 뒤에 발생하며 일반적으로 실제 일어난 정서 반응을 변화시키려는 노력이다. 예를 들어 보자. 한 아동이 어떤 것 때문에 울기 시작한다. 하지만 우는 것이 원하는 결과를 가져올 희망이 없다는 것을 깨닫고, 아동은 전략을 바꿔 징징거리거나 심지어 자기의 느낌을 표현하기 위해 단어를 사용한다.

요약하면, 그로스와 톰슨이 설명한 모형은 예방 및 치료 개입을 위해 수많은 적용 방법을 제공하는 것이고, 그중 많은 것이 이 책의 모듈로 설명되어 있다. 더 많은 연구가 필요하기는 하지만, 정서조절 전략의 다섯 가지 범주를 골고루 사용하는 아동들이 더 나은 정서조절을 한다는 상당한 증거가 있다(예: Gross & Thompson, 2007). 그러므로 이 다섯 가지 범주의 기술을 사용하도록 아동들을 가르치는 것은 유익한 전략이 될 것이다.

정서조절의 발달 모형

정서조절을 보완하는 다른 관점은 정서조절의 발달에 초점을 맞추는데, 베르너(Werner, 1957) 관점에서 보면 조절에서 정교화와 차별화를 증가시키는 것이라 할 수 있다. 그리고 간단한 개요로서, 발달 순서에 따라 정서조절의 주요 단계를 제시하고자 한다.

이전에 언급했듯이 조절의 가장 초기 형태 중 하나는 정서 표현 그 자체다. 정서를 표현하는 것은 몇 가지 조절 효과가 있다. 첫째, 정서 표현은 종종 어떤 환경에서 중요한 도움이나 지지를 제공할 수 있는 사람에게 영향을 미친다. 그러므로 우리가 익숙해지기 시작하는 이는 정서적인 삶의 초기 단계에서 특히 중요한 전략이다. 정서 표현은 그 정서가 무엇인지, 그리고 무엇을 해야 하는지 알아 가는 초기 단계다. 따라서 정서 표현은 정서 인식, 정서 이해 그리고 정서 사회화를 포함하는 중요한 정서관련 과정을 위한 단계를 설정해 준다.

또 다른 초기 조절전략에는 기본적인 인지와 연상 학습 전략이 있다. 예를 들면, 양육자는 실질적인 문제(예: 배고픔, 젖은 기저귀)를 해결하기 위한 행동을 아무것도 하지 않으면서 부드럽게 이야기하며 우는 아이를 달랠 수 있다. 그러면 그 영아는 양육자의 목소리와 곧 안정될 것이라는 것을 연합시키는 학습을 하게 된다. 이러한 전략은 연령과 언어가 발달하면서 더 복잡성을 띠게 된다.

정서 표현과 연합 학습은 대부분의 상담자와 부모가 정서조절과 연합시키는 첫 번째 전략은 분명 아닐 것이다. 의도적인(즉, 계획적인) 조절은 정서 이해를 목표 지향적으로 적용하는 것(즉, **아는 것**에서 **나온 행동**)이 수반된다. 명확히 아는 것이 행동에 도움이 되기는 하지만 정서조절을 '하는 것'이 종종 무엇을 할 것인지 '아는 것'에 앞선다. 사실 아동들은 종종 특정 정서조절 전략을 사용하지만 물어보면 모른다고 말한다. 그래서 아동들은 정서조절을 하는 데 있어 시간이 지나면서 더 의도적으로 한다고 생각하는 것이 아마도 가장 정확할 것이다.

이 책의 2부를 구성하고 있는 모듈에서, 다양한 정서조절 관련 개입들은 발달적 틀과 여기 설명된 그로스와 톰슨 모형 둘 다를 사용할 수 있다.

정서 사회화

생각해 봐야 할 마지막 개념은 정서 사회화다. 아동과 청소년의 많은 개입이 정서 사회화 과정에 영향을 주는 방략을 사용하기 때문에 이는 상담에서 매우 중요하다. 정서 역량에 관해 앞에서 논의했듯이, 아동들은 주로 사회 맥락에서 정서와 정서를 조절하는 방법에 대해서 배운다. 누구나 동의하겠지만, 특히 발달 초기 단계에서 가장 중요한 것 중 하나가 가족이다. 정서 사회화에 대해 알려진 것 대부분은 가족 정서 사회화에 대한 연구에서 나온 것이다. 부모가 정서 사회화에 미치는 영향을 논의하기 전에, 분명히 특정 기질 유형의 유전적 특질과 아동의 환경에서 양육자의 기질과 아동의 기질 간 조화의 정도를 통해 가족이 아동의 정서 발달에 기여를 한다는 점을 주목해야 한다.

> **정서 사회화**: 중요한 타인, 특히 부모가 정서적 지식과 조절에 대해 아동에게 가르치는 의도하거나 의도하지 않은 과정

아동의 정서 발달에 영향을 미치는 부모/가족 관련 몇 가지 양육 효과가 있는데,

각각에 대해 간단히 논의하겠다.

초기의 중요한 기여 요인은 부모-아동의 관계의 질과 경험하는 애착 강도다(예: Calkins, 2007). 안정 애착 관계는 부모와 아동이 정서를 포함한 다양한 범위의 주제에 대해 개방적이고 유연한 의사소통을 할 수 있도록 한다. 이러한 긍정적인 상호작용의 근본이 되는 요소 가운데 하나는 유아의 정서 표현에 대한 유연한 반응 때문인데, 이는 강한 애착 관계와 정서 경험에 대한 개방적인 의사소통의 기초를 마련하는 것이다(예: Calkins & Fox, 2002). 다시 말하면, 경직된 반응 유형을 피할 수 있는 부모와 양육자들은 아동의 강한 정서조절을 촉진시킬 수 있다. 대체적으로, 아동과 부모 간의 안정 애착은 긍정적 정서 사회화의 기초를 만드는 반면, 불안정 애착은 아동을 정서 기능 곤란에 처하게 만든다.

정서 사회화의 더 직접적인 경로는 아동의 정서를 다루려고 하는 부모의 노력에서 볼 수 있다. 화난 아동을 달래거나 주의를 분산시키는 것이 표준 사례가 되겠지만, 이외에도 대처할 수 있는 방법에는 여러 가지가 있다. 예를 들어, 부모가 아동과 함께 긍정적 정서 상태를 만들고 유지하는 활동에 참여함으로써 정서 역량에 대해 가르칠 수 있다. 또한 부모는 아동이 활동에 참여하게끔 격려하거나 밖에 나가서 노는 것을 제안함으로써 정서 역량을 간접적으로 가르칠 수 있다. 이에 더하여 부모는 아동에게 왜 자신들을 밖으로 내보내는지 설명할 때 행동 선택 전략에 대해 분명히 가르치는 방법이 있다(예: "좀 지루해 보이네. 친구와 함께 나가거나 공놀이를 좀 해 보는 게 어때? 아마 도움이 될 거야.").

아동이 성장하고 인지적으로 더 세련된 경험을 하면서, 부모들은 더 정교한 정서 관리 전략을 사용할 수 있다. 여기에는 문제해결과 어떤 상황에 대해 대안적 방법을 생각하도록 도와주는 인지 개입이 있다. 다음에서 논의할 이러한 다른 경로들을 통해서, 양육자는 아동의 정서 발달을 가능하게 하고 발전시키는 발판을 마련할 것이다(예: Denham, Mason, & Couchoud, 1995).

아동이 정서를 직접 다루는 것에 덧붙여, 부모는 아동의 정서 행동을 평가하면서 아동을 사회화시킨다. 여기에는 사회화하려는 의도가 있는 것뿐 아니라 그러한 의도가 없는 것도 있다. 의도가 없는 사회화는 지지적이든 비판적이든 부정 정서에 주의를 기울임으로써 부정 정서를 강화할 때 일어난다. 지지적인 태도로 주의를 기울이는 것은 정서조절을 촉진시킬 수 있는데, 이는 그러한 지지가 부정 정서를 줄일 수 있기 때문이다. 이를 통해 아동이 정서에 압도될 때 정서를 표현할 수 있도록 격려해 준다. 그리고 아동은 사회적 지지는 정서조절에 효과적인 전략이라는 것을 배울 수 있다. 그러나 아동이 부정 정서를 표현할 때 주의를 끌 수 있다는 사실을 안다면, 오히려 지지적인 태도로 주의를 기울이는 것이 역효과를 일으킬 수 있다. 분명히 비판하는 태도로 주의를 기울이는 것은 아동의 정서조절에 부정적 영향을 줄 수 있다. 부모가 아동과 정서에 대해 소통하는 방법을 교정하는 데 초점을 맞추고 있는 개입들은 아동의 정서 반응에 지나치게 비판적인 반응을 하여 생긴 상처라는 관념에 토대를 두고 있다(예: Miklowitz & Goldstein, 2010; Wood & McLeod, 2007). 예를 들어, 우드(Wood)와 맥러드(McLeod)는 아동의 정서 표현을 무시하거나 거부하는 것보다("그건 그냥 연필이야. 그것 때문에 화낼 필요 없어.") 수용하고 격려하는 정서관련 대화("토미가 네 연필을 훔쳐가서 매우 화난 것처럼 들려.")를 강조하는 지노트(Ginott, 1965), 그리고 파버와 매즐리히(Faber & Mazlich, 1995)의 저서에 일부 바탕을 둔 접근법을 설명한다.

부모–자녀 정서 대화는 아동의 정서에 대해 부모가 반응하는 것과는 구분되는데, 이는 정서에 대해 아동을 사회화시키는 또 다른 중요한 방법이다(예: Eisenberg, Cumberland, & Spinrad, 1998). 이 대화는 어머니가 아들에게 화가 나서 소리를 지른 후와 같이 정서 사건이 발생하는 동안 또는 이후에 일어날 수 있다. 그리고 그 어머니는 자신의 화, 화가 난 이유, 어떻게 화를 다루었는지, 그리고 화가 났지만 여전히 자신이 아들을 얼마나 사랑하는지에 대해 이야기를 나눌 수도 있다. 또한 부모와 아동들은 정서에 대해 더 일반적인 대화를 할 수도 있다. 예를 들어, 아동은 텔레비전 방송이나 책에서 죄책감에 대해 듣고, 그 의미에 대해 부모에게 물을 수 있다. 그러면 부모들은 딸에게 죄책감 그리고 그 느낌을 스스로 다루기 위해서 무엇을 할 수 있는지에 대해 이야기할 수 있다. 이러한 대화는 정상화시키는 중요한 효과가 있는데, 정서가 사람이면 느낄 수 있는 정상적인 것이라는 것을 이해하는 것은 도움이 된다. 무엇보다 이러한 대화는 가트먼(Gottman)의 '정서 코칭' 상담 시간이라고 부를 수도 있는데, 이 상담 시간에 부모는 아동이 미래의 정서 상황에서 시도해 볼 수 있는 전략을 제공한다(예: Gottman, Katz, & Hooven, 1996). 코칭 시간은 아동에게 부모가 어떻게 감정을 다루는지 시범을 볼 수 있는 기회와 '연습' 상황에서 감정을 다르게 다루는 것을 시연해 볼 수 있는 기회를 제공한다.

더구나 가족의 전반적인 정서 분위기는 아동의 정서 발달에 영향을 미친다. 표현해도 받아들여지는 정서는 어떤 것인지, 누가 그런 정서를 표현할 수 있는지, 그리고 어떻게 정서가 표현되는지에 대해서는 가족마다 다르다. 가족들이 부정 정서를 자주 그리고 강하게 표현하는 것은 정서 발달의 미성숙과 관련이 있다. 부모의 정서 표현과 부모가 자기 자신의 정서를 조절하는 것은 중요한 학습 기회가 되는데, 이것은 감정을 경험하고 다루는 데 모범이 된다. 부모가 이러한 기회를 인식하고 활용할수록 좋은 신호가 되는 것이다.

요약하자면, 가족 내에서 정서 사회화가 일어나는 여러 가지 경로가 있는데, 여기에는 부모-자녀 애착, 정서조절에 대한 부모의 직접적인 교육, 그리고 부모-자녀 정서 대화가 있다. 비슷한 과정들이 가족 외 정서 사회화에서 일어나지만, 다른 영향력(예: 또래, 선생님)은 거의 연구가 되어 있지 않다. 부모와 양육자들은 이 책의 후반부에서 설명하는 모든 모듈에 참여할 수 있기 때문에, 모든 모듈은 정서 사회화라는 중요한 개념의 영향을 받는다고 볼 수 있을 것이다.

다른 주요 개념: 개인차와 기질

마지막 두 가지 주제인 정서 발달의 개인차와 기질을 여기서 간단히 논의할 필요가 있다.

개인차

개인차와 다양성은 6장에 더 상세하게 논의되어 있지만, 성과 문화가 정서 발달에 영향을 미치며 상담자가 이러한 사실을 자각하고 주의해야 한다는 것은 언급할 만하다.

성별

증거들에 따르면 정서를 표현해야 한다는 믿음은 남아가 여아보다 적은데, 이는 여아보다는 남아 편에서 정서 표현을 조절하는 것이 필요하다고 느끼는 것임을 의미한다(예: Underwood, 1997). 하지만 남아와 여아에게 정서 표현의 결과에 대해 물었을 때, 이러한 연구 결과는 모호해진다. 어떤 연구들은 정서 표현에 대해 여아가 남아보다 또래들로부터 더 부정적인 반응을 예상한다고 보고한 반면, 또 다른 연구들은 남아들이 더 부정적인 예상을 한다고 보고한다(예: Underwood, 1997; Zeman & Shipman, 1997). 즉, 비록 성별이 아동의 정서 조절 필요성이나 조절 결과에 대한 지각에 영향을 미친다고 하지만 성별 효과는 상황 요인에 따라 미묘한 차이를 나타내는 것으로 보인다.

공감의 성차 연구도 역시 약간의 미묘한 차이가 있다는 것을 시사한다. 예를 들어, 많은 연구가 여성이 남성보다 더 공감을 잘하는 것으로 보고한다(예: Eisenberg & Lennon, 1983; Rueckert & Naubar, 2008). 하지만 이 결과는 공감 평가 방법을 자기 보고식으로 했을 때 더 그렇다(예: Eisenberg & Lennon, 1983). 질문을 했을 때, 여아들은 남아들보다 공감을 더 한다고 말하는 것이다. 그러나 아동을 체계적으로 관찰했을 때는 실제 공감 행동에 대해 그런 성차가 드러나지 않는다(예: Eisenberg & Lennon, 1983). 즉, 남아와 여아가 공감은 비슷하게 하지만, 실제 차이는 여아가 그것에 관해 더 이야기할 가능성이 있다는 것이다.

문화

　독자들은 모든 문화가 정서 표현과 조절에 대해 같은 관점을 공유하지 않는다는 사실을 직감할 것이다. 안타깝게도 문화와 관련된 정서 발달의 개인차 연구는 상대적으로 거의 없다. 하지만 궁극적으로 보면, 문화가 정서 발달에 미치는 영향에 대한 실증 연구가 필요하다. 와이즈와 동료들(Weisz, Suwanlert, Chaiyasit, Weisz et al., 1987; Weisz et al., 1988)이 수행한 문화와 정신병리에 대한 일련의 실용적인 연구들은 정서 과정에 대한 문화 차를 이해하기 위한 함의가 있다. 이 연구는 아동, 부모 그리고 교사의 관점에서 수많은 측면을 통해 미국 아동과 태국 아동 간 차이를 살펴보았다. 한 연구는 아동과 부모에게 아동의 대처 방법, 그리고 대처 목표 차이(즉, 그들의 정서조절)에 대해 질문했을 때, 두 집단 간의 문화 차이를 발견하였다. 구체적으로 보면, 태국 아동들은 권위가 있는 성인이 있는 상황에서는 내면의 대처를 하는데 이 때문에 권위가 있는 성인 앞에서는 자신의 정서를 겉으로 거의 표현하지 않는다. 게다가 태국 아동들은 미국 아동들보다 양육자와 분리된 상황에 직면했을 때, 상황에 대해 생각하는 방식을 바꾸려고(vs 상황을 바꾸려고) 더 많이 노력하는 것으로 나타났다. 반면에 미국 아동들은 그들이 신체 부상을 당했을 때, 상황에 대해서 그들이 생각하는 방식을 바꾸려고(vs 상황을 바꾸려고) 더 많이 노력하는 것으로 나타났다.

　여기서 언급해야 할 주요 사항이 있다. 미국과 태국 간의 문화 차 가운데 하나는 미국 문화는 **개인주의**로 간주되는 반면, 태국 문화는 **집단주의**로 간주된다는 것이다. 개인주의 문화에서는, 아동들의 정서 표현은 개성을 표현하기 위한 수단으로서 보일 수 있고, 따라서 지지되고 심지어 격려될 수도 있다. 그러나 공공선을 지향하는 집단주의 문화에서는, 정서에 대해 되도록 표현하지 않는 것이 높게 평가될 수 있다. 다음으로, 특정 문화에 있어 어떤 상황에서는 정서 표현이 '허용'되지만 다른 상황에서는 그렇지 않다는 것이다. 예를 들어, 몇몇 아시아 문화는 정서 고통에 비해 신체 고통을 표현하는 것에 더욱 지지적이다. 이러한 사실은 아시아계 미국인들이 정신 건강 문제보다 신체적 문제 호소를 잘 받아 주는 결과로 나타날 수 있다(예: Matsumoto, 2001).

기 질

이 장에서 논의된 과정들은 정서 역량을 발달시키는 데 다른 선호도를 가지고 태어나는 각 개인에서 발생하는 것들이다. 추정되는 기질 특성의 수는 연구에 따라 다양하고, 또한 발달하면서 변화하는 것으로 여겨진다. 그러나 여기서는 정서와 관련되어 있는 몇 개의 기질 특성만 논의하겠다.

먼저, **행동 억제**가 있는데, 이는 새로운 자극에 대해 극단적으로 억제해서 반응하는 경향을 말한다. 매사추세츠 종합병원과 하버드 대학교의 제롬 케이건(Jerome Kagan), 조셉 비더먼(Joseph Biderman)과 동료들은 억제 기질은 안정적이며, 이후 내재화 장애(예: 불안장애; Biederman et al., 1993; Kagan, Snidman, Arcus, & Reznick, 1994)와 연관된다는 강한 증거를 제시한다. 또한 그들은 다른 기질 양식(예: 비억제적인)은 외현화 장애와 연관될 수 있다고 제안하였다(예: Schwartz, Snidman, & Kagan, 1996).

유사한 맥락에서, 데리베리와 리드(Derryberry & Reed, 1994)는 정신병리 발달에 취약 요인일 수 있는 두 가지 기질 패턴을 가정하였다. 먼저, 그들은 충동성 관련 장애에 취약할 수 있는 **보상/접근** 성향을 설명하였다. 둘째, 그들은 아동이 불안장애를 일으킬 위험에 처하게 할 수 있는 **처벌/회피** 성향에 대해서 설명하였다.

마지막 기질적 특성인 **정서 강도**는 극단적으로 반응하는(또는 하지 않는) 경향을 말한다. 아이젠버그(Eisenberg)와 동료들은 정서 강도, 정서조절 그리고 사회 적응 간의 관계에 대해 연구했고, 높은 수준의 부정적 정서 강도(즉, 화, 슬픔, 두려움과 같은 부정적 정서)가 위험 요인을 나타내는 한편, 높은 수준의 일반적이고 긍정적인 정서 강도 또한 이상 발달로 연결된다는 것에 주목하였다(예: Eisenberg et al., 1996). 아이젠버그와 동료들은 그들의 발견에 기초해서, 중간 수준의 정서 강도가 정상 발달과 관련된다고 가정한다(예: 사회적 조정; 예: Eisenberg et al., 1997).

결 론

　정서에 대한 연구는 21세기에 중요한 분야로 등장하였다. 이 장에서는 이 책의 2부에서 설명할 치료전략에 초점을 맞춘 서막으로서 정서와 관련된 몇몇 중요한 구성개념을 정의하고 논의하였다. 전반적으로 모듈들은 사니가 설명한 정서 역량 모델에 기반을 두고 있으며, 최적 기능과 적응을 촉진시키는 서로 연관되면서도 독립적인 몇 가지 기술을 개발하는 것을 강조한다.

Chapter 3
정서관련 평가

이 장에는 두 가지 목적이 있다. 첫 번째는 몇 가지 핵심이 되는 평가 원리에 대해 독자의 기억을 되살리는 것이다. 두 번째는 정서관련 역량을 평가하는 데 사용되는 방법을 설명하는 것이다.

심리치료의 타당성에 대한 거의 모든 증거는 치료 전 엄격한 평가를 적용한 연구에서 나온다. 이 연구들은 소위 '엄격한 심리측정법'을 갖춘 척도를 사용하는 광범위한 평가를 필요로 한다. 엄격한 측정법이란 도구가 광범위하게 연구되었고, 신뢰할 만하게 적용되었으며, 타당한 평가를 제공한다는 것을 의미한다. 이 책의 초점이 상담 개입이기 때문에, 이 책에서 기술된 어떤 전략들이든 사용하기 전에 엄격한 평가를 강력하게 권장한다.

평가 목적

평가는 치료계획에 도움을 주기 위해 실시한다. 정신건강에서, 이러한 계획에는 상담계획, 교육 현장, 가정 외 현장(예: 위탁가정, 주거치료센터), 또는 약물 처방 등이 있다. 이 계획은 계획을 실시하는 사람의 가설, 즉 환자에게 왜 문제가 나타나고 지속되는지에 대한 그 사람의 가설을 기반으로 하는데, 그 사람의 상황에 대한 평가 그 자체를 바탕으로 한다. 때로, 평가는 거의 필요하지 않다. 예를 들어, 가족이 문제와 그 원인에 대해 명확하게 이해하고 상담을 받으러 올 수도 있다. 이런 경우, 상담자는 평가를 추가하지 않고 가족 스스로가 관찰한 것만으로 진행할 수 있다. 그러나 이렇게 관찰을 기반으로 한 계획이 실패하면, 상담자는 가족들에 대한 정보가 불충분하다고, 즉 문제를 해결하는 방식에 대한 가설이 부정확하거나 불완전하다고 결론을 내릴 수도 있을 것이다. 이와 같은 사례에서 상담이 실패하면 평가가 필요해질 수도 있다.

물론, 가족이 임상 실제에서 자녀가 마주하고 있는 문제에 대한 광범위하고 꽤 정확한 정보를 치료에 제공하는 것은 드문 일이다. 대신 가족들은 보통 많은 의문과 불확실함을 가지고 있다. 종종 가족들이 상담자를 찾은 주된 이유는 "우리 아이가 뭐가 문제죠?"라는 질문에 대한 답을 얻으려는 것이다.

독립되어 있지만 연관되는 네 가지 질문에 답변하기 위해서 평가를 사용할 수 있다. 그 네 가지 질문은 다음과 같다.

1. 평가가 더 필요한가?
2. 개입이 필요한가?
3. 내담자의 구체적인 문제가 무엇이고 무슨 치료가 이 문제를 다루는 데 가장 적절한가?
4. 개입이 얼마나 잘 되고 있는가?

평가가 더 필요한가

이 질문은 언제나 전형적인 임상 평가의 부분이 되는 것은 아닌데, 그 이유는 전문가에게 의뢰했다는 것은 가족이 평가를 더 원하고 있다는 것을 의미하기 때문이다. 그러나 상담자는 특별 아동이나 심지어는 그런 아동이 많은 한 개 반을 대상으로 선별 작업을 해 달라고 요청받을 수도 있다. 이와 같이 선별 평가는 '평가가 더 필요한가?'라는 질문에 대한 답을 하는 것이다. 선별 작업은 대체로 간단해서 대규모의 잠재적인 내담자/환자 집단에게 실시한다. 선별 작업은 진단 여부를 결정하거나 문제 범위를 자세히 하기에 충분한 정보를 제공하지 못하겠지만, 이러한 척도는 이후에 실시될 더 철저하고 포괄적인 평가에 통합될 수도 있다. 선별 척도는 포괄적인 평가를 위한 가능한 초점을 파악하기 위해 개인별로 실시할 수도 있고, 서비스에 대한 욕구나 평가를 추가할 지를 파악하기 위해 집단으로 실시할 수도 있다(예: 지역 학교의 학생들에게 우울 척도를 시행하기).

개입이 필요한가

이 질문은 긍정적인 선별 작업 직후나 가족이 클리닉 혹은 제공기관에 아동이 행동 건강 서비스가 필요한지에 대한 의견을 물어보면서 아동을 의뢰할 때 생길 수 있다. 누군가 정신건강 기관을 찾을 때 상담자나 내방한 사람 모두 정신건강 치료를 추천할 것이라고 가정할 수 있다. 그러나 감기에 걸려 1차 병원 의사에게 찾아간 사람에게 볼 수 있듯이, 평가를 잘 하면 전문가는 "당신을 괴롭히고 있는 것은 치료 없이도 나을 수 있는 것"이라고 결론을 이야기해 줄 수도 있다. 하지만 정신건강에서 이런 경우는 매우 드물다. 가장 흔한 상황은 가족이 괴로운 시간을 오랜 기간 보낸 후에야 어떤 치료가 필요할 수도 있겠다는 결정을 하는 것이다. 여전히 평가의 목적 가운데 하나는 아동 문제가 개입이 필요한지 아닌지 결정하는 것이라는 사실은 강조할 만하다.

이를 결정하기 위해서, 상담자는 문제가 발달상 부적절한 것인지 파악해야 하고 이 문제가 치료를 할 만한 고통이 있거나 장애가 되는지 파악해야 한다. 이러한 결정의 첫 번째 영역은 종종 가족이 확인한 문제 영역을 측정하는 것으로 시작한다. 상담자는 "발달상 정상 발달을 벗어난 정도로 심각한가?"라고 스스로 질문해 보아야 한다. 신빙성을 가진 심리측정법(예: 신뢰도, 타당도, 규준)이 있는 척도를 함께 사용하는 것은 상담자가 도달한 결론에 신뢰를 더 주게 된다. 척도, 심리측정 그리고 규준에 대한 주제는 곧 다시 논의하겠다.

이런 결정의 두 번째 부분은 특정 문제 영역을 측정하는 척도에서 정보를 얻는 것이 아니라 이 문제가 일으킨 기능상 결과를 측정하는 척도에서 정보를 얻는다는 것이다. 예를 들어, 등교 거부, 친구 부족, 극도의 고통, 학업 문제 등이 치료할 가능성이 있다는 지표가 되는데 증상을 측정하는 척도로만 항상 평가하지는 않는다. 그러므로 상담자는 또한 문제 영역의 기능상 결과를 측정할 수 있는 척도를 사용할지 고려해야 한다.

내담자의 구체적인 문제가 무엇이고 무슨 치료가 이 문제를 다루는 데 가장 적절한가

세 번째 질문은 두 번째 질문에 대한 답이 '그렇다'이고, 사실상 개입이 필요할 때만 가능하다. 문제를 파악하고 치료를 선택하는 정보를 얻기 위해 사용하는 척도는 다양할 것이다. 예를 들어, 상담자는 가족면담을 통해 진단 정보와 증상 정보를 얻을 수 있다. 여기에는 다양한 맥락(예: 사무실, 학교, 집) 속에서 구조화된 혹은 반구조화된 가족 관찰을 하는 것과 가족의 삶 속에서 중요한 타인(예: 선생님, 코치)에게 정보를 얻는 것 등이 있다. 이러한 방법에 대한 논의는 더 하겠지만, 치료의 초점이 무엇이 되어야 하는가라는 세 번째 질문이 상담자 편에서 광범위하고 시간을 많이 들여 하는 노력이라는 것만 말해도 충분하다. VCU(버지니아 커먼웰스 대학교)에 있는 클리닉에서 우리는 검사와 면담뿐만 아니라 4장에 기술되어 있는 기능 평가도 한다. 더 나아가 4장과 5장에서 강조하듯이, 치료의 초점 문제는 치료를 시작할 때부터 명확하게 답을 얻을 수는 없다. 치료를 진행하는 동안 정보가 변하기 때문에, 초점은 변하여 더 분명해지거나 때로는 불분명해질 수도 있다. 따라서 어디에 어떻게 치료의 초점을 둘지 결정하는 과정은 계속 진행 중인 것이다.

개입이 얼마나 잘 되고 있는가

네 번째 질문은 앞선 세 가지 질문만큼 중요함에도 불구하고 종종 무시되는 것 중 하나다. 평가는 진행 중인 상담계획이나 개입의 효과를 측정하기 위해서도 사용된다. 상담자는 "이 계획이 잘 되고 있는가? 아동의 기능이 향상되고 있는가?"라는 질문에 답하기 위해 정보를 수집해야 한다. 이 목적에 필요한 측정도구들은 피드백을 자주 하도록 하기 위해 단순하면서도 초점이 있어야 한다. 예를 들어, 주기적으로 정서 폭발을 보이는 아들이 있는 가족은 정서 폭발하는 수를 주마다 보고하거나, 반대되는 긍정적인 상황에 초점을 두기 위해 문제가 되는 상황에서 아동이 정서 반응을 조절할 수 있었던 횟수를 보고할 수 있다. 이러한 정보를 얻기 위해서 매주 가족들을 교육하는 것과 더불어 가끔씩 표준화된 행동 측정치를 사용할 수 있는데 이는 아동 문제가 다른 영역으로 옮아가지 않았다는 것을 확신하기 위해서뿐만 아니라 치료에서 얻은 이득이 일반화되고 있는지 알아보기 위해서 하는 것이다.

검토한 평가의 일반 목적과 함께 이 장의 마지막 절에서는 정서관련 구성개념을 평가하는 몇 가지 도구에 대해 논의하겠다.

정서 평가

정서를 측정하는 도구는 임상 현상, 특히 임상 증상을 측정하는 도구에 비하면 흔하지 않다. 2장에서 논의하였듯이, 정서는 최근에서야 과학 연구의 보편적인 연구 주제가 되었기 때문에 정서를 측정하는 도구의 개발이 다른 영역에 비해 뒤처져 있다. 특히 아동의 정서를 측정하는 것의 또 다른 어려움은 발달 문제가 그들의 감정에 관한 질문에 대답하는 내담자의 능력을 방해할 수 있다는 것이다. 아동에게 직접 질문함으로써 아동들의 정서 역량을 측정하는 것이 최선의 방법이지만,

아동이 정서 역량에 대해 이해하는 것이 잘못된 것일 수도 있고 불완전할 수 있다는 것을 상담자들은 명심해야한다. 같은 개념을 측정하기 위해 한 개 이상의 측정치를 사용하거나 궁극적으로 한 명 이상의 보고자를 사용하는 다중체계 측정법이 이런 문제들을 상쇄시킨다.

구체적인 정서 측정에 대해 알아보기 전에, 몇 가지 쟁점을 언급할 필요가 있다. 첫째, 정서 측정은 반드시 아동의 발달 상태를 고려해야 한다. 6세 이하의 아동에게 그들의 정서에 대해 묻는 것은 헛된 일일 수 있다는 몇 가지 과학적 증거가 있다(Lewis, Haviland-Jones, & Barrett, 2008). 물론 자신의 정서에 대해서 이야기할 수 있는 특출한 5세 아동도 있고, 그렇게 이야기할 수 없는 14세 아동도 있다. 연령에 기반을 둔 경험 법칙은 융통성 있게 적용되어야 한다.

게다가 자기보고 척도는 종종 평정 척도를 사용한다. 예를 들어, 한 아동에게 구체적인 정서조절 전략을 사용하는 빈도를 1에서 7까지 평정하도록 요구할 수 있다. 이 때 각각의 숫자에는 그 숫자를 설명하는 말들이 적혀 있게 된다. 다시 말하지만 이런 종류의 판단을 할 수 있는 아동과 연관된 발달 차이가 존재하는 것이다.

마지막으로, 아동은 사회적 바람직성 편향에 취약하다. 다시 말하면, 아동은 진정한 답변을 하기보다는 사회적으로 바람직하거나 옳다고 생각하는 것에 따라 면접이나 질문지에 응답할 수도 있다. 성인도 또한 대부분의 임상 평가 상황에서 이런 응답을 하는 경향이 있지만, 성인과는 달리 아동은 평가할 때 질문을 받는 경우가 거의 드물다. 이런 이유로 솔직하고 완전하게 응답하고자 하는 아동의 동기는 복잡하다는 말로 가장 잘 설명될 것이다.

다음 절에서는 정서와 관련된 구성개념으로 가장 많이 연구되는 **정서 이해**와 **정서 조절**을 측정하는 척도를 설명한다. 비록 초점은 주로 자기보고식 척도이지만, 다른 방법들도 설명하고 있는데 이는 여러 방법을 같이 쓰는 것이 중요함을 반영한다.

정서 이해 측정방법

정서 이해 측정방법은 아동이 특정 정서관련 개념을 얼마나 잘 이해하고 있는지 (예: 다양한 종류의 감정이 있고, 각 감정은 특정 생리 반응이 있으며, 그 감정은 다양한 내적 및 외적 사건에 의해 촉발될 수 있다는 것을 아는 것)를 측정하기 위해 고안되었다. 정서 이해 측정방법은 전형적으로 면접 형식으로 실시한다. 왜냐하면 면접 형식은 읽고 쓸 필요가 없고, 면접자가 아동의 발달단계에 맞게 질문을 조정하고, 후속 질문을 할 수 있으며, 질문을 명료하게 할 수 있기 때문이다. 하지만 이와 더불어 질문지는 정서 이해를 측정하는 데 사용되어 왔다. 여기서는 신뢰도와 타당도가 입증된 두 가지 면접 기법과 한 가지 질문지를 설명한다.

면 담

정서 이해 면담(Emotional Understanding Interview: EUI; Cassidy, Parke, Butkovsky, & Braungart, 1992)은 아동에게 네 가지 정서(즉, 분노, 슬픔, 행복, 두려움) 중 한 가지를 표현하는 동성 친구의 사진을 보여 준다. 그러면 그 아동은 그 사진에 대해 일련의 개방형 질문을 받는데, 그 질문들은 정서 이해를 측정하는 5개의 범주로 되어 있다. ① 정서 식별(예: "너는 이 아이가 무엇을 느끼고 있다고 생각하니?"), ② 정서 경험(예: "너는 이런 감정을 느껴 본 적이 있니?"), ③ 정서 원인(예: "어떤 것들이 너를 이렇게 느끼게 만드니?"), ④ 정서 표현(예: "네가 이런 식으로 느낄 때, 다른 사람들에게 네가 어떻게 느끼는지 표현했니?), ⑤ 정서 표현에 대한 행동 반응(예: "이런 식으로 바라보는 또 다른 친구를 봤을 때, 너는 무엇을 할 거니?"). 각각의 반응은 '그렇다'와 '아니다' 중 어느 하나에 표시된다. '그렇다'는 아동이 그 정서의 특정한 측면을 이해하는 것을 의미하고, '아니다'는 그 아동이 이해하지 못하는 것을 의미한다. 상담자는 네 가지 정서 사진 모두를 사용할 수도 있고 특정 사진만을 선택해서 평가를 단축할 수도 있다. 점수로는 네 가지 정서 각각의 점수뿐만 아니라 전체 점수를 산출한다.

KAI-R(Kusche Affective Interview-Revised; Kusché, Bielke, & Greenberg, 1988)

은 정서 이해를 측정하기 위해 사용하는 좀 더 문항 수가 많고 종합적인 도구다. KAI-R은 여러 영역으로 나뉜 개방형 질문들로 되어 있다. 첫 번째 영역은 정서 단어의 지식을 평가하는데, 아동은 자신이 아는 만큼 많은 정서를 작성한다. 두 번째 영역은 정서 단서에 대한 지식을 알아본다(예: 상황 단서, 얼굴 단서, 내적 단서). 특히 아동들은 열 가지 정서에 대해 "…한 정서를 느낄 때, 너는 어떻게 아니?"라는 질문을 받는다(열 가지 정서는 행복, 슬픔, 분노, 두려움, 사랑, 자랑스러움, 죄책감, 질투심, 긴장, 외로움이다). 아동이 생각해 낼 수 있는 가능한 한 많은 단서로 각각의 문항에 답변하도록 한다. 세 번째 영역은 복합 정서 조합을 이해하는지 평가한다. 즉, 아동들이 한 번에 한 가지 이상의 정서를 느낄 수 있는지 질문하고 특정 조합에 대해서도 질문한다(예: 슬픔과 분노, 행복과 슬픔, 평온함과 긴장, 사랑과 분노). 네 번째 영역은 감정을 숨길 수 있다는 사실에 대한 지식을 평가한다(예: "너는 어떻게 너의 감정을 숨기니?" "다른 사람들은 어떻게 감정을 숨기니?"). 다섯 번째 영역은 정서가 변할 수 있다는 생각에 대한 지식을 평가한다(예: "너는 너의 느낌을 바꿀 수 있니? 어떻게?"). 다른 부분들은 정서에 대한 신념을 평가하는데, 예를 들어 동물들이 정서를 경험하는지 아닌지에 대한 것도 포함한다.

KAI-R을 채점하는 것은 EUI의 경우보다 조금 더 복잡하다. 반응은 각 응답의 상대적인 발달적 수준을 측정하는 체계를 사용하여 채점한다. 예를 들어, 몇몇 응답은 0에서 3까지의 척도를 사용하여 채점하는데, 0은 매우 낮은 이해 수준을 나타내고 3은 가장 높은 이해 수준을 나타낸다. 예를 들어, 아동이 정서 단서 지식은 3점으로 높지만 정서 변화에 대한 지식은 낮을 수도 있으므로 각 영역별로 매긴다.

질문지

아동 정서표현 척도(The Emotional Expression Scale of Children: EESE; Penza-Clyve & Zeman, 2002)는 16문항으로 구성된 질문지다. 아동은 5점 척도를 사용하여 응답하는데, 1점은 전혀 그렇지 않다, 3점은 다소 그렇다, 5점은 매우 그렇다를 의미한다. 이 검사는 두 개의 하위척도로 되어 있는데 이 하위척도는 '인식 부족'과 '표현

꺼림'이다. 인식 부족 척도는 "나는 종종 내가 어떻게 느끼는지 알지 못한다." "나는 이해할 수 없다는 느낌이 든다."와 같은 문항으로 되어 있다. 표현 꺼림 척도는 "나는 나의 느낌을 마음속에 담고 있는 것을 선호한다." "내가 화가 났을 때, 나는 화를 내는 것이 두렵다."와 같은 문항으로 되어 있다. 검사가 질문지로 고안되었지만, 면접용으로 사용할 수도 있다. 게다가 부모가 그들의 자녀에 대해 작성할 수 있는 부모 보고형의 검사 형태도 있다. 이 검사는 간단하면서도 쉽게 개인이 작성할 수 있는 이점을 가지고 있으나, 앞서 설명한 면접만큼 아동의 정서 이해를 광범위하게 알아보지는 않는다. 게다가 표현 꺼림 척도는 정서 이해를 측정하는 것이지 정서 표현을 측정하는 것은 아니다.

정서 이해를 측정하는 다른 검사들이 있지만, 여기에 설명한 세 가지 검사는 사용할 만하다는 증거가 있는 검사다. 이 세 가지 검사 모두는 연구를 염두에 두고 개발한 것이다. 특히 면접은 그 자체로 아동과 하는 임상 작업에도 적용할 수 있다. 상담자들은 이 검사들을 채점하는 절차 없이 아동과 느낌에 대해 이야기를 시작하기 위한 수단으로 사용할 수 있다. 이 세 가지 검사는 저자에게서 얻을 수 있다(그들의 메일 주소는 이 장 끝에 제시되어 있다).

정서조절 측정방법

정서조절 측정방법은 정서 이해 측정방법보다 더 관심을 받고 있다. 그 결과 정서조절 측정치들이 더 많다. 2장에서 언급한 바와 같이 대처와 정서조절 간에 중요한 공통 부분이 있기는 하지만 이 책의 목적상 대처를 광범위하게 측정하는 척도는 포함시키지 않았다. 정서조절 측정방법은 질문지 또는 관찰이다. 질문지와 관찰 방법이 각 두 가지씩 다음에 설명되어 있다.

질문지
메인 대학교, 그리고 최근에는 윌리엄 메리 단과대학의 제니스 지먼(Janice

Zeman)과 동료들은 아동의 정서관리 척도(Children's Emotion Management Scales: CEMS; 예: Zeman, Shipman, & Suveg, 2002)라는 정서조절 척도를 개발하였다. 최근에는 세 가지 정서(분노, 슬픔, 걱정)를 각각 측정하는 척도들이 있는데, 각 척도에는 세 가지 요인이 있다. ① **억제**: 정서 표현의 억압과 관련이 있다(예: "나는 나의 슬픔/분노/걱정을 숨긴다."). ② **조절이 되지 않은 표현**: 조절되지 않은 채 정서를 밖으로 표현하는 것이다(예: "나는 내가 화가 났을 때, 평정심을 잃는다." "나는 나를 슬프게 만드는 것에 대해 징징거리거나 야단법석을 떤다."). ③ **대처**: 행동 분산 그리고 사회 지지와 같은 전략과 관련이 있다(예: "나는 기분이 나아질 때까지 누군가에게 이야기한다.").

또 다른 질문지는 정서조절 체크리스트(Emotion Regulation Checklist; Shields & Cicchetti, 1997)다. 이 24문항의 질문지는 부모가 작성하는데, 자녀의 정서를 조절하는 능력에 대한 인식을 평가하기 위해 4점 척도를 사용한다. 질문지는 두 가지 척도가 있다. ① **정서조절**: 감정 표현, 공감 그리고 정서에 대한 자기인식이 상황에 적합한지 평가한다(예: "다른 사람에게 공감하는가?"). ② **불안정성/부정적 성향**: 정동장애, 융통성 부족, 조절되지 않은 부정 감정, 그리고 적절하지 않은 정서 표현을 평가한다(예: "갑자기 화를 내는 경향이 있는가?").

관찰 측정

상식 선에서 볼 때, 정서조절을 측정한다는 것에는 아동이 얼마나 '잘 말할 수 있느냐' 이상의 것이 포함되어야 한다. 물론 연구자들은 아동이 말뿐만 아니라 실제 그렇게 행동을 할 수 있는지 알아보기 위해 도구들을 개발해 왔다. 개발된 관찰 측정은 구조화되는 경향이 있다. 한 가지 예로 **실망스러운 선물 패러다임**(Cole, 1986; Saarni, 1984)이 있다. 이 상황에서, 아동은 연구자와 함께 몇 가지 과제를 수행한다. 과제를 시작하기 전에, 아동은 도와주는 대가로 상을 약속받는다. 이후 아동은 상으로 망가진 장난감을 받는데, 아동이 실망감을 얼마나 잘 조절하는지 측정하기 위해 아동의 정서 반응을 녹화하고 이후 코딩한다. 이 패러다임은 아주 어린 아동들도 어떤 상황에서는 실망감을 감출 필요가 있다는 것을 학습했다는 연구 결과에 기초하고 있다.

정서조절을 측정하기 위해 사용하는 두 번째 관찰 패러다임은 **모의 분노 패러다임**(Cummings, Hennessy, Rabideau, & Cicchetti, 1994)이라고 불리는 것이다. 한 변형 패러다임에서 아동과 양육자는 같은 방이지만 다른 탁자에서 서류를 작성하고 있다. 일정 시간이 지난 후 연구자는 시간이 다 되었음을 알리고 어느 정도 진행되었는지 알아보기 위해 양육자에게 다가간다. 연구자는 양육자가 해야 할 만큼 하지 않아 화를 내게 되고 화난 말투로 양육자에게 연구자의 시간이 얼마나 소중한지 말한다. 그동안 일방경이나 비디오를 통해서 아동을 관찰한다. 여기서의 목표는 양육자에게 표현된 분노를 아동이 어떻게 처리하는지 관찰하는 것이다.

이러한 모의 분노 패러다임에 대해 몇 가지 적겠다. 첫째, 이 패러다임은 연구자의 분노가 계획된 것이라는 점에서 속임수를 이용한 연구의 한 예다. 이 경우, 양육자 또한 속임수에 관여하고 있으며 관찰이 끝나고 아동이 느낀 느낌을 이야기하는 시간에 아동에게 속임수에 대해 알려 준다. 속임수 연구는 책임 있게 하더라도 논란이 많다. 아무도 속는 것을 좋아하지 않기 때문이다. 상담자들이 대부분 신중한 생각과 계획을 하지 않는다면, 이 접근법은 유용하지도 않고 적합하지도 않다는 것을 알게 된다.

정서조절을 관찰하는 것은 다른 방법으로 얻기 어려운 정보를 줄 수 있으므로, 임상가들은 내담자와 상담하는 가운데 이런 관찰 기회를 어떻게 만들어 낼 수 있을지 고민해야 한다. 대부분의 상담자는 상담하는 동안 정서조절을 측정할 수 있는 많은 상황에 접근할 수 있다는 사실에 대해 언급할 것이다. 실제로 즉흥적인 정서조절 상황은 대부분의 임상 현장에서 흔하다. 이런 상황이 실행하기 쉽기 때문에 매력이 있어 보이더라도 즉흥적인 정서조절 상황은 내적 타당도에 위협이 된다. 쉽게 말하자면, 행동에 영향을 주는 다양한 변인이 많이 있다는 것이다. 상황이 다른 변인(정서조절과 같은)에 미치는 영향을 측정할 때 그 목표는 목표 변인에 영향을 미칠 수 있는 **혼입변수**라고 하는 다른 변인들을 가능한 한 많이 표준화하는 것이다. 이것은 연구자로 하여금 관찰한 것이 주로 용케 만든 상황의 결과라는 확신을 갖게 한다. 즉흥적인 상황을 관찰할 때, 상담자들은 내담자 반응에 영향을 줄 수도 있는 다른 변인들을 통제하지 않거나 심지어는 잘 모르기도 한다.

따라서 앞서 설명한 질문지 또는 관찰 측정과 같은 표준화된 프로토콜을 따르는 것이 좋다. 만약 임상가가 표준화 원리를 평가에 적용한다면, 통상 반응과 특이 반응을 더 쉽게 구분하게 해 주는 데이터베이스를 구축할 수 있을 것이다.

결론

모든 교과서가 평가라는 주제에 대해서 쓰고 있고(예: Mash & Barkley, 2007), 훨씬 더 포괄적인 내용을 다루는 장에서 정서관련 평가라는 주제에 대해 쓰고 있다. 아마도 이 장에서 생략된 가장 주목할 만한 정서관련 평가는 뇌 영상 도구다. 2장에서 설명했듯이 정서과학은 급격하게 성장하고 있는데, 대개 신경과학 연구가 이를 촉발하고 있다. 하지만 보통 상담기관에서 MRI를 사용하는 것은 어렵기 때문에 그동안 사용해 온 측정법에 초점을 두게 된다. 여기서 설명한 정서관련 평가는 ① 다음 두 장에서 설명할 치료계획을 세우는 데 도움이 되는 평가 과정의 일부로서 ② 이 책의 2부를 구성하고 있는 치료 모듈을 적용할 수 있을지 결정하는 데, 그리고 ③ 치료 성과의 중요한 지표로서 사용할 수 있다.

측정도구를 얻기 위해 정서 측정도구 개발자에게 문의하려면, 다음의 연락처 정보를 이용하기 바란다.

Emotion Understanding Interview: Dr. Jude Cassidy: jcassidy@psyc.umd.edu

Kusche Affective Interview-Revised: Dr. Mark Greenberg: mxg47@psu.edu

Emotion Expression Scale for Children: Dr. Janice Zeman: jzeman@wm.edu

Emotion Management Scales: Dr. Janice Zeman: jzeman@wm.edu

Emotion Regulation Checklist: Dr. Dante Cicchetti: cicchett@umn.edu

Chapter 4

사례개념화
기능분석 사용

독자들은 정서 개입을 다루는 책에서 왜 기능분석에 한 장 전체를 할애하는지 의문이 들 것이다. 이에 대한 답은 평가를 잘 하지 않고는, 질 높은 치료를 보장할 수 없다는 것이다. 대체로 이 장은 ① 기능 평가를 정의하고, 평가를 잘 해야 하는 이유에 대한 배경 이론을 제시하며, ② 이러한 기능 평가를 독자들의 임상 실제에 실시하는 법을 교육하고, ③ 일반적인 개입과 정서가 포함된 개입을 사용할 때 두 영역 모두 임상 장면에서 기능 평가의 힘과 유용성을 보여 줄 것이다. 더 구체적으로 이 장에서는 두 개의 사례를 예시로 하여, 기능 평가 모델을 자세히 설명하고 기능 평가가 어떻게 치료계획에 도움이 되는지 설명할 것이다. 기능 평가를 약간 깊은 수준에서 다루기는 하겠지만, 관심 있는 독자는 더 깊은 논의를 위해 이 장 끝에 나열된 다른 자료들을 참고하기 바란다.

진단기반 평가 대 기능분석기반 평가

정신건강 분야가 증거기반 치료, 프로그램 그리고 실제를 지향하면서, 평가 및 치료 계획을 위한 기본 도구로서 아동의 진단[정신장애의 진단 및 통계 편람(DSM)]을 사용하는 경향이 증가하고 있다. 실제로 많은 증거기반 치료들(evidence-based treatments: EBTs)은 특정 DSM 진단 범주를 충족시키는 아동들을 위해 고안, 검증되고 있다. DSM에 초점을 맞추는 것은 치료에 많은 이점이 있는데 초점은 아동과 청소년에게 더 나은 성과를 보이는 치료법 개발과 검증을 위해 각각의 DSM 범주에 중점을 두고 있다. 그러나 많은 과학자와 임상가는 DSM에 중점을 두는 데 내재되어 있는 한계점을 안타까워한다. 그러한 한계 중 두드러지는 것은 치료받으러 오는 많은 아동이 단지 장애 하나만이 아니라 DSM의 여러 장애 기준에 충족된다는 것이다. 만약 이런 경우라면, 상담자가 어떻게 치료해야 할까? 예를 들면, 여러 가지 치료 프로그램을 순서대로 사용하는 것이 적절한가? 여러 가지 치료 프로그램을 동시에 진행하는 것이 가능한가? 여러 진단을 동시에 받았을 때 이러한 진단 조합을 위해 치료 프로그램을 설계해야만 하고 설계할 수 있는가? 이들 질문에 대한 명확한 답은 없다.

DSM에 기반을 둔 접근의 또 다른 한계는 어떤 아이들은 DSM의 어느 장애의 진단 기준도 충족되지 않지만 치료를 받으러 온다는 것이다(Jensen & Weisz, 2002). 정신건강 체계는 이런 아동을 어떻게 언급하고 있는가? 즉, 그들을 어떻게 분류하는가? 그렇지 않다면, 진단명이 없을 때 치료 프로그램도 없다는 사실을 감안할 때 상담자는 어떻게 치료를 선택해야 할까? 이러한 두 가지 예는 진단 연속선상의 극단에 있는 것으로, 오로지 DSM에만 의지하는 것이 아동과 청소년을 대상으로 치료계획을 세울 때 문제를 일으키는 데 분명하다는 것을 설명해 주는 것이다. 이러한 문제에 대한 한 가지 가능한 치료는 행동평가와 기능분석을 사용하는 것이다.

대체적으로 기능분석은 어떤 특정 행동이나 몇몇 행동이 발생하고 지속되는 이유에 대한 가설을 세우는 데 사용하는 과정이다. 기능분석이나 어떤 다른 행동평가들이 반드시 DSM 기반 평가의 대체물은 아니다. 상담자는 기능분석, 행동평가, DSM 사이에서 선택할 필요가 없다. 이 세 가지는 서로 배타적인 것이 아니다. 사실 두 가지 접근을 함께 사용하는 것은 몇 가지 두드러진 장점이 있다.

기능분석을 사용하는 큰 장점 중 하나는 개개인의 요구에 맞는 차별적인 치료를 할 가능성을 높인다는 것이다. 이런 식으로, 기능분석을 사용한다는 것은 몇몇 치료 접근이 내담자에게 일률적인 개념화를 강요한다고 염려하는 사람들에게 해결책이 된다. 실제로 기능분석을 사용하는 것은 상담자에게 각 사례에 대해 새로운 개념화를 만들어 내도록 요구한다. 더 나아가 기능분석은 상담자가 정기적으로 그 개념화를 다시 논의하도록 요구한다. 결과적으로, 내담자에 대한 상담자의 생각을 변화와 발전이라는 늘 새로운 상태로 있게끔 하고 변화와 발전에 맞추어 가도록 한다. 기능분석은 행동주의(그리고 인지-행동) 이론에서 나온다. 그러나 이 접근을 다른 이론에 적용하는 것도 가능하다.

배경 이론

기능분석 과정에 대한 설명을 하기 전에, 몇몇 독자는 기능분석이 나오게 된 주요 이론에 대한 짤막한 강의(혹은 재교육)에 관심이 있을지도 모르겠다. 종합해 보면, 아래에 기술된 세 가지 학습이론(고전적 조건화, 조작적 조건화, 사회학습이론)은 기능분석을 사용하는 사례를 개념화하면서 가설을 세우기 위해 살펴볼 만한 것들이다.

고전적 조건화는 학습이 때로는 어떤 새로운(종종 무해한) 자극이 소위 무조건적인 반응을 일으키는 다른 자극과 함께 쌍을 이루는 것을 통하여 일어난다는 사실을 나타낸다. 짝을 짓는 것을 통해, 사람은 새로운 자극을 무조건적인 자극과 함께 연합시키게 되는데, 이와 같이 새로운 자극을 단순히 제시하는 것은 이전까지 무조건적인 자극에 의해 생긴 반응을 만들어 낸다. 우연히 신체 학대 또는 성적 학대와 같은 외상 경험과 짝지어지는 바람에 특정 장소(집 안의 방 또는 이웃해 있는 특정 거리)에 가는 것을 꺼리는 예는 임상 장면에 흔하다.

조작적 조건화는 보상이나 처벌과 같은 행동 결과에 주의를 두는 학습 형태를 나타낸다. 보상 또는 강화는 보상에 선행하는 행동의 빈도를 증가시킬 가능성이 많은 반면, 처벌은 처벌에 선행하는 행동의 빈도를 감소시킬 가능성이 많다. 예를 들어, 아동이 부모의 지시를 따를 때, 칭찬(그리고 강화의 다른 형태)은 아동이 순응하는 행동을 반복할 가능성을 증가시킨다. 많은 행동 개입 그리고 인지행동 개입은 부분적으로 조작적 조건화 이론의 원리를 기반으로 한다.

마지막으로, **사회학습이론**은 학습이 직접적인 경험뿐만 아니라 다른 사람의 경험을 관찰하는 것을 통해 일어난다고 가정한다. 특히 주목해야 할 점은 보상 또는 처벌을 이끌어 내는 경험을 관찰하는 것이다. 울기 때문에 선생님이나 부모님에게 관심을 받고 있는 다른 아이를 관찰하게 되면, 울기 전략이 관심을 얻고 싶을 때 시도해볼 가치가 있는 전략이라고 생각할 수도 있다.

예정에 없던 이론 배경 설명을 마치고 다음 절부터 기능분석 모형을 자세하게 설명하겠다.

기능분석 모형

앞서 언급했듯이 기능분석은 특정 행동 또는 몇 가지 행동이 발생하고 지속되는 이유에 대한 가설을 설정하는 데 사용되는 과정이다. 이 과정에는 네 단계가 있다.

1. 문제 파악
2. 근거리 유발요인 이름 붙이기(즉, 문제 행동이 발생한 시점과 인접해서 발생한 문제에 영향을 미치고 있는 요인 확인)
3. 맥락 또는 상황 정보 수집(즉, 문제 행동을 일으킬 가능성이 많은 환경이나 사람들에 대한 확인)
4. 원거리 유발요인 이름 붙이기(즉, 과거에 발생했지만 여전히 문제 행동에 영향을 미치고 있는 요인 확인)

1단계: 문제 파악

이 첫 번째 단계는 가장 중요한데 가장 어려울 수 있다. 이 단계의 어려운 점은 문제를 파악하는 데 있는 것이 아니다. 문제는 담당하고 있는 사례에 풍부하다. 이보다는 한 사례에 많은 문제가 있는 경우가 있어서 어떤 문제가 가장 급박한 문제인지 선택하는 것이 어렵다. 1단계의 목표는 **구체적이고 행동 용어로 조작되면서도 변화 가능성이 있는** 문제로 **간단하고 명료한** 목록을 만드는 것이다. **굵은 서체**로 된 각각의 단어들은 더 주의해서 볼 필요가 있다.

간단하고 명료한은 텅 빈 냉장고에 채울 식재료 목록을 읽는 것처럼 문제 목록을 나열하지 않도록 상담자들을 상기시킨다. 대부분의 상담에서는 많은 문제가 있더라도 조그마한 단위의 주제에 초점을 맞출 것을 요구한다. 모든 것을 한 번에 고치기는 어려운 것이다. 상담자들은 문제 간의 연계성과 중첩되는 부분을 찾아야만 하는데, 그렇게 함으로써 잠재적인 치료 영향의 범위를 넓히고 이와 동시에 다룰 수 있을 정도로 초점 맞추는 개수를 축약할 수 있는 것이다. 마지막으로, 내담자와 가족의 목표를 상담자 자신의 판단과 인식과 비교하여 고찰하게 되면 문제 개수를 줄일 수 있는 경우가 많다. 가족의 의사소통 유형이 만족스러운 것이 아니어서 이 유형을 상담에서 변화시킬 때 가족의 삶의 질을 향상시킬 수 있는 것은 사실이다. 하지만 가족이 그 영역의 변화를 거의 하고 싶지 않거나 변화하는 데 흥미가 없을 수도 있다는 것 또한 사실이다. 이런 경우에, '가족 의사소통' 문제는 상담자의 보류 목록에 둘 수 있다. 보류 목록이란 더 급박한(아마도 더 적절한) 문제가 언급되었을 때 주의를 기울일 수 있는 것을 말한다. 일반적으로 경험에 비추어 봤을 때 세 개에서 다섯 개 정도의 목표가 좋다. 가능한 한 적은 목표를 정함으로써 목표를 성공적으로 달성할 수 있는 가능성을 증가시키고, 그렇게 함으로써 (진전이 일어나는 것이 기쁜) 내담자와 (성공적 느낌을 경험하는 것이 반가운) 상담자를 강화시킨다.

구체적이고 행동 용어로 조작된이란 말은 길고 복잡한 말이다. 그리고 행동 용어로 문제가 명료하게 정의될수록 기능분석은 더 잘 진행될 것이라는 다소 간단한 아이디어임에도 불구하고 기능분석을 하는 데 있어 가장 어려운 부분이다. 구체적이고 행동 용어로 표현된 문제는 공통된 특성이 몇 가지 있다.

첫 번째는 전반적이지 않고 구체적이라는 것이다. 이는 '학교에서 친구들과 한 다툼'이나 '가정 규칙에 대해 어머니와 한 다툼'과 같이 특정 행동 또는 행동 양상을 언급한다는 것을 의미한다. 반대로 전반적인 문제에는 공격적인 행동 또는 반항 행동 등이 될 것이다.

두 번째는 관찰 가능하다는 것이다. 즉, 그 문제들은 타인이 관찰할 수 있는 행동이거나 내담자가 타당하게 추론하거나 보고할 수 있는 행동이어야 한다는 것이다. 그러므로 "내담자의 자존감이 낮다."와 같은 표현은 자존감이 직접 관찰할 수 없는 개념이기 때문에 "내담자는 새로운 활동을 거의 하지 않는다." 또는 "내담자는 자신감이 부족하다고 표현한다."보다는 좋지 않다.

세 번째, 문제들은 **변화 가능하다**고 볼 수 있어야 한다. 처음에는 이상하게 들릴지도 모르겠다. 결국 상담자들은 변화를 시키는 일을 하고 있으므로, 변화할 수 있는 행동을 파악하는 것은 쉬워야 한다. 그러나 때로 내담자들은 변화 가능성이 별로 없는 문제들을 붙들고 있다. 변화 가능성이 없을 수도 있는 문제의 한 예는 "내담자가 주의력결핍 과잉행동장애(ADHD)가 있다."는 것이다. 분명히 ADHD는 아동과 가족에게 많은 어려운 과제를 부과하므로, 그것을 목록에 추가하고 싶은 유혹이 들 수도 있다. "내담자가 ADHD를 앓고 있다."는 문제에 대해 방금 논의한 규칙을 사용하여 더 자세히 살펴보자.

간단하고 명료한가

ADHD는 두 가지 광범위한 증상 범주(주의력 결핍과 과잉행동/충동성)에 걸친 십여 개 이상의 증상으로 구성되어 있는 DSM의 진단을 일컫기 때문에 간단하기는 하지만(즉, 장황하지 않다) 명료하지는 않다. DSM 진단에 충족되려면, 십여 개의 증상 가운데 단지 여섯 가지만 필요하다. 그러므로 ADHD를 가진 두 아동이라도 겹치는 증상이 하나도 없을 가능성도 있어서 둘 다 같은 진단 기준을 충족시킴에도 불구하고 서로 상당히 다른 모습이 나타날 수도 있다. 그러므로 그 문제에 ADHD를 사용하는 것은 명료하지가 않다.

구체적이고 관찰 가능한가

ADHD는 엄격하게 말하자면 관찰 가능하지 않다. 많은 사람이 보면 안다고 믿고 있지만, 모든 사람이 ADHD가 어떤 양상을 띤다는 것에 동의하는 것은 아니다. 이미 언급한 것처럼 ADHD는 많은 증상으로 구성되어 있고, 그렇다 보니 같은 아동이라도 그리고 아동끼리도 나타나는 양상이 다양하다. 더구나 ADHD의 증상들 중 어떤 것은 각 관찰자들마다 다르게 보고할 가능성이 있는 애매한 표현을 담고 있다(예: '종종 쉽게 산만해지는'의 기준은 교사와 학부모가 다르게 볼 수 있다). 마지막으로, ADHD의 증상들 중 어떤 것은 다른 문제들이나 진단과 겹쳐서 더 나아가 신뢰할 만한 측정치에 대한 복잡한 문제가 있다. 예를 들어, 부모가 불안 또는 피로로 인해 산만하기보다 ADHD로 산만하다고 보고할지 어떻게 알겠는가?

변화 가능한가

진단명을 붙이지 않는 것을 하나의 지표로 사용할 수 있다. 그렇지만 DSM을 사용하여 진단을 내릴 수 없는 아동은 여전히 증상 다섯 개 정도가 있을 수 있다. 이것은 의미 있는 질문이다. 진단명이 없는 것이 정말 타당한 목표인가? 그것은 정말 부모의 목표인가?

문제해결

ADHD를 가진 내담자에게 더 나은 현실적인 목표는 교실에서(또는 가정에서나 내담자의 형제자매와 함께) 충동적인 행동이 감소되거나 없어지는 것, 집에서 내는 짜증이 감소하는 것, 부모나 교사의 요구에 응하는 행동이 증가하는 것 등이 있을 수 있다.

2단계: 근거리 유발요인 이름 붙이기

문제 목록을 작성하고 나면, 상담자들은 근거리 유발요인을 파악할 준비가 된 것이다. 여기에서는 헨겔러(Henggeler)와 동료들(2009)의 다중체계 치료(multisystemic therapy)에 관한 저서에서 사용하는 용어와 같은 용어를 사용한다. 그리고 유발요인들은 문제 행동들을 '유발시키는' 또는 부분적으로 결정하는 요인들이다. 근거리 유발요인들은 문제 행동과 시간상 아주 가깝게 일어나면서 문제 행동에 영향을 미치는 잠재적인 요인들이다. 물론 기능분석(FA)에서는 필연적으로 임의로 이름 붙이는 일이 있다는 것은 언급할 필요가 있다. 다르게 분석하면 다른 준비를 하게 한다. 예를 들어, 평가에서는 내담자의 문제가 학교에서 다른 아이들과 대화하는 것을 피하는 것이며, 유발요인은 친구들과 이야기하는 자신의 능력에 대해 안 좋은 것만 속으로 말하는 부정적인 자기말(self-talk)이라고 제시할 수 있다. 이 평가의 대안이 되는 개념화에서는 부정적인 자기말이 문제라고 가정하고 이 문제를 일으킨 유발요인을 찾게 된다. 기능분석은 문제 행동의 본질에 대한 명확한 과학 이론을 만드는 것이 아니다. 이보다는 상담자들이 당면 문제가 어떻게 발생하고 유지되었는지를 이해할 수 있도록 도와주는 과학적 사고를 적용해 보는 것이다. 이는 추측하는 것이며 정신장애의 병인에 대한 명확한 이론을 설명하기보다는 목표에 이르는 수단, 즉 치료계획으로 보는 것이 제일 좋다.

근거리 유발요인을 파악할 때 ABC를 기억하면 도움이 된다. A는 선행 사건(antecedents), B는 행동(behavior) 그리고 C는 결과(consequences)를 의미한다. 문제 행동의 유발요인은 선행 사건에서 많이 발견할 수 있다. 그래서 "[문제를 여기에 넣으라]가 발생하기 직전에 무슨 일이 있었나요?"라는 질문이 좋은 질문인 것이다. 어떤 선행 사건은 조건 자극일 수도 있다. 예를 들어, 학대가 일어났던 방에 있는 것은 섬광처럼 떠오르는 기억 또는 공격적인 폭발을 일으킬 수 있다. 또 어떤 선행 사건들은 조작적 조건화를 통해 학습된 행동에 대한 촉발요인으로서 작용할 수도 있다. 예를 들면, 어머니가 점점 더 크게 소리를 지르는 것이 아동의 문제 행동을 더 증가시키는 경우다. 병력을 살펴보면 가족 안에서 가장 크게 소리 지르는 사람이 좌지우지하고 있다는 사실이 드러날 수도 있다. 이러한 예에서, '어머니의 점점 커지는 목소리'는 '어머니의 언어 양가성'으로 바꿀 수 있고, 유사한 이야기를 해줄 수 있다.

중요할 수 있는 다른 선행 사건들은 직접 관찰하는 것이 더 힘들어서 누군가에게 선행 사건에 대해 분명하게 설명해 달라고 요구한다. 자르는 행동을 하기 전에 부정적인 자기말을 하는 여자아이를 상상해 보자. 이 아동이 "나는 못났어. 모든 사람이 나를 싫어해."라는 자기말을 한다고 생각해 보라. 상담자가 아동의 생각을 말로 표현하도록 하고 이 생각이 어느 정도 관찰 가능하게 되지 않는다면, 이 선행 사건은 관찰할 수 없어서 자기파괴적인 자기말을 근거리 유발요인으로 이름 붙이는 잘못된 선택을 할 수 있다. 물론 자기말이 문제 행동과 매우 관련이 있다는 것이 사실이더라도 상담자 편에서 단지 추측한 것이라면 근거리 유발요인으로 포함시키기에는 충분하지 않다.

ABC 과정에서 다음은 B다. 기능분석 과정에서 B는 앞에서 논의한 문제 행동이므로 여기서 더 논의할 필요는 없다. 그러므로 C, 즉 결과를 논의하도록 한다. 결과를 알아내는 것은 문제를 파악하는 것보다 때로는 쉬운 과제일 수 있다. 사람들은 문제가 일어난 뒤에 무슨 일이 일어났는지를 더 잘 기억하는 경향이 있는데, 이는 문제가 드러나고 나면 사람들이 더 주의를 기울이기 시작하기 때문이다. 결과에 대해서는 간략히 생각하고, 행동에 보상을 주거나 처벌을 하는 반응을 고려하기 바란다. 슈퍼마켓에서 사탕을 사 달라고 조르는 아동과 같은 고전적인 사례를 생각해 보라. 만약 조르는 것을 '행동'으로 본다면, 부모가 하는 행동에 많은 결과가 달려 있다. 만약 부모가 오래 조르는 것에 못 이겨 사탕을 사 준다면, 아동은 조르는 것에 대해 보상받은 것이다(그리고 아동이 조르는 것을 멈췄기 때문에 부모는 사탕을 준 것에 대한 보상을 받은 것이다).

마찬가지로 결과의 관점에서 보상의 부재를 생각해 볼 수 있다. 아동이 시키지도 않았는데 식사를 하고 식탁을 정리하는 것과 같은 긍정적 행동을 했다고 생각해 보라. 가끔(자주?), 부모들은 이런 일을 한 아동에게 보상을 주는 것을 잊어버리는 경향이 있다. 여기서 칭얼거리거나 식탁 정리를 안 하는 것과 같이 '바람직하지 못한' 행동에 주의를 기울이는가와 바람직한 행동에 대해 보상을 얼마나 누락하는 가를 생각해 보면, 보상(그리고 누락)의 중요성이 명확해진다. 관련된 모든 결과를 고려하기 위해 주어지지 않은 것뿐만 아니라 주어진 보상(또는 처벌)에 대해 생각할 필요가 있다.

고려해야 하는 또 다른 흔한 결과는 부적 강화다. 부적 강화란 불쾌한 자극이 어떤 행동이 발생한 뒤에 제거되는 것이다. 예를 들어, 아침에 스누즈 버튼을 눌렀을 때, 버저나 라디오 소음이 사라지기 때문에 행동은 부적으로 강화될 수 있다(물론 이것은 그 사람이 큰 소리에 잠이 방해되는 것을 싫어한다는 것을 가정하는 것이다). 죄수가 좋은 행동을 하여 몇 년 감형받았다면, 또한 부적으로 강화되는 것이다. 아동은 짜증을 내는 것이 부적으로 강화될 수도 있는데, 그것이 할 일이나 과제를 하지 않아도 되도록 할 수 있기 때문이다.

선행 사건과 마찬가지로 상담자는 내면(예: 인지) 결과를 가정할 수 있다. 하지만 선행 사건과 마찬가지로 이 결과들은 관찰하기 어려우므로 잠정적으로만 사용해야 한다. 그러나 내담자가 무엇을 한 뒤에 자기말로 무엇을 말하는가가 그 행동을 할지 말지에 영향을 줄 수 있는 것은 분명히 가능한 이야기다. 예를 들어, 만약 한 아동이 그가 새로운 것(예: 농구)을 시도할 때마다 얼마나 엉망으로 만드는가에 초점을 맞추거나 자기가 한 실수를 항상 되새긴다면, 이 아동은 앞으로 그 행동을 하고 싶어 하지 않을 것이다. 비록 상담자가 내적 결과를 조심스럽게 가정할 수는 있지만 내담자나 다른 사람들의 보고가 상담자의 가설과 일치할 때 이것을 적용할 수 있다는 확신이 드는 것이다.

요약하면, 근거리 유발요인을 파악하는 것은 논의하고 있는 문제 행동에 대하여 ABC를 통해 생각하는 것을 의미한다. 근거리 유발요인은 문제 행동의 선행 사건과 결과가 문제 행동에 근접하여 일어나기만 한다면 모두 포함될 수 있다. 근접한다는 것은 경험적으로 수 분에서 수십 분을 생각하는 일이다. 더 먼 것은 곧 논의될 원거리 유발요인 범주로 분류된다.

3단계: 맥락/상황 정보 수집(또는 유인력[1] 결정하기)

맥락 영향과 상황 영향은 개념상 유발요인과는 다르지만, 기능분석을 처음 배우는 사람들은 이것이 선행 사건과 어떻게 다른지 이해하는 데 어려움을 가질 수 있다. 그래서 첫 목표는 두 개념을 구분하는 것이다. 본질적으로, 유인력은 목표 행동을 수정하고자 하는 상황 조건 또는 맥락 조건들이다. 그러한 조건들은 세 가지 범주로 나눌 수 있다. 즉, ① 물리 조건(주변 환경), ② 사회 조건(주변에 있는 사람과 그들이 하고 있는 것), 그리고 ③ 의학/생물학 조건(내담자의 신체에 일어나는 것)이다. 만약 선행 사건이 촉발요인이 된다면, 유인력은 그 촉발요인의 민감도를 증가시키거나 감소시키는 요인으로 간주할 수 있다. 연구에서 이러한 변수들은 때때로 조절변인으로 불리는데, 이들은 다른 변수들의 효과를 조절(또는 영향을 미치기는)하지만 원인으로 보지는 않기 때문이다. 반면에, 유발요인들은 문제 행동과 연관되는 원인으로서 개념화된다.

주말 동안 아이들 셋을 데리고 시댁을 방문한 뒤 운전하여 집으로 돌아오고 있는 지친 어머니의 예를 살펴보자. 처음에는 뒷좌석이 조용했지만, 곧 다툼이 일어난다. 다툼이 어머니가 아이들에게 그만 하라고 소리 지르는 선행 사건 역할을 한다고 생각해 보자. 즉, 아이들이 싸울 때, 어머니는 소리를 지르는 경향이 있다. 상담에서 탐색을 통해 소리를 지르면 다툼이 잠시 중단되기 때문에 소리 지르는 것이 실제로 '먹힌다'는 사실을 알아냈다. 따라서 평가 후에 상담자는 소리 지르는 행동과 관련된 선행 사건과 결과에 대해 확실한 데이터를 축적한다. 그런 상황에 영향을 줄 수 있는 유인력은 물리 조건(자동차 에어컨이 고장 났는데 여름이라고 생각해 보라), 사회 조건(어머니 혼자 아이들과 타고 있다. 만일 남편이나 다른 사람이 같이 타고

---

[1] 일차 강화물의 효능에 영향을 미치는 사건

있었다면 소리를 덜 지를 것이다), 그리고 의학/생물학 조건(어머니가 배가 고프고 머리가 아프다)일 수 있다.

몇몇 '유인력'은 치료의 초점이 될 수 있기 때문에 유인력을 파악하는 것은 문제를 평가하는 데 매우 도움이 될 수 있다. 예를 들어, 아동이 잘 먹고 잘 쉬도록 하는 것은 아동(그리고 부모)의 문제 행동을 감소시키는 데 도움이 된다. 마찬가지로 시끄러운 음악 소리와 해야 할 일이 많아서 아동이 숙제를 마치기 어렵다는 사실을 아는 것은 숙제를 마칠 수 있도록 하는 쉬운 해결책을 제공해 줄 수 있다. 많은 의학적 상태가 심리 기능과 정서 기능에 영향을 미칠 수 있기 때문에 어떤 아동들에게는 의학적 상태가 중요하지만 간과되는 유인력일 수 있다는 것을 언급하는 것 또한 가치 있다. 그러므로 임상적 상황을 완전히 이해하기 위해 아동의 의학적 이력에 대해 종종 논의하는 것이 바람직하다.

4단계: 원거리 유발요인 이름 붙이기

근거리 유발요인 그리고 유인력(establishing operation: EO)과 더불어, 바람직한 기능분석에는 현재 문제 행동에 영향을 미칠 수 있는, 원거리 유발요인으로 알려져 있는 개인력 변인을 고려하는 것도 포함되어야 한다(Henggeler et al., 2009). 원거리 유발요인에 대한 논의는 CBT에 대해서 발생한 근거 없는 믿음을 떨쳐 버릴 수 있는 좋은 기회가 된다. 이 근거 없는 믿음이란, CBT 상담자들은 내담자의 초기 아동기 경험을 포함하여 중요한 개인력에 시간을 할애하거나 중요성을 두지 않는다는 것이다. 하지만 이 믿음과는 반대로 CBT 상담자들은 주로 어떻게 학습이 발생하는가에 대해 이해를 하고 있기 때문에 개인 이력을 열심히 탐구하는 사람들이다. 그러나 종종 그들은 근거리 요인(원거리 요인보다)에 초점을 맞추는데, 근거리 요인은 계속 진행 중이거나 관찰 가능하고 변화할 가능성이 많기 때문이다. 근거리 요인들과 달리 원거리 요인들은 거의 관찰 가능하지 않거나 변화 가능하지 않다. 예를 들어, 아동기의 정서 학대에 대해 보고하는 성인 내담자를 생각해 보자.

CBT 상담자들은 분명 사례개념화를 하는 데 있어서 그 정보를 고려하겠지만, 자신이 내담자의 과거를 변화시킬 수 없고, 오직 내담자의 현재(그리고 미래)만 변화시킬 수 있다는 것 또한 인식하고 있다. 그러므로 상담자는 현재와 근거리 유발요인에만 초점을 맞추게 된다. 그러나 과거는 종종 생각과 기억을 통해 현재에 들어오기 때문에, 그리고 생각과 기억은 관찰 가능하고 바뀔 수 있는 것이기 때문에, 개인력 또한 현재에 초점을 맞추는 치료의 일부가 될 수 있는 것이다.

　고려해야 할 원거리 유발요인은 많다. 어떤 이들은 기질을 유인력으로 개념화할 수도 있겠지만, 기질 요인은 원거리 유발요인이 될 수 있는 좋은 예다. 예를 들어, 어떤 아동들은 억제 기질을 가지고 있어서 더 쉽게 불안해하며, 새로운 것을 대할 때 회피 행동을 보인다. 반면에, 어떤 아동들은 새롭고 흥분되는 경험을 찾아서 하려는 자극 추구 기질을 가지고 있다. 자극 추구 기질에는 긍정적인 면이 있을 수도 있지만 자극 추구 기질로 인해 아동이 위험한 상황이나 문제가 될 상황에 처할 수도 있다. 기질을 원거리 유발요인으로 개념화하는 것은 원거리 유발요인은 일반적으로 변화될 수 있는 것이 아니라는 점을 강조하는 것이다.

　원거리 유발요인이 될 수 있는 또 다른 변인은 내담자의 경험이 될 수 있는데 이러한 경험에는 양육받은 방식, 좋았던 혹은 안 좋았던 교육 경험, 발달상 경험, 학대나 외상, 기타 좋았던 또는 안 좋았던 경험 등이 있다.

　원거리 유발요인이 근거리 유발요인과 구분되는 점은 원거리 유발요인과 관련된 자극들은 기억이나 생각을 통해 내면으로 경험할 수는 있으나(본인의 느낌으로) 이 자극들은 더 이상 존재하지 않는다는 것이다.

　간단한 예로, 건드리거나 끌어당기는 것에 극도로 부정적으로 반응하고, 건드린 사람을 화난 듯이 쳐다보는 아동을 생각해 보자. 상담자는 원거리 유발요인으로서 과거 학대를 가설로 세울 수 있다. 하지만 근거리 유발요인은 무엇이 될 수 있는가? 그것을 파악하기 위해 상담자는 내담자를 건드리게 되는 구체적 상황을 살펴보아야 한다. 이 사례에서, 아동의 반응이 '건드리는 사람'이 건드리는 행동을 안 하게 되어서 불쾌한 감정을 더 이상 느끼지 않게 되었다고 생각해 보자. 이렇게 되어 부적 강화는 '건드린 사람'과 아동 모두에게 해당된다. 이 아동에게는 건드린 데 대한 자신의 극단적인 반응이 불쾌감을 감소시켰고 이 때문에 이런 행동을 반복할 가능성이 큰 것이다.

이 사례에서 또 다른 근거리 유발요인은 건드리는 것에 대해 어떻게 생각하고 있는가와 같은 인지 요인이다. 예를 들어, 아동은 스스로 모든(또는 대부분의) 건드림이 악의적인 의도라고 생각할 수 있다(연구자들은 이것을 적대적 귀인 편향이라고 하는데, 귀인 편향을 통해 사람들은 다른 사람에게 악의적인 의도가 있다고 가정한다). 또는 그는 단지 건드리는 것을 신체적으로 불편하다고 경험할 수 있고, 그래서 과거의 불쾌한 느낌을 떨쳐 버리기 위해 여러 생각이 들 수도 있다. 그는 심지어 과거 학대와 관련된 생각을 할 수도 있다(즉, "이거는 톰과 함께 있었을 때와 같은 느낌이 들어.")

이 예는 이 절의 결론으로서 원거리 유발요인에 대한 중요 사항을 제기하고 있다. 분명히 원거리 유발요인이 '과거에' 일어난 사건들이라는 것은 사실이다. 그러나 그것들 중 많은 부분이 과거 경험에 대한 인간의 기억과 재경험하는 능력 때문에 현재에 여전히 '살아남아 있다'는 것 또한 사실이다. 처음 기능분석을 적용하는 상담자들은 과거 사건으로 할 만한 두드러진 것이 없어 보여서 좌절한다. 하지만 경험을 하게 되면 과거가 현재에 종종 끼어들고 있다는 것을 이해할 수 있다. 더 나아가 끼어드는 것은 과거 그 자체가 아니라 과거를 재생산한 것인데 이는 보통 불완전하여 왜곡되거나 잘못 기억하고 있는 측면이 있다는 것이다. 과거 사건 그 자체와는 달리 재생산은 변화 가능하기 때문에 기능분석을 하는 임상가에게는 좋은 소재라 할 수 있다.

기능분석 적용: 사례 연구

이 장을 마무리하기 위해, 두 가지 사례를 자세히 서술하겠다. 그리고 각 사례마다 기능분석 모형을 단계별로 보여 줄 것이다. 이 책에서 초점을 두고 있는 것과 일관되게 각 사례는 정서에 근거한 개입이 되어 있다. 여기에서 초점은 초기 사례개념화다. 다음 장에서는 여기에 제시된 사례에서 어떤 치료를 선택할 것인지를 다룰 것이다. 이 책의 모든 사례 내용은 내담자의 신원을 최대한 보호하기 위해 변경되었다. 어떤 경우 이 책에 수록된 사례 가운데에는 몇 가지 사례를 엮은 것도 있다.

사례 1: 채드

채드는 부모가 다 생존하고 있는 가정에서 자란 다부진 체격을 가진 9세 남자아이다. 채드는 외동이다. 그의 부모는 가정과 학교에서 문제 행동을 조절하고 치료하기 위해 채드를 데려왔다. 예를 들어, 다른 아이들을 자주 괴롭히고 집에서는 반항하는 행동들을 보이는데, 제한을 가하면 규칙 따르는 것을 거부하며 자주 짜증을 낸다. 담임선생님과 생활지도 상담자는 채드가 ADHD일지도 모르겠다고 했으나, 진단받은 적도 없고 이전에 치료를 받은 적도 없다. 현재 행동을 촉발한 요인 또한 없다. 채드는 늘 이처럼 행동하고 있다. 그러나 해마다 행동은 조금씩 나빠지고 있다. 학교 당국이 부모에게 아이를 평가받도록 촉구하는 개입을 하여 부모는 현재 행동을 취하고 있다.

첫 상담 시간을 잡는 과정에서, 3명의 가족 구성원이 치료에 참여하고자 하는 약한 동기가 드러났는데 가족이 다소 적극적으로 참여하지 않을 가능성을 시사하였다. 아버지는 가족을 위해 거의 시간을 내지 않으려는 것처럼 보였고, 두 번의 접수면접에 모두 참석하지 않았다. 그리고 상담자가 계속 전화했으나 통화가 되지 않았다. 처음 2회 상담하는 동안, 어머니와 아이는 큰 소파에 함께 앉을 수 있음에도 불구하고, 개인용 의자에 앉는 것을 선택했다. 이들은 다소 형식적으로 대화하는 것이 관찰되었다. 평가하는 시간과 같이 공식적인 상황에서 경직되게 행동할 때 역할불안이 얼마나 작용하는지 아는 것은 어렵다. 하지만 상담자는 어머니와 아들 간에 정서 표현이 부족한 것뿐만 아니라 물리적인 거리에도 주목해야 한다.

어머니는 30대 후반으로 소극적이고 불안이 높았는데 아동 문제에 대해 양가감정을 시사하는 상황에 대해서 설명한다. 채드 어머니는 채드의 문제 행동이 감소되기를 바라기는 하지만 채드가 힘들어할 때 마음이 불편함을 느낀다. 예를 들어, 어머니의 설명을 들어 보면 아이가 짜증을 낼 때 처벌을 끝까지 하지 못하거나 아이를 직접 어르는 바람에 잘못된 행동을 강화하여 죄책감을 느끼는 것 같다고 한다. 또한 상담 시간에도 채드가 목마르다며 징징댈 때 음료자판기에서 음료를 빼먹으라고 1달러를 주어 강화한다. 그리고 남편이 채드와 더 많이 함께하지 못해 죄책감을 느낀다는 것을 알려 주며, 자신이 생각하기에는 채드가 '아빠와 친해질 필요'가 있다고 하였다.

가정에서 일어나는 문제에 대해 이야기했더니 다음과 같은 상호작용이 드러난다. 채드가 TV를 더 보고 싶다고 할 때 어머니의 첫 반응은 "안 돼."다. 채드는 요구 강도를 차츰 높여 가는데 처음에는 고집 부리는 것에서 소리를 지르는 것으로, 그리고 심지어는 문을 쾅 닫아 버리기까지 한다. 대개의 경우, 어머니는 굴복해 버리고는 좌절한 채 방으로 들어가 버린다. 어머니의 보고에 따르면 채드는 학교에서도 자기 마음대로 행동하기 위해 고집 부리는 전략을 사용한다고 한다. 담임선생님과의 통화에서도 이것이 확인되었고, 추가로 알게 된 것은 채드가 다른 친구들을 괴롭히고, 욕하며 때로는 신체 위협을 한다는 것이었다.

채드의 생활기록부를 검토하고 개인면담을 해 보면 채드에 대해 더 잘 아는 데 도움이 된다. 채드의 말을 들어 보면 화가 난 인상을 주지만 상담자는 채드가 실제로는 슬퍼하고 불안해한다는 가설을 세운다. 예를 들어, 채드가 규칙이 너무 많다는 데 대해 부모와 교사를 비난하면서 화난 말투로 이야기하지만 채드의 얼굴은 슬퍼 보인다. 상담자는 가정과 학교의 다양한 문제 상황에서 어떻게 느끼는지 여러 가지 질문을 받았을 때 표현이 빈약하다는 데 주목하였다. 채드는 거의 '기분 나쁘다'와 '짜증난다'는 단어만 사용한다. 목표에 대해 물었을 때, 채드는 어머니와 선생님이 참견하지 않았으면 좋겠다고 말했지만, 문제가 덜 생기게 되었으면 좋겠다는 사실을 인정하고 심지어는 친구와 잘 지내고 싶은 게 아니냐는 말에 동의하기도 한다.

평가에는 채드, 어머니 그리고 교사에게서 얻은 다양한 심리측정치를 포함시켰다. 아버지에게 심리검사 검사지를 보냈으나 하지 않았다. 심리검사를 채점한 후 상담자는 문제 행동을 잡아내는 검사에서 예상한 바와 같이 높은 점수가 나타났으나 교사 또한 비교적 높은 우울 증상이 있다는 것을 주목한다. 놀랄 것 없이, 채드는 증상은 거의 쓰지 않았고 모든 자기보고식 검사의 점수는 정상 범위 안에 있다. 전반적으로 평가는 기분장애가 없는 달리 분류되지 않는 반항성 장애가 시사된다. 학교에서는 채드를 ADHD로 추측했지만 평가에서는 이 진단을 지지해 주지 않는다. 하지만 주의력 결핍 하위 유형은 추가 평가를 하지 않고서는 배제할 수는 없다.

이 시점에서 사용할 수 있는 세부 항목으로는 상담자는 ① 문제, ② 근거리 유발 요인, ③ 맥락 요인, ④ 원거리 유발요인, 그리고 마지막으로 ⑤ 가능한 개입법들을 파악하기 위해 기능분석을 사용할 수 있다. 이 장에서는 앞의 4단계에 초점을 맞췄다. 5장에서는 마지막 단계인 개입 선택까지 설명하기 위하여 브리트니의 사례뿐만 아니라 채드의 사례도 다시 제시된다.

1단계: 문제 파악

첫 번째 단계에서는 지금까지 알려진 내용에 기초하여 문제 목록을 만든다. 〈표 4-1〉에 파악한 문제 세 가지가 요약되어 있다.

앞의 두 문제는 ① 간단하고, ② 구체적이면서도 관찰 가능하고, ③ 변화가 가능하다는 면에서 앞서 말한 바람직한 문제 정의 기준에 부합하다. 세 번째 문제는 가장 추측에 의존하고 있는데, 채드의 정서 인식과 이해를 관찰하는 것이 어렵다는 점이다. 채드도 어느 정도 보고한 바이기는 하지만 어머니는 짜증이 날 때 채드가 대처하는 방법이 언어적으로 또는 신체적으로 공격하는 것이라고 말한다. 그 공격성은 문제 1과 2를 일으킨다. 명확하지 않은 것은 짜증난 느낌이 채드에게는 어떤 것인가 하는 것이다. 이 명확성 부족은 정서관련 결핍의 가능성을 시사한다. 즉, 무엇을 느끼는지 모른다는 사실은 다룰 가치가 있는 문제다. 상담자는 선행 사건

〈표 4-1〉 채드의 기능분석: 문제

문제	1. 자기 마음대로 하기 위해서 다투고 성질 부리기(집에서)	2. 자기 마음대로 하기 위해서 괴롭히고 위협하기(학교에서)	3. 자신의 정서 상태를 이해하거나 표현하지 않으려고 하기
근거리 유발요인 (선행 사건)			
근거리 유발요인 (결과)			
맥락/상황 요인			
원거리 유발요인			

과 결과를 변화시키기 위해 가족을 상담할 수는 있지만 채드 안에서 일어나고 있는 것, 즉 채드가 상황에 대해 부여하고 있는 의미를 알지 못한 채 채드가 자신의 정서를 조절하고 파악하는 것을 배우지 못한다면, 미래에 곤경에 처할 위험은 여전히 남아 있는 것이다. 그러므로 세 번째 문제는 가장 추측에 의존한 것이어서 채드의 도움 없이 관찰하는 것은 어렵지만 가설로 설정된 다루어야 할 중요한 문제로 남아 있다.

2단계: 근거리 유발요인 파악

문제가 파악되면 상담자는 근거리 유발요인를 파악하는 2단계를 진행할 수 있다. 여러분이 회상하듯이, 여기서 고려해야 할 두 가지 범주가 있다. 하나는 선행 사건, 즉 문제 행동 이전에 발생한 사건이고, 다른 하나는 결과, 즉 문제 행동 이후에 발생한 사건이다.

선행 사건

많은 아이가 그러는 것처럼, 채드는 자신의 뜻대로 되지 않을 때 폭발한다. 달리 말하면, 자신의 의지가 어떤 식으로든 방해받거나 욕구가 봉쇄될 때 화를 내고 부적응 대처를 한다. 이 선행 사건은 처음 두 문제에 관련되어 있는 것으로 생각된다. 더 추측해 보면 문제 1과 문제 2의 선행 사건은 채드의 내적 대화일지도 모른다. 제시되고 있는 가능성은 많다. 다른 사람들의 어리석음에 대해 생각하고 있을까? 아니면 다른 사람들이 자신의 욕구를 어떻게 충족시켜야 하는지에 대해 생각하고 있을까? 아니면 그 힘이 이 욕구를 충족시키는 유일한 방법이라고 생각하고 있을까? 아니면 이와는 달리 "이 방식을 고집하는 것은 나를 나쁜 사람으로 만들어." 또는 "왜 사람들은 내가 문제를 일으키지 않으면 나를 좋아하지 않거나 내 말을 들어주지 않을까?"와 같이 세심한 생각을 할 수도 있다. 물론 이것들은 단지 추측일 뿐이다. 그러나 시간이 흐르면서 채드는 이런 상황에 대하여 여러 가지 믿음을 키웠고, 그런 생각이 행동에 대한 선행 사건이 될 수도 있다. 예를 들어, 만약 어머니가 채드에게 안 된다고 말할 때 그가 "엄마는 틀렸어. 엄마는 생각을 바꿀 거야."라고 생각하고 고집을 부린다면 어머니가 생각을 바꿀 것이라는 채드의 생각은 채드가 고집을 부리는 데 대한 선행 사건이다.

추측이기는 하지만 문제 2에 관련이 있을 수 있는 또 다른 선행 사건은 또래의 위협에 대한 채드의 지각이다. 채드는 위협을 목격하고 위협이 되는 것을 감소시키기 위해 재빨리 반응하는 아동일 수 있는데 이 반응은 그런 상황에서는 공격하는 것이 효과 있는 또는 적합한 전략이라는 믿음에 따른 것이다.

문제 3에 대한 두 가지 선행 사건 요인은 다음과 같다. 먼저, 상담자는 채드는 감정이 강렬할 때 이 감정으로 인해서 더욱 충동적이게 된다는 가설을 세운다. 강한 정서를 다스리려고 하는 것은 보통 하는 것이지만 감정을 이해하고 다루는 데 서툰 채드와 같은 아동들에게 그 문제는 커진다. 두 번째 가능한 요인은 채드가 그의 느낌에 대해 말하기를 꺼리는 것이다. 채드가 강한 정서를 하루 종일 느낄 때, 문제 대처 방법으로 이런 정서를 공유하지 못한다면 더욱 통제 불능 상태가 될 수 있다. 앞서 언급했듯이, 채드의 내적 감정 상태를 관찰하는 것이 어렵다는 점을 감안해 볼 때 문제 3에 대한 요인은 필연적으로 다른 문제의 요인보다는 잠정적인 것이다.

결 과

일관되지 않은 양육은 문제 1과 문제 2 모두에게 명백한 기여 요인이다. 채드의 어머니는 집에서 규칙적으로 보이는 채드의 문제 행동(규정을 벗어나는 것, 언쟁하기, 방문을 세게 닫아 버리기 등)을 강화시켰고 학교에서 보고된 잘못된 행동에 대해서 벌을 주지 않았다. 다른 아이를 괴롭히는 채드의 행동은 학교에서 벌을 받게도 했지만 긍정적인 결과를 낳기도 하였다. 이 때문에 채드는 친구들과의 관계에서 자기 마음대로 하였고 호감은 아니지만 친구의 우러름을 받기도 했다. 문제 3과 관련해서 상담자는 채드의 부모가 이같이 정서가 관여된 상황을 가지고 정서를 어떻게 파악하고 다루어야 할지 가르칠 수 있는 기회로 사용하지 않았기 때문에 채드가 정서 지식이 부족한 상태가 되었다는 가설을 세운다. 〈표 4-2〉는 이러한 사실들과 가설을 요약하고 있다.

3단계: 상황 정보와 맥락 정보 수집(또는 유인력 파악)

앞서 언급했듯이 유인력은 물리 조건, 사회 조건, 의학/생물학 조건의 세 가지 범주로 나뉜다. 채드의 사례에서 가족과 관련된 한 가지 중요한 사회적 맥락 변수가 있다. 채드의 잘못된 행동은 그가 아버지와 단둘이 있거나 부모가 모두 있을 때보다 어머니와 단둘이 있을 때 더 흔하다는 것이다. 학교 관련 문제에 대해서 상담자는 채드가 주변에 친구가 적게 있을 때보다 많이 있을 때 문제를 일으키는 것 같은 인상을 받았다. 다시 말해서, 소집단에서는 친구를 괴롭힐 가능성이 적다는 것이다. 상담자는 또한 의학/생물학 요인에 대해 언급하였다. 이는 가능한 진단이 ADHD 부주의 유형이라는 것인데 이 장애는 세 가지 문제 영역에 모두 영향을 미칠 수도 있다. 다른 맥락 요인은 언급되지 않았고, 채드에 대해 가정한 맥락/상황 요인을 〈표 4-3〉에 추가하였다.

4단계: 원거리 유발요인 파악

원거리 유발요인은 현재 상황에 영향을 줄 수 있는 과거 변인이다. 어떤 뚜렷한 과거 외상 또는 다른 아주 좋지 못한 경험은 나타나지 않았다. 하지만 문제 3에 가족 정서 사회화가 적었다는 과거력이 있어 보였는데 이런 사실은 틀림없이 문제 3에 영향을 미쳤을 것이다. 채드의 이력에서는 이 시점에서 원거리 유발요인에 대해 생각할 만한 근거는 없어 보였다. 〈표 4-4〉는 지금까지 발견한 사실을 정리한 것이다.

이 시점에서 상담자의 다음 단계는 치료 선택과 순서 정하기가 될 것이고, 이는 다음 장에서 다룬다. 또한 채드의 치료계획도 자세하게 논의할 것이다. 다음으로, 두 번째 사례는 기능분석을 사용하는 또 다른 예를 보여 주기 위해 제시하였다.

〈표 4-2〉 채드의 기능분석: 근거리 유발요인

문제	1. 자기 마음대로 하기 위해서 다투고 성질 부리기(집에서)	2. 자기 마음대로 하기 위해서 괴롭히고 위협하기(학교에서)	3. 자신의 정서 상태를 이해하거나 표현하지 않으려고 하기
근거리 유발요인 (선행 사건)	욕구 좌절 생각이나 신념(예: 물리력이나 언쟁의 효과에 대해, 힘든 상황에 능숙하지 않은 것에 대해)	욕구 좌절 생각이나 신념(예: 물리력이나 언쟁의 효과에 대해, 힘든 상황에 능숙하지 않은 것에 대해) 친구의 협박	강렬한 정서 경험 하루 동안 있었던 힘든 경험을 이야기하지 않는 것
근거리 유발요인 (결과)	잘못된 행동에 대한 부모의 강화 잘못된 행동에 대한 부모의 처벌 부재	잘못된 행동에 대한 친구의 강화 잘못된 행동에 대한 부모의 처벌 부재	부모의 정서 교육 부재
맥락/상황 요인			
원거리 유발요인			

〈표 4-3〉 채드의 기능분석: 맥락/상황 요인

문제	1. 자기 마음대로 하기 위해서 언쟁하고 성질 부리기(집에서)	2. 자기 마음대로 하기 위해서 괴롭히고 위협하기(학교에서)	3. 자신의 정서 상태를 이해하거나 표현하지 않으려고 하기
근거리 유발요인 (선행 사건)	욕구 좌절 생각이나 신념(예: 물리력이나 언쟁의 효과에 대해, 힘든 상황에 능숙하지 않은 것에 대해)	욕구 좌절 생각이나 신념(예: 물리력이나 언쟁의 효과에 대해, 힘든 상황에 능숙하지 않은 것에 대해) 친구의 협박	강렬한 정서 경험 하루 동안 있었던 힘든 경험을 이야기하지 않는 것
근거리 유발요인 (결과)	잘못된 행동에 대한 부모의 강화 잘못된 행동에 대한 부모의 처벌 부재	잘못된 행동에 대한 친구의 강화 잘못된 행동에 대한 부모의 처벌 부재	부모의 정서 교육 부재
맥락/상황 요인	아버지의 부재 ADHD 진단	친구들에게 둘러싸여 있을 때 ADHD 진단	ADHD 진단
원거리 유발요인			

〈표 4-4〉 채드의 기능분석: 원거리 유발요인

문제	1. 자기 마음대로 하기 위해서 언쟁하고 성질 부리기(집에서)	2. 자기 마음대로 하기 위해서 괴롭히고 위협하기(학교에서)	3. 자신의 정서 상태를 이해하거나 표현하지 않으려고 하기
근거리 유발요인 (선행 사건)	욕구 좌절 생각이나 신념(예: 물리력이나 언쟁의 효과에 대해, 힘든 상황에 능숙하지 않은 것에 대해)	욕구 좌절 생각이나 신념(예: 물리력이나 언쟁의 효과에 대해, 힘든 상황에 능숙하지 않은 것에 대해) 친구의 협박	강렬한 정서 경험 하루 동안 있었던 힘든 경험을 이야기하지 않는 것
근거리 유발요인 (결과)	잘못된 행동에 대한 부모의 강화 잘못된 행동에 대한 부모의 처벌 부재	잘못된 행동에 대한 친구의 강화 잘못된 행동에 대한 부모의 처벌 부재	부모의 정서 교육 부재
맥락/상황 요인	아버지의 부재 ADHD 진단	친구들에게 둘러싸여 있을 때 ADHD 진단	ADHD 진단
원거리 유발요인			가족 정서 사회화의 부족

사례 2: 브리트니

브리트니는 어머니 그리고 남동생(9세)과 함께 살고 있는 14세 소녀다. 상담실에 오게 된 호소 문제는 브리트니가 또래 관계에 대해 '미치도록 화를 내거나' 때로는 화가 나 며칠 동안 방에서 틀어박혀 있다는 것이다. 예를 들어, 상담자는 브리트니가 자신의 친구 중 한 명에게 일부 남자애들이 나쁜 말을 하는 것을 들었다는 사실을 알았다. 브리트니는 그 사건에 대하여 너무 화가 나서 울다가 일기 쓰다가 하면서 혼자 방에서 이틀을 보냈다. 또한 브리트니는 친한 친구인 토드가 기분이 가라앉아 있을 때 극도로 속상해하였다. 어머니는 토드가 항상 우울함에 빠진 아이 같다고 했으며 브리트니에게서 토드가 자해 행동을 했다는 것을 들었다. 브리트니와 토드는 전화 통화를 많이 했는데 특히 밤에 많이 하였다. 상담에 오기 몇 주 동안 브리트니는 더욱 집 안에 틀어박힌 채 대부분의 시간을 혼자 보내거나 토드와 통화를 하였다. 게다가 어머니는 브리트니가 또래나 가족에게 분노를 표출하며, 심지어 학교에서 가장 친한 여자 친구에게 욕을 퍼붓기도 한 사례를 이야기하였다. 어머니는 이런 사건 이후 브리트니가 더욱 철회되었다고 말하였다.

상담자는 접수면접을 하는 동안에 얻은 정보를 통해 브리트니가 심각한 우울과 불안이 있다는 것을 알 수 있었다. 브리트니의 눈은 풀이 죽어 있었고, 피곤해 보였으며, 어조는 단조로웠고, 말하는 내용은 부정적인 것에 초점이 맞춰져 있었다. 상담 시 표준화된 검사를 사용한 결과 브리트니와 그녀의 어머니는 각각 브리트니가 다수의 DSM-IV 우울 증상(우울한 기분, 쾌감 상실, 불면증, 과도한 죄책감, 식욕 감퇴 등)을 보이고 있음을 보고하였다. 그들은 또한 많은 불안 증상을 보고하였고, 그중 다수는 일관된 범불안장애(예: 학교 과제와 같은 다른 주제뿐 아니라 다른 사람의 행복에 대해 많이 걱정하는 것)와 사회공포증(예: 다른 사람이 거부할 것을 두려워하거나, 학교에서의 사회적 상황을 피하는 것)의 DSM-IV 범주와 일치하였다. 또한 몇 가지 강점 영역이 나타났는데 브리트니는 자기 생각을 명확히 표현하였으며 생각이 깊었다. 어머니는 바빴지만 걱정하고 관심을 기울였다. 또한 브리트니가 분노를 표출하여 위태롭기는 했지만, 또래의 지원 네트워크가 있었다.

1단계: 문제 파악

여기서 문제는 명료하고 구체적이고 변화 가능하기보다는 불명확하고 광범위하게 시작하고 있다. 첫 회 상담에서 브리트니는 자신이 명랑하고 좋은 친구라고 표현하였다. 브리트니는 다른 친구들의 문제를 도와주는 것이 좋다고 말했고, 친구들로부터 종종 말을 잘 들어주는 사람이라는 말을 들었다고 하였다. 브리트니는 심지어 어떤 날은 상담자로 일하고 싶은 생각이 들었다고 윙크를 하며 말하기도 하였다. 하지만 상담하는 동안 늘 명랑하지는 않았다. 어떤 상담 시간에는 이상하게 조용하였고 친구 토드의 문제에 대해 듣는 것이 얼마나 괴로웠는지에 대해서만 이야기하곤 하였다. 이럴 때는 브리트니의 인지 상태나 정서 상태에 대해 자세히 물어도 성과가 거의 없었다. 어머니에게 자세히 물어봐도 실망스럽게 끝났는데, 그 상황에 대한 추가 설명을 하지 못하였다.

요약하면, 브리트니가 우울하고(철회와 울음), 불안한(특정 사회 교류 회피, 타인에 대한 지나친 걱정) 사람처럼 행동했지만, 평가에서는 많은 차이가 있었다. 상담 초기에 세부사항이 부족한 것은 흔한 일인데, 이 때문에 브리트니 사례가 이상적이 아닌 환경에 기능분석을 어떻게 사용하는지 보여 주는 좋은 예다. 여기서 상담자는 세 가지 문제를 정할 수 있는데, 그것은 심하게 우울한 기분, 부정적 사건에 대한 과다한 초점(반추), 그리고 대인 관계 고립이다(〈표 4-5〉 참조).

2단계: 근거리 유발요인 파악

선행 사건

브리트니의 반추와 고립 삽화(문제 2와 3)는 친구의 안 좋은 일로 촉발되는 경향이 있다. 이런 사건들은 때때로 브리트니가 직접 연루되기도 하지만(예: 또래에게 괴롭힘을 당하는 것) 대부분은 다른 친구에게 일어나는 곤란한 상황들을 단순히 지

〈표 4-5〉 브리트니의 기능분석: 문제

문제	1. 심하게 우울한 기분	2. 부정적 사건에 대한 과다한 초점(반추)	3. 대인 관계 고립
근거리 유발요인 (선행 사건)			
근거리 유발요인 (결과)			
맥락/상황 요인			
원거리 유발요인			

켜보는 것이다. 브리트니와 어머니는 친구가 화가 나거나 부당한 대우를 받았을 때 브리트니 혼자 또는 그 친구와 함께 그 사건에 대해 반추하였고, 이 때문에 오랫동안 화가 난 채로 있던 경우가 많았다고 설명하였다. 이와 관련하여 문제 1과 2에 연관이 되어 있는데, 다른 사람들의 괴로움은 브리트니에게는 전염성이 강하였다. 여러분은 2장의 공감에 대한 부분을 떠올릴 수 있을 것이다. 처음에 다른 사람의 고통에 대한 브리트니의 반응은 깊게 공감하는 것으로 보이지만, 더 정확하게는 개인의 고통 반응이라고 설명할 수 있다. 즉, 브리트니는 다른 사람의 고통을 너무나도 강하게 느끼기 때문에 도움을 주기 위해서는 다른 사람의 느낌을 '함께 느끼는' 것에서 떨어지는 데 어려움이 있었다.

첫 번째 요인보다는 더 잠정적으로 제시되는 것이기는 하지만 또 다른 선행 사건 요인은 다른 사람의 반응에 대한 자신의 예측이다. 즉, 브리트니는 다른 사람이 자신을 부정적으로 볼 것이라고 추측한다. 브리트니는 상당수 친구들을 별로라고 이야기했는데, 종종 이 친구들은 믿을 수 없고 잔인하다고 하였다. 브리트니의 말을 지지해 줄 몇 가지 증거가 있지만, 브리트니 또한 친구들이 자신을 막 대할 것이라는 일반적인 기대를 가지고 있는 것으로 보였다. 동아리 내에서조차 친구들이 은연중에 자신을 싫어하고 있다는 걱정을 보고하였다. 상담자는 이러한 믿음들이 파악되었던 세 가지 문제를 일으키는 선행 사건의 역할을 한다고 가정할 수 있다.

결 과

브리트니는 계속해서 화나게 하는 자극에 스스로를 직접 노출하거나(예: 토드와 길게 통화하기) 반추를 통해 간접 노출함으로써(예: 다른 사람들이 자신 또는 자신의 친구들에 대해 말하거나 한 행동에 대해 생각하기) 화나게 하는 자극을 다루려고 하는 것으로 보인다. 이러한 전략 중 첫 번째 전략은 종종 유용한 방법일 수 있는데, 사회적 지지는 많은 사람에게 중요하고 효과적인 대처 방법이다. 하지만 브리트니의 경우, 사회적인 지지는 사실 브리트니의 부정적인 사건과 기대에 대한 반추를 강화하고 있었고 그렇게 함으로써 우울한 기분에 기여하고 있었다. 간단히 말해, 브리트니는 화나는 사건을 마음에 담아 두거나 곱씹는 것으로 또래들로부터 긍정적인 관심을 얻고 있었다.

만약 브리트니가 하는 행동의 선행 사건이 다른 사람들에 대한 부정적인 기대라면 반추와 고립의 결과는 다른 사람들에 대한 부정적인 믿음이 강화되는 것일 수 있다. 상담자는 브리트니가 자신의 믿음을 반박할 수 있는 정보를 찾기보다는 자신의 믿음을 정당화하는 근거에만 안주하려는 것을 발견하였다. 여러분은 심리학 개론에서 이 현상을 떠올릴 수 있을 것이다. 그것은 바로 자기충족 예언이다.

세 번째 연관된 결과는 브리트니의 고립과 반추에 직접 관련이 있다. 브리트니가 작은 규모의 동아리 외에는 친구를 사귀려는 시도를 하지 않고 대부분 홀로 시간을 보내기 때문에, 그녀는 '반대' 증거를 줄 수도 있는 새로운 사건에 노출되지 않는다. 예를 들어, 다른 친구들이 자신이나 자신의 친구들을 싫어한다는 스스로의 추측을 지지하는 직접 찾은 증거는 거의 없다. 아마도 친구 가운데 몇몇은 때때로 브리트니가 이상하다는 것을 알지만, 몇몇 친구는 브리트니가 재미있다거나 '친구할 만한' 아이라고 여길 가능성이 있다. 간단히 말해, 고립된 결과로 브리트니는 대인 관계에 대해 새로운 것들을 배울 기회가 없었다는 것이다.

즉, 자신의 대인 관계에 대한 새로운 것들을 배울 기회를 갖지 못한다는 것이다. 그 대신 브리트니는 이미 '알고 있거나' 믿고 있는 것을 '학습하는 것이다'. 〈표 4-6〉은 이러한 사실들과 가설을 요약하고 있다.

3단계: 상황 정보와 맥락 정보 수집(또는 유인력 파악)

브리트니는 14세로 초기 청소년기에 있다. 정상 발달 과정은 브리트니를 집과 가족 영역에서 또래로 옮겨 가게 하는 것이다. 브리트니가 가족과 함께하는 시간이 이미 여러 가지 이유로 별로 없다는 사실 역시 고찰해 보자. 첫째, 브리트니는 한부모 가정에서 살고 있는데 어머니는 일이 고되다(주중에는 정규직으로 일하는 직업이 하나 있고 주말에는 비정규직으로 일하는 직업이 하나 있다). 둘째, 어머니가 집에 있을 때는 아이들과 시간을 보내야 하는 것 외에도 해야 할 집안일이 많다. 셋째,

〈표 4-6〉 브리트니의 기능분석: 근거리 유발요인

문제	1. 심하게 우울한 기분	2. 부정적 사건에 대한 과다한 초점(반추)	3. 대인 관계 고립
근거리 유발요인 (선행 사건)	다른 사람의 고통 다른 사람들이 자신을 부정적으로 볼 것이라는 예측	친구의 안 좋은 일 다른 사람의 고통 다른 사람들이 자신을 부정적으로 볼 것이라는 예측	친구의 안 좋은 일 다른 사람들이 자신을 부정적으로 볼 것이라는 예측
근거리 유발요인 (결과)	문제에 대한 또래들의 '보상'	문제에 대한 또래들의 '보상' '보상받는' 부정적인 사고 '반대되는' 증거에 대한 부족한 노출	'보상받는' 부정적인 사고 '반대되는' 증거에 대한 부족한 노출
맥락/상황 요인			
원거리 유발요인			

어머니는 아들의 뚜렷한 자기충족 그리고 브리트니의 명백한 자율성에 대한 욕구로 잘 되어 가고 있다는 잘못된 생각을 갖고 있었다. 마지막으로, 브리트니의 아버지는 이혼 직후부터 집에 없었고 현재 다른 주에 살고 있다는 사실을 언급하는 것도 중요하다. 모든 사항을 고려해 볼 때 보고할 만한 정도는 아니지만 상담자는 이 맥락을 상대적인 부모의 무관심 가운데 한 가지라고 할 수도 있겠다. 브리트니는 말을 잘 듣지 않아 믿을 만한 어른의 시기적절한 충고를 받지 못하고 있다. 초기 면접 동안, 브리트니의 어머니는 브리트니가 문제를 계속 가지고 있었다는 것을 인정하였고 최근 늘어난 철회와 우울 행동은 현재 상황의 심각성에 경각심을 주는 사건이었다고 인정하였다. 이 유인력(부모의 지지/지도의 부재)은 브리트니의 세 가지 문제 모두에 영향을 줄 수 있다.

추가적으로 두 가지 맥락 요인이 고려되어야 한다. 우선, 브리트니는 다른 사람의 고통에 너무 민감하였다. 공감하고 도움이 되게 반응하기보다는 다른 사람의 고통에 지나치게 불편해지는 것 같았고 자신이나 다른 사람을 돕는 대처 기술이 부족해 보였다. 어머니에게서 얻은 과거력에 따르면 브리트니는 항상 타인의 감정에 영향을 받았다. 실제로, 부모의 이혼 절차가 진행되고 있을 때 브리트니의 나이는 5세였는데, 어머니가 화가 났을 때 브리트니도 종종 화를 냈던 것을 떠올렸다.

그러므로 브리트니는 대인 관계에서 스트레스가 되는 상황에 매우 민감했는데 이는 기질 '맥락'으로서 앞의 세 가지 문제에 모두 기여할 수 있다. 브리트니 외가의 우울증 가족력(브리트니의 외할머니와 2명의 이모는 모두 우울증이었다)도 이 세 가지 문제에 모두 기여할 수 있다. 〈표 4-7〉에는 이 부분의 결과를 요약한다.

4단계: 원거리 유발요인 파악

원거리 유발요인에 대한 고찰은 우울에 대한 가족력이 있다는 사실과 함께 시작한다. 유전 소인이 있을 수 있지만, '양육' 측면도 브리트니의 현재 문제에 영향을 미칠 가능성이 있어 보인다. 브리트니의 어머니는 우울한 어머니, 그리고 우울한 두 자매와 함께 자랐다. 브리트니의 어머니는 대처 방식으로 이 세 명의 우울한 여

〈표 4-7〉 **브리트니의 기능분석: 맥락/상황 요인**

문제	1. 심하게 우울한 기분	2. 부정적 사건에 대한 과다한 초점(반추)	3. 대인 관계 고립
근거리 유발요인 (선행 사건)	다른 사람의 고통 다른 사람들이 자신을 부정적으로 볼 것이라는 예측	친구의 안 좋은 일 다른 사람의 고통 다른 사람들이 자신을 부정적으로 볼 것이라는 예측	친구의 안 좋은 일 다른 사람들이 자신을 부정적으로 볼 것이라는 예측
근거리 유발요인 (결과)	문제에 대한 또래들의 '보상'	문제에 대한 또래들의 '보상' '보상받는' 부정적인 사고 '반대되는' 증거에 대한 부족한 노출	'보상받는' 부정적인 사고 '반대되는' 증거에 대한 부족한 노출
맥락/상황 요인	성인 지지의 상대적인 결핍 다른 사람의 고통에 대한 기질적 취약성 우울한 성향	성인 지지의 상대적인 결핍 다른 사람의 고통에 대한 기질적 취약성 우울한 성향	성인 지지의 상대적인 결핍 다른 사람의 고통에 대한 기질적 취약성 우울한 성향
원거리 유발요인			

⟨표 4-8⟩ 브리트니의 기능분석: 원거리 유발요인

문제	1. 심하게 우울한 기분	2. 부정적 사건에 대한 과다한 초점(반추)	3. 대인 관계 고립
근거리 유발요인 (선행 사건)	다른 사람의 고통 다른 사람들이 자신을 부정적으로 볼 것이라는 예측	친구의 안 좋은 일 다른 사람의 고통 다른 사람들이 자신을 부정적으로 볼 것이라는 예측	친구의 안 좋은 일 다른 사람들이 자신을 부정적으로 볼 것이라는 예측
근거리 유발요인 (결과)	문제에 대한 또래들의 '보상'	문제에 대한 또래들의 '보상' '보상받는' 부정적인 사고 '반대되는' 증거에 대한 부족한 노출	'보상받는' 부정적인 사고 '반대되는' 증거에 대한 부족한 노출
맥락/상황 요인	성인 지지의 상대적인 결핍 다른 사람의 고통에 대한 기질적 취약성 우울한 성향	성인 지지의 상대적인 결핍 다른 사람의 고통에 대한 기질적 취약성 우울한 성향	성인 지지의 상대적인 결핍 다른 사람의 고통에 대한 기질적 취약성 우울한 성향
원거리 유발요인	부모의 이혼	부모의 이혼	우울한 가족 내 어머니의 경험 부모의 이혼

성을 가까이 하지 않기로 했는데 이로써 대인 관계 고립을 모델링한 것일까? 그리고 어린 시절의 대처는 브리트니가 우울증 신호를 처음 보였을 때 브리트니에 대한 어머니 반응에 어떤 영향을 미쳤을까? 분명히, 이런 가설들을 확증하기 위해 상담자는 브리트니의 우울증에 대한 어머니의 반응을 더 알아야 할 것이다.

또 다른 가능성 있는 잠재적인 원거리 유발요인은 브리트니가 5세 때 부모가 이혼했다는 사실이었다. 이혼은 폭력이 없더라도, 아이가 있는 앞에서 서로 참지 못하고 말로 비방하는 다툼으로 설명된다. 게다가 어머니는 자주 괴로웠고 자신이 울거나 친구와 전화 통화하면서 욕했던 것을 다섯 살 난 딸에게 그대로 보여 주었다는 것이다. 이혼의 영향은 여럿이 있는데 여기에는 브리트니에게 아버지가 없었다는 것, 이 때문에 집에서 어른의 지지 하나가 없었다는 것, 그리고 관계 와해가 발달 초기에 있었다는 것이다. 브리트니의 현재 대인 관계 문제가 부모의 이혼 경험의 영향일 수도 있다고 가설을 세울 수도 있다. 사실 현재 브리트니가 가지고 있는 믿음 가운데 일부는 이 중대한 경험을 한 시기에 씨앗이 심어졌을 수도 있다. 따라서 이혼의 원거리 유발요인은 세 가지 문제 영역에 영향을 줄 수 있다(〈표 4-8〉 참조).

초기 개념화가 완료되면 상담자의 다음 단계는 여기서 기술된 문제에 기여하고 있는 요인을 다루기 위한 개입을 파악하는 것이 될 것이다. 이 과제는 다음 장에 있다.

결 론

서두에서 언급했듯이, 기능분석은 정서 개입으로 이득을 볼 수 있는 아동뿐만 아니라 그렇지 않은 아동을 위해서도 상담에 유용한 접근법이다. 기능분석은 상담자로 하여금 여러 가지 내담자 문제를 유연하게 다룰 수 있게 도와주고, 사례를 개념화하는 방식과 각 내담자에게 맞춰진 치료계획을 수립하는 데 청사진을 제공해 주기 때문에 매우 강력한 도구다. 다음 장은 유발 요인을 대상으로 사례개념화라는 것이 타당한지 검증하는 치료계획을 사례공식화라는 수단으로서 기능분석을 어떻게 사용하는지에 초점을 맞추고 있다.

참 고 자 료

Freeman, K. A., & Millder, C. A. (2002). Behavioral case conceptualization for children and adolescents. In M. Hersen (Ed.), *Clinical behavior therapy: Adults and children* (pp. 239-255). New York: Wiley.

Henggeler, S. W., Schoenwald, S. K., Borduin, C. M., Rowland, M. D., & Cunningham, P. B. (2009). *Multisystemic therapy for antisocial behavior in children and adolescents* (2nd ed.). New York: Guilford Press.

Persons, J. B. (2008). *The case formulation approach to cognitive-behavior therapy*. New York: Guilford Press.

Chapter 5

치료계획
기능분석과 모듈 방식의 결합

이 장에서는 모듈 방식(modularity)이라는 치료 개념에 대해 소개하는데, 이는 기능분석과 함께 이 책의 나머지 부분의 주요 내용이라 할 수 있다. 모듈 방식이라는 개념은 새로운 것이 아니고, 자동차나 건축물을 짓는 것에서부터 가구나 장난감에 이르기까지 다양한 분야에 적용되고 있다. 간단하게 말하면, 모듈식 설계라는 것은 독립적으로 기능할 수 있는 개개의 부분을 사용하는 것인데, 정보의 손실과 전제 조건이 없이 함께 합해서 사용할 수 있다(일반적으로 어떤 순서든 상관없다). 친숙한 레고 블록은 대체로 모듈식이다. 각각의 블록은 분리된 독립형 물품이며 블록들은 다양한 형태를 만들기 위해 다양한 방법으로 결합될 수 있다. 예를 들어, 어떤 사람은 레고 블록을 차, 헬리콥터 또는 배를 만들기 위해 사용할 수 있다(또는 헬리콥터-배-차를 동시에 만들기 위해 사용할 수 있다!). 모듈 방식에 대한 더 많은 정보에 관심이 있는 사람은 초피타, 댈라이든과 와이즈(Chorpita, Daleiden, & Weisz, 2005)의 논문을 살펴보기 바란다. 이 접근은 **통합**설계라고 부르는 것과는 대조가 되는데, 통합설계에서 각 부분들은 상호 의존되어 있어서 사실상 떼어 낼 수 없다.

이 장은 모듈 방식을 하나의 치료 방법으로서 다룬다. 따라서 이 책에 포함되어 있는 모듈의 구성 방식을 설명하고 기능분석을 사용해 개념화에서 치료계획까지 이르는 과정을 논의하며, 마지막으로 어떻게 기능분석이 치료계획의 지침으로 사용될 수 있는지 설명하기 위해 4장에서 소개된 채드와 브리트니의 사례를 다시 다룬다.

모듈 방식

모듈 방식이란 카우치나 치료계획 등 어떤 것을 새로 만드는 데 사용할 수 있는 모듈이라는 하는 각 부분을 새로 만들거나 발견하는 것을 말한다. 치료에 한정시켜 보면, 치료 모듈이 분리되어 작동하는 한 독립된 것인데 모듈이 기능하기 위해서 다른 모듈이 필요하지 않다. 이 말은 각 모듈이 다른 모듈을 참조하지 않고서 목표를 달성하는 데 필요한 모든 정보를 담고 있어야 한다는 것을 의미한다. 만약 진정한 모듈 치료를 사용한다면, 상담자는 어떠한 모듈이라도 선택할 수 있고 전후 상관없이 어떤 치료 시점이라도 내담자에게 그 모듈을 사용할 수 있다. 이 정도의 융통성은 여러 문제를 가진 내담자 사례가 많은 바쁜 상담자에게 가장 큰 강점이다. 만약 주요 문제가 바뀐다면, 방향을 바꿀 수 있는 능력은 모듈 접근의 큰 이점이다.

그렇기는 하지만 모듈이 결합할 때, 모듈 설계의 다른 이점들이 발생한다. 종종 특정 문제에 따라 순서가 미리 정해져 있는 일련의 모듈이 있다. 예를 들어, 아동기 불안장애를 생각해 보자. 초피타(2007)는 다음과 같이 기본 순서를 제안하는데, 순서는 관계 모듈, 공포단계 모듈, 심리교육 모듈, 노출 모듈 그리고 유지 모듈이다. 다른 사람들은 기본 순서의 대안을 제안하기도 한다(예: Kendall, Hudson, Gosch, Flannery-Schroeder, & Suveg, 2008). 하지만 모듈은 순서에 상관없이 서로 맞게 설계되었기 때문에, 상담자는 특정 사례 자료에 맞게 자신만의 순서를 만들 수 있다.

모듈 방식은 **일반적인 상담 방법**과 다르다. 이렇게 차이가 나는 이유 가운데 하나는 모듈 방식에는 이른바 **복합 매뉴얼 문제**가 없기 때문이다. 어떤 매뉴얼 개발자라도 매뉴얼을 최종판으로 보지 않았다는 사실을 아는 것이 중요하다. 이들의 생각은 연구 목적을 위해 치료를 명확하게 정의하기 위한 방법으로 매뉴얼을 사용하는 것이었다. 그러나 치료 매뉴얼이 확산되고 증거기반 치료 운동의 규모와 목소리가 커지면서, 매뉴얼은 치료 프로그램을 보급하는 데 있어 아주 좋은 수단으로 보였다. 만약 그 매뉴얼이 연구에서 효과가 있었다면 왜 임상에서 그 매뉴얼을 사용하도록 상담자들을 훈련시키지 않을까?

과학자들과 임상가들은 검증되지 않은 상황에 매뉴얼을 그대로 적용하는 것에 대한 주의해야 할 근거를 많이 들었다. 연구에 참여하는 내담자는 정신건강 클리닉에 오는 내담자와는 아마(분명히) 다를 것이다. 연구에 참여하는 내담자가 공공 정신건강 클리닉의 내담자에 비해 동반 질환이 적고, 더 좋은 조건(예: 높은 임금, 더 안정된 가정생활, 낮은 스트레스 등)을 가지고 있음을 시사하는 자료가 있다(예: Ehrenreich et al., 2011; Southam-Gerow, Chorpita, Miller, & Gleacher, 2008; Southam-Gerow, Weisz, & Kendall, 2003) 게다가 연구에 참여하는 상담자들은 배정받는 사례가 적은 5사례 이하이며 치료 개발자에게 강도 높은 슈퍼비전을 받는 일이 흔하다. 반면, 지역사회의 상담자들은 20사례 또는 그보다 많은 사례를 담당하며, 1주일에 1시간 정도 슈퍼비전을 받는다(Weisz, Southam-Gerow, Gordis, & Connor-Smith, 2003). 마지막으로, 연구는 정부기금으로 충당하지만 클리닉에서는 거의 상담료와 보험료로 운영비를 충당한다. 이런저런 차이는 매뉴얼이 연구를 벗어난 맥락에 사용하기 위해서는 변용을 생각해 봐야 할 필요성을 시사한다.

증거기반 치료 매뉴얼의 제한점에 대한 철저한 검토는 이 책의 범위를 넘어서 있으므로 더 많은 정보에 관심이 있는 독자들은 많은 참고문헌을 참고하기 바란다(Schoenwald & Hoagwood, 2001; Southam-Gerow, Rodriguez, Chorpita, & Daleiden, in press; Weisz et al., 2003) 여기서는 매뉴얼이 불안, 우울, 반항장애 등과 같은 하나의 특정 문제를 위해 만들어졌다는 사실을 말하는 것만으로 충분하다. 단일 문제 접근은 몇몇 내담자에게는 적합할지도 모른다(많은 사람에게 적용할 수도 있으나 이는 경험상의 문제다). 그러나 여러 문제를 가지고 있는 내담자에게는 복합 매뉴얼이라는 문제의 망령이 드리운다.

의료 상황에서 유사한 상황을 생각해 보자. 감기에 걸린 한 사람이 있다고 해 보자. 이 환자의 감기는 기침과 콧물 그리고 두통을 비롯하여 많은 증상이 있다. 좋은 소식은 각 증상별로 약이 있다는 것이며, 더 좋은 소식은 이 증상들을 한꺼번에 치료할 수 있는 감기약이 있다는 것이다. 이제 이 환자가 감기에 속 쓰림이 있다고 생각해 보자. 당연히 속 쓰림에 대한 약도 있다. 어쩌다가 무좀에 걸렸다고 생각해 보자. 물론 무좀을 치료할 약도 있다. 약물 상호작용은 복잡할 수 있지만, 약으로 치료를 결합하는 것은 상대적으로 쉬울 수 있다. 하지만 치료 방법은 보통 간단하다. 환자는 약 1회분의 약을 삼키고, 제산제 2알을 씹으며, 항균성 크림을 발에 바른다. 다 해서 이 세 가지 문제를 치료하는 시간은 1분 정도 걸릴 것이다.

그러나 상담에서는 더 복잡할 수 있는데 응급 상황이 아닌 경우도 그렇다. 단순화시켜서, 두 가지 다른 문제를 가진 아동 내담자를 생각해 보자. 각 치료 매뉴얼이 종결까지 12회 또는 그 이상이 걸린다는 것을 감안하면, 어떻게 그 아동을 치료할 것인가? 동시에 두 가지 매뉴얼을 다 사용할 수 있을까? 또는 연속적으로 치료를 진행할 것인가? 즉, 아동은 우선 A에 대한 치료를 받고 그다음에 B에 대한 치료를 받을 것인가? 각 접근은 문제를 가지고 있다. 두 가지를 동시에 치료하는 것은 내담자가 치료에 전념하기 위해 1주일에 2시간씩 시간을 낼 수 있다는 것과 내담자가 같은 방식으로 두 치료를 받을 수 있다는 것을 가정하고 있다. 순차적인 치료는 상담자가 어떤 매뉴얼이 우선해야 하는지 알 수 있고, 내담자는 치료에 전념하기 위해 적어도 24주 이상을 낼 수 있다는 것을 가정하고 있다. 두 접근 모두 상담자가 두 매뉴얼에 모두 전문가임을 가정하고 있다. 내담자 문제가 늘어날수록 복합 매뉴얼 문제는 더 명백해질 뿐이다.

모듈식 치료를 사용하는 것은 복합 매뉴얼 문제를 피하는 한 가지 방법인데 그러면서도 여러 문제를 제시하는 내담자를 상담할 때 필요한 유연성을 확보하고 있다. 모듈 접근은 상담자가 한 번에 한 모듈씩 치료계획을 세울 수 있도록 해 주는데, 초점에 변화가 있으면(새로운 문제가 나타난다거나, 다른 주요 문제가 뚜렷해진다거나, 또는 사례개념화가 바뀌어 다른 주요 요인을 우선순위로 한다든가 등) 치료 흐름을 방해하지 않으면서도 다른 모듈을 사용할 수 있다.

치료전략 파악

실증 연구가 지지하는 치료인지 확인하기 위해 처음 노력해야 할 것은 ① 치료가 효과가 있다는 증거를 판단하기 위한 기준을 정하는 것, ② 문헌을 개관해 보는 것, ③ 확립된 규준을 사용하여 치료를 평정하는 데 초점을 두는 것이다(예: Chambless et al., 1996). 여러분 대부분이 알다시피, 이런 노력은 '경험적으로 지지되는 치료' '경험적으로 타당한 치료' '증거기반 치료' '증거기반 실제' 심지어 '전망 있는 치료'와 같은 제목을 가진 치료의 목록으로 드러났다. 이 장에서는 이 치료들을 토대로 개선된 접근에 대해 설명하고 있는 것이 틀림없지만, 증거기반 치료 선구자들의 업적이 이룩한 진전을 과대평가할 수는 없다.

그러나 위에 기술된 치료들을 확인하는 방법에는 많은 제한점이 있다. 이들 제한점에는 ① 무엇이 기준이 되어야 하는가에 대한 합의점이 없어서 목록이 과잉되었다는 것, ② '유효기간'의 문제를 다루지 못했다는 것(치료를 지지하는 연구가 얼마나 오래되어야 낡은 것인가?), ③ 연구가 되지 않은 치료 가운데에도 좋은 치료가 있을 수 있는데 발표된 연구에만 한정되어 있다는 점 등이 있다.

덧붙여, 두 가지 문제가 특히 모듈 방식과 밀접한 관련이 있다. 첫째는 앞에서 설명한 복합 매뉴얼 문제이고, 둘째는 초피타와 댈라이든(2009)이 '붐비는 칸' 문제라고 부르는 것이다. 이 문제를 이해하기 위해서, 한 세트의 상자나 칸을 떠올려 보고, 각 상자나 칸이 불안과 같은 문제 영역을 나타낸다고 생각해 보자. 몇몇 문제의 경우에는 다양한 프로그램이 그 칸에 '북적거린다'. 이것은 선택할 것이 많기 때문에 좋은 소식처럼 들린다. 하지만 치료 효과가 각 프로그램에 차이가 나지 않는다고 하면 붐비는 칸은 상담자가 치료 프로그램을 선택하기 어렵게 한다. 치료 선택에 있어 이러한 함정 때문에 몇몇 연구자는 증거기반 치료를 확인하는 과정을 개선하고 향상시키기 위한 새롭고 창의적인 방법을 제공하게 되었다.

임상 요소 추출

이러한 노력은 임상 요소 추출이라고 부른다(Chorpita & Daleiden, 2009). 붐비는 칸 문제를 생각해 보자. 품행 문제 칸에는 다양하고도 많은 치료 프로그램이 있지만 그중 많은 프로그램은 넓게 보면 '부모 교육'으로 정의할 수 있다. 한 가지 해결책은 몇 가지 다양한 증거기반 프로그램에서 볼 수 있는 요소를 담고 있는 포괄적인 부모 교육 프로그램을 만드는 것이다. 대안이 되는 해결책, 즉 이 책에서 사용되는 해결책은 다양한 증거기반 프로그램을 핵심 부분으로 추출하여, 이를 가지고 새로운 프로그램을 만드는 지침으로 사용하는 것이다.

그러면 추출 작업을 어떻게 하는가? 초피타와 댈라이든(2009)은 한 방법에 대한 대략적인 설명을 한다. 기본 방법은 친숙성이다. 즉, 문헌을 조사하고 지지하는 증거가 있는 프로그램을 찾는 것이다. 여기서 이 접근법은 스스로 구분이 되는데 증거기반 프로그램의 핵심 부분('임상 요소')을 파악하는 것이다. 임상 요소는 치료 프로그램의 중요한 원리나 기법으로 보일 수 있다. 부모 훈련 예에는 부모 심리교육(아동의 행동과 잘못된 행동의 결정 요인에 대해 부모에게 알려 주는 것), 보상(그들의 가정에서 보상 체계를 설계하고 시행하기 위해 부모와 함께 작업하는 것), 타임아웃(아동의 잘못된 행동을 처벌하기 위한 타임아웃 절차를 시행하기 위해 부모와 함께 작업하는 것) 등이 있다. 일단 임상 요소가 파악되면, 임상 요소별로 독립형 모듈을 만들 수 있다. 다시 말하면 임상 요소들이 모듈화되는 것이다. 이 과정을 거쳐 내담자에게 교육을 하거나 상담할 일련의 개별 원리 또는 기법이 탄생하는 것이다. 상담자는 특정 프로그램의 순서에 따르는 것이 아니라 각 사례에 맞게 프로그램을 배열할 수 있다. 더욱이 복합 프로그램이 추출되었기 때문에 복합 문제를 다룰 수 있다. 대규모의 단일 프로그램을 만들어 복합 문제를 다루는 것이 가능할 수도 있지만 내담자는 "내가 가지고 있는 문제는 Y인데 내가 왜 X에 대해 세 번을 상담해야 하지?" 라고 의아해할 수도 있다. 요약하면, 임상 요소 추출을 통해 알게 되었듯이 모듈 접근은 유망한 접근법으로서 증거가 계속 쌓이고 있다(예: Chorpita, Taylor, Francis, Moffit, & Austin, 2004; Weisz et al., 2012).

모듈의 표준 요소

모듈 방식의 독특한 특징을 알아보았는데 이제는 모듈이 어떤 것인지 설명할 때다. 이 책에서는 초피타(2007)가 개발한 표준을 따르기는 했으나 수정된 축약형을 사용하였다. 이 책의 각 모듈에는 다음 세 가지 절이 있다.

1. **모듈을 사용할 시기**: 이 절에서는 상담자가 언제 이 모듈을 사용할 것인가에 대한 설명을 한다. 예를 들면, '이 모듈은 어떤 문제 영역을 치료 대상으로 하고 있는가?'가 있다.

2. **목표**: 이 절에서는 모듈의 목표에 대한 간단한 개요를 제시하고 있다. 한 모듈당 대체로 3개에서 5개의 목표가 있는데 이 목표는 세 번째 절에서 설명하는 더 상세한 치료 절차를 위한 목록으로서의 기능을 한다. 이와 같이 이 목록은 모듈에 익숙한 상담자에게 일깨워 주는 것으로 사용할 수 있다.

3. **절차**: 세 번째 절은 각 모듈의 핵심 과정이다. 이 절은 세 가지 하위 절로 구성되어 있다. ① 개요: 각 절의 목표에 대해 좀 더 자세한 설명을 하는 것, ② 교육: 각 절의 핵심 교육사항을 자세하게 설명하고 쉬운 예를 들어 핵심사항을 설명하는 것, ③ 실습: 교육할 내용을 강화하기 위해 고안된 게임과 활동을 하는 것. 어떤 과정에서는 게임이나 활동을 하지 않는데 이는 교육사항이 뻔하거나 게임에 적합하지 않기 때문이다. 몇몇 모듈에는 실습 일지와 유인물이 있는데 실습 일지와 유인물은 각 모듈이 소개된 장의 끝에 있다.

종종 기법기반 치료에서, 특정 기법에 대한 근거를 제시하면서 그 기술을 말로 가르치는 것과 초점을 현장 지향(즉, 활동기반)으로 유지하는 것 간에 긴장감이 있다. 이 책의 대부분의 모듈은 활동을 강조하면서도 내담자에게 특정 기법에 초점을 두는 데 대한 근거를 제시하는 것이 몇 가지 면에서 필요하다. 첫째, 치료는 최대한 명료하게 고안되어 있다. 여기에 제시된 전략들은 비법이나 마법이 아니다. 사용하는 전략과 그 전략을 사용하는 이유를 자세하게 설명하는 접근법에서 내담자들이 도움과 이득을 얻을 것이라고 가정하는 것은 타당하다. 둘째, 핵심사항이 무엇인지 아는 것은 몇몇 내담자가 기법을 더 잘 배울 수 있도록 돕는다. 즉, 만약 내담자가 왜 느낌에 대해서 배우고 있는지 안다면(예: 내담자가 다른 사람들과 잘 지내도록 돕는 것이나 화가 나거나 스트레스를 받을 때 감정을 다스리는 법을 배우는 것), 내담자는 면담의 실습에 더 적극 참여하고자 하는 느낌을 느낄 것이다.

이 말은 어떤 경우에는 근거를 제시하는 것이 너무 이른 시기거나 많다면 상담 시간을 불필요하게 복잡하게 할 수 있다는 것이다. 예를 들어, 아스퍼거 장애 증상이 있고 다른 사람 만나는 것을 두려워하는 16세의 존을 생각해 보자. 상담자가 치료의 근거에 대해 설명을 시작할 때 존은 그 상담자가 설명하는 근거에 대해 의문을 던질 이유를 발견하였다. 존은 치료의 효율성과 신뢰에 의구심을 표현하였다. 상담자는 접근법의 논리에 맞게 사례를 밀고 나가는 대신, 상담 시간에 하는 연습을 강조하였고 그래서 상담이 부드럽게 시작될 수 있었다. 몇몇 내담자에게는 모듈의 연습으로 바로 들어가는 것이 어쩌면 가장 좋은 과정일 수도 있다.

역할 연기

역할 연기는 많은 모듈에서 사용하는 공통된 상담 기법이다. 몇몇 내담자는 연습하기를 원하지만, 대다수의 내담자는 상담자의 기대가 무엇인지 먼저 알기를 원한다. 이런 이유로 상담자는 모델이 될 준비가 되어 있어야 한다. 대체로 상담자가 역할 연기의 불완전한 모범을 보이는 **대처 모델링**이 완전한 모범을 보이는 **숙련된**

모델링보다 선호된다. 분명히 특정 행동의 중요 측면을 명백하게 보여 주는 것은 중요하다. 대처 모델은 철두철미해야 하지만 연습할 때는 아동이 보기에 불완전하다고 보도록 하는 것 또한 유용하다. 극심한 사회불안(치료 시작에는 거의 선택적 함묵인)을 가진 16세 몰리와 한 역할 연기의 예가 있다. 여기서 상담자를 비롯하여 몇몇 성인과 상호작용할 때 나타나는 불안을 감소시키는 행동 노출에 대해 몇 시간 상담한 후, 상담자는 공공장소에서 할 노출에 대비해 몰리를 준비시켰다. 다음 축어록에서 상담자와 몰리는 음식을 주문하는 역할 연기를 하고 있다.

상담자: 좋아. 연습해 보자. 넌 패스트푸드점에서 내 주문을 받는 종업원이 되고, 난 주문을 할 거야. 만약 네가 거기서 일을 한다면 어디에 서 있을지 한 번 보자.

몰리: 모르겠어요. 계산대요?

상담자: 그럴 것 같아. 계산대가 여기에 있다고 해 보자. 알았지? 그래서 네가 거기에 서 있고 내가 너에게 다가갈 거야, 여기서 네가 할 일은 내가 주문한 음식이 얼마인지 나에게 말하는 것이 될 거야.

[고객으로서] 안녕하세요, 음. 저는, 음…… 치킨 샌드위치랑 마실 거…… 아이스티? 아니, 스프라이트 주세요.

몰리: 음…….

상담자: 오 그래. 얼마죠? 5.5달러인가요?

몰리: 5.5달러.

상담자: [고객으로서] 여기 있어요.

[상담자로서] 잠깐, 여기서. 좋아. 계산하는 거 아주 잘했어. 네가 내가 행동한 것에 대해 얘기해 보자.

몰리: 선생님이 주문했어요.

상담자: 맞아. 네가 뭐라고 말했니?

몰리: 선생님이 원했던 것이 무엇이냐면, 샌드위치 그리고 마실 것.

상담자: 그래. 잘했어. 다음에 일어날 일이 뭐라고 생각하니?

몰리: 네. 내가 생각하기엔. 나는 잘 못할 것 같아요.

상담자: 네가 보기에 내가 잘 못했니?

몰리: 음. 아니요. 선생님은 주문을 잘 했어요.

상담자: 넌 내가 주문을 잘했다고 생각하니? 음료수도?

몰리: 오. 선생님은 주문을 바꿨어요.

상담자: 내가 그렇게 해도 되는 거였니?

몰리: 저는 그렇게 생각하는데, 확신하지는 못하겠어요.

　　　　[조금 더 대화 후에]

상담자: 좋아, 시도해 보자. 네가 고객이 되는 거야. 내가 계산대 앞에 있을게.
　　　　네가 무슨 말을 할지 기억하니?

몰리: 음. 제 주문이요?

상담자: 그래! 네가 주문하러 오기 전에 뭘 주문할지 정확히 아는 게 도움이 되
　　　　겠니?

몰리: 아마도요.

상담자: 그래서 넌 무엇을 주문할 거니?

몰리: 선생님이 아까 주문한 것은 어때요?

상담자: 그거 좋겠다. 뭐였지?

몰리: 치킨 샌드위치와 마실 것.

상담자: 어떤 음료였지?

몰리: 스프라이트.

상담자: 내 생각에 네가 준비가 된 것 같은데, 그렇지만 우선 0부터 10점에서 너
　　　　의 불안 정도는 어때? 10점은 이거를 하는 데서 가장 불안한 상태야.

몰리: 아마도 4점 정도?

　　각 모듈에 있는 연습과 사례들은 모두 상담자와 슈퍼바이저의 경험에서 나온 것

이다. 하지만 여러분은 모듈의 목표를 이루기 위해 자신만의 방법을 찾아서 책에 기술되어 있는 연습과 활동 예들을 새롭게 바꾸거나 반복해 볼 것을 권한다. 요약하면, 여기에 있는 사례들은 지침이지 처방이 아니다.

추가할 요소

각 모듈의 표준 내용에 더해서, 각 상담 시간마다 나타날 수 있는 치료의 다른 요소들이 몇 가지 있다. 이러한 요소는 모듈에 포함되지 않는다. 왜냐하면 이 요소들을 적용할 것인지 여부는, 예를 들면 양육자의 참여 여부 또는 과제 부과 여부에 따라 달라지기 때문이다. 이러한 요소에는 ① 주 단위 또는 일 단위로 감찰하기, ② 과제 검토/과제 부과, ③ 주제 선정이 있다. 각각은 다음에 설명되어 있다.

주 단위 또는 일 단위로 감찰하기

초기 평가 상담 시간에 나온 자료는 사례개념화에 대한 지침이 되고 치료계획에 대한 정보를 준다. 일단 계획이 시행되면, 계획이 얼마나 잘 이행되고 있는가를 상담자에게 알려 주기 위해 자료가 필요하다. 정기적인 감찰은 질 높은 치료와 평가에 필수인데, 이는 3장에 기술되어 있다.

과제 검토/과제 부과

한 주는 168시간인데, 이 가운데 단 1시간만 상담자와 보낸다. 그래서 과제는 상담 시간에 논의하고 연습한 것의 일반화를 돕는 데 유용한 도구가 된다. 이 책에는 소개하고 있지 않지만 구체적인 과제 부과는 내담자에게 맞게 해야 하기 때문에 몇 가지 사례는 각 모듈에서 볼 수는 있다. 경험상 과제를 내는 바람직한 규칙은 내담자에게 일상생활에서 배운 기술을 사용하여 연습하도록 하는 것이다. 예를 들어, 첫 번째 모듈(정서 인식)에서 좋은 과제는 밤에 부모님과 함께 집에서 감정 탐정 게임을 하는 것일 수 있다.

만약 상담자가 과제를 냈다면, 매주 점검하는 것이 중요하다. 그렇게 하는 것은 상담자의 신뢰성과 일관성을 강조하는 것이고 내담자가 과제를 할 경우 칭찬할 수 있는 기회가 되는데 심지어 과제 일부만 하더라도 칭찬할 수 있는 기회가 되는 것이다. 상담자가 과제에 대해 묻는 것을 잊는다면 과제를 하는 데 시간을 투자한 내담자는 더 낙담할 수 있다.

물론 많은 내담자가 과제를 하지 않는다. 어떻게 과제를 하도록 할 것인가 하는 문제는 책 한 권의 분량이 될 수도 있으며, 이 주제로 연구도 많이 되고 있다 (Houlding, Schmidt, & Walker, 2010; Hughes & Kendall, 2007). 다음 절에서는 과제 순응에 대한 기능분석을 자세하게 다룬다.

과제 순응에 대한 기능분석

단계 1: 문제 파악 – 과제 순응도

단계 2: 근거리 유발요인 파악

선행 사건.   선행 사건을 유발하는 요인으로 여러 후보자가 있다. 첫째, 자신이 하는 상담에 대해 생각해 보라. 과제를 얼마나 잘 냈는가? 과제는 얼마나 명료한가? 과제 부과가 어떨 것 같은지 스스로 해 보는 것도 순응도에 영향을 미칠 수 있다. 다음에는 상담자가 브리트니(우울과 사회적 고립으로 힘겨워하고 있는 14세 소녀로 이전 장에서 소개되었다)에게 과제를 부과하는 예가 있다. 부과된 과제는 이완하는 것을 연습하고 사전/사후 점수를 기록하는 일이었다.

상담자: 좋아. 오늘 시간이 거의 끝났네. 과제를 제시할 시간이야. 다음 시간에 너한테 뭘 해 오라고 할 것 같아?

브리트니: 심호흡과 지금까지 우리가 해 왔던 것들?

상담자: 맞았어. 잘 맞혔어. 이게 네가 했으면 하는 거야. 첫 번째는 너한테 만들어 준 이완 CD를 듣는 연습 시간을 정하는 거야. 약 10분에서 15분 정도 방해받지 않는 시간이 필요해.

브리트니: 토요일이 좋을 것 같아요.

상담자: 아주 좋아. 네가 생각하는 가장 좋은 시간은 언제니?

브리트니: 잠자기 직전?

상담자: 이완 훈련을 하기에 아주 좋은 시간이네. 몇 시에 잠을 자니?

브리트니: 주말엔 10시 반에요.

상담자: 그 시간에 CD 플레이어를 사용할 수 있니?

브리트니: 네.

상담자: 좋아. 멋져. 그럼 토요일 저녁 10시에 CD를 틀어 봐. 그런데 CD를 재생하기 전에 스트레스 지수를 빠르게 적어 봐. 스트레스 지수 기억나니?

브리트니: 네. 0에서 10점이죠?

상담자: 응! 그러면 10점이 의미하는 것은?

브리트니: 스트레스가 제일 큰 거요.

상담자: 맞았어! 점수를 적어. 그러고 나서 재생 버튼을 눌러. 그러면 이완 CD를 듣게 되겠지? 그러고 나서 어떻게 해야 하지?

브리트니: 이완?

상담자: 그래. 그리고 CD가 끝나고 나면?

브리트니: 또 다른 스트레스 점수를 적어요.

상담자: 맞았어. [지수를 작성할 기록지를 보여 주며] 여기다 적으렴. 맞아. 그리고 스트레스 점수 시트를 다음 시간에 꼭 갖고 와서 어땠는지 이야기 나누자.

어떤 경우, 상담자는 상담 시간에 과제로 부과한 것을 역할 연기하도록 할 수도 있다. 이때는 사전 평가를 하고 이완을 시연하고 그러고 나서 사후 평가를 한다. 이것은 내담자가 과제를 잘 하지 않을 것이라고 예측되거나 내담자가 과제를 이해하지 못했을 것이라고 생각될 때 특히 도움이 된다.

또 다른 가능한 선행 유발요인은 내담자가 특정 과제를 수행할 시간이나 장소가 부족한 경우다. 브리트니가 비좁은 아파트나 혹은 주택에서 살고 있고, 한 명 이상의 형제나 자매와 방을 같이 쓰는 상황을 상상해 보자. 이완을 연습할 장소와 조용한 시간을 찾기가 어려울 것이다. 이런 경우, 과제를 하기 위한 가능한 장소와 시간을 찾는 데 적극적인 탐색이 필요할 수 있고, 상담자는 아이 상황의 실질적 한계에 맞게 과제를 일부 조정해야 할 수도 있다. 게다가 상담자들은 이러한 노력에 부모를 참여시킬 필요가 있는데 그 이유는 부모가 과제를 촉진하기 때문이다.

다른 선행 유발요인은 인지적인 것이다. 어떤 내담자들은 과제가 그들에게 전혀 도움이 되지 않는다고 생각할 수 있다. 과제를 하는 것이 바보 같은 짓이고 시간을 낭비하는 것이며 귀찮은 것이라고 인식할 가능성이 있는 것이다. 과제를 내 본 경험이 있는 대부분의 상담자는 이러한 말을 들으며 더 안 좋은 이야기도 듣는다. 이런 유발요인에 대한 개입은 다양하다. 첫째, 상담자는 과제가 잘 설계되었으며 아이의 생활과 적합한지 확실하게 해야 한다. 때때로 과제가 어떻게 적합한지 그리고 왜 적합한지 이야기하는 것은 내담자가 과제를 시도해 보도록 한다. 즉, 이렇게 이야기하는 것은 내담자와 반대하는 의견을 나눌 수 있게 해 주고 이로써 상담자는 과제를 더 잘 조정할 수 있게 된다. 둘째, 과제 대신 할 수 있는 대안을 고려해야 한다. 만약 공책이나 일지에 과제를 기록하는 것이 매우 귀찮은 내담자라면, 음성 메일 메시지를 남기거나 문자 혹은 이메일을 보내는 것은 어떤가? 과제가 내담자에게 일상생활에서 연습하고 상담 시간에 배운 기술을 일반화하는 데 도움이 된다면, 융통성을 발휘하는 것은 도움이 되며 권장된다.

결 과

　유발요인을 탐색한 결과에 초점을 맞추자면 과제는 즉각 보상이 되기에는 충분하지 않은 경우가 많다. 상담자는 과제 순응이 저절로 이루어질 것이라고 가정하기보다는 과제 순응을 '조성(shape)'하기 위한 계획을 세워야 한다. 만약 브리트니가 이완 CD 듣는 것은 기억했지만 스트레스 지수를 기록하지 않았더라도 상담자는 그 노력을 칭찬해야 하며 다음 과제에서는 스트레스 지수를 기록하도록 해야 한다. 그러나 상담자에게서 보상을 받는 경우에도 과제는 특히 보상이 되지 않을 수 있음을 기억하는 것이 중요하다. 과제는 새로 만나는 아이들에게 이야기를 하거나 새로운 활동을 해 보려고 할 때처럼 어려움이 있기 때문에 과제 자체는 적어도 초기에는 긍정 강화가 되지 않을 수 있다. 내담자가 과제를 완수했을 때 어떻게 강화를 할지에 대해서는 내담자의 양육자와 협의하는 것이 좋다. 스티커 붙이기나 점수를 적립하는 시스템은 과제 순응의 가능성을 향상시키는 데 효과적인 방법이다.

단계 3: 맥락/상황 정보 수집

　상담자가 양육자와 같은 타인을 치료에 참여하도록 하는 것이 도움이 될지 혹은 방해가 될지 생각해 볼 수 있다. 여기에 장소도 관련이 있다. 예를 들어, 한쪽 부모와 며칠을 보내고 또 다른 부모와 며칠을 보내는 내담자는 상담 전 어떤 집에 있었는지에 따라 다른 과제 순응을 나타낼 수 있다. 또 다른 고려할 사항은 과제 자체의 특성이다. 과제가 내담자에게 무엇을 쓰도록 요구하고 있는가? 그리고 이것은 어떤 영향이 있는가? 어떤 과제는 내담자가 집 밖에서 과제를 완성하도록 요구할 수도 있는데 그러한 과제는 준비물에 어려움이 있을 수 있다. 이 설명에서 명백하듯이, 맥락 요소는 상담자가 과제를 준비함으로써 평가할 수 있는데, 이것은 앞서 제시된 예에 잘 나와 있다. 상담자는 CD 플레이어가 있어서 브리트니의 맥락이 어떻게 작동하는지(예: 취침 시간 기록하기) 이해할 수 있을 것이라고 확신했음을 주목하라.

단계 4: 원거리 유발요인 파악

원거리 유발요인에는 내담자가 과제를 거부하게 하는(또는 두려워하게 하는) 경험상의 요소뿐만 아니라 과제, 그리고 학업과 관련된 과거 부정적 경험(예: 과제를 완료하지 못한 경험), 과제 자체의 특정 부분과 관련된 과거 부정적 경험(예: 학습을 위해 내담자가 강도를 목격했던 가게를 방문하여 무언가 사는 과제를 제시받는 것) 등이 있다. 4장에서 기술한 바와 같이 원거리 유발요인은 직접 다루기가 어렵다. 원거리 유발요인을 다루는 대신 상담자는 과거 사건과 연관된 현재의 지각과 생각을 상담할 수 있다. 과제를 학업 문제로 지각하여 과제에 대해 너무 부정적이 된 내담자에게 상담자는 부정적인 암시를 피하기 위하여 과제 대신 다른 이름으로 과제를 부르는 것을 선택해야 할 수도 있다.

주제 선정

어떤 상담자에게는 선정할 주제가 있다고 하더라도 주제를 선정하는 것이 익숙하지 않을 수 있다. 이 책에서 설명하고 있는 모듈식 접근이나 많은 증거기반 치료에서도 상담 시간마다 주제를 정하는 것은 상담을 구조화하는 데 있어 중요한 부분으로, 상담의 필수 요소를 제공하고 있고 내담자가 그 주제에 기여하고 있다는 사실을 확신시켜 주는 것이다. 다음의 예는 상담자가 주제를 정하는 한 가지 방법을 보여 주고 있다. 주제 선정은 특정 상담 시간에 누가 참여하는지, 그리고 특정 목표를 어떻게 강조하는지에 따라 다르게 설정된다는 것을 언급해 두는 것은 의미가 있다. 그러나 대체로 상담 시간을 시작하는 데는 상담 시간의 목표를 달성하기 위한 공동 노력이 있어야 한다.

> 상담자: 과제를 아주 잘 한 것 같구나. CD를 들은 다음 평가해야 한다는 사실을 기억한 것은 아주 잘 한 일이야. 오늘은 뭔가 제대로 되지 않을 때 도움이 될 수 있는 또 다른 기술에 대해 이야기하려고 해. 이건 문제해결이라고

해. 이 기술에 대해 이야기하고 연습을 할 수 있어. 그리고 상담 시간 끝에

시간을 좀 남겨서 우리가 상담을 처음 시작할 때 네가 이야기했던 영화에

대해 듣고 싶구나. 오늘 할 얘기에 더 넣고 싶은 게 있니?

브리트니: 모르겠어요. 음. 어쩌면 어머니가 여행을 가면서 오빠랑 날 할머니 집

에 두고 간 이야기를 할 수도 있겠네요.

상담자: 그것을 우리 주제에 넣도록 하자. 사실 그 이야기를 지금 당장 시작해도

괜찮지 않을까 하는 생각이 들었어. 내 생각에 그 이야기는 내가 언급했던

문제해결 방안에 대해 생각하는 데 도움이 될지도 몰라.

이 예에서 상담자는 내담자의 의견을 주제에 추가한 뒤, 그 부분으로 시작하고
있는데 이는 문제해결을 주제에 관련짓기 위한 목적이다. 분명히 상담 시간의 중
요 주제와 맞아떨어지는 것이 언제나 가능한 것은 아니지만 아동의 의견이 들어
있는 주제를 다시 검토해 보는 것은 각 모듈의 중요한 부분이다.

이 장을 마치며 상담을 계획하기 위해 기능분석과 모듈 방식을 사용하는 사례를
보여 주고자 한다.

기능분석을 통한 치료계획

이전 절에서 간략히 설명한 4단계를 통해 아동 문제를 잠정적으로 개념화하게
된다. 상담계획은 이 개념화를 바탕으로 다음 일련의 단계를 통해 세울 수 있다.

1. 유발요인의 우선순위 정하기
2. 유발요인을 다루기 위한 개입법 알아내기
3. 진전 과정 감찰하기
4. 필요할 때는 반복하기

1단계: 유발요인의 우선순위 정하기

　모든 유발요인이 동등하게 만들어지는 것은 아니어서, 특정 행동에 더 영향을 미치는 유발요인이 있는 것 같다. 여기서 목표는 문제 행동을 유발하는 데 있어서 상대적인 영향력에 바탕을 두고 유발요인의 순위를 매기는 것이다. 어떻게 순위를 매기는지 다음 두 사례에서 설명하고 있다.

　첫 번째 사례는 12세인 크레이그 사례다. 크레이그는 학교 결석을 많이 한다. 여기서 몇 가지 근거리 유발요인이 파악된다. 중요한 유발요인은 아버지에 대한 걱정인 것 같은데 아버지는 심각한 질환을 앓고 있다. 크레이그는 아버지에게 도움과 지원이 필요하다고 보고 있으며, 아버지를 곁에서 도울 수 있게 집에 있고 싶어 한다. 두 번째 요인은 학교 결석에 대한 부모의 일관되지 않은 반응과 관련이 있다. 부모는 처음에는 학교 출석이 중요하다는 것을 강조하였다. 그러다가 학교 가는 길에 나타난 크레이그의 불안 증상에 너무 놀란 어머니는 크레이그를 집으로 다시 데려오기 시작하였는데 어머니는 크레이그가 "그런 것들을 조절할 수 없다." 고 생각했기 때문이었다. 여기서 두 번째 유발요인은 분명한데, 어머니가 크레이그의 회피를 강화하는 것이다. 여기에서 등교에 대한 아동의 저항은 누가 학교에 데려다 주느냐에 따라 다를 수 있기 때문에, 어머니 그 자체는 유발요인이라기보다는 유인력으로서 개념화할 수도 있음을 주목하라. 세 번째 유발요인은 학교가 아동에게 홈스쿨링 대안을 제공한 것이다(즉, 학교가 회피를 강화한다). 그리고 마지막 유발요인은 학업에 어려움이 있다는 것이다. 이로 인해 학교 수업이 덜 어렵다고 느낄 때보다 학교생활이 더 스트레스가 되고 즐겁지 못하게 된다. 간단히 말해서 학업은 처벌이 되는 것이다.

　이렇게 개념화하여 상담자는 아동의 걱정과 어머니의 회피에 대한 강화를 우선순위로 하여 내담자 그리고 가족과 함께 인지 개입을 통해 걱정을 다루고, 학교 출석 강화를 위한 계획을 부모님과 함께 작업하며, 학교 출석에 대한 내담자의 짜증을 적극적으로 무시함으로써 개입할 수도 있다. 이렇게 우선순위를 매기는 근거는 두 유발요인 모두가 강력하며 두 유발요인 모두 상담자가 다루고 있다는 것이다. 학교가 모두 적극 협력하는 것은 아니지만 세 번째 유발요인(학교가 회피를 강화하는 것)을 다루기 위해 학교와 작업하는 것 또한 가능하다. 네 번째 유발요인(학업이 처벌자인 것)은 방과 후 과외교사를 고용하여 해결할 수도 있다. 하지만 이런 경우 학업 문제가 감소하더라도 내담자의 걱정이 남아 있을 수 있다는 것은 명백하다.

두 번째 사례는 7세인 트리나 사례다. 트리나는 반항, 언쟁, 잦은 떼쓰기, 부수기 등과 같은 바람직하지 않은 행동을 하고 있다. 처음부터 몇 가지 근거리 유발요인들이 중요한 것으로 파악되었다.

1. 바람직한 행동에 대해 부모가 관심을 별로 두지 않는 것(즉, 트리나가 '착하게' 행동했을 때, 아무도 충분한 관심을 주지 않는다)
2. '나쁜' 행동에 대해 주의를 기울이는(보통 소리를 지르는 것이더라도) 형태로 강화하는 것(즉, 트리나가 관심을 주로 받는 때는 바람직하지 않은 행동을 했을 때다)
3. 불분명한 부모의 지시[즉, 부모가 트리나에게 어떤 것을 하라고 요구할 때, 그들의 지시는 불분명하거나("착한 아이가 되어라.") 또는 지시하는 것처럼 들리지 않는다 ("너는 네 방 청소를 하고 싶니?")]
4. 트리나가 나쁜 행동할 때, 처벌하겠다는 말을 하지 않는다.

이 사례의 원거리 유발요인은 다음과 같다.

1. 내담자 기질
2. 내담자 ADHD
3. 부모의 결핍된 양육 본보기

이 사례의 경우, 근거리 유발요인들이 상호 관련되어 있기 때문에 우선순위를 정하는 것이 어렵다. 하지만 네 개 요인 모두 유사한 치료 방향을 제시하고 있는데 이는 부모의 행동 수정이라 할 수 있다.

2단계: 개입법 알아내기

　유발요인들의 우선순위가 정해지고 나면, 다음 단계는 어떤 개입이 유발요인들에 영향을 주어 문제 행동들을 변화(그리고 개선)하게 할지에 대한 가설을 세우는 것이다. 여기에서 '가설 세우기'라는 단어의 선택에 주목하는 것이 중요하다. 가설은 추측인 법인데 이런 사실을 염두에 두는 것은 상담자가 잘못 추측하거나 불완전한 개념화로 공식화할 가능성을 열어 두기 위해서 중요하다. 잘못된 가설에 바탕을 둔 치료계획을 과신하는 것은 잘못된 계획으로 계속 상담을 진행하게 할 수 있으며 이는 상담 성과가 없게 할 수도 있다.

　앞에서 설명한 반항하는 문제를 가지고 있는 7세 트리나의 사례를 생각해 보자. 앞에서 언급했듯이, 유발요인들은 부모의 행동과 상당히 관련이 있었다. 그러므로 유발요인을 다루기 위한 개입에는 부모의 행동 변화를 위한 개입이 포함될 가능성이 크다. 결과와 관련된 행동들(즉, 부모가 긍정적 행동에 보상하고, 사소한 부적절한 행동은 무시하며, 심각한 행동을 효과적으로 벌하는 것을 돕는 것)뿐만 아니라 관련 있는 선행 사건과 연관된 행동들(즉, 부모가 더 효과 있는 지시를 하는 법을 배우도록 돕는 것)도 있다. 트리나를 위한 치료계획은 선행 사건과 연관되어 있는 행동 그리고 결과와 연관되어 있는 행동 모두를 다루는 개입이 필요하겠지만 한 가지 의문이 제기된다. 개입을 하기 위한 최선의 순서는 무엇인가?

　복합 요인들이 모두 중요한 것 같아서 치료전략 순서가 불분명할 때, 네 가지 가능성을 고려해 볼 수 있다. 첫째, 문제 영역에 대한 증거기반 치료를 검토해 보고 "이들 치료 매뉴얼에서 전략 순서는 무엇인가?"라는 질문을 할 수 있다. 만일 정형화된 순서가 있다면 이 순서를 따르는 데는 다음과 같은 이점이 있을 수 있다. 트리나의 경우를 보면 상담자는 파괴적 행동장애 치료 문헌을 찾아봤을 수 있다. 여기서 상담자는 상당수의 증거기반 치료 프로그램이 아동을 칭찬하고 긍정적 행동에 대해 보상하도록 부모를 가르치는 것과 같은 정적 강화 전략으로 시작한다는 것을 알게 된다.

둘째, '긍정적'인 부분으로 시작하는 것인데, 정적 강화를 강조하거나 내담자의 강점을 기반으로 하는 전략을 목표로 하는 것이다. 트리나의 경우 강조점은 부모에게 칭찬과 보상에 대해 가르치는 것으로 또다시 돌아가는데 이는 증거기반 치료가 구성되는 방식과 일치한다.

셋째, 상담자는 내담자의 행동에 큰 영향을 주는 개입으로 시작할 수도 있다. 예를 들면, 우울한 아동의 상담에서, 문제해결과 활동 선택은 즉각적이고 중대한 영향을 주는 잠재력이 있기 때문에 이 두 기법은 종종 첫 번째 개입 방법으로 좋다.

마지막으로, 상담자는 어떤 유발요인이 투입하기에 가장 적절한지에 대해 가족 구성원에게 물어볼 수도 있다. 이렇게 하는 것은 가족이 지각하는 문제 상황에 맞게 상담을 유지하도록 하는 추가 이득이 있다. 하지만 이 전략은 가족이 어떤 문제가 중요한지 모르거나 상담자가 아는 것을 꺼리는 경우가 있어서 그다지 적합하지 않은 문제를 이야기하도록 하는 위험성이 있다.

분명한 것은 유발요인 순위를 정하기 위해 네 가지 가능성을 모두 고찰하는 것이 최선의 전략일 수 있다는 것이다.

3단계: 진전 과정 감찰하기

다음 단계는 치료계획을 실행하고 아동이 어떻게 하고 있는지에 대한 데이터를 수집하여 내담자 진행 상황을 감찰하는 것이다. 3장에서 평가에 대한 논의를 하였기에 여기서는 치료의 일부로 수집된 데이터는 사례개념화가 발전되도록 돕는다고 말하는 것만으로도 충분하다. 만약 문제가 호전되고 있다는 것을 데이터가 보여 준다면 그 개념화는 정확했다는 것이고 그 치료계획은 계속될 것이다. 만약 문제가 호전되지 않거나 또는 더 나빠진다면 개념화를 수정하거나 계획 변경을 고려해야 한다.

4단계: 필요할 때는 반복하기

기능분석 개념화에 기초한 치료계획은 계속 반복되는 과정으로 설계되어 있다. 유발요인을 목록으로 작성하여 순위를 매기고, 유발요인들을 다루기 위한 개입을 파악하여 실시하며, 진전도를 감찰한다. 하지만 이 과정은 순환되는 과정이다. 어떤 유발요인은 치료를 시작하고 몇 주 후에야 겨우 파악이 되기도 하는데 이럴 때는 개입전략을 변경한다. 그러므로 마지막 단계는 새로운 데이터에 비추어 이전의 모든 단계를 다시 검토하는 것이다. 결국 이 과정은 이득을 얻을 때까지 계속된다.

이와 관련된 중요한 사항은 새롭게 나타난 자료에 있다. 상담자는 보통 치료 초반에 사례개념화를 해야 한다. 예를 들어, VCU에 있는 우리 훈련기관에서는 더 빠르면 좋지만 적어도 네 번째 상담이 끝날 때까지는 치료계획을 세우는 것이 목표다. 대다수의 임상 장면에서는 초기 평가를 더 빨리 하도록 요구하고 있다. 하지만 초기 사례개념화는 결함이 있는 것이 보통이며 정보 부족으로 결함도 종종 있다. 기능분석의 장점은 자료가 나중에 나타날 때도 사례개념화에 통합시킬 수 있다는 것이다. 어떤 새로운 자료는 개념화와 일치할 수도 있는데 이때는 계획에 대해 더 확신을 할 수 있게 된다. 또 어떤 새로운 데이터는 개념화와 반대되는 것일 수도 있고 또 사례에서 늘 그렇듯이 미처 고려하지 못한 영역을 드러내 주기도 한다. 새로운 자료가 나타날 때 초기 사례개념화의 일부를 포기하는 것은 함양해야 할 중요한 기술이다. 결론은 상담자가 융통성이 있다면 기능분석은 실제 상황에서 적용할 수 있는 평가 기술로서 기능 평가가 역동적인 특성이 있는 상담을 위한 훌륭한 도구가 되게 한다.

모두 적용해 보기: 채드와 브리트니

4장에서 소개된 채드와 브리트니의 사례를 떠올려 보자. 각 사례에서는 기능분석을 적용하였다. 기능분석은 치료계획에 모듈 방식을 적용할 때 모듈을 배열하는 한 가지 방법인데 이 책에서 사용할 방법이다. 물론 '정해진 공식화(default formulation)'라고 불리는 대안 방법이 있다(Chorpita, 2007 참조). 이 방법에서는 모듈이 이미 정해진 방식대로 정렬되는데 정렬 방식은 주로 증거기반 치료 프로그램에 따른다. 이러한 정해진 공식화는 미리 정해져 있는 순서도를 사용하여 사례 현실에 맞춰 재배열할 수 있다. 이 책은 정서관련 개입에 관한 책이기 때문에 다음 두 가지 사례는 정서관련 개입에 초점을 맞추고, 다른 개입전략에 대한 논의는 제외하겠다.

사례 1: 채드

채드는 가정과 학교에서 보이는 행동 문제 치료를 위해 의뢰된 9세 소년이다.

단계 1: 유발요인의 우선순위 정하기

먼저, 4장에서 가설로 설정한 유발요인들을 떠올려 보자. ① 자신의 욕구가 차단될 때 촉발됨(즉, 좌절 인내도), ② 힘이나 언쟁의 효과성에 대한 생각이나 믿음, ③ 힘든 상황에서 적절하지 않은 행동에 대한 채드의 사고, ④ 또래로부터 위협받았다고 지각할 때 촉발됨, ⑤ 강렬한 감정을 느낄 때 어려움을 느낌, ⑥ 그날 힘들었던 일에 대해 이야기를 하지 않았을 때 더 화를 냄, ⑦ 잘못된 행동을 부모가 강화하는 것, ⑧ 잘못된 행동에 대해 부모가 처벌을 별로 하지 않는 것, ⑨ 잘못된 행동을 또래가 강화하는 것, 그리고 ⑩ 정서에 대해 부모가 교육을 별로 하지 않는 것이다. 앞서 언급했듯이, 유발요인의 우선순위를 정하는 데는 많은 방법이 있다. 이

〈표 5-1〉 채드의 기능분석과 치료계획

문제	1. 제멋대로 하기 위해 언쟁과 짜증 부리기(가정에서)	2. 제멋대로 하기 위해 괴롭히고 협박하기(학교에서)	3. 자신의 내부 정서 상태를 이해하지 못하거나 표현하지 못하는 것
근거리 유발요인 (선행 사건)	욕구 좌절 생각이나 신념(예: 물리력이나 언쟁의 효과에 대해, 힘든 상황에 능숙하지 않은 것에 대해)	욕구 좌절 생각이나 신념(예: 물리력이나 언쟁의 효과에 대해, 힘든 상황에 능숙하지 않은 것에 대해) 친구의 협박	강렬한 정서 경험 하루 동안 있었던 힘든 경험을 이야기하지 않는 것
근거리 유발요인 (결과)	잘못된 행동에 대한 부모의 강화 잘못된 행동에 대한 부모의 처벌 부재	잘못된 행동에 대한 친구의 강화 잘못된 행동에 대한 부모의 처벌 부재	부모의 정서 교육 부재
맥락/상황 요인	아버지의 부재 ADHD 진단	친구들에게 둘러싸여 있을 때 ADHD 진단	ADHD 진단
원거리 유발요인			가족 정서 사회화의 부족
개입	모듈 6. 정서조절 기술 3: 표현 기술	모듈 6. 정서조절 기술 3: 표현 기술	모듈 1. 정서 인식 기술 모듈 2. 정서 이해 기술 모듈 8. 정서조절 기술 5: 각 정서에 맞는 인지 기술(채드의 화에 초점)

책의 목적에 맞춰서, 정서 발달에 초점을 두는 것을 우선순위로 여긴다고 가정한다. 따라서 정서에 대한 부모의 교육이 부족하다는 추측과 함께, 낮은 좌절 인내력, 강렬한 감정 관리의 어려움 그리고 하루 중 힘든 일을 이야기하지 않았을 때 나타나는 분노와 같은 유발요인들은 모두 우선순위로 정해진다.

단계 2: 유발요인을 다루기 위한 개입법 알아내기

우선순위로 정해진 유발요인을 고려해 볼 때, 정서 인식, 정서 이해 그리고 정서 조절 기술이 모두 부족하다는 것이 명백하다. 이 가설은 중요한 대안이 있는데, 즉 말수가 적다는 것은 채드가 정서 표현이 부족하다는 것을 설명할 수 있다. 만약 그렇다면, 채드는 자신이 어떻게 느끼는지는 알지만 단순히 그 느낌을 서로 나누는 것을 원치 않는 것일 수도 있다. 하지만 채드의 행동은 자신의 느낌을 모르거나 자신의 느낌을 알기는 하지만 이 지식을 대처전략으로 변화시키지는 못하고 있음을 나타내고 있다. 그러므로 강한 정서조절 기술 또한 부족하다. 따라서 채드는 이 책에서 제시하는 몇 가지 모듈, 즉 모듈 1. 정서 인식 기술, 모듈 2. 정서 이해 기술, 모듈 6. 정서조절 기술 3: 표현 기술, 그리고 모듈 8. 정서조절 기술 5: 각 정서에 맞는 인지 기술에서 도움을 받을 수 있다. 게다가 부모 교육이 명백하게 부족하다는 사실을 고려해 볼 때, 어머니의 참여(만약 가능한 경우 아버지도)가 강하게 권장된다.

다른 유발요인들을 다루기 위한 개입 선택은 이 책의 범위를 넘어선다.

단계 3: 기능분석을 검증하기 위한 진전 과정 감찰하기

기능분석은 내담자가 어려움을 겪고 있는 이유에 대한 가설이라는 것을 떠올려 보자. 채드의 경우, 유발요인 가설이 정확하다면, 유발요인의 영향을 감소시키는 개입 또한 문제 행동을 감소시킬 것이다. 가설을 검증하고자 상담자는 채드의 행동, 즉 언쟁, 짜증 부리기, 괴롭히는 행동, 정서 표현 등을 추적하는 것이 필요할 수도 있다. 이런 지표들이 개선을 보이는 정도에 따라, 상담자들은 기능분석이 정확

했다고 생각할 수 있다. 그러나 만약 문제 행동이 지속되거나 더 나빠진다면, 기능
분석을 개선하는 것이 필요하다. 개입 방법을 포함한 채드의 전체적인 기능분석은
〈표 5-1〉에 요약되어 있다.

사례 2: 브리트니

브리트니는 14세로 어머니와 남동생과 함께 살고 있다. 브리트니는 많은 시간을
방에서 혼자 친구들과의 관계에 대해 반추하면서 보내고(예: '내가 왜 그랬을까?' '그
때 그러지 말 걸.' '걔는 왜 나한테 그렇게 말했을까?'), 우울, 불안 그리고 사회공포의 증
상이 있다.

단계 1: 유발요인의 우선순위 정하기

먼저, 4장에서 가설로 설정한 유발요인을 떠올려 보자. ① 타인의 고통으로 촉
발됨, ② 타인들이 자신을 부정적으로 볼 것이라고 예상함, ③ 현재 부정적인 또래
사건, ④ 문제를 일으켜 또래들에게 받는 '보상', ⑤ 부정적 사고에 대한 '보상', 그
리고 ⑥ 자신의 생각과 '반대되는' 증거에 노출이 부족한 것이다. 〈표 5-2〉에도 나
타나 있듯이 브리트니는 쉽게 화를 내고 진정하는 것이 어려운 민감한 소녀로 설
명되고 있다. 브리트니는 기질이 매우 감정적이고 민감한 10대인 것이다. 여기서
다시금 이 책의 목적에 따라 정서 발달에 초점을 맞추는 것이 우선이라고 간주되
었다. 그러므로 우선순위로 정한 중요한 유발요인은 ① 브리트니는 타인의 고통으
로 속상해하고, ② 이해하고 다루기에는 너무 깊은 기질 특성이 있다고 생각되며,
③ 자신의 고통으로 이어질 자기패배적인 생각을 많이 한다는 것이다.

단계 2: 유발요인을 다루기 위한 개입법 알아내기

우선순위로 정해진 유발요인들을 고려해볼 때, 정서 인식, 공감, 정서조절 기술
은 모두 상담을 위한 핵심 초점으로 파악되고 있다. 그에 따라 〈표 5-2〉에 나타나

〈표 5-2〉 브리트니의 기능분석과 치료계획

문제	높은 수준의 우울한 기분	부정적 사건에의 과잉 초점 (반추)	사회적 고립
근거리 유발요인 (선행 사건)	다른 사람의 고통 다른 사람들이 자신을 부정적으로 볼 것이라는 예측	친구의 안 좋은 일 다른 사람의 고통 다른 사람들이 자신을 부정적으로 볼 것이라는 예측	부정적인 또래 사건 다른 사람들이 자신을 부정적으로 볼 것이라는 예측
근거리 유발요인 (결과)	문제에 대한 또래들의 '보상'	문제에 대한 또래들의 '보상' '보상받는' 부정적인 사고 '반대되는' 증거에 대한 부족한 노출	'보상받는' 부정적인 사고 '반대되는' 증거에 대한 부족한 노출
맥락/상황 요인	성인 지지의 상대적인 결핍 다른 사람의 고통에 대한 기질적 취약성 우울한 성향	성인 지지의 상대적인 결핍 다른 사람의 고통에 대한 기질적 취약성 우울한 성향	성인 지지의 상대적인 결핍 다른 사람의 고통에 대한 기질적 취약성 우울한 성향
원거리 유발요인	부모의 이혼	부모의 이혼	우울한 가족 내 어머니의 경험 부모의 이혼
개입	모듈 1. 정서 인식 기술 모듈 4. 정서조절 기술 1: 예방 기술 모듈 8. 정서조절 기술 5: 각 정서에 맞는 인지 기술	모듈 3. 공감 기술 모듈 7. 정서조절 기술 4: 기본 인지 기술	모듈 7. 정서조절 기술 4: 기본 인지 기술

있는 것처럼, 그러한 주제에 초점을 두는 모듈을 상담 방향을 위해 선택하였다. 가장 적절한 세 개의 정서조절 모듈들은 다음과 같다. 첫째, 모듈 4: 정서조절 기술 1: 예방기술(정서 경험에 대한 민감성을 감소시키는 데 초점을 두는 모듈), 둘째, 모듈 7: 정서조절 기술 4: 기본 인지 기술(그녀의 정서적 괴로움을 증가시키는 경향이 있는 상황에 대한 자신의 생각을 다룰 수 있도록 돕기 위해 설계된 모듈), 그리고 셋째, 모듈 8: 정서조절 기술 5: 각 정서에 맞는 인지 기술(브리트니가 슬픔과 같은 특정 정서와 관련된 생각을 다룰 수 있도록 설계된 모듈)이다. 채드의 사례처럼, 다른 유발요인을 다루기 위한 개입 선택은 이 책의 범위를 넘어선다. 하지만 정서조절 모듈 또한 다른 몇 가지 유발요인에는 효과가 있을 수 있다는 것은 언급할 만하다.

단계 3: 기능분석을 검증하기 위한 진전 과정 감찰하기

채드의 사례와 같이, 브리트니의 상담자는 브리트니의 행동을 추적하고 개선이 되는 정도에 주목해야 할 필요가 있다. 진전이 없다는 것은 기능분석을 다시 논의하고 치료계획을 재고할 필요성이 있음을 시사하는 것이다. 개입을 포함한 브리트니의 전체 기능분석은 〈표 5-2〉에 요약되어 있다.

결론

여기서는 기능분석과 모듈 방식을 결합하는 것이 효과적일 수 있음을 시사한다. 이 장이 정서관련 개입을 포함한 치료계획에 초점을 두기는 했지만, 기능분석과 모듈 방식을 결합하면 더 폭넓게 적용할 수 있다. 실제로, 언급했던 것처럼 최근 와이즈와 동료들의 연구(2012)에서 모듈식 접근이 일반적인 치료뿐만 아니라 표준화된 매뉴얼 접근보다 더 우수하다는 것이 드러났다. 이 연구는 불안, 우울 또는 분열 행동의 주요 문제를 가진 아동들을 포함시켰고, 두 개의 크고 다른 대도시의 지역사회 클리닉에서 시행되었다(매사추세츠의 보스턴과 하와이의 호놀룰루). 또한 모듈 방식과 결합된 기능분석을 적용하는 예비 연구가 최근에 완료되었다(설명을 위해 Southam-Gerow et al., 2009 참조). 그러므로 이 장에서 설명한 접근은 아동 정신 건강 영역에서 가장 앞서 있음을 나타내는 것이다.

Chapter 6
마지막 고려사항
양육자, 문화 그리고 까다로운 내담자

내담자(그리고 친구들)는 자녀에 대한 질문에 내가 구체적인 대답을 하지 않을 때 종종 놀란다. "딸이 친구들을 초대하지 않는데 이게 정상인가요?" 또는 "아들을 어떻게 해야 하나요? 이 아이는 항상 친구들을 화나게 만들어요." 내 생각에 정신건강 전문가로서 받는 훈련은 이런 질문이나 많은 사람이 궁금해하는 질문에 대해 분명한 답을 줄 수 있게 하지는 않는다. 대신에 전문가 수련은 골치 아픈 딜레마를 해결하는 데 도움이 될 수 있는 생각을 해 보도록 하는 방법뿐만 아니라, 적응 발달과 부적응 발달에 대한 폭넓은 지식을 제공해 준다. 이 방법은 정신건강 전문가에게 ① 관련되어 있는 각 사람과 그 사람의 성격을 고려하도록 하고, ② 문제가 일어나고 있는 맥락을 고려하도록 하며, ③ 문제해결을 위한 계획을 고안하도록 하고, ④ 그 계획이 효과가 있는지 알 수 있는 자료를 수집하도록 요구한다. 이 생각은 아마도 대부분의 독자에게 분명히 말이 되지만 어떤 내담자(그리고 친구)는 "너희 정신건강 종사자들은 솔직한 답을 주고 싶어 하지 않아."라고 좌절스럽게 반응한다.

이것은 사실이다. 내담자가 가지고 오는 문제에 대한 명쾌한 답은 거의 없는데, 그 질문이 아동과 청소년의 정서 발달을 촉진시키는 방법과 관련이 있는 경우는 특히 그렇다. 인간의 발달과 적응은 사람마다 달라서 단순히 처방하기는 어렵다.

이 장에서는 세 개의 주제를 탐색한다. 그 주제는 ① 부모/양육자 참여, ② 민족과 문화적 다양성, ③ 까다로운 내담자인데, 이들은 아동과 청소년에게 정서 개입을 적용할 때 매우 흥미로운 도전 과제가 된다.

부모/양육자 참여

상담에 양육자를 참여시키는 이유는 많다. 첫째, 양육자는 어린 내담자에 대한 주된 정보원이 되는데 일부 어린 내담자는 자신을 괴롭히는 것이 무엇인지 말할 수 없거나 말하지 않으려고 하기 때문이다. 이와 관련하여, 양육자는 대체로 의뢰하는 사람들이고 거의 항상 치료비를 지불하는 사람이기 때문에, 즉 고객이기 때문에 그들이 참여하는 것은 중요하다. 게다가 양육자는 내담자의 삶에서 가장 중요하고 영향을 미치는 사람 가운데 하나이고, 그런 까닭에 내담자의 삶에서 변화를 촉진시키는 데 대단히 도움이 될 수 있는 것이다. 마지막으로, 내담자 문제에 양육자가 어떻게 **영향을 미쳤는지** 이해하고 조절하는 것은 종종 개입의 핵심이 된다. 실제로 가족이 개입의 단위라는 개념에 입각한 상담도 있다.

상담에 양육자를 참여시키는 것에 대해 반대 주장을 할 수도 있다. 그 이유로 첫째, 일부 문제의 경우 부모를 참여시키는 것이 효과가 있다는 것을 지지하는 자료가 별로 없다는 것이다. 예를 들어, 불안과 우울의 경우(Chorpita & Southam-Gerow, 2006; Stark et al., 2006), 양육자가 참여하는 상담만큼 양육자가 참여하지 않는 상담도 효과가 있음을 시사하는 자료가 있다. 지금까지 어떤 연구에서도 양육자를 완전히 배제한 연구는 없었고, 양육자가 어떻게 참여하는지 딱히 구체적이지도 않다. 연구 자료는 아동과 상담할 때마다 상담 처음이나 끝에 몇 분간 부모와 대화하는 것도 양육자를 상담에 완전히 참여하는 것과 비교해 볼 때 효과가 있다고 시사하고 있다(예: Chorpita & Southam-Gerow, 2006; Stark et al., 2006).

둘째, 빈번하지는 않지만, 어떤 양육자들은 상담에 참여하고 싶어 하지 않는데 이들은 상담이라는 것이 아동이 피아노나 가라테를 배우러 가는 것과 같은 것이라고 생각하고 있다. 이런 경우 양육자를 참여시킨다는 것은 그를 참여시키기 위해 참여해야 하는 근거를 가지고 양육자에게 세일즈를 해야 한다는 것을 의미한다. 궁극적으로 보면 이런 이유보다는 양육자의 낮은 동기 때문에 양육자가 상담에 참여하는 것은 어려움을 일으킬 수 있다는 사실을 인정하는 것이 양육자 참여를 반대하는 이유다. 상담자는 오라고 해도 양육자가 오지 않기 때문에 양육자를 상담에 참여시키고 싶지 않을 수 있다. 이런 경우에는 양육자에게 참여하라고 계속 독촉하기보다는 상담 성과를 점검하는 동안 참여하도록 하는 것이 더 좋은데, 이때는 양육자가 참여하지 않은 것이 상담 성과에 방해가 되었는지 확인해 본다.

　세 번째 주장은 순전히 임상 현장과 관련된 것으로, 양육자가 상담에 참여하는 것이 힘들거나 불가능한 상담 상황이 있다는 것이다. 예를 들면, 상담을 수업 시간에 하는 경향이 늘어 가고 있는데 이런 상황이 낮에 일해야 하는 부모가 참여할 수 없도록 만든다는 것이다.

　이런 반대 주장에도 불구하고 결국 양육자를 참여시키도록 하는 것은 추천할 만하고 대체로 필요한 목표다. 양육자를 참여시키는 것은 실보다 득이 많다. 누군가는 "내담자와 가장 가까이 그리고 가장 긴밀하게 같이 있는 사람을 상담에 어떻게 포함시키지 않을 수 있는가?"라고 질문할 수도 있다. 다음 절에서는 양육자가 긴밀하게 참여하는 것이 필요한 양육자 관련 유발요인의 몇 가지 사례를 설명할 것인데 이는 주로 정서 개입에 초점을 맞추고 있다.

정서중심 치료에서 양육자를 참여시키는 이유

지식 부족

　정서 발달에 대한 지식이 부족하다는 것은 양육자 참여를 고려해야 하는 중요한 요인일 수 있다. 정신건강 전문가는 자신이 알고 있는 지식을 누구나 알고 있다고 생각한다. 하지만 교육 수준이 높은 양육자라고 하더라도 대부분의 정신건강 전문가가 가지고 있는 정신건강과 아동 발달에 대한 구체적인 전문지식은 거의 없다. 자신이 가지고 있는 지식을 나누는 것은 매우 도움이 될 수 있다. 기쁜 소식은 어떤 양육자에게는 정보를 제공하는 것만으로도 충분할 수 있다는 것이다. 이러한 양육자들은 정서 발달과 아동이 정서조절 기술을 습득하는 것을 어떻게 도울 수 있는지 알게 되면, 그들의 부모 양육 방식을 바꾸어 상담한 성과를 거둘 수 있다. 예를 들면, 몇몇 연구는 불안장애 아동의 양육자에게 교육을 위주로 한 지원 집단에 참여하도록 하는 것이 도움이 될 수 있음을 시사하고 있는데, 이것이 가능한 이유는 양육자가 문제에 대한 정보를 얻기만 한다면 그 문제를 어떻게 해결할 수 있는지 알아낼 수 있기 때문이다(예: Chorpita & Daleiden, 2009).

지식과 기술 부족

더 일반적인 요인은 지식과 기술 모두가 부족하다는 것이다. 이때 기술 부족과 다음에서 설명하는 유해한 양육 환경을 구분하는 것이 중요하다. 불안이 있고 우울 증상이 나타나기 시작한 11세 타라를 생각해 보자. 타라의 어머니는 이혼했고, 오랜 시간 동안 일하여 양육할 에너지가 거의 없다. 타라는 조기교육을 받았고 문제가 없었다. 하지만 점차 성장하고 대인 관계가 다양해지면서 자신의 감정과 싸우는 것이 더욱 어렵다는 것을 알기 시작하였다. 타라의 어머니는 지쳐 있었기 때문에, 타라는 자신의 감정으로 어머니에게 부담 지우는 것을 꺼렸다. 게다가 어머니는 자신의 감정에 대해 말하는 법을 전혀 배운 적이 없었기 때문에 딸에게 감정을 말하는 데 한계가 있었다. 따라서 타라는 정서 대화를 연습할 기회가 거의 없었고 어떻게 정서를 말해야 하는지 보여 주는 모델도 거의 없었다. 타라의 어머니와 다음 절에서 논의하는 양육자의 차이는, 타라의 어머니는 타라가 정서 발달을 이룰 때 얻을 수 있는 이득을 어머니가 이해하기만 하면 상담자의 도움으로 자신의 행동을 바꾸려고 노력한다는 점이다.

지식과 기술 부족 그리고 기타

양육자 관련 유발요인 세 가지 가운데 가장 문제가 되는 것은 양육자가 지식과 기술이 부족할 뿐만 아니라 해로운 정서 상호작용을 하면서도 자신의 행동이 아동 문제와 연결되어 있다는 것을 인정하지 않는 것이다. 대부분의 독자는 즉시 떠오르는 몇 가지 사례가 있을 것이다. 다음 사례를 생각해 보자.

14세인 셸리는 일정 기간은 어머니와 살고 일정 기간은 아버지 그리고 새어머니와 지낸다. 셸리는 불안 증상으로 상담을 받으러 왔는데 그 증상으로는 학업에서 완벽주의 경향이 있었고 사회불안이 있었다. 또한 셸리는 자신의 어머니를 많이 걱정하였다. 나중에 밝혀진 일이지만, 셸리 어머니는 양극성 장애와 경계선 성격장애를 진단받았기 때문에 이 부분에 대한 걱정은 당연한 것이었다. 어떨 때 어머니는 셸리에게 바람직하고 다정했지만 대부분은 셸리의 특정 정서 상태를 폄하하고(즉, 학교 과제로 셸리가 스트레스를 느끼고 있을 때 놀리기), 셸리가 정서를 나누려고 할 때 이를 무시하였으며, 셸리에게 분노와 한탄을 번갈아 하는(즉, 정서조절을 잘 못하는 것을 보여 주는 것) 등의 행동을 하였다. 이렇게 고통스러운 일을 더 어렵게 만드는 사실은 셸리의 어머니가 스스로의 행동이 딸에게 어떤 영향을 미치고 있는지 전혀 통찰이 없다는 것이었다.

이러한 사례는 '**양육자의 행동이 문제의 원인이 되는가?**'와 '**양육자가 치료에 참여한다면 내담자에게 도움이 될 것인가?**'라는 질문에 대해서는 쉽게 답할 수 있다. 하지만 양육자를 참여시키고 변화를 촉진시키는 방법을 알아내는 것은 어려운 일이다. 다음 절에서는 양육자를 참여시킬 때 상담자에게 도움이 되는 몇 가지 전략을 설명하겠다.

양육자를 참여시키기 위한 전략

상담자가 양육자를 참여시키기로 선택했다면, 다음 질문은 어떻게 양육자를 참여시킬 것인가다. 이에 대한 답은 사례개념화에 따라 양육자를 어떻게(그리고 얼마나) 참여시킬지 결정하는 것이다. 4장에서 사례개념화를 위한 기능분석 접근을 간단하게 소개했는데, 기능분석의 목표는 내담자 문제의 유발요인 혹은 기여요인에 대해 깊은 이해를 하는 것이었다. 사례개념화를 염두에 두고 고려해야 할 몇 가지 양육자 참여 유형이 있다. 여기에 낮은 참여 정도부터 높은 참여 정도의 순서로 나열해 두었다. ① 결과 감찰, ② 치료 진전에 대한 지지, ③ 병행상담, ④ 결합상담이다.

결과 감찰

최소한의 수준에서, 결과 관찰은 거의 모든 양육자를 참여시킬 수 있는 중요한 방법이다. 내담자가 어떻게 하고 있는지를 양육자에게 묻는 것과 개별 기술적이고 표준화된 척도를 사용하는 것은 기본으로 한다고 생각해야 한다. 양육자가 치료를 의뢰할 가능성이 높다는 점을 감안하면, 치료가 어떻게 흘러가는지에 대한 양육자의 느낌은 중요하다. 어떤 양육자는 이 수준을 넘어 참여하기를 원하기도 하지만 어떤 경우는 감찰만 해도 충분한 경우도 있고 감찰만 가능한 경우도 있다.

치료 진전에 대한 지지

참여도의 두 번째 수준에서는 내담자가 상담 시간에 하고 있는 것을 양육자가 이해할 수 있도록 하기 위해 시간과 노력을 투여할 수 있다. 물론 이 참여 방식은 내담자의 비밀보장을 고려해야 한다. 많은 경우 상담자는 내담자가 상담 시간에 배운 기술을 일상생활에 적용하는 것을 양육자가 격려하고 돕는 방법을 강조하기 원한다. 과제에 참여하고 지지하는 것도 분명히 상당한 노력이기는 하지만 양육자가 아동이 상담에서 무엇을 하고 있는지 아는 것은 과제 순응을 높이는 그 이상의 이득이 있다. 양육자가 치료의 초점을 더 잘 이해할수록 내담자가 상담하지 않는 160시간이 넘는 일주일 동안 치료에서 강조하는 바를 더 잘 지원하게 된다.

이 정도의 양육자 참여도 수준은 비교적 보통이고 다소간 공식처럼 되어 있다. 대기실에서 몇 분 만나는 것부터 면대면으로 10분 정도 만나는 것까지 있는데 가끔 양육자하고만 상담 시간을 내내 보기도 한다. 대부분의 면담은 아동에게 초점을 맞춘다. 일반 전략은 상담자에 대한 것인데 내담자는 면담 후에 양육자와 다시 만난다. 양육자에게는 상담 진전도와 다음 주에 내담자가 할 것에 대해 알려 준다.

병행상담

참여도의 또 다른 수준은 내담자와 양육자를 모두 상담하는 것이다. 예를 들면, 상담자는 상담 시간을 두 부분으로 나누어 한 부분은 양육자와 상담하고 다른 한 부분은 아동과 상담한다. 다른 방안으로는 상담 시간을 매주 엇바꾸는 것이다. 그래서 한 주는 아동과 상담하고, 그다음 주는 양육자와만 상담한다. 어떻게 정하든지 간에 목표는 양육자와 내담자 모두 상담에 참여하는 것이다.

이 책에 있는 모듈은 이런 방식으로 제시할 수 있다. 각 상담 시간에 아동이나 양육자에게 강조하는 바가 다르다. 예를 들면, 아동과 상담할 때 상담자는 정서를 조절하는 여러 방법을 이야기한 후 그 방법 가운데 몇 가지를 연습해 볼 수 있다. 부모와 상담할 때는 정서조절에 대한 교육을 강조한 후 정서를 조절하려고 하는 아동의 열띤 노력을 어떻게 적응적으로 키워 줄 수 있는지에 대해 이야기를 시작할 수 있다.

결합상담에 견주어 병행상담의 큰 이점은 양육자가 아동의 문제에 원인을 어떻게 제공했는지 편하게 말할 수 있다는 것이다. 원인 제공에 대해 이야기하고 생각하는 시간을 갖는 것은 매우 가치가 있을 수 있으나 상담자는 양육자의 상담자가 되지 않도록 조심해야 한다. 내담자에게 초점을 유지하기 위해, 상담자는 양육자에게 아동이 초점이라는 사실을 부드럽게 상기시킬 필요가 있을 수 있다. 양육자가 개인상담에서 도움이 되는 경우에는 양육자에게 상담자를 소개하는 것도 추천할 만하다.

결합상담

결합상담은 더 깊은 수준의 부모 참여가 반드시 필요한 것은 아니다. 많은 경우 병행상담과 결합상담은 상담자가 양육자를 보는 데 걸리는 시간이 거의 같다. 하지만 결합상담은 상담 시간을 다양하게 운용할 수 있는데 여기에는 ① 아동과 부모–자녀 상호작용에 주의를 기울일 수 있고, ② 배운 기술을 즉각 연습할 수 있고 아동과 양육자 모두에게 상담자가 피드백을 할 수 있으며, ③ 이 책의 모듈에서 다루고 있는 정서 계발 기술을 내담자가 배우려고 노력할 때 그를 지지해 줄 수 있는 것 등이 있다. 이렇게 강한 지지는 주의 지속 능력이나 기억력이 다소 빈약한 내담자에게 특히 유용할 수 있다.

병행상담이나 결합상담에 같은 모듈을 사용할 수는 있지만 제시하는 방법에는 중요한 차이가 있다. 결합상담에서는 양육자를 보통 상담자의 보조 또는 집의 코치로 보는데 상담자와 양육자는 협력하여 내담자에게 모듈을 가르친다.

사례개념화에서 양육자 관련 유발요인이 **지식 부족** 수준을 넘어선다는 것이 시사되면 경험상 후반부의 세 가지 참여 수준(상담 진전에 대한 지지, 병행상담, 결합상담)의 혼합을 목표로 둔다. 병행상담에서 잘 전달되는 메시지가 있는 반면 결합상담에서 잘 전달되는 메시지도 있다. 상세한 지침은 다음과 같다.

1. **어린 아동**(9세 이하)의 경우 병행상담으로 몇 회 하고 나머지는 결합상담으로 하는 것이 유용하다. 어린 아동은 장난감과 놀이를 사용한다고 하더라도 말로 하는 상담은 어려워한다.

2. **14세 이상 아동**의 경우 보통 병행상담이 유용한데 이는 아동이 상담자에게 확신을 가질 기회가 개인상담에서 더 높기 때문이다.

3. **10세에서 13세 사이 아동**의 경우 첫 부분의 두 가지 접근이 적합해 보인다. 이 연령대 아동은 특히 발달이 다양하기 때문에 명확한 경험상의 법칙은 없다.

4. **특히 까다로운 양육자**의 경우 병행상담이 양육자에게 지지를 해 줄 수 있는 좋은 방안인데 양육자가 아동 앞에서 자신의 문제나 아동에 대한 불만을 이야기하느라 상담 시간을 다 보내는 것을 줄이기 때문이다.

양육자 참여의 형태와 목표는 아동의 욕구에 따라 다양하다. 마지막으로 정서 교육자로서 양육자의 중요성을 생각해 보면 양육자를 참여시키는 것은 좋은 방안이다.

문화의 다양성 그리고 정서와의 관계

정서는 강한 생리학 기반을 두고 있어서 중추신경계와 말초신경계에 기초하고 있다. 하지만 2장에서 논의되었듯이, 정서는 또한 사회적 구성개념이기 때문에 문화 간에 정서 경험이 매우 다르다. 정서 발달을 촉진시키기 위해서는 상담자가 다양성을 이해하고 수용할 필요가 있다. 이 짧은 절에서, 문화가 정서에 영향을 미치는 다양한 방식과 정서중심 개입을 사용하고자 하는 상담자가 다문화상담을 진행하는 방식에 대해 논의한다.

문화와 정서에 관한 연구는 기어트 홉스테드(예: Hofstede, Hofstede, & Minkov, 2010)와 해리 트리앤디스(예: Triandis, 1995)의 초기 이론과 실증 연구가 주를 이루고 있으며 조금 더 최근에는 데이비드 마츠모토(예: Matsumoto & Hwang, 2012)의 실증 연구가 주를 이루고 있다. 문화는 정서 발달을 위한 여러 차원으로 구성되어 있다고 정의하고 있지만 가장 자주 연구할 차원은 집단주의 대 개인주의다. 개인주의 문화는 개인의 욕구와 욕망을 강조하여 사적인 시간, 자유, 도전 그리고 일에서의 물질 보상과 같은 외적인 보상에 높은 가치를 둔다. 가족 관계에서의 개인주의 문화는 정직/진실, 자유롭게 표현하는 것, 행동 목표를 달성할 때 죄책감을 이용하는 것, 자기존중을 유지하는 것 등에 가치를 둔다. 마지막으로, 개인주의 문화는 자기실현을 강조한다.

집단주의 문화는 집단의 욕구와 욕망을 강조하는데, 집단은 가족이 될 수도 있고 더 큰 집단이 될 수도 있다. 여기서 집단은 문화 차원으로 정의될 수도 있고 직장 조직과 같이 다른 방식으로 정의될 수도 있다. 절대 정직보다는 관계의 조화에 더 큰 가치가 있다. 마지막으로, 집단주의 문화는 조화, 일치 그리고 균등을 강조한다.

이처럼 광범위하게 정의된 문화 관점들은 일반적으로 보면 정서 역량을 위한 시사점이 있고 구체적으로 보면 정서 경험이나 정서 표현과 같은 정서 역량의 여러 측면을 위한 시사점이 있다. 이 주제에 대한 논의는 이 장의 범위를 넘어가므로, 관심 있는 독자는 트리앤디스(1995)의 저서를 참고하기 바란다. 다음 논의는 정서 역량에서 나타날 수 있는 문화 차의 임상 함의에 초점을 두고 있다.

정서중심 개입을 사용하는 상담자는 치료를 진행하기 전에 몇 가지 문화와 관련된 사항을 고려해야 한다. 첫째, 이것은 가장 우선되는 것인데 내담자의 상호작용과 정서관련 표현을 관찰하고 판단할 수 있는 문화 틀을 인식하고 잘 알고 있어야 한다. 상담자 자신의 문화 배경과 경험은 그의 정서 이해 방식에 영향을 주며, 문화 배경은 상담자가 내담자의 실제 경험을 보지 못하게 할 수도 있다. 문화 그리고 문화가 정서 발달에 미치는 영향에 대한 정보를 더 알기 위해서는 다른 자료를 참고하기 바란다. 덧붙여, 가족문화와 가족이 정서에 대해 생각하는 방식에 미치는 문화의 영향에 대해 이야기하는 것도 유용할 수 있다. 이러한 대화는 내담자 가족의 미시 문화를 이해하는 데 도움을 주는데, 이는 문화 역량에 대해 글로 배우는 것보다 더 도움이 되고 적절하다.

두 번째 중요한 사항은 상담자는 모든 가족이 정서를 드러내 놓고 직설적으로 표현하는 것을 목표로 한다고 가정해서는 안 된다는 것이다. 상담자는 정서 표현이 언제 수용되고 바람직한지에 대해 가족들과 이야기하는 것이 좋은데 이때는 정서를 표현하는 시기와 방법에 대한 가족의 이해와 드러나는 차이에 대해 초점을 맞춘다. 상담자는 맥락에 맞게 정서 표현을 조절하는 중요성뿐만 아니라 신체건강과 정신건강을 위해 느낌을 표현하는(혹은 표현하지 않는) 중요성에 대해 자신이 알고 있는 지식을 나누기로 결정할 수도 있다. 이와 동시에, 상담자는 문화와 관련해서는 정서 표현의 이로움을 지지하는 연구는 많지 않음을 기억해야 한다. 여기에서 중요한 목표는 문화 가치가 정서조절의 스펙트럼에서 한쪽 끝 또는 반대쪽 끝으로 치우칠 수 있는 가족(예: 풍부한 정서 표현을 강조하고 이를 가치 있게 여기는 문화 vs 정서 표현을 덜 하는 것을 강조하고 이를 가치 있게 여기는 문화)을 위해 개입 방법을 조정하는 방법을 아는 것이다.

정서는 전 세계에 걸쳐 적응을 잘하는 것과 관련된 중요한 경험임이 드러나고 있지만 중요한 문화조절 요인이 있다. 가족과 아동에게 정서관련 개입을 하는 데는 민감하면서 문화에 능숙한 자세가 요구된다.

까다로운 내담자를 다루기 위한 전략

많은 내담자는 느낌을 말하기 시작하는 데 어려워한다. 사람에 따라서 가정에서 정서 대화를 전혀 해 본 적이 없는 사람들도 있고 특정 정서, 가령 행복이나 분노와 같은 정서 주제만 경험해 본 사람도 있다. 이와는 달리 어떤 사람들은 정서 대화를 많이 해 보기는 했지만 자신의 느낌을 이야기하면 무슨 일이 일어날지 모르기 때문에 느낌을 이야기하는 것을 꺼린다. 다음에는 까다로운 내담자의 몇 유형이 있다. 그리고 각 영역별로 몇 가지 문제해결 전략이 소개되어 있다.

수줍은/말이 없는 내담자

먼저, 말을 잘 하지 않지만 저항하지는 않는 내담자가 있다. 이러한 내담자는 제롬 케이건(Jerome Kagan)이 새로운 경험이나 대인 관계 경험을 하지 않는 경향성으로 표현한 억제 기질을 가지고 있다(예: Kagan et al., 1994). 한 가지 중요한 유의 사항은 앞 절의 문화와 관련이 깊은데 기질이 수줍은 내담자와 문화 배경으로 수줍어할 것을 요구받는 내담자는 구분하는 것이다.

내담자가 정말로 말수가 적다고 생각한다면 상담자가 어느 정도 이야기하는 것도 도움이 된다. 여기서 명백히 해 두는 게 중요한데 내담자의 경험을 이해하기 위해서 상담자는 말하는 것보다 듣는 것이 요구된다. 하지만 긴 침묵과 개방형 질문은 말수가 적은 내담자에게 엄청난 불안을 일으킬 수 있다. 이런 경우에 내담자가 말할 때까지 기다리는 것은 좋지 않을 수 있다. 만약 상담자가 먼저 대화를 주도한다면, 상담자는 상담에서 어떻게 말하는지 본보기를 보여 줄 수 있고 말하지 않는 것이 이상한 것이 아님을 보여 줄 수도 있다. 더욱이 상담자가 말하게 되면 내담자의 압박감을 덜어 주고 내담자로 하여금 먼저 말을 즉각 그리고 완벽하게 해야 한다는 압박감 없이 관계를 맺을 수 있도록 해 준다. 상담이 진행되면서 상담자는 내담자가 말을 더 많이 하게 할 수 있는 것이다.

말수가 적은 내담자들은 상담이 얼굴을 보면서 하는 일대일 상담 모형이 아닐 때 말하거나 참여하는 것을 더 편하게 느끼기도 한다. 상담자는 걷거나, 게임을 하거나, 그림을 그리거나 또는 어떤 활동을 하면서 상담을 할 수 있다. 실제로 수줍어하는 정도와 상관없이 대다수 아동은 성인 상담처럼 말을 많이 하는 것을 불편해하기도 하고 준비가 되어 있지 않기도 하다. 때때로 가장 좋은 상담은 복도에서 공차기를 하거나 동네를 한 바퀴 산책하는 동안 일어난다.

협조하지 않는 내담자

두 번째 까다로운 내담자는 수줍어하거나 말수가 적은 내담자보다 쉽게 치료에 참여하지만 대부분 임상의 명백한 중요성이 없는 내담자다. 이러한 내담자들은 특정 주제에 대해 말하기 싫음을 나타내는 다양한 방법을 사용한다. 주의 분산은 이런 내담자에게 공통으로 나타나는 전략이다. 13세의 엔젤의 경우를 생각해 보자. 엔젤은 대부분의 주제에 대해 이야기하는데 특히 영화와 음악에 대해 이야기를 잘한다. 하지만 가족 이야기가 나오면 상담 초기에 상담자가 주목조차 하지 않은 주제로 너무도 빨리 넘어가 버린다. 비협조적인 내담자의 또 다른 전략은 입을 꼭 다무는 것이다. 그러나 수줍고 말이 없는 내담자들은 눈에 띄게 불안을 드러내는 반면, 비협조적인 내담자는 짜증이 나 보이거나 심지어 화가 나 보인다. 비협조적인 내담자에게는 수줍어하거나 말수가 적은 내담자에게 없는 철회하는 특성이 나타난다. 비협조적인 내담자는 말을 할 수는 있지만 그렇게 하기를 거부하는 반면에 수줍음이 많거나 말수가 적은 내담자는 말하는 것을 두려워하거나 또는 당면한 주제에 대해 진짜 이야기를 못한다고 생각할 수도 있다.

그렇다면 비협조적인 내담자는 어떻게 상담할 것인가? 한 가지 전략은 '나는 이런 친구가 있다' 기법으로 알려진 **뒷주머니 아이**(back-pocket kid)다. 여기서 상담자는 내담자로 하여금 대화가 내담자 삶에 적용할 수 있는 것임을 인정하도록 하는 것이 아니라 내담자 문제와 관련된 대화나 활동을 하는 것이다. 예를 들면, 앞에서 언급한 13세 엔젤의 사례에서 상담자는 어머니와 이야기하는 데 문제가 있는 줄리아라는 14세 아동에 대해 이야기할 수도 있다. 상담자는 엔젤에게 줄리아가 어떻게 하면 부모님과 잘 지낼 수 있을지 생각해 보라고 한다. 내담자는 자기 자신의 생활에 대해 이야기하는 것보다는 숨겨진 아이에 대해 이야기하는 것이 더 쉽다.

비협조적인 내담자와 상담을 진행하는 또 다른 방법은 말로 하는 방법 대신 다른 대안을 사용하는 것이다. 예를 들면, 어떤 내담자는 글을 쓸 수 있는 기회가 오면 아주 잘 한다. 반면, 어떤 내담자는 이메일, 문자 또는 심지어 동영상으로 표현하는 것을 더 편하게 느낀다. 이와 달리 어떤 내담자들은 물감이나 크레용과 같이 미술 매체를 사용할 때 더 표현을 하고 싶은 느낌을 갖는다. 요점은 내담자가 상담자와 소통하고 배울 수 있도록 다양한 방법을 제공하는 것이다. 물론 이런 방법 가운데 몇 가지는 유의해야 할 비밀보장의 문제와 경계 문제를 제기한다. 예를 들어, 상담자가 내담자와 이메일을 교환하기로 했다면, 비밀보장을 지키기 위한 조치가 있어야 한다(예: 비밀번호 보호 파일, 메시지에서 개인신상 정보를 사용하지 않는 것).

적대적인 내담자

적대적인 내담자는 대부분의 상담자에게 익숙하다. 이들은 상담을 절대적으로 거부하는 내담자다. 이는 마치 내담자가 중지손가락을 세운 채로 상담실에 들어오는 것과 같다. 그들이 적대적인 내담자가 된 데에는 다양한 이유가 있고, 상담자가 그 이유를 이해하는 것은 내담자를 돕기 위한 방안을 실험해 보는 데 큰 도움이 된다. 기능 평가(4장 참조)를 잘 하는 것도 상담자가 내담자의 저항을 다루는 최적의 방법을 찾는 데 도움이 된다. 예를 들면, 어떤 적대적인 내담자는 양육자나 가족 중 한 사람이 문제가 있다고 생각하기 때문에 상담에 오는 것을 기분 나빠한다. 또 어떤 적대적인 내담자는 상담자와 과거에 좋지 않은 경험이 있어서 상담자를 신뢰하지 않기로 결정한다. 이와는 달리 어떤 적대적인 내담자들은 어른이나 권위적 인물, 여러분의 특정 인종이나 문화 집단의 인물 또는 여러분의 기관을 이용하는 인종이나 문화 집단에 대한 전반적인 불신이 있다.

일단 내담자가 적대감으로 가득 차 있는 이유를 이해하면 상담자는 상담 관계를 촉진시킬 수 있는 몇 가지 전략을 생각할 수 있다. 예를 들면, 내담자가 남성 혹은 여성 상담자를 원하거나 특정 인종의 상담자를 원하는 정도가 강하면 그렇게 의뢰하는 것도 좋은 방법이다.

동기 강화는 잠재적으로 적대적인 내담자들에게 유용한 접근이다. 여기에는 공감과 반영같은 내담자중심 전략이 있는데 이 전략은 내담자의 삶에서 가능한 변화를 위한 영역을 파악하는 것을 목표로 하는 다소 지시적인 전략과 함께 사용할 수 있다(예: Miller & Rollnick, 2013). 공감적이고 적극적 경청을 통해서, 상담자는 있는 그대로의 현실과 내담자가 바라는 현실의 차이를 파악한다. 그 안에 변화를 촉진시킬 기회가 있다.

수직 상호작용 기법 또한 아동 참여를 높일 수 있다(예: Efran, Lukens, & Lukens, 1990). 수직 상호작용 상담은 예상치 못한 방식으로 내담자와 상호작용을 하는 것을 의미하는데, 그렇기 때문에 내담자는 자신이 했던 방식으로 반응하지 못하는 것이다. 예를 들면, 상담자는 상담 시간에 적대적인 내담자를 참여시키기 위해 몇 분간 씨름한 후 자기 책상에서 조용히 앉아 일을 하기로 결정할 수도 있다. 추적—철수 순환고리에 빠지기보다는 한 발짝 물러서서 내담자에게 내담자가 상담에 참여하지 않으면 상담자도 상담하지 않을 것임을 보여 주는 것이다. 이런 상황에서 어떤 내담자들은 상담자가 무엇을 하고 있는지 물을 수도 있는데 이는 종종 마치 "선생님, 우리는 상담료를 지불했어요. 왜 말을 하지 않는 거예요?"라고 말하는 것 같다. 주의해서 사용하면 이러한 접근은 상담에 대한 내담자의 저항을 이야기할 수 있는 통로를 열어 주는 데 도움을 줄 수 있다. 하지만 상담자는 그러한 전략은 잘하기가 어렵다는 것을 유의해야 한다. 관심 있는 독자는 이러한 전략의 예로서 밀턴 에릭슨(Milton Erikson; Haley, 1993 참조), 제이 헤일리(Jay Haley, 1991), 그리고 제이 에프런(Jay Efran; 예: Efran et al., 1990)을 참고하기 바란다.

적대적인 내담자와 상담하기 위한 마지막 방안은 내담자의 주변 환경에 개입하는 것이다. 많은 독자는 상담이 효과가 있으려면 반드시 모든 가족 구성원과 함께 상담해야 한다고 가정하는 가족치료 접근법에 익숙하다. 그런데 어떤 접근법들은 가족의 구성원 한 명과 상담하면 이것이 전체 가족에 **영향을 미친다고** 여긴다. 같은 선상에서 가끔 내담자가 아닌 다른 가족 구성원과 상담하는 것이 내담자의 삶에서 긍정적인 변화를 일으키는 방편이 될 수도 있다.

매우 저항적이고 노골적으로 화를 드러내는 내담자와의 상담은 상담자들이 맞닥뜨리게 되는 가장 어려운 문제 중 하나다. 이것에 관해서는 이렇게 짧은 단락으로 상담 효과를 극대화하는 모든 최적의 방법을 설명할 수는 없다. 독자들은 어려운 내담자를 다루고 있는 책과 논문을 참고하길 권하며 여기서 언급한 방안은 단지 그 정도로만 고려해 보기 바란다. 이런 방안들은 더 나은 방안이 나오기까지는 참고할 만하다. 또한 독자들은 어려운 내담자와 상담이 제대로 안 될 때 자문을 받아 볼 것을 권한다.

결 론

이 장은 아동과 청소년을 상담할 때 특히 중요한 세 가지 주제에 대해 제한적으로 다루었다. 각 주제마다 책 한 권 분량은 쓸 수 있다. 그리고 양육자와 상담하는 것과 다양성을 고려하는 것 그리고 내담자를 참여시키는 것 모두 어떤 형태의 상담이건 중요하지만 이것들은 정서중심 개입에서 특히 중요하다. 첫째, 2장에서 기술된 바와 같이 아동의 정서 역량은 사회 환경에서 발달하기 때문에 정서는 사회 상황과 관련되어 있다. 그렇기 때문에 양육자 영향을 이해하고 양육자를 상담에 참여시키는 것은 내담자가 자신의 정서 기술을 발전시키는 것을 도울 때 중요하다. 2장에 언급된 바와 같이 정서는 신경생리학에 기반을 두고 있으며 사회의 영향을 받는 동시에 사회 내에서 기능을 담당하고 있고 문화의 영향을 받는다. 따라서 상담자들은 다른 문화 집단의 사람들이 어떻게 정서를 경험하는지 고민해 봐야 한다. 마지막으로, 내담자에게 정서에 대해 이야기하고 배우도록 하는 것은 상담자 과업에서 가장 어려운 측면 중의 하나가 될 수 있다. 비록 정신건강 전문가들은 종종 느낌에 대해 말하는 것이 편하지만 일반 대중에게 그것이 편하기는 매우 힘들다. 세 가지 모든 주제에 대하여 상담자들은 내담자가 가능한 한 자신의 정서 면의 삶을 발달시키는 데 도움이 되는 여러 방안의 조합을 찾기 위해 창의성과 유연성을 사용할 것을 권한다.

상담 모듈

Part 2

Module 1   정서 인식 기술

Module 2   정서 이해 기술

Module 3   공감 기술

Module 4   정서조절 기술 1: 예방 기술

Module 5   정서조절 기술 2: 통달

Module 6   정서조절 기술 3: 표현 기술

Module 7   정서조절 기술 4: 기본 인지 기술

Module 8   정서조절 기술 5: 각 정서에 맞는 인지 기술

Module **1**

정서 인식 기술

이어지는 각 장들은 모듈식으로 구성되어 있어서 상담자들은 자체적으로 8개 모듈 중 어느 하나를 골라 상담에 사용할 수 있다. 그러나 8개 모듈은 논리 흐름에 따라 배열되어 있고 이것이 기본 순서로 되어 있어서 상담자는 모듈을 차례대로 진행할 수도 있다. 따라서 첫 번째 모듈은 정서 역량으로 이어지는 가장 초기의 발달 습득의 하나인 정서 인식을 나타낸다.

모든 모듈 구성 방식은 초피타(Chorpita, 2007)가 사용한 구성 방식에 기초한 형태를 따르는데, 이는 이 책 5장에 서술한 바대로다.

이 모듈을 사용하는 시기

이 모듈은 내담자 문제의 주된 요인이 자신이나 타인의 정서를 인식하는 기술이 결여될 때 사용하도록 고안되었다. 이런 결론에 도달하기 위하여 다양한 경로로 얻은 자료를 사용할 수 있다. 정서 인식 기술의 결여는 잘못된 결론에 이를 수 있기는 하지만, 내담자가 상담 시간에 나타내 보이는 방식에서 추론할 수 있다. 경험 있는 상담자가 훈련과 경험에서 아는 바와 같이 내담자가 상담 시간에 감정을 잘 드러내지 않는 데는 여러 이유가 있다. 따라서 평가에 세심한 주의를 기울이면 가장 적절하고 효과적인 개입을 선택하는 데 도움이 된다.

이 모듈을 적용할 수 있는 내담자 사례는 4장에서 설명된, 목소리가 부드러운 9세 채드인데 그는 가정과 학교의 행동 문제(다른 아이 괴롭히기, 어머니의 짜증에 대한 반항)로 의뢰되었다. 채드에 대한 기능분석을 통해 이 모듈의 주제와 관련된 두 가지 정서관련 유발요인이 드러났었다. 이 두 유발요인은 정서 어휘 부족, 그리고 실제 정서와 표현 정서 간의 불일치였다. 따라서 정서 인식 기술 모듈은 고려할 만한 적절한 개입의 하나가 될 수 있다.

목 표

이 모듈의 목표는 타인의 느낌뿐 아니라 자신의 느낌을 인식할 수 있는 기술을 가르치고 연습하는 것이다. 이 모듈에서 설명하는 세 가지 단계는 다음과 같다.

1. 정서 파악하기
2. 정서 강도 평가하기
3. 정서 표현하기

이 기술들은 발달단계에서 보면 기본이 되는 기술이다. 이 말이 의미하는 바와 같이 이 모듈에서는 정서 이해 기술이나 공감 기술 모듈에서 다루는 까다로운 수준의 정서 지식은 다루지 않는다. 이 모듈의 초점은 기본 정서 지식으로서 ① 느낌의 범위는 다양하고, ② 느낌의 강도도 다양하며, ③ 느낌을 표현하는 방법도 다양하다는 것이다.

이 책의 모든 모듈처럼, 목표를 향한 진전을 평가하기 위해 주로 추천되는 방법은 **내담자가 일상생활에서 어떻게 기술을 적용하는지 관찰하는 것**이다. 즉, 상담자들은 내담자가 정서 인식을 얼마나 잘 '실천하는지' 살펴보아야 한다. 이를 위해 상담자는 자신이 관찰한 내용을 부모나 교사 또는 내담자 자신과 같이 내담자 삶에서 중요한 인물들에게서 보고받는 내용과 함께 살펴보아야 한다.

절 차

단계 1: 정서 파악하기

개 요

모듈의 첫 번째 단계는 내담자 자신과 타인의 감정을 파악하는 것을 가르치고 연습하는 것이다. 이 기술은 기본적인 것이어서 이 책에서 다루는 다른 기술들의 토대가 된다. 하지만 애석하게도 많은 내담자가 가지고 있지 못한 기술이기도 하다.

교 육

정서 파악이 중요한 이유

정서 또는 느낌을 파악하는 것을 배우는 이유는 명확하다. 먼저, 정서는 다른 사람과 함께 지내는 데 있어 중요한 부분이다. 다른 사람이 어떻게 느끼는지 아는 것은 우리가 더 나은 친구가 되는 데 도움이 되며, 우리가 어떻게 느끼는지를 아는 것은 우리가 다양한 관계에서 힘든 시간을 잘 헤쳐 나가는 데 도움이 된다. 둘째, 자신(그리고 타인)의 느낌을 파악할 수 있는 것은 이 감정들이 얼마나 '강렬한지' 평가할 수 있도록 하는 첫 번째 단계가 된다. 셋째, 자신이 어떻게 느끼는지 아는 것은 정서를 강렬하게 경험할 때 바람직한 선택을 할 수 있도록 돕는다. 자신의 느낌을 파악하는 데 능숙해지는 것은 정서적 삶을 주도적으로 살 수 있도록 한다. 자신의 느낌, 특히 올바른 기능을 방해하는 느낌을 잘 인식할수록 이런 느낌에 더 빨리 대처할 수 있다. 넷째, 심지어 삶이 '피폐'해질 때(항상 이따금씩 그런 것처럼), 자신의 느낌을 파악하는 방법을 아는 것은 몇 가지 측면에서 도움이 될 수 있다. 예를 들어, 느낌은 사람들에게 무엇이 중요한지 알려 주는 지침이 된다. 따라서 에이미가 스탠이 이사 간다는 사실을 슬퍼한다면 그것은 에이미가 스탠을 좋아한다는 것을 의미한다. 이러한 사실은 에이미를 슬프게 하기는 하지만, 에이미가 스탠을 좋아한다는 사실을 알게 되어서 좋은 일인 것이다. 게다가 힘들 때 자신이 어떻게 느끼는지 아는 것은 스스로를 다른 사람에게 다가가도록 해 주고 자신을 표현할 수 있도록 해 준다. 이 사항은 나중에 논의한다.

우리가 경험하는 다양한 느낌을 찾아보기

이 교육에는 다섯 가지 하위 요점이 있다. ① 다양한 느낌들이 있다. ② 각 느낌은 신체에서 신체 변화를 일으킬 수 있고, 이러한 변화는 같은 정서라고 하더라도 시간에 따라 달라질 수 있으며 다른 정서라고 하더라도 같을 수 있다. ③ 정서 신호 가운데 어떤 신호는 쉽게 알아볼 수 있는 반면에, 다른 정서 신호는 자기 자신(또는 다른 사람)에 대한 '내면의' 어떤 것(즉, 그 사람의 태도나 경험)을 알도록 또는 추측하도록 요구한다. ④ 느낌을 감춘다는 것이 그 느낌을 느끼지 않는다는 것을 의미하지 않는다. ⑤ 자기 자신과 다른 사람의 정서를 파악하는 연습을 하는 것은 중요하다.

이 모듈의 마지막에 있는 **'어디에나 있는 느낌!(유인물 1)'** 활동지는 특히 어린 내담자의 다양한 정서를 이끌어 내는 데 유용한 도구다. 내담자는 상담 시간에 활동지를 혼자 작성하거나 상담자의 안내를 받아 작성할 수도 있고 과제로 할 수도 있다. 다른 활동지인 **'느낌과 우리 신체(유인물 2)'**는, 내담자가 신체 감각과 그 이면의 정서를 일치시키도록 요구한다.

연습: 활동과 게임

다음 활동과 게임은 정서 파악 기술을 가르치고 연습하기 위한 몇 가지 방안을 제시하는 것이다. '정서 파악' 기술을 연습하기 위해 여기에 제시하였지만 이 게임은 두 번째 단계와 세 번째 단계를 다루기 위해서 변용될 수 있다.

정서사전

이 활동은 상담 프로그램 어디에나 있기 때문에 많은 상담자에게 친숙할 것이다.

준비.　상담 시간을 앞두고 이 활동을 하고자 하는 상담자는 사전을 만들 자료를 모을 필요가 있다. 종종 간단한 미술용품으로 충분하기는 하지만, 디지털카메라에 있는 사진을 활용하는 것과 같이 내담자가 디지털 도구를 더 좋아한다면 상담자는 사진을 컴퓨터에 전송하는 전자 장비가 필요할 것이다.

게임 진행.　상담자와 내담자는 정서 단어 목록을 만들기 위해 같이 작업하는데 여기에 양육자도 참여할 수 있다. 이때 내담자가 대부분의 작업을 하는 것이 바람직하다. 그러나 어떤 내담자는 정서를 목록화할 때 힘들어하거나 말을 하지 않을 수 있다. 이런 경우에는 상담자가 목록을 만드는 데 도움을 주는 것이 좋다. 그러나 상담자가 생각해 낸 것이 내담자에게 영감을 주고 있지는 않은지 확인하기 위해 의견을 제시하는 중간중간에 잠시 기다리는 것이 좋다.

만든 단어 목록을 가지고 상담자와 내담자는 각 단어마다 '정의'한다. 그러한 정의는 다양한 모양새를 띤다. 예를 들어, 내담자는 필요하다면 사전을 이용하여 단어의 전통적인 개념을 생성할 수도 있다. 또는 정의를 글로 쓰는 대신에 상담자와 내담자는 각 단어에 부합하는 사진을 잡지에서 찾을 수도 있다. 그림 그리는 것을 좋아하는 아이는 그림이나 풍경으로 각 단어를 설명할 수도 있다. 앞서 언급했듯이, 디지털 사진 또는 비디오를 가져와 사용할 수도 있다.

단어가 어떻게 정의되었든, 이 작업한 것을 모아서 작품집을 만든다(예: 스크랩북, 컴퓨터의 비디오 파일). 한번 수집하고 나면, 다시 검토하거나 새로운 정서를 추가하기 위해 이후 상담 시간에 사전을 다시 볼 수 있다.

느낌 탐정 게임/정서 제스처 게임

이 게임은 인기 있는 응접실 게임의 한 종류로서 감정을 몸짓으로 표현하는 것인데 다른 사람의 감정 상태에 대한 단서를 찾도록 하는 데 초점을 두고 있다.

준비.   정서 단어를 쓰는 데 필요한 색인 카드 몇 장을 준비한다. 이 외에 별달리 준비할 것은 없다.

게임 진행.   이 게임은 정서사전을 연습할 때와 마찬가지로 상담자와 내담자가 정서 단어 목록을 만든다. 각 정서 단어는 색인 카드에 쓴다. 그런 다음 카드를 섞은 후 돌아가면서 카드를 꺼내어 그 카드에 적혀 있는 정서를 행동으로 나타낸다. 양육자가 참여하는 것은 좋은 경험이 될 수 있으며 상담자가 양육자 자신의 정서 인식을 평가할 수 있는 기회가 된다. 정서 제스처 게임과 마찬가지로 정서를 몸짓으로 표현하지 않는 참여자는 몸짓으로 묘사하는 정서를 추측한다.

상담자와 내담자가 어떤 단서로 추측을 하게 되었는지 알아낼 때 이 게임의 탐정 속성이 드러난다. 몸짓으로 정서를 표현하는 사람은 문제를 맞히는 사람이 아직 알아내지 못한 다른 단서를 나누는 것이 좋다.

더 고급 수준의 게임에서는 각 참여자가 특정 느낌을 나타내는 어떤 장면을 행동으로 표현한다. 얼굴 표정이나 몸 동작보다는 그 상황에서 문제를 내는 사람이 목표하는 바가 무엇인지 그리고 선호하는 바가 무엇인지 생각해야 한다. 이런 식으로 할 때 각 상황은 여러 장면으로 분절될 수 있는데 이는 다양한 요소에 따라 달라진다. 한 예로, 한 친구가 와서 주인공에게 자전거를 함께 타자고 하는 장면을 살펴보자. 친구의 초대에 대해 많은 아이는 초대받은 아이가 행복하거나 즐거워한다고 생각할 것이다. 그러나 며칠 전에 주인공이 자전거 사고를 당했다는 사실을 안다면 그 느낌은 어떻게 달라질까? 또 만약 주인공이 자전거 타는 법을 모른다는 사실을 안다면 그 느낌은 어떻게 달라질까? 더 고급 수준의 게임을 사용하는 것은 조망 기술을 교육하는 데 도움이 되는데 느낌이라는 것이 눈으로 보는 얼굴 표정이나 몸짓에만 나타나는 것이 아니라는 사실을 강조하는 것이다. 다음 예는 14세 티샤와 함께 게임한 것을 묘사한 것이다.

상담자: 다른 게임을 해 보자. 나는 한 장면을 연기할 거고 너는 내가 어떻게 느끼는지에 대해서 방금 이야기한 느낌 탐정 기술을 사용하도록 노력해 보렴. 자, 해 보자. 나는 학교에 있고 선생님은 방금 중요한 시험이 있을 거라고 알려 줬어.
(신음소리와 배를 움켜잡는다. 손을 바지에 문지르고, 눈썹을 찌푸린다.)

티샤: 선생님, 걱정을 하고 있어요? 얼굴이 찌푸려진 것처럼 보여요.

상담자: 좋아. 또 알 수 있는 건 뭐야? (장면을 다시 보여 준다.)

티샤: 선생님은 선생님의 배를 만지고 있어요. 이상한 느낌을 갖고 있어요? 선생님의 얼굴은 스트레스를 받은 것처럼 보여요. 오, 그리고 손. 선생님이 손을 닦았는데 아마도 땀이 났나 봐요?

상담자: 알아냈구나. 나는 걱정하고 있었어. 너는 내 얼굴과 내가 손을 문지르는 것에서 그리고 내가 복통이 있는 것처럼 보이는 것에서 단서를 알아냈어. 이제 다른 걸 해 보자. 이번에는 니가 느끼고 있는 사람 역할을 하는 거야. 니가 학교에 있다고 해 보자. 나는 네 친구고 너는 너에게 일어났던 화가 난 일에 대해서 나한테 말하고 있어. 우리는 장면에 대해 연극을 조금 할 것이고 각자 느끼고 있었던 것을 알아내기 위해서 탐정 게임을 할 거야. 준비됐니?

티샤: 잠깐만요, 저에게 어떠한 나쁜 일이 일어났다고 불평하면 될까요?

상담자: 넌 뭐가 좋겠니?

티샤: 음, 버스에서 친구가 저한테 못되게 한 거요.

상담자: 아이쿠! 열 받았겠다. 한번 해 보자.

티샤: 좋아요.

[연기를 한 후……]

상담자: 좋아, 내가 니가 느끼고 있었던 것을 추측할 수 있는지 보자. 내 생각에
        네 눈은 울 것 같고 찌푸려져 있는 걸 봐서는 슬퍼 보여. 그리고 네가 말한
        것이 내가 니가 슬펐다고 생각하게 만든 것 같아. 내가 뭐 놓친 것 같은데.
        네가 또 뭘 했지?
티샤: 잘 하셨어요. 저는 두드려 맞은 것 같은 복통이 있었지만 아마 선생님은
        말할 수 없었을 거예요. 제가 더 작게 이야기했거든요.
상담자: 맞아. 더 작게 이야기했구나. 그렇다면 나는 네가 복통을 느끼고 있다고
        말하지 못하는 게 맞아. 타샤야, 잘했어.

이 활동의 초점을 정서 반응에만 둘 필요는 없다. 예를 들면, 화가 날 때는 얼굴
이 빨개지고 주먹을 쥘 수도 있다고 말하는 것과 함께 속거나 오해를 받았다고 느
낄 때 또는 심지어 불안할 때도 화를 느낄 수 있다고 말할 수도 있는 것이다. 여기
서 핵심은 내담자가 다른 사람의 감정을 인식하는 것과 함께 자신이 어떤 감정을
느낄 때 그 감정을 알 수 있는 방법을 알 수 있도록 내담자와 상담하는 것인데, 그
근거는 그렇게 하는 것이 이런 감정을 내담자가 더 잘 대처하도록 도울 수 있다는
것이다.

이 활동에서 내담자 자신이 경험해 보지 못한 장면을 이용하는 것이 도움이 될
수 있다. 더 나아가 상담자는 내담자의 느낌보다는 다른 사람의 느낌에 대한 이야
기로 게임을 시작할 수 있다. 하지만 내담자가 게임에 익숙해질수록, 상담자는 내
담자가 경험한 상황으로 조금씩 들어가야만 한다. 마지막 사례는 티샤의 예로 이
목표를 어떻게 달성하는지 보여 주고 있다.

상담자: 자, 다음은 너에게 최근에 일어났던 것을 한번 해 보자. 무슨 느낌부터
        시작할까?

티샤: 아, 모르겠어요. 행복한 거?

상담자: 좋은 생각이야. 그래, 최근에 네가 행복했던 순간에 대해서 생각해 보렴. 그리고 우리는 그 장면을 사용해서 느낌 탐정 게임을 하자.

티샤: 알았어요. 음…… 어느 날, 어머니가 제게 맛있는 저녁을 만들어 주셨어요. 미트볼 스파게티요. 저는 행복했어요.

상담자: 좋아. 내가 너의 어머니 역을 할게. 그리고 나는 저녁을 내올 거야. 네가 행복하다고 말할 수 있는지 한번 보자.

[역할놀이를 한 후……]

상담자: 좋아. 네가 행복하다고 말할 수 있는 단서들을 내가 알아차릴 수 있었는지 한번 보자. 먼저, 나는 네가 미소 짓고 있는 걸 봤어. 큰 웃음은 아니었지만, 10대들은 때로 활짝 웃질 않잖아. (티샤가 웃는다.) 또한 너는 네가 그 음식을 좋아한다고 말했어.

티샤: 네. 정말 분명하지는 않았던 거 같아요. 그렇죠?

상담자: 음. 때로는 사람이 어떻게 느끼는지 알아차리기 어려울 때도 있어. 우리가 감정을 숨길 수 있다는 것을 기억하렴. 그리고 때론 그들이 감정을 숨기진 않지만 가리기도 해. 왜냐하면 우리는 하나 이상의 감정을 느낄 수도 있거든. 어느 정도 구름이 껴 있지만, 여전히 해가 비치고 있는 날씨처럼 생각할 수 있지.

티샤: 네.

상담자: 왜 사람들은 자신의 감정을 숨길까?

티샤: 잘 모르겠어요. 아마 숨기고 있는 게 아니라 사람들에게 자신이 어떻게 느끼는지 알려 주는 것을 잊었을지 몰라요.

상담자: 그래, 맞아. 다른 이유는 뭘까?

티샤: 모르겠어요.

상담자: 때로는 좋은 감정이 누군가에게 화난 것으로 뒤덮여 버렸을 수도 있다
고 생각해. 예를 들어, 어떤 사람이 한 것이 좋았어. 음…… 그 사람이 크리
스피크림 도넛을 줬다거나 말이야. 하지만 나는 이전에 일어난 일 때문에
여전히 화가 나 있어.

이 간단한 예에서 알 수 있듯이, 내담자에게 의미가 있는 상황을 게임으로 하는
것은 이러한 정서관련 개념이 내담자의 삶과 어떻게 관련이 있는지 심도 있는 대
화를 할 수 있도록 해 준다.

정서 비디오

이 활동에서는 상담자와 내담자가 정서 상황에 대한 비디오를 보고 이야기를 나
눈다. 비디오를 활용하지 않는 다른 방법도 설명되어 있다.

준비.　이 활동을 하기 앞서 상담자는 시청각 자료를 모으고, 내담자에게 비디
오를 보여 줄 때 필요한 장비를 갖출 필요가 있다. TV와 영화 그리고 점점 더 많이
보는 인터넷 동영상에는 좋은 정서 표현의 예들이 많이 있는데 상담자들이 쉽게
접근할 수 있으며 약간의 비용을 내거나 무료로 사용할 수 있다. 여러 정서를 담은
비디오를 수집하는 것이 물론 중요하고 정서가 명확히 드러나는 비디오를 수집하
는 것 또한 좋은 방안이다. 만약 비디오 자료를 이용할 수 없다면, 대안은 상담자가
영화나 TV 쇼 또는 책에서의 좋은 장면들을 기억해 뒀다가 내담자에게 그것들을
자세하게 설명하는 것이다. 여기서는 아동들이 오락물을 시청하는 것을 좋아하지
않는 양육자가 있음을 고려하여 내담자에게 비디오를 보여 주기 전에 양육자에게
확인하는 것이 주의할 점이다.

이 활동은 이 모듈의 세 가지 기술을 모두 가르칠 수 있기 때문에 여기에 맞추어
클립 선택을 한다. 이 모듈에서 설명하는 과정을 따르기 위해 상담자는 첫 번째 클
립이 단순한 정서 표현을 보여 주도록 하는 것을 목표로 할 것인데 이 클립을 이용

하여 정서 단어를 알도록 하고 신체 동작과 연결시키는 것을 교육하고 연습시킨다. 이후 클립들은 더 복잡하고 모호한 정서 표현을 보여 준다. 마지막 클립은 등장인물이 그 정서를 경험하고 있다는 것을 알게 되면(예: 등장인물이 자전거 타는 것을 두려워 한다는 사실을 아는 것) 내담자가 그 감정을 알 수 있는 상황을 그리고 있어야 한다.

게임 진행.　이 게임은 느낌 탐정 게임/정서 제스처 게임과 매우 유사한 게임이다. 상담자와 내담자는 영상 자료를 함께 보거나 또는 그 장면에 대해 이야기를 한 후 그 장면에서 주인공이 표현한 정서를 파악하는 작업을 하는데, 여기서 초점은 판단하는 데 이용한 단서를 알아내는 것이다.

단계 2: 정서 강도 평가하기

개 요

2단계의 목표는 느낌에는 다양한 강도가 있고, 자신과 타인이 가지고 있는 느낌의 강도를 아는 것이 느낌에 대처할 때 도움이 될 수 있다는 아이디어를 소개하고 연습해 보는 것이다. 여기에 있는 개발된 기본 기술은 다른 기술을 기반으로 한 훈련법에도 상당한 영향을 미치는데, 그 이유는 이 기술이 문제나 증상의 심각도를 평가하는 데 초점을 두고 있기 때문이다. 이런 치료 프로그램 가운데 어떤 프로그램에서는 이 기술을 모니터링이라고 부른다. 상담에서 모니터링을 자주 사용하는 상담자에게 이 모듈의 2단계를 가르치는 것은 익숙할 것이다.

교 육

감정을 평정하는 것이 중요한 이유

정서는 살사 소스의 매운맛이나 비디오게임의 난이도 수준과 같이 다양한 강도로 나타난다. 언제 **엄청** 화가 나고 언제 **별로** 화가 나는 않는지 아는 것은 꽤 유용한데 이는 대처를 얼마나 해야 하는지 아는 데 도움이 되기 때문이다. 또한 그것은 상황에 따라 얼마나 화를 내야 하는지 생각해 보는 데 도움을 주는데, 과잉 반응이나 축소 반응 모두 고려해 볼 수 있다. 이와 유사하게 타인의 정서 강도를 아는 것 또한 관계를 잘 하는 데 도움을 준다. 예를 들어, 자신은 그렇지 않은데 친구 토비가 불안해한다고 말할 수 있는 것은 토비의 불안 상태에 더 능숙한 반응을 하는 데 도움이 될 수 있다. 그 기술은 또한 자신의 미래 상황을 예측하는 데 도움이 될 수 있고 따라서 미래 상황을 대비하는 데 도움이 될 수 있다. 예를 들어, 타냐가 교실 앞에 나가서 발표해야 할 때 매우 불안해한다는 것을 알아차린다면, 타냐는 다음 발표 때 이를 대비하여 더 유리한 상황에 있을 수 있다.

핵심은 감정은 척도를 사용하여 '평정'할 수 있고 이를 통해 감정의 강도를 서로 이야기할 수 있다는 것이다. 평정을 하는 것은 내담자와 상담자가 지금 기분이 얼마나 나쁜지 또는 얼마나 좋은지에 대해 서로 이해하도록 도와줄 수 있다. 비록 숫자로 된 척도를 사용하는 것을 강조하고 있지만, 이 척도는 내담자의 선호와 발달 수준에 따라 수정할 수 있다(예: 그림, 0~5, 0~10 또는 0~100과 같은 다양한 평정 척도). 숫자가 필요한 것이 아니라 상황을 더 쉽게 비교할 수 있기 때문에 유용하다는 것이다.

연습: 활동과 게임

여기에 나열된 게임들은 첫 번째와 세 번째 단계에도 적용 가능하지만, '평가'하는 기술을 연습하는 데 특히 유용하다.

최근 다섯 가지 감정 평가하기 게임

이 게임은 내담자에게 평가 기술을 연습할 수 있는 기회를 주는 단순하면서도 빠르게 진행할 수 있는 게임이다.

준비. 최근에 느낀 다섯 가지 감정을 기록할 수 있는 종이와 연필이 있으면 더 좋지만 이 게임에는 준비물이 필요하지 않다.

게임 진행. 먼저, 상담자와 내담자는 최근 느낀 다섯 가지 감정 목록을 만든다. 이 감정은 최근에 경험한 기억할 수 있는 다섯 가지 감정이다. 다섯 가지 감정이 정확한 사실인지 여부는 중요하지 않다. 이 게임의 목적은 최근 다섯 가지 감정 목록을 만드는 것이다. 목록으로 만들고 나면 한 사람씩 돌아가면서 각자 평정을 한다.

참여자의 기억을 떠올리는 수단으로 역할놀이를 하면 이 게임을 더 생생하게 할 수 있다. 때때로 상담자는 몇 가지 본보기를 보여 내담자가 적극 참여하도록 할 필요가 있다. 특히 머뭇거리는 내담자의 경우, 다른 사람의 감정을 목록으로 만들어 보도록 하는 것은 훌륭한 첫 단계가 될 수 있다. 다른 사람의 감정에 초점을 두는 것은 조망 수용에 어려움이 있는 내담자에게 유용할 수 있다.

최근 느낀 다섯 가지 감정 각각에 점수를 매기고 나서, 참여자들은 왜 그렇게 평정했는지 돌아가면서 이야기한다. 예를 들어, 어떻게 10점 중에 7점을 주었는가? 자신의 몸에서 어떤 감정을 느끼는지 주의를 기울이고 있었는가? 자신이 느낀 감정의 강도를 과거 상황과 비교했는가? 그 사건이 자신에게 얼마나 중요한지(또는 중요하지 않은지) 생각해 봤는가? 다음의 사례는 이 게임의 실례를 보여 주고 있다. 샐리는 분리불안과 사회불안 때문에 상담을 받고 있는 9세 여아다.

> 샐리: 음, 저는 고양이 헐로를 잃어버린 것을 생각하면, 너무 슬퍼요. 헐로가 갑자기 나가 버렸고, 저는 그 고양이를 오랫동안 찾을 수 없었어요. 그건 저에게 10점이에요. 저는 정말로 슬펐어요!
>
> 상담자: 굉장히 힘든 상황이구나. 이야기해 줘서 고맙다. 헐로는 돌아왔니?
>
> 샐리: 네, 헐로는 그날 늦게 돌아왔어요. 하지만 헐로가 없어졌을 때, 저는 너무 슬퍼서 울고, 울고, 또 울었어요.
>
> 상담자: 고양이가 돌아와서 정말 기쁘구나. 네가 정말 슬펐다는 걸 알 수 있는

한 가지 방법은 네가 울었다는 거 같아. 네가 10점을 줄 만큼 정말 엄청나게 슬펐다는 걸 알도록 도와줄 수 있는 다른 것으로는 어떤 게 있을까?

샐리: 음…… 잘 모르겠어요. 헐로는 제가 아주 어렸을 때부터 제 고양이였어요. 그래서 제가 가장 좋아하는 것이었고, 저도 고양이 것이에요. 저는 헐로를 정말 그리워했어요.

상담자: 그래, 맞아. 우리가 우리의 몸에서 어떻게 느끼는지는 우리의 감정이 얼마나 큰지를 알 수 있는 하나의 방법이야. 또 다른 방법은 어떤 것이 우리에게 얼마나 중요한지를 아는 것이란다.

여기서 몇 가지 팁을 염두에 두기 바란다. 내담자가 선정한 상황과 감정이 내담자의 호소 문제와 거리가 멀다면 '임상에서 볼 때 관련 있는 감정'과 상황을 관련시키려고 억지로 노력할 필요는 없다. 이는 상담 초기에 특히 그렇다. 억지로 노력하기보다는 기술을 개발하는 것이 더 쉬울 수 있다. 예를 들면, 문제해결 기법은 다양한 내담자 문제에 사용되는 기법이다. 상담자는 내담자의 삶에 중요한 문제를 구체적으로 골몰하지 않고서도 내담자에게 문제해결 기법을 가르칠 수 있다. 이런 방법 대신 상담자는 잃어버린 장난감을 찾는 법처럼 더 단순하고 감정이 덜 들어가 있는 문제를 찾을 수도 있다. 이렇게 하면서 내담자는 그 기술을 어떻게 사용하는지 배우는데 이는 일상생활의 다양한 문제에 적용하는 것이 목적이다.

이와 관련한 팁은 상담자가 자기 자신의 사례나 다른 아동의 사례를 사용하여 내담자 문제와 유사한 예를 선택하는 것인데 이 사례들은 그럴듯하게 각색해야 한다.

예로 10세 내담자 윌을 보자. 윌은 놀이터에서 놀림을 받을 때 화를 낸다. '최근 다섯 가지 감정 평가하기' 게임을 할 때, 윌은 친구와 관련된 어떤 상황도 제안하지 않는다. 이럴 때 그러한 예를 생각하라고 밀어붙이는 대신에 상담자는 이 상황에 대해 이야기해 볼 수 있는 방안을 생각해 볼 수 있다. 두 가지 효과적인 전략은 '뒷주머니 아이'를 참고하는 것과 적절한 자기개방을 사용하는 것이다. 뒷주머니 아이는 합성된 '내담자'로 앞에서 언급했듯이 인류에게 알려진 모든 문제를 겪었고 상담자의 임상 경험에 토대를 두고 있다. 아이는 늘 도움이 필요한 문제를 가지고 있는 것처럼 보인다.

자기개방 또한 내담자의 이익을 위해 사용한다면 이용하기에 좋은 전략이다. 좋은 사례를 얻기가 어렵기 때문에 자기개방을 해 보지 않은 사람에게는 실제로 자기개방을 해 보기 전에 미리 연습을 해 보는 것이 좋다. 다음 예는 두 전략을 모두 보여 주고 있다.

뒷주머니 아이

"나는 샘이라는 아이를 알고 있어. 너보다 조금 더 나이가 많아. 한 열두 살 정도. 그리고 그는 학교에 버스를 타고 간단다. 그 애가 말하길, 가끔씩 어떤 아이가 버스 안에서 종이를 뭉쳐서 자기에게 던져서 너무 화가 난다더구나. 0점에서 10점까지 중에서 8점을 줄 정도로 몹시 화가 났다고 했어! 샘의 얼굴은 벌겋게 달아올라서 주먹을 꽉 쥐고, 그의 위장이 타오르는 것 같은 어떤 이상한 느낌을 받았단다."

자기개방

"내가 어렸을 때 나를 진짜로 괴롭혔던 일이 기억나. 사람들이 내 중간 이름을 부를 때였어. 사람들은 내 이름의 애칭을 부르기보다 내 이름의 운을 맞춰서 이름 부르는 것을 좋아했단다. 내 중간 이름은 아서인데 짧게 하면 아트야. 사람들이 나를 얼마나 놀렸을지 짐작할 수 있다고 생각해. 어쨌든, 그것은 항상 나를 척도에서 8점이나 9점까지 화나게 만들었어. 또한 나를 7점만큼 슬프게 만들었지. 얼굴이 빨개지고 어디로 숨고 싶었어. 마치 모든 사람에게서 떠나고 싶은 마음이었어. 때때로 나는 심지어 그 사람들을 때리고 싶었어. 그리고 또 어떤 때는 심지어 울고 싶었어."

두 번째 예에서 상담자는 그 상황에서 한 가지 이상의 감정을 느꼈다고 이야기

하여 그 기술의 영역을 넓혔다. 다음과 같은 방법으로 정서 인식 영역을 확장시킬 수 있다. ① 같은 사건에 대해 여러 감정을 느낀 경험을 이야기해 보기, ② 어떻게 감정의 강도가 심해졌다가 다시 약해지는지 설명하기, 그리고 ③ 감정의 강도를 변화시키기 위해 대처전략을 사용하는 방법을 모방 학습하기다. 이들 각각의 '영역 확장'은 이후 제시될 기술을 예시한다.

사다리 게임

사다리 게임은 '최근 다섯 가지 감정 평가하기' 게임보다 어려운 게임이다.

준비. 이 게임에는 준비가 거의 필요하지 않다. 색인 카드나 종이 그리고 연필이 감정 단어를 적는 데 편리하다. 또한 색인 카드에 기록된 것을 참조하여 게임을 단계별로 진행하는 것이 유용할 수 있다.

게임 진행. 상담자와 내담자는 함께 감정 목록을 만든다. 이전에 감정 사전을 만든 것이 있다면 이 단어를 사용해도 좋다. 그렇지 않으면 간단한 정서 목록으로도 충분하다. 목록이 준비되면 참여자들은 각 감정을 언제 느꼈는지 돌아가면서 이야기한다. 상황을 묘사할 때는, 역할놀이를 사용할 수 있다. 그리고 나서 그 강도 점수를 부여한다. 다음으로 상담자와 내담자는 영화감독과 마찬가지로 감정이 '사다리를 타고 올라가거나 내려갈 수 있도록' 그 장면을 바꿀 수 있는 방법을 같이 생각해 본다. 이것은 감정의 강도를 증가시키거나 감소시키기 위해 상황을 변화시키는 방법이다. 다음에 제시되는 사례는 이 게임의 변형을 보여 주고 있는데 정서 조절과 같이 이 책의 후반부에 있는 모듈의 기술을 예시해 줄 뿐만 아니라 '평정하는' 기술을 가르치는 데 이 게임을 어떻게 사용할 수 있는지도 보여 주고 있다. 내담자는 ADHD로 의심되는 9세 아동 채드다. 상담 초기이며 상담자가 채드에게 사다리 게임을 설명한 직후다.

상담자: 좋아. 만약 네가 하고 싶지 않으면, 내가 먼저 해도 되겠니?

채드: 네, 먼저 하세요.

상담자: 이것은 꽤 빠르게 진행될 거야. 준비되었니? 먼저, 감정 중에 하나 고를게. 나는 두려움을 골랐어. 이제 최근에 그 감정을 느꼈던 순간을 생각할 거야. 음…… 아! 그래! 내가 운전을 하고 있을 때 어떤 차가 갑자기 방향을 바꾸는 바람에 거의 부딪힐 뻔했을 때 난 두려움을 느꼈어. 우리가 고속도로에 있어서 꽤 빨리 달리고 있었기 때문에 상당히 무서웠어. 그래서 나는 두려웠고, 내 심장이 쿵쾅쿵쾅 뛰면서 내 몸이 모두 긴장 상태가 되었어. 음…… 자…… 내가 뭐 빠뜨린 게 있니?

(카드에 써 둔 게임의 단계를 쳐다본다.)

채드: (카드를 함께 본다.) 선생님은 점수를 매겨야 해요.

상담자: 아, 그렇구나, 점수. 척도를 한번 보자. 나는 7점을 줄 거야. 내가 뭐 더 해야 하는 게 있니?

채드: (카드를 다시 보고 읽는다.) 어떻게 그 점수를 줬는지 말해 주세요.

상담자: 좋아. 내 몸에서는 내가 어떻게 느끼고 있다고 말을 할까? 내 심장은 빨리 뛰고 있어. 그리고 나는 운전대를 꽉 잡고 있었고, 보자 그리고 150킬로 이상 달리려고 하고 있었던 거 같아. 식은땀이 났지. 그 느낌을 아니?

채드: 네, 알 수 있을 거 같아요.

상담자: 좋아. 다음에 사다리를 올라가거나 내려갈 거야. 어떤 것을 먼저 하고 싶니?

채드: 올라가는 거요. 그건 더 무섭게 한다는 거지요. 맞나요?

상담자: 맞아. 어떻게 하면 될까?

채드: 선생님이 충돌했을 수도 있겠네요.

상담자: 그래 내가 만일 충돌한다면 더 무서울 수 있겠구나. 그러면 내가 몇 점을 줄 것 같니?

채드: 모르겠어요. 최고 점수요.

상담자: 나도 그렇게 생각해. 10점. 그럼 또 뭐가 더 무섭게 할까?

채드: 모르겠어요.

상담자: 어떤 사람이 내 차 안에 있었고 소리를 지르면서 화를 내기 시작했다면 어떨까?

채드: 더 상황을 나쁘게 하겠네요. 하지만 선생님도 화나게 할 거 같아요.

상담자: 좋은 생각이야. 역시 복잡하지? 무서우면서도 화가 났을 거 같아. 동시에 두 가지 감정이 말이야. 그렇게 재미있지는 않지. 좋아, 이번에는 사다리를 내려가 보자. 어떻게 하면 단계가 낮아질까?

채드: 선생님이 운전을 천천히 한다면요.

상담자: 그래 좋아. 속도가 낮았다면 그렇게 두려움을 안 느꼈을 거야. 1점이나 2점 낮추자. 5점. 그리고 또?

채드: 모르겠어요.

상담자: 덜 무섭게 하는 거. 만약 어떤 차가 내 차가 아닌 다른 차 앞에서 갑자기 회전 하는 거를 봤어.

채드: 예. 덜 무서워요.

상담자: 그래. 그럼 더 덜 무섭게 하는 게 있을지 보자.

채드: 아마도 고속도로에서 운전하지 않는 거요.

상담자: 그래 좋아. 일반 도로에서 운전했다면, 설사 누군가와 충돌할 뻔했다고 하더라도 덜 무서웠을 거야.

채드: 그럴 거 같아요.

상담자: 하나만 더 해 보자. 내가 덜 무섭게 하기 위해 내 스스로에게 해 줄 말이 있을까?

채드: 선생님은 사고가 나지 않았어요.

상담자: 그래 맞아. 사고는 안 났어. 이 일은 가끔씩 있는 일이야. 나는 괜찮을 거야 라고 되새기는 것을 잊지만 않는다면 나쁜 일은 일어나지 않을 거라고 생각해.

채드: 네. 사고만 없다면 괜찮은 거죠.

영화/TV/책 등장인물 평가하기 게임

이 게임에서는 비디오 영상을 보여 주거나 가상의 장면에 대해 이야기하고 등장인물의 정서를 평가한다.

준비. 이 게임은 많은 매체를 사용하는데 여기에는 영화, TV 쇼, 비디오게임, 만화책, 그림책 등이 있다. 나이 든 아동들은 소설이나 다른 공상 이야기에서 장면을 수집하여 게임을 할 수도 있다. 상담자는 이 자료에 친숙해야 한다. 비디오 자료를 활용하려면 비디오를 다루는 기술과 고급 수준의 준비가 요구된다.

게임 진행. 이 게임에서는 상담자와 내담자가 정서 장면을 보거나 듣고 나서 목표가 되는 등장인물에 대해 정서 강도를 평정하고 **왜** 그렇게 평정했는지 설명한다. 게임에는 '보너스 라운드'도 있는데 이 라운드에서는 상담자와 내담자가 그 상황에 있다면 자기 자신에 대해서는 몇 점을 줄 건지에 대해서도 이야기를 나눈다. 이렇게 하면 정서 강도를 평정하는 기술뿐만 아니라 관점 취하기 기술을 키우는 데도 도움이 된다.

예를 들기 위해 다섯 번째 해리포터 영화인 〈해리포터와 불사조 기사단〉의 세 장면에 대해 설명한다.

초기 장면에서 해리의 사촌인 더들리와 친구들은 해리를 못살게 군다. 이 장면은 아동이 상황 단서에서 화를 인식하는 것뿐만 아니라 얼굴과 신체 단서에서 화를 인식하도록 하는 데 매우 좋다. 분명히 그 상황은 대부분의 아동이 화가 날 상황이다. 더들리는 그냥 놀리는 것이 아니라 해리의 부모님이 돌아가셨다는 이유로 '아픈 곳을 찌르며' 해리를 놀린다. 이 장면은 또한 더들리가 놀리고 있다는 상실감 때문에 해리가 실제로 얼마나 슬플지 이야기하기에 좋다.

이 영화의 몇몇 장면에서는 행복과 즐거움을 잘 묘사하고 있다. 이는 덜 떨어진 학생이자 해리의 친구인 네빌이 마법을 거는 데 크게 성공할 때 특히 잘 나타나고 있다. 행복/즐거움 이외에도 네빌과 해리의 얼굴 표정과 서로 이야기하는 것을 보면 이들은 자부심도 느끼는 것처럼 보인다.

세 번째 장면은 걱정을 잘 그려 내고 있다. 해리의 가장 친한 친구인 헤르미온느와 론이 엄브리지라는 교사에게서 해리가 받는 심한(그리고 부당한) 처벌에 대해 해리와 이야기하고 있다. 해리는 다소 절망하고 있는 것처럼 보이는데 학교 당국에 이야기하기보다는 자기만 알고 있겠다는 바람을 표현하고 있다. 론과 헤르미온느는 걱정하고 있는 것처럼 보이는데 이들의 얼굴과 상황 단서에서 뚜렷하다.

이 예는 아동들이 친숙한 영화에서 정서 표현을 찾는 방법을 설명하기 위해 들은 예일 뿐이다.

단계 3: 정서 표현하기

개 요

느낌을 어떻게(그리고 언제) 표현하는지 아는 것은 정서 인식에 있어 중요하며, 종종 정신건강 문제가 있는 아동에게 어려운 부분이다. 게다가 정서 표현은 종종 정서조절의 이전 단계이며 대인 관계와 개인 내적인 부분 모두와 높은 관련성이 있다. 이 책의 여섯 번째 모듈에서는 정서조절과 관련된 정서 표현에 대해 초점을 맞추고 있다.

교 육

효과적인 감정 표현은 많은 장점이 있다

정서 표현이란 정서를 얼굴이나 신체로 표현하는 것을 의미할 뿐만 아니라 말과 글로 표현하는 것도 의미한다. 정서 표현은 기분을 더 나아지게 하고 다른 사람과 잘 어울리게 하며 문제를 해결하는 데 도움이 되기 때문에 중요하다. 다른 기술과 마찬가지로 정서 표현도 연습을 해야 하는데 처음에는 어색하고 어렵다고 느낄 수도 있다. 여기서 몇 가지 알아야 할 주요 사항이 있다.

표현이 중요한 이유. 정서를 표현하는 많은 방법이 있다. 자신의 정서를 표현하는 방법과 타인의 정서를 인식하는 방법을 포함하여 정서를 표현하는 다양한 방식을 아는 것은 기분을 더 나아지게 하고 다른 사람과 잘 어울릴 수 있도록 해 준다. 사람들은 자신이 세우고 있는 목표, 관심이 있는 사람 또는 사물과 같이 자신에게 중요한 것에 대해 다른 사람과 소통하기 위해 정서를 표현한다.

다양한 표현. 사람들은 얼굴 표정, 신체 언어, 직접적인 언어 전달, 간접적인 언어 전달, 행동 그리고 글로 감정을 전달할 수 있다. 다음에서 설명하는 활동과 게임은 느낌을 '말로 표현하는' 중요성을 강조한다. 행복하다는 것을 나타내는 웃음과 같이 기본적인 느낌-표현의 연결을 다루는 것에 덧붙여, 상담자는 내담자가 자기 자신만의 표현을 생각해 보도록 돕기 위해 상담자의 독특한 표현을 나누는 것도 유용할 수 있다. 개인적인 예를 들면, 나는 내가 불안하다는 신호 가운데 하나는 졸림을 느끼는 것이라고 내담자에게 이야기한다. 잠을 충분히 잤는데도 졸리고 힘든 일을 앞두고 있다면 이것은 내가 불안하다는 신호인 것이다.

느낌 숨기기. 사람들은 자신의 정서를 숨기고 있더라도 그것을 여전히 느끼고 있다. 정서를 숨길 수 있다는 사실은 다른 사람의 정서를 파악하는 것을 더 어렵게 한다. 느낌을 숨기는 데는 여러 이유가 있으며 어떤 경우에는 정서를 숨기는 것이 가장 좋은 방책이 될 수도 있다(예: 특정 정서 표현에 대해 철저히 응징하는 가족의 경우). 그래서 상담자는 정서 표현이 항상 좋다는 자세를 취하면 안 된다. 대신 상담자는 정서를 감추거나 표현하기 위해서는 거의 매번 전략적으로 생각하는 것이 필요함을 강조할 수 있다. 종종 내담자는 맥락에 맞지 않게 '감추거나' 또는 '표현하는' 방식에 빠진다. 한 가지 중요한 목표는 내담자가 맥락에 조금 더 민감해지고 자각하도록 도와주어 정서를 표현하는 시기와 방법을 적절하게 선택할 수 있도록 하는 것이다. 활동지 '**보이는 게 다는 아니다(유인물 3)**'는 도움이 될 수 있는데 이 유인물은 내담자가 주어진 상황에서 어떤 감정을 느낄지 추측해 보도록 하고 더 많은 정보를 주어 자신이 추측한 것을 다시 평가하도록 한다.

느낌을 표현하려고 노력하지 않아도 느낌은 표현된다.   때때로 사람들은 그들이 정서를 느끼고 있다는 것을 자각하기 전에 이미 느낌을 표현하기 시작한다. 예를 들면, 자신이 좌절감을 느끼고 있다는 것을 '알기' 전에 발을 구르거나 '한숨을 푹푹 쉴' 수도 있다. 이런 현상은 자연스럽다는 것을 알도록 하는 것이 중요한데 이는 자기 자신의 느낌에 대해 더 많이 알게 되면서 이러한 갑작스러운 표현은 빈도와 강도가 줄 수 있다는 사실을 강조하고 있는 것이다.

말로 표현하기.   감정에 이름을 붙이고 설명함으로써 사람들은 자신을 표현할 뿐만 아니라 자신의 감정을 드러내고(이로 인해 감정을 더 쉽게 다룰 수 있다), 다른 사람에게 자신의 감정을 전달하는(도움을 요청함으로써 도움을 받는다) 두 가지 일을 한다. 너무나 자주 내담자들은 감정에 '공격당했다'거나 '압도당했다'고 느낀다. 느낌을 말로 표현함으로써(말로 하든 글로 쓰든 간에, 특히 타인과의 지지적인 대화에서), 내담자는 적응적인 정서조절을 할 수 있다. 느낌의 원인을 파악하는 것은 더 어려울 수 있지만 단어로 표현하는 것은 "나 화났어."라고 말하는 것처럼 간단할 수 있다.

연습은 표현을 향상시킨다.   연습을 통해 사람들은 자신의 느낌을 명확하게 표현하고 다른 사람에게 상처를 주지 않으면서 표현하며 다른 사람의 표현을 이해하는 것을 훨씬 더 잘 할 수 있다.

연습: 활동과 게임

여기 두 개의 게임은 옛날 게임 같지만 정서 표현을 연습하는 데 특히 유용하며 처음 두 단계를 연습하는 데 적용할 수 있다.

즉흥 연기 정서 게임

이 게임은 즉흥 연극에 기반을 두는데, 즉흥 연극은 관객에게서 들은 이야기를 가지고 배우가 즉흥적으로 장면을 만드는 것이다.

준비. 색인 카드 또는 쪽지종이가 준비물로 필요하다. 이것을 제외하고는 준비물은 별로 없다.

게임 진행. 이 게임에서 상담자와 내담자는 정서 목록을 만들고 그 목록을 색인 카드나 쪽지종이에 쓴다. 카드를 섞어 상담실 곳곳에 둔다. 상담자와 내담자는 번갈아 가며 카드가 있는 곳까지 걸어가서 단어를 읽고, 카드에 적힌 감정을 포함한 장면을 연기한다.

첫 번째 하는 사람은 카드를 뽑아 카드에 있는 감정을 나타내는 장면만 연기하면 된다는 점에서 '쉬운 일'을 한다. 이후 사람부터는 카드를 뽑아서는 그 카드에 있는 정서를 전에 뽑은 감정과 맞아떨어지게 연기한다. 예를 들어, 첫 번째 정서가 분노라면, 내담자는 어지럽혀진 방 때문에 화가 난 척을 한다. 두 번째 사람은 **걱정**을 선택한다. 그 사람은 걱정을 연기해야 하는데 이 걱정은 첫 번째 사람이 연기한 분노와 연관이 되어 있어야 한다. 이 사람은 "어머니가 방이 지저분한 것에 대해서 엄청 화를 낼 거야. 어머니가 외출을 금지시킬 게 분명해."라고 말을 하며 걱정할 수도 있다. 각 참여자가 느낌을 묘사한 후에, 다른 참여자는 상대방의 느낌을 추측하고 추측할 수 있는 단서를 찾아야 한다.

종이접시 가면 게임

이 게임은 미술과 연기를 조합한 것이며, 어린 아동들에게 사용하기는 좋지만, 어느 정도 나이가 있는 아동들도 이 활동을 좋아한다.

준비. 상담자는 그리고 색칠할 수 있는 종이 접시가 필요하다(때에 따라서는 종이도 가능하다). 광택이 나는 접시는 마스크를 제작하기에 적합하지 않다. 그리고 이 게임은 다음에 제시된 예와 같이 다섯 가지 정서 시나리오를 사용하는데, 각 시나리오에서 안으로 경험하는 정서와 밖으로 표현하는 정서가 다를 수 있다. 각 시나리오는 상담 시간에 만들 수 있지만 미리 써 두는 것이 편하다. 이 시나리오들은 유일한 예도 아니며 가장 좋은 예시도 아니다. 항상 내담자 자신의 상황에 예를 맞추기 위해 적합한 내용을 찾아야 한다.

시나리오 1: 여러분이 등교버스에 타고 있는데 버스에 타기 전 어머니가 여러분에게 빨리 준비하라고 여러 번 고함을 질렀다.

시나리오 2: 방금 시험 결과를 받았고 나는 A를 받았는데, 가장 친한 친구는 D를 받은 것을 알게 되었다.

시나리오 3: 친구들과 함께 극장에서 영화를 보는데 지금 보고 있는 영화가 너무 무섭다.

시나리오 4: 수업 중에 선생님이 읽어 주는 이야기가 작년에 죽은 여러분의 강아지를 떠오르게 한다.

시나리오 5: 놀이터에서 어린이들이 여러분의 옷과 머리를 가지고 놀리기 시작한다.

게임 진행. 이 게임의 목적은 각 시나리오별로 종이 접시 가면을 만드는 것이다. 상담자와 내담자는 번갈아 가며 시나리오를 무작위로 선택하고 감정을 반영하는 얼굴을 접시에 그린다. 접시의 한쪽 면-바깥 면에는 시나리오의 인물이 다른 사람에게 보여 줄 감정을 나타내고 다른 면-안쪽 면에는 그 인물이 정말 느끼는 감정을 나타낸다. 각 시나리오별로 종이 가면을 만든 후 상담자와 내담자는 교대로 무엇을 만들었고 왜 그렇게 만들었는지에 대해 이야기를 나눈다.

종이 접시 가면 게임은 얼굴에 나타나는 정서를 명확하게 표현할 수 있도록 할 뿐만 아니라 정서 표현을 숨기는 '전략'에 대해 서로 이야기할 수 있도록 해 준다. 예를 들어, 상담자는 시나리오 5에서 뭔가 웃긴 것에 대해 생각하거나 친구를 봄으로써 놀림 때문에 당황스러운 느낌을 숨기는 방법에 대해 이야기를 나눌 수 있다. 내담자가 자기개방을 하는 것이 편해지면 상담자는 내담자가 어떤 감정을 숨기고 싶어 하는지 알 수 있다.

대안 버전 1: 확장.   이는 내담자가 어떻게 느낌을 표현하고 감추는지에 대해 이해할 수 있는 종이 접시 가면 게임의 새로운 버전은 같은 시나리오에 다양한 시간대를 사용하는 것인데, 각 시간대별로 한 가지 또는 두 가지 변수가 달라진다. 앞서 제시한 시나리오 1의 경우, 아동은 학교 갈 준비를 하는 동안 어머니에게 한소리를 들었고, 지금은 학교 가는 버스 안이다. 상담자는 ① 어머니를 아빠로, ② 소리치는 것을 우는 것으로, ③ 소리치는 것을 걱정하는 것으로, ④ 버스에서 어머니와 함께 차를 타는 것으로, ⑤ 버스에서 친구들과 카풀을 하는 것으로 등과 같이 바꿀 수 있다. 여기서 게임 내의 게임은 치료자의 요청사항이 되는데 이를 통해 내담자의 정서 표현의 한계를 시험해 보고, 정서 표현을 하도록 하고, 지지하는 데 있어 가족 역동은 어떤지 가설을 세울 수 있게 된다. 이런 식으로 게임은 4장에서 말했던 기능분석을 쉽게 하기 위한 또 다른 도구로 쓰일 수 있다.

대안 버전 2: 단어들.   이 게임의 또 다른 버전은 내담자(그리고 상담자)가 **누구와** 그리고 **어떻게** 숨긴 느낌에 대해 이야기하는지 그리고 그것을 역할 연기로 해 보는 '다음 단계'다. 내담자를 위해 먼저 시범을 보이고 상담자가 내담자의 실생활에서의 예시를 선택하도록 하는 것이 일반적으로 바람직하다.

어디에나 있는 느낌

A. 최근에 내가 가졌던 느낌

1. _____
2. _____
3. _____
4. _____
5. _____

B. 우리 가족 중 누군가가 최근에 가졌던 느낌

1. _____
2. _____
3. _____
4. _____
5. _____

C. 사람들이 말하는 것에서 내가 들은 다른 감정 단어

1. _____
2. _____
3. _____
4. _____
5. _____

모듈 1: 유인물 2

느낌과 우리 신체

왼쪽에 있는 감정 단어와 오른쪽에 있는 신체 느낌을 연결한다. 정서와 신체 느낌을 자유롭게 추가하라.
각각의 정서에 1개 이상의 신체 느낌이 있을 수도 있다.

정서	신체 느낌
1. 분노	A. 배에서 괴상한 느낌
2. 행복	B. 얼굴이 화끈거림
3. 걱정	C. 머리가 아픔
4. 흥분	D. 손이 덜덜 떨림
5. 공포	E. 소리 내어 움
6. 슬픔	F. 주먹이 꽉 쥐어짐
7. _____	G. 미소를 지음
8. _____	H. _____
9. _____	I. _____
10._____	J. _____
11._____	K. _____

<u>모듈 1: 유인물 3</u>

보이는 게 다가 아니다

때때로 우리는 그 사람에 대한 뭔가를 알지 않는 한, 그 사람이 어떻게 느끼는지 알 수 없다. 각 아동이 처한 상황에서 어떻게 느낄 것인지 추측해 보자.

다음 상황으로 넘어가기 전에 각 상황별로 정서를 적어 보라.

1. 대리어스의 이웃이 아동들이 정말 좋아하는 강아지를 분양받았다.

_____

2. 대리어스의 이웃이 아동들이 정말 좋아하는 강아지를 분양받았으나, 대리어스는 강아지한테 물린 적이 있다.

_____

3. 리나는 내일 전교생 앞에서 중요한 발표를 해야 한다.

_____

4. 리나는 내일 전교생 앞에서 중요한 발표를 해야 하는데, 리나는 발표하는 것을 아주 좋아한다.

_____

5. 제니는 수학 시험에서 A를 받았다.

_____

6. 제니는 수학 시험에서 A를 받았으나, 시험에서 부정 행위를 하였다.

_____

Module 2
정서 이해 기술

앞선 모듈에서 초점이었던 정서 인식은 초기에 습득하는 정서 역량 기술 중 하나다. 정서 이해는 정서 인식 다음에 온다. 정서 이해는 정서에 대한 아동의 **지식**이며, 그 지식은 어떻게 '느끼는지', 무엇이 느낌을 촉발시켰는지, 어떻게 '작용하는지', 그리고 어떻게 느낌을 숨기고 변화시킬 수 있는지에 대한 것이다. **지식**이라는 단어가 강조되는데, 정서 이해는 행동보다는 아는 것의 문제이기 때문이다. 정서 관련 '행동'은 공감과 정서조절 모듈의 주 관심사다.

이 모듈을 사용하는 시기

이 모듈은 내담자의 문제를 일으키는 주요 요인이 정서 지식이 부족한 것일 때 사용하도록 고안되었고 정서를 인식한 이후의 발달단계가 되도록 고안되었다. 여기서 말하는 정서를 인식한다는 것은 자신이 정서를 경험하고 있다는 것을 아는 것과 그 강도를 자각하는 것, 그리고 그 느낌을 표현할 수 있는 능력을 갖추는 것이다. 이 모듈을 통해 도움을 얻을 수 있는 내담자는 다음 정서관련 개념을 적어도 한 개 이상 잘 이해하지 못하는 사람이다. ① 정서는 환경과 내부 사건 모두가 원인이 되고, 이 둘에 의해 촉발된다. ② 한 가지 이상의 느낌이 동시에 발생할 수 있다. ③ 특정 느낌은 특정한 방법으로 신체에 영향을 준다. ④ 느낌은 감추거나 바꿀 수 있다.

목 표

이 모듈의 목표는 공감과 정서조절과 같은 다른 정서관련 기술의 기초로서 정서에 대한 이해를 쌓기 위해 네 가지 정서 개념을 가르치고 연습하는 것이다.

1. **정서는 촉발된다.** 정서는 환경과 내부 사건 모두에 의해 유발된다.
2. **복합 정서들.** 사람들은 한 가지 이상의 느낌을 동시에 경험할 수 있다.
3. **정서는 신체에 영향을 끼친다.** 다양한 정서는 신체에 다양한 영향을 끼친다.
4. **정서는 감출 수(혹은 바꿀 수) 있다.** 사람들은 자신들의 정서를 감추거나 바꿀 수 있다. 사람들이 보여 주는 것은 반드시 그들이 느끼는 것을 보여 주는 것은 아니다. 이 모듈의 초점은 정서를 숨기는 것에 있고, 이후 나오는 모듈은 정서를 바꿀 수 있다는 사실을 더 강조할 것이다.

절 차

단계 1: 정서 촉발시키기

개 요

"왜 화났어?"라고 물었을 때, 내담자는 "걔가 제 발을 걸었거든요." 또는 "게임에

졌거든요."라고 대답할 수 있다. 이러한 외부 촉발요인을 이해하는 것은 발달의 초기 단계이자 중요한 단계다. 그러나 가끔씩 똑같이 중요한 촉발요인들은 내담자 **안에** 있는데, 내부 요인으로는 내담자가 가진 신념, 내담자가 붙들고 있는 가치, 그리고 내담자가 숨기고 있는 공포를 들 수 있다. 이런 내부 단서는 더 커서야 알게 되기 때문에 당연히 이해하는 것이 어렵다.

교육

느낌들을 촉발시키는 것

여기에 있는 기본 개념은 단순하다. 느낌은 사건에 대한 반응으로 발생하며, 그 **사건**은 운동경기를 잘 하거나 성적을 잘 받는 것과 같은 외부 요인일 수도 있고 내담자의 신념, 바람 그리고 선호와 관련된 내부 요인일 수도 있다. 중요한 교육사항은 교육시키기가 그렇게 어렵지 않다. 내담자는 느낌은 사건에 대한 반응으로 생긴다는 것을 쉽게 이해하며, 어떤 사건을 경험한 후 그 사건에 대한 반응으로 어떤 느낌을 가졌던 몇 가지 예를 금방 설명할 수 있다. 그러나 느낌이 어떻게 촉발되는가에 대해 아동들이 이해하기 시작할 때는 대부분 일부만을 이해한다. 아동이 상황에 대해 생각하는 방식이 상황 자체만큼 또는 그 이상 영향을 미친다는 사실을 이해하는 것은 더 어렵다. 여기서 교육하고자 하는 주요 내용은 쉽게 설명할 수는 있어도 이해했는지 확인하는 것은 더 어려운 일이다. 그래서 연습이 이 단계의 초점이 된다. 다행히 단계 1의 주된 아이디어를 전달할 창의적인 몇 가지 방법이 있다.

각 느낌의 이유를 목록으로 만드는 것은 주제를 도입할 수 있는 손쉬운 방법이 될 수 있으며 활동지 '**감정과 촉발요인(유인물 1)**'은 이 목록을 작성하고 정리하는 한 가지 수단이 된다. 상담자는 자기 자신의 예, 특히 내부 촉발요인에 관한 예를 이야기해 주는 것이 유용하다는 사실을 알 것이다. 계산된 자기개방도 효과적인 전략이기는 하지만, 사례들은 대중매체에도 아주 많다. 다음의 상담 축어록에서 느낌의 원인은 가끔 명확하지 않을 수도 있고 관찰자는 모를 수도 있다는 요지를 전달하기 위해 자기개방을 사용한다. 내담자인 엠마는 11세이고, 걱정을 많이 하며, ADHD 하위 유형 중 부주의 유형으로 진단받을 것으로 예상된다.

상담자: 짧은 이야기를 하나 들려줄게. 옛날 옛날에 선생님이 열두 살이었을 때, 여름에 선생님 가족은 다른 가족들이랑 함께 집 근처에 있는 호수에 가기로 했어. 우리는 호수 근처에서 캠핑을 하고 수영이나 낚시 같은 것을 하기로 했어. 이런 것처럼 너네 가족도 이런 걸 해 본 적 있니?

엠마: 네, 가끔 우리 가족은 강에 가요.

상담자: 내 생각엔 비슷한 것 같네. 그래서 너는 내가 그 여행에 대해 어떻게 느꼈다고 생각하니?

엠마: 음, 모르겠어요. 아, 알겠어요. 아, 그러니까 꽤 재밌었을 것 같아요.

상담자: 맞아! 잘했어. 우리가 알듯이 내 느낌을 유발한 건 재미있는 활동들이야, 그렇지? 내가 어떻게 느꼈을지 추측하기 위해서 우리에게 도움이 될 좀 더 많은 정보를 어떻게 얻을 수 있을까?

엠마: 음, 모르겠어요. 우리가 선생님한테 물어봐야 하나요?

상담자: 물론 그것도 좋은 방법이야! 근데 만약 우리가 물어보지 못한다면, 우리는 선생님이 어떻게 느꼈을지, 거기에 어떤 단서가 있는지 실마리를 찾아야 해.

엠마: 글쎄요, 음. 아마도 누구랑 같이 갔는지 안다면?

상담자: 좋은 질문이야! 맞아! 그래서 말해 주면 선생님 가족이랑 같이 간 가족은 나랑 동갑인 남자애 하나랑…… 그리고 나는 그 애를 좋아했어. 그 애는 잘생기고 귀여웠어.

엠마: 아, 그건 뭐일 수 있냐면…….

상담자: 어렵니?

엠마: 네, 그런 거 같아요. 그건 그 남자애가 선생님을 어떻게 생각하고 있는가에 따라 달라요.

상담자: 맞아! 그리고 난 가족이 옆에 있어서 불편하지 않을까 걱정했어. 내 가족은 그러니까…….

엠마: 당황스럽다, 네! 나도 그거 알아요.

상담자: 맞아! 그래서 활동은 꽤 행복했지만 그 남자애랑 거기에 같이 있는 건 조금 마음이 복잡했어. 난 아마 부끄러웠거나 걱정했거나 아니면 불안했을지도 몰라. 그리고 한 가지 더, 내가 수영을 할 줄 모른다는 걸 너에게 말했다면?

엠마: 오, 정말요? 그것 역시 당황스러운 일이네요.

상담자: 맞아. 나는 그 남자애랑 그 가족들이 내가 수영을 못한다는 걸 알게 될까 봐 무서웠고 당황스러웠어. 그래서 그 점이 조금 스트레스였어.

엠마: 네, 나도 그런 친구가 있는데 그 친구도 수영을 할 줄 몰라서 우리랑 같이 강에 간 적이 없어요.

상담자: 맞아, 확실히 그건 어려워. 그래서 모든 걸 이제 다 알았는데, 너는 내가 그 여행에 대해서 어떻게 느꼈다고 생각하니?

엠마: 음, 제가 추측하기로는 선생님이 말했던 것처럼 걱정을 한 것 같아요. 그리고 아마도 스트레스처럼 걱정보다는 조금 더 나빴던 것 같아요.

상담자: 그럼 신났던 것은 뭐지?

엠마: 음, 모르겠어요. 아마도. 왜 신났죠?

상담자: 글쎄, 이건 네가 어떤 남자애를 좋아하게 될 때 느끼는 감정인데, 그건 좋은 거야. 그래서 선생님이 걱정되고 스트레스 받았지만, 신나기도 했던 거지.

이 상담 축어록은 감정이 내부 촉발요인과 외부 촉발요인에 의해 어떻게 유발되는지 모범을 보이기 위해 계산된 자기개방을 어떻게 사용하는지 잘 보여 준다. 또 주목해야 할 것은 상담자가 이 모듈의 다음 단계, 즉 한 가지 상황이 여러 감정을 일으킬 수 있다는 것을 어떻게 설명했는가다.

연습: 활동과 게임

다음의 두 가지 게임은 감정이 촉발된다는 것을 교육하고 연습하기 위해 사용할 수 있다.

촉발요인 카드 게임

준비.   이 게임에서는 감정 카드 한 세트가 필요하다. 감정 카드는 각 카드에 감정 단어가 적힌 색인 카드여도 된다. 카드에 적힌 감정들은 상담 시간이나 상담 시간 전에 상담자와 내담자가 만들 수 있다.

게임 진행.   이 게임에서는 첫 번째 참여자가 카드를 가지고 와서 상대방과 자신 사이에 카드를 뒤집어 놓는다. 참여자는 카드를 읽고 이 느낌을 촉발하는 예로 참여자 자신의 예나 다른 사람의 예를 들어 준다. 다음 참여자는 똑같은 느낌에 대한 또 다른 촉발요인을 작성한다. 이것이 네 번 돌 때까지 계속 진행을 하거나(예: 총 8개의 촉발요인) 어느 쪽이 먼저 하든 간에 참여자 한 명이 촉발요인을 다 말할 때까지 진행한다. 점수는 다음과 같이 부여한다. 각 외부 촉발요인에는 1점, 내부 촉발요인에는 2점, 그리고 촉발요인이 자신에게 해당하면 3점을 준다. 종합 점수가 높은 참여자가 다음 카드를 가져온다. 게임은 한 참여자가 일정 점수(예: 30점, 50점, 100점)를 득점할 때까지 진행하거나 카드를 다 쓸 때까지 진행한다.

대안 버전 1: 몸짓.   카드별로 참여자는 각 느낌에 대한 한 개 이상의 촉발요인을 몸짓으로 나타낸다. 다른 참여자는 몸짓에 포함되어 있는 느낌과 촉발요인을 추측해야 한다. 점수는 다음과 같이 준다. 참여자가 한 번 만에 느낌을 정확하게 맞히면 2점, 두 번 또는 세 번 만에 맞히면 1점, 그리고 세 번 이상 못 맞히면 0점을 준다. 촉발요인에 대한 점수도 앞에서 설명된 같은 방법으로 주는데, 참여자는 정서를 정확하게 추측해야 할 뿐만 아니라 촉발요인도 표현해야 점수를 받는다.

대안 버전 2: 예술.　게임 대신 예술 매체가 촉발요인을 전달하기 위해 사용된다. 예를 들어, 상담자와 내담자는 사진이나 단어, 일련의 감정과 그것에 대한 촉발요인을 설명하는 책을 만들 수 있다. 비슷하게 상담자와 내담자는 똑같은 내용을 담은 비디오를 만들 수도 있다. 또는 그림을 그리거나 찰흙을 통해 조각을 만드는 것도 가능하다.

대안 버전 3: 영화.　정서 장면을 묘사하는 TV 프로그램이나 영화에서 장면을 편집해 올 수 있는 상담자는 카드 대신에 그 장면을 사용할 수 있다. 참여자들은 번갈아 가며 등장인물의 정서를 일으킨 촉발요인을 만들어 낼 수 있다. 잘 선택한 대중매체 장면은 촉발요인에 대한 지각을 변화시킬 수 있는 많은 정보를 제공하는 장면이 계속 전개된 것이거나 후속 장면일 수 있다.

안과 밖 게임

이 게임은 신체 활동이 들어 있는 더 단순한 게임이어서 더 어리고 활동적인 내담자에게 좋다.

준비.　이 게임은 분리되어 있는 두 공간이 필요하다. 이 두 공간은 다양한 방식으로 묘사할 수 있는데 여기에는 분필, 실, 다양한 바닥 또는 깔개 색깔, 소파나 탁자와 같은 특정한 물체 등이 있다. 두 공간은 서로 비교적 떨어져 있어야 하며 한쪽에서 다른 쪽으로 가려고 하면 몇 미터는 가야 한다(멀수록 좋으므로 바깥 장소나 체육관이 좋다). 공간 중 하나는 **안쪽**이라고 불러야 하고 다른 쪽은 **바깥쪽**이라고 불러야 한다. 비좁은 공간이거나 사용할 수 있는 도구가 별로 없는 공간에서는 한 공간을 안쪽이라고 하고 나머지 공간을 바깥쪽이라고 할 수 있는데, 심지어 상담실의 마주보는 벽이 바깥쪽이 될 수도 있다. 여기서 목표는 두 가지 구별된 장소를 만드는 것이다.

게임을 하기 전에, 다양한 정서 상황에 있는 사람들을 설명하는 일련의 카드가 필요하다. 몇 가지 예시가 다음에 제시되어 있다.

시나리오 1: 타야는 학교에 있고 극심한 불안을 느끼기 시작한다.

시나리오 2: 학교에서 집으로 걸어가는데, 스콧은 매우 슬퍼지기 시작한다.

시나리오 3: 방에서, 앤트원은 매우 화가 난다.

시나리오 4: 공원에서, 메이는 매우 행복하다.

이 자극들이 얼마나 단순한지 보라. 명백한 촉발요인을 가진 자극들을 만들어 내지 않도록 한다. 또 주목할 것은 게임이 진행되면서 자극을 만들 수도 있기 때문에 이 자극을 미리 만들지 않아도 된다는 것이다.

게임 진행. 게임을 시작하기 위해서 참여자는 안쪽이나 바깥쪽 어느 곳도 아닌 장소에 선다. 참여자 중 한 명이 시나리오를 읽는다. 참여자들은 순서대로 그 상황에서 정서에 대한 촉발요인을 말한다. 각 촉발요인을 말한 다음 참여자는 그 촉발요인이 내부 요인이지 아니면 외부 요인인지에 따라 안쪽 또는 바깥쪽으로 달려가서 자기 생각을 표시한다. 각 상황에서 목표는 적어도 네 개의 외부 촉발요인을 파악하는 것인데, 적어도 한 개의 내부 촉발요인이 포함되어야 한다.

이 게임은 또한 경쟁을 하는 방식으로 진행할 수도 있다. 각 촉발요인을 말한 다음 모든 참여자는 그 촉발요인에 해당하는 쪽으로 달려간다. 정답인 쪽으로 간 첫 번째 참여자에게 1점을 부여한다. 10점을 먼저 얻은 사람이 이긴다. 이 게임은 빠른 속도로 진행되도록 구성되었지만 촉발요인 중간중간에 상담자는 내담자가 자신과 직접 관련되는 상황을 일반화하도록 돕고 가르치는 것이 좋다. 예를 들어, 타야가 학교에 대해 불안한 이유를 생각할 때 누군가는 내담자가 한때 학교 가는 것에 대해 불안해했던 것을 떠올릴 수 있고 이것을 계기로 이 일에 대해 이야기하게 될 수도 있다.

단계 2: 여러 감정을 동시에 경험하기

개 요

인간의 정서적인 삶에 대한 가장 복잡하고 주목할 만한 사실들 중 하나는 다양한 감정을 동시에 경험한다는 것이다. 사람들이 한 번에 한 가지 이상의 감정을 느낀다는 사실은 대부분의 상담자에게 명백한 듯하지만, 아동들 그리고 성인 가운데 일부는 수년 동안 이 사실을 잘 모른다. 이 지식을 발달시키는 것은 다소 단순한 이해로 시작된다. "각 감정이 각기 다른 대상과 연관될 때 한 가지 이상의 감정을 동시에 느낄 수 있다." 예를 들어, 루실은 장난감을 잃어버리는 것에 대해 화를 낼 수 있다. 그러나 다가오는 학교 현장학습에 대해서는 들뜰 수 있다. 다음으로 아동들은 이러한 감정들이 상대적으로 내용이 비슷하다면 같은 대상에 한 가지 이상의 감정을 느낄 수 있다는 것을 이해하게 된다. 예를 들어, 루실은 다가오는 행사에 대해 행복함과 흥분됨 둘 다를 느낄 수 있다. 마침내 아동들은 같은 대상에 대해 반대되거나 또는 일치되지 않는 감정을 동시에 느끼는 것이 가능하다는 사실을 이해하게 된다. 예를 들어, 루실은 어머니에게 화가 날 수도 있지만 이와 동시에 어머니를 사랑할 수도 있는 것이다. 아동은 저학년의 시기에 이러한 이해를 할 수 있고 미취학 아동들은 동시에 한 가지 이상을 느끼는 것이 가능하다는 사실을 부인한다는 것을 발달과학은 알려 주고 있다.

교 육

사람들은 때때로 동시에 한 가지 이상의 감정을 느낀다

복합 정서의 개념을 이해하는 것은 몇 가지 이유로 중요하다. 첫째, 사람이 동시에 여러 정서를 경험하는 것이 가능하다는 것을 아는 것은 정서조절의 촉진을 돕는다. 이것은 같은 대상에 대해 복합 정서를 경험할 때 특히 그러하다. 예를 들어, 루실은 다가오는 행사에 대해 흥분이 되면서도 불안해할 수 있다. 자신이 두 가지 감정을 느끼고 있다는 것을 아는 것은 루실이 더 잘 대처하도록 도울 수 있는데, 마치 흥분을 대처하는 방법이 불안을 대처하는 방법과는 다르다는 것을 아는 것과 같이 말이다.

둘째, 관계는 종종 복합 정서에 대한 맥락이며 중요한 대상에게 화가 날 수도 있지만 여전히 사랑하고 있다(좋아하고 있다)는 것을 아는 것은 이러한 관계를 더 잘 유지하도록 도울 수 있기 때문에 중요하다.

내담자가 이러한 중요한 개념을 이해하는 것을 돕는 명료하면서도 효과적인 방법은 예를 드는 것이다. 예를 들어, 누군가가 우리가 사랑하는 어떤 사람에게 좋은 일이 일어났을 때를 설명할 수 있다. 하지만 '좋은 일'이 의미하는 것은 대학을 들어가거나 새로운 직업을 가지는 것과 같이 누군가가 떠나는 것을 의미한다. 한편으로 그 사람에 대해 잘 되었다고 생각할 수 있지만, 또 한편으로는 그 친구를 '잃게 되어' 슬프다. 이렇게 혼합되거나 복합적인 감정은 정상적이지만 혼란스러울 수 있다. 명백하게 모순되는 감정들을 느낄 때 어떻게 행동해야 하는지 아는 것은 어려울 수 있다.

또한 때때로 감정들은 연속해서 나타날 수 있다. 이것은 다양한 방식으로 일어날 수 있으나 내담자가 보통 말하는 한 가지 예는 '두려움에서 분노'로 진행하는 것이다. 다음의 짧은 이야기는 한 가지 예다.

여러분이 학교 책상에 앉아서 조용히 책을 읽거나 공상을 한다고 생각해 보자. 갑자기 친구가 여러분을 놀라게 하려고 여러분의 귀에 대고 손뼉을 크게 쳤다. 여러분은 순간 정말 무섭다고 느꼈고 그건 마치 여러분이 피부에서 튀어나올 것만 같았다. 그러나 다음에 여러분은 분노를 포함한 여러 가지 감정을 느낄 수도 있으며, 친구에게 "어쩔 작정이야?"라고 톡 쏘는 말을 한다. 심지어는 거칠게 밀치면서 퉁명스럽게 말할지도 모르겠다.

하지만 이것을 내담자에게 설명하기 위한 또 다른 방법은 감정은 복잡하게 일어나는데 이는 톨게이트를 지나가는 차보다는 고속도로를 달리고 있는 차와 유사하다고 설명하는 것이다. 감정은 빠른 속도로 일어난다. 또한 가끔 거의 교통 체증이 없는 고속도로에 있는 것과 같다. 다른 때는 교통 체증처럼 한꺼번에 갇혀 있기도 하다.

마지막으로, 사람들이 동시에 한 가지 이상의 감정을 느낄 때 감정이 서로 영향을 미치기 때문에 더 혼동시킨다는 사실을 설명하는 것 또한 중요하다. 예를 들어, 대리어스는 해럴드의 가장 친한 친구인데, 둘 다 학예회를 하고 있는 경우를 생각해 보자. 둘 다 역할을 받은 학생 명단을 보고 있는데, 대리어스는 목록에 있는데 해럴드는 없다. 대리어스는 처음에 자신의 이름을 보고는 정말 전율을 느꼈지만, 해럴드의 이름을 보지 못하고 해럴드의 얼굴을 봤을 때 선발된 것에 대한 기쁨이 해럴드는 선발되지 못했다는 실망감으로 바뀌게 되었다.

항상 그렇듯이, 여기의 교육 예시들은 다음에 설명되는 게임으로 대체되거나 보충될 수 있다.

연습: 활동과 게임

이 모듈의 이번 절에서는 사람들은 가끔씩 한 번에 하나 이상의 감정을 느낀다는 사실을 가르치고 설명하기 위해 사용되는 게임을 제시한다.

에미의 정서 표현하기 게임

준비. 게임을 하기 전에, 상담자는 다양한 느낌을 목록으로 작성한 정서 카드 한 벌을 만들어 둘 필요가 있다. 카드에 단순히 정서 단어를 적을 수도 있고 또는 사진과 함께 단어를 적을 수도 있는데 이것은 "오늘 기분이 어떤가요?"라고 묻는 보통 보는 벽보와 유사하다. 카드 한 벌은 적어도 30장은 되어야 하고, 같은 정서가 다양하게 표현되는 것도 있어야 한다. 색인 카드가 좋으며 카드를 여러 겹 접을 수도 있는데 이렇게 하면 카드를 쉽게 집을 수 있다. 여기에는 에미의 정서 표현하기 게임의 두 가지 버전이 있는데, 독자들은 자신들만의 버전을 만들어 보기 바란다.

게임 진행. 이 게임의 두 가지 주요 버전이 있다. 먼저, 카드를 섞어서 게임을 하는 장소 가운데에 카드 앞면이 밑으로 가게 카드를 뒤집어서 둔다. 첫 번째 참여자는 맨 위에 카드 2장을 선택하고 다른 참여자에게 그 카드를 보여 준다. 그리고 첫 번째 참여자는 정서 에미라 불리는 인물에 대한 이야기를 말하는데, 그 이야기에는 반드시 에미가 카드에 적힌 두 정서 **모두**를 경험하고 있어야 한다. 게임은 번갈아 가며 진행하고 참여자가 20점을 득점하면 끝난다. 참여자에게 점수를 주는 것은 다음과 같다.

1점: 이야기에 카드에 적힌 정서 가운데 적어도 한 가지 정서를 에미가 경험하고 있다고 표현할 때

3점: 이야기에 카드에 적힌 정서 두 가지를 에미가 모두 경험하고 있다고 표현할 때

4점: 이야기에 카드에 적힌 정서 두 가지를 에미가 동시에 모두 경험하고 있다고 표현할 때

5점: 이야기에 카드에 적힌 정서 두 가지를 에미가 한 대상에게 동시에 모두 경험하고 있다고 표현할 때

대안 버전: 도전. 여기에서는 카드를 섞고 카드 10장은 앞면이 밑으로 가게 뒤집어서 각 참여자에게 준다. 참여자는 그 카드들을 본 다음에, 첫 번째 참여자는 자신이 선택한 카드를 앞면이 위로 오게 하여 탁자에 내려놓는다. 그런 다음 다른 참여자는 자신의 카드를 내놓고 이 두 가지 정서를 조합하여 에미 이야기를 만들어 볼 것을 요구한다. 점수 계산은 앞에서 설명한 절차와 같다.

단계 3: 각기 다양한 정서가 신체에 미치는 영향을 감지하기

개요

감정은 생리적인 신호와 연관이 있다. 어떤 신호들은 한 가지 또는 몇 가지 정서에 특정되어 있는 반면, 또 어떤 신호들은 많은 정서와 연관되어 있다. 이 학습 목표가 정서 인식과 관련되어 있음에도 이 모듈에서 논의하는 것은 생리적인 느낌을 안다는 것이 중요한 이해사항이기도 하고 정서 인식과 비교해서 앞선 요소이기도 하기 때문이다.

교육

다양한 정서의 생리학적 반응

특정 정서와 관련된 생리학적 반응은 다양하기 때문에, 대부분의 내담자와 적어도 다음 네 가지 정서에 대해 논의하는 것은 유용하다. 여기서 네 가지 정서는 두려움/불안/걱정, 슬픔, 분노 그리고 행복이다.

두려움/불안/걱정.   공포, 불안 그리고 걱정과 관련한 생리학적 신호에 대해 언급해야 할 요점들이 많다. 어떤 요점이 특정 내담자와 깊은 관련이 있는지 선택할 때(그리고 몇 가지 요점은 어린 내담자에게는 매우 복잡할 수 있다) 상담자는 조심해서 선택할 수 있다. 그러나 의심스러울 때는 각 요점을 확인하는 것이 좋다. 어떤 요점은 꽤 단순하며, 어떤 요점은 다른 요점을 확장한 것이다. 열 가지 요점을 다 다루기에는 시간이 별로 없어서 여기서는 여섯 가지만 다룬다.

1. **불안은 정상적인 감정이다.** 인체는 공포와 불안을 경험하도록 설계되었고 그 설계의 일부에서는 사람들이 행동을 즉각 취하도록 하기 위해 감정을 강하게 그리고 불편하게 느끼도록 하였다.

2. **불안은 몸으로 경험된다.** 불안한 느낌을 경험하는 공통적인 방식이 있는데, 여기에는 ① 심장(예: 심박 수), ② 폐(예: 거칠게 숨을 내쉬는 것), ③ 위장(예: 배가 부글부글거린다), ④ 몸이 긴장함(예: 두통), ⑤ 손과 발의 온도 조절 불가(예: 춥다고 느끼거나 땀이 나는 것), ⑥ 흥분(예: 덜덜 떠는 것), ⑦ 입이 마르는 것 등이 있다.

3. **몇 가지 몸으로 나타나는 신체 반응은 불안이 없는 느낌과 유사하다.** 불안을 나타내는 신호 가운데 몇 가지는 다른 느낌, 가령 흥분과 아픔을 포함한 다른 느낌에 대한 신호이기도 하다. 예를 들어, 어떤 사람들은 "나는 이 게임을 시작하려고 하니 불안해."와 같이 자신이 흥분해 있는 다가올 사건에 대해 설명할 때 '불안'이라는 단어를 사용한다. 여기서 신체 느낌은 아주 비슷할지는 모르지만 그 느낌은 두려움을 느끼지 않는 한 열망이라고 설명할 수 있다. 또한 사람들이 불안과 연관시키는 어떤 신체 느낌은 복통과 같이 아픔의 신호일 수도 있다.

4. **불안은 사람의 생각에 영향을 끼친다.** 불안하거나 두렵다고 느낄 때, 사람들은 위협을 과장하고 실제보다 더 안 좋은 가능성을 생각하며 회피하는 해결책을 선호하는 경향이 있다. 어떤 사람들은 이것을 정서 추론이라고 부르는데 이것은 문제를 일으키는 선택을 하도록 할 수 있다.

5. **투쟁-도피 체계.** 많은 신체 불안 반응은 투쟁-도피 체계라고 불리는 것의 한 부분인데 교감신경계의 강렬한 각성이 수반된다. 어떤 내담자들은 투쟁-도피 체계에 의해 활성화된 다양한 기관과 근육 체계를 설명하는 교감신경계의 도표를 보며 학습하는 것을 좋아할 수도 있다. 투쟁-도피 체계는 실제 위험 상황에서는 적응에 도움이 되지만, 실제로 위험이 되지 않는 상황에서 활성화될 때는 고통스럽고 문제 있는 경험으로 이어지며, 그것은 공황 발작이나 행동 회피로 나타난다. 실제 투쟁-도피 체계 신호와 허위 투쟁-도피 체계 신호 차이를 아는 것은 불안을 다루는 데 있어 중요한 부분이다.

6. **'경계' 체계.** 여기에 행동 억제 체계라고 불리고 상황에서 잠재적 위험을 감지

하고 평가하는 데 도움이 되는 탁월한 신경 체계의 또 다른 부분이 있다. 행동 억제 체계는 위험에 대해 경계하기 위해서 신체를 진정시키는 데(이완시키는 게 아니라) 도움을 준다. 행동 억제 체계는 또한 투쟁-도피 체계가 발동될 수 있도록 준비시킨다. 예를 들어, 상담자는 내담자에게 천천히 글을 읽고 있는 자신을 상상하고 난 다음 낯선 소리가 들린다고 상상해 보라고 요청한다. 무슨 일이 일어났을까? 아마 내담자는 읽는 것을 중지하고 내담자의 신체는 순간적으로 경계 태세가 될 것이다. 그러나 투쟁-도피 체계는 거짓 신호를 가지는 것처럼, 행동 억제 체계도 정말 필요하지 않을 때에도 활성화된다. 행동 억제 체계는 과잉 경계뿐만 아니라 걱정과도 연관이 있을 수도 있다.

7. **불안은 빨리 가라앉지 않는다.** 불안에 대한 신체 경험은 우리 의지대로 껐다 켰다 할 수 있는 전등 스위치 같지 않다. 대신 평평한 표면 위에 있는 트럭과도 같다. 일단 트럭이 움직이기 시작하면, 결국 멈추기 전에는(누군가가 다시 밀지 않는 이상) 계속 굴러간다. 이와 마찬가지로 불안은 결국엔 스스로 진정된다.

8. **불안은 누군가에게는 즐겁고, 누군가에게는 즐겁지 않다.** 비록 많은 사람이 신체 불안 신호를 불편한 것으로 경험하지만 어떤 사람들은 그 느낌을 즐기고 추구하기도 한다(예: 공포 영화, 번지 점프). 어떤 사람들은 불안, 걱정 그리고 스트레스가 성공에 있어 필수라고 생각한다.

9. **불안은 해롭지만은 않다.** 특정 질병상에 있지 않는 한, 신체 불안 신호는 불편하다고 느끼겠지만 해롭지는 않다.

10. **불안 신호를 의식하는 것은 대처하는 데 도움이 된다.** 불안 신호를 의식하는 것은 그런 느낌에 대처하는 첫 번째 단계다.

슬픔. 슬픔, 우울 그리고 슬픔과 관련된 생리적 신호에 대해 언급할 사항이 여섯 가지 있다.

1. **슬픔은 정상적인 감정이다.** 슬픔은 모든 사람이 경험하는 감정이며, 특히 상실과 같이 뭔가 안 좋은 일이 발생했을 때 그러하다.

2. **슬픔은 많은 생리학적 영향이 있다.** 슬픔과 관련된 몸의 느낌은 매우 다양하다.

   - 어떤 사람들의 신체는 이해하기 쉬운 방식으로 슬픔에 반응하는데, 그것은 울거나, 고개를 떨어뜨리거나, 손으로 머리를 부여잡거나, 몸을 웅크리는 것이다.

   - 또 어떤 사람들은 슬플 때 슬픔에 대한 반응이 토라짐 그리고 분노와 더 유사하다.

3. **슬픔과 우울은 똑같지 않다.** 슬픔과 우울은 비슷하나 같은 것은 아니다. 누구나 가끔 슬픔을 느끼고 사람들은 이 느낌을 '우울하다'라고 부를지도 모른다. 그러나 우울이라고 알려져 있는 느낌이 있는데 이 느낌은 오래 지속되면서 더 심각한 형태의 슬픔이다.

4. **슬픔은 시간이 지나면서 사라지는데 종종 애를 써야 한다.** 불안과 마찬가지로, 슬픔과 우울 둘 다 시간이 지남에 따라 사라진다. 하지만 불안과 슬픔/우울의 큰 차이점은 불안은 빨리 사라지는 경향이 있다는 것이다. 슬프거나 우울한 감정은 가끔 몇 시간, 며칠, 심지어 몇 주간 지속될 수도 있다. 불안이나 분노 같은 느낌에 대해 '아무것도' 하지 않는 것은 어떤 경우 효과적인 대처 방법일 수 있지만 우울에 대해 '아무것도' 하지 않는 것은 보통 안 좋은 생각이다.

5. **슬픔에는 많은 증상이 있다.** 슬픔과 우울은 다양한 생리적, 행동적 그리고 인지적 경험과 관련이 있는데 여기에는 다음과 같은 것들이 있다.

   - **수면 문제.** 어떤 사람들은 매우 피곤을 느껴서 더 많이 자기를 원하는 반면 또 어떤 사람들은 잠이 들거나 잠자는 데 많은 문제가 있다.

   - **식욕 문제.** 어떤 사람들은 식욕을 잃을 수 있는 반면, 또 어떤 사람들은 배고픔을 느끼거나 보통보다 더 많이 먹고 싶을 것이다.

- **기력 문제**. 어떤 사람들은 매우 낮은 수준의 에너지를 느끼고/거나 무기력함을 경험한다. 또 어떤 사람들은 너무 많은 에너지를 느껴서 돌아다니고 싶은 욕구를 느낀다(혹은 정신운동 초조라고도 한다).
- **집중 문제**. 우울을 느끼는 어떤 사람들은 집중하는 데 문제가 있는데, 이는 때때로 이들이 슬픈 느낌을 증폭시키는 상황에 대해 생각을 하기 때문이다.
- **부정적인 생각**. 슬픔은 종종 '지독한 생각', 즉 부정적인 것에 초점을 두고, 과거 경험의 가장 안 좋았던 것을 기억하고, 일어날 안 좋은 경험을 예상하는 것을 의미한다. 어떤 사람이 부정적으로 생각할 때, 이 사람은 "이봐, 너는 지금 이것에 대해서 제대로 생각하고 있지 않아."라고 말하는 사람의 분별력을 잘 못 볼 수도 있다.

6. **슬픔은 뇌의 화학적인 변화와 관련이 있을 수 있다.** 상담자는 전달물질이라고 불리는 뇌 화학물질이 어떻게 기분과 관련이 있는지 이야기할 수 있다. 이 부분은 아마도 나이가 있는 아동이나 과학적 토론에 관련을 보이는 사람들에게만 적합할 수 있다. 대부분의 독자는 세로토닌 가설에 익숙할 것이다. 요약하자면, 세로토닌에 대한 두 가지 별개의 가설이 있다. ① 뇌에서 세로토닌의 결핍은 우울의 가장 가까운 원인이다. ② 어떤 사람들은 생물학적 취약성이 있는데 이 취약성으로 뇌에서 세르토닌 활동이 낮아지고 이는 다시 우울의 위험을 높인다. 우울과 슬픔이 부분적으로는 뇌 화학물질과 관련된다는 것을 아는 것은 전달하기에는 어려운 개념일 수 있으나 어떤 아동들, 특히 오랜 우울 가족력이 있는 아동들에게는 이러한 노력이 필요할 가능성이 크다.

아동과 세로토닌 가설에 대해 이야기할 때 고려해야 할 몇 가지 사항

첫째, 우울과 관련된 뇌 화학물질 결핍이 있다는 생각은 **가설**이다. 다른 말로 하자면, 이 생각을 지지하는 증거는 확실히 믿을 만하지는 않다. 그래서 뇌 화학물질에 대해 이야기함으로써, 내담자에게 뇌 화학물질 문제가 있다는 것을 의미하는 것은 아니라는 점과 이 문제를 해결하기 위해서는 약물 처방이 필요하다는 것을 말하는 것이 아니라는 사실을 분명히 해야 한다. 이보다 뇌 화학물질에 대한 생각은 느낌이 뇌 내부의 변화와 어떻게 관련이 되는지에 대해 이야기하기 위해 사용한다. 뇌의 변화는 직접 조작할 수 없다. 이는 뇌의 화학적 변화를 직접 일으킬 수 없으며 느끼는 방식을 직접 변환시킬 수는 없다는 말이다. 대신 어떤 활동을 하거나 생각할 수 있고 그리고 나서 이런 생각이나 행동이 자신의 느낌에 어떻게 영향을 주는지를 관찰할 수 있다. 슬픔의 경우, 내담자가 슬플 때 어떤 생각과 행동이 기분을 더 나아지게 하는 지 아는 것이 중요하다는 사실에 대해 이야기해 볼 수 있다.

둘째, 뇌 화학물질에 대한 이야기는 기질, 즉 누구나 가지고 있는 독특한 생물학적 '청사진'에 대해 이야기하는 것으로 시작할 수 있다. 사람들은 성장하고 발달하기 위해 어떻게 애를 쓸 것인지에 대해서는 몇 가지는 결정하게 되지만 그 틀의 일부는 이미 정해져 있다. 각 사람의 뇌 화학물질이 작동하는 독특한 방식은 그 틀의 일부일 수 있다. 즉, 내담자가 슬프거나 우울해지는 경향이 있다면, 이는 뇌 화학물질이 작동하는 방식과 일부 관련이 있다는 것이다. 이러한 방식을 아는 것은 내담자를 도울 수 있는데 그 이유는 내담자가 자신의 성향을 안다면 대처하는 데 필요한 자원을 더 잘 모을 수 있기 때문이다.

셋째, 이와 더불어 상담자는 행동과 생각이 뇌 화학물질에 영향을 준다는 과학적 증거가 있다는 사실에 대해서도 말해 줄 수 있다. 이 점은 희망을 불러일으키는 데 도움이 된다. 내담자가 자신의 정서와 그와 관련된 뇌 화학물질을 변경할 수 있다는 사실과 이것이 가능하다는 과학적 증거가 있다는 사실을 아는 것은 중요하면서도 유용하다.

뇌 화학물질에 대해 논의해야 하는 마지막 이유는 몇몇 내담자는 이미 항정신성 약물을 투여하고 있기 때문이다. 내담자는 상담자가 약물과 뇌 화학물질에 대해 알고 있는 것을 좋아하며, 이 주제는 내담자가 질문이 있다면 논의할 수 있다.

분노. 다른 정서와 마찬가지로, 분노와 관련된 생리적 경험에 대해 언급할 몇 가지 요점이 있다.

1. **분노는 정상적인 감정이다.** 모든 정서와 마찬가지로 분노는 적이 아니며, 정상적이고 인간 경험에서 예측할 만한 것이다. 분노는 중요한 어떤 것이 어떤 방식으로 위협당하거나 어떤 목표에 가고자 하는 욕구가 좌절되고 있다는 사실을 사람들에게 말해 준다. 또한 긍정적으로 보면 분노는 자기주장과 끈기를 불러일으킬 수 있다.

2. **분노에는 생리학적 신호가 있다.** 분노는 불안에서 경험하는 것과 유사하게 수많은 생리적 반응과 관련되어 있다. 그 생리학적 반응은 심박 수 증가, 호흡 수 증가 그리고 긴장감이다. 이렇게 겹치는 한 가지 이유는 분노에서도 투쟁-도피 체계가 개입되기 때문이다. 이 두 정서를 연결시켜 보는 흥미로운 방법은 내담자들이 놀라 있을 때 누가 화난 사람인지 알겠느냐고 물어보는 것이다. 이런 상황은 우리가 동시에 한 가지 이상의 느낌을 어떻게 경험하는지 보여 주는 좋은 예이기도 하다.

3. **분노는 사람이 빨리 행동하도록 한다.** 불안처럼, 분노는 즉시 행동하게끔 하는 강한 욕구를 일으킨다. 이것은 일반적으로 무기력으로 이어지는 슬픔이나 우울과는 반대다.

4. **분노에 따라 행동하게 되면 좋지 못한 선택을 할 수도 있다.** 불안이나 슬픔처럼 분노는 종종 최적의 선택을 할 수 있는 사람의 능력을 방해한다. 빠르고 공격적으로 행동하려는 압박이 종종 있기 때문에, 상담자는 분노를 가라앉히고 행동을 하지 않기 위한 방아쇠로 사용하도록 훈련해 볼 것을 내담자에게 권할 수 있다. 이 주제는 정서조절 모듈에서 좀 더 깊게 다룬다. 상담자의 메시지가 종종 "우리가 분노를 느낄 때, 행동하려는 강력한 경향이 있음에도 불구하고 분노를 정지시켜서 행동하지 않기 위해 잘 할 수 있다."라고 하는 면에 있어서는 분노의 교육 목표는 불안과 유사하다.

5. **분노에 대처하는 방법이 있다.** 분노의 열은 감정 표현뿐만 아니라 즉각적인

생리적 대처에도 도움이 된다. 말을 하는 것은 도움이 되며('모듈 6. 정서조절 기술 3: 표현 기술' 참조), 신체 활동에 몰입해도 도움이 된다(예: 달리기; '모듈 5. 정서조절 기술 2: 통달' 참조).

행복.   대부분의 내담자는 행복을 감당하는 데 어려움이 없으며, 그래서 행복에 대해 이야기하기 위해 시간을 할애하지는 않는 것 같다. 그러나 부모 훈련에서 감소시키려는 행동과 반대되는 긍정적인 행동에 초점을 두는 것과 마찬가지로 '정서 교육'과 함께 향상을 보고자 하는 정서에 대한 지식을 쌓는 것은 도움이 될 수 있다. 여기에 행복에 대해 언급할 네 가지 요점이 있다.

1. **행복은 '기분이 나쁘지 않은 것'과는 다르다.** 행복은 슬픔, 불안 혹은 분노와 같은 원하지 않는 감정이 없는 것과 혼돈해서는 안 된다. 일반적으로 사람들은 즐거움을 가져다주는 활동을 할 때나 목표를 달성해 가는 중에 있을 때 행복을 경험한다. 몇몇 내담자에게 그들이 행복했던 때를 회상하도록 하거나 그들이 어떻게 그 시간들을 보냈는지 명확하게 하는 것은 도움이 된다. 그러나 불행하게도 많은 내담자는 많은 힘들었던 시간 가운데 있었던 행복한 시간은 쉽게 잊는다.
2. **행복에는 다양한 생리적 신호가 있다.** 행복은 다양한 방식으로 신체에서 경험하는데, 여기에는 따스하고 들뜬 기분이 핵심에 있고 웃음, 그리고 신체의 불쾌하거나 불편한 느낌을 무시하고 행복한 현재 느낌에 반하는 기억과 사건을 못 본 체할 수 있는 매력적인 능력이 있다.
3. **행복은 때때로 안전과 관련되어 있다.** 내담자를 위해 간절한 마음으로 상담자는 다른 동물들도 위험으로부터 안전할 때 행복해(즐거워) 보인다는 사실을 강조할 수 있다. 즉, 진화론적 또는 적자생존의 관점에서 행복에 대해 생각해 볼 때, 안전한 느낌은 행복한 느낌과 관련이 있다는 것을 알 수 있다.
4. **가장된 행복은 때때로 행복을 만들어 낸다.** 마지막으로, 억지로 웃도록 한

사람들이 실제로 행복을 경험한다는 것을 시사하는 과학적 증거가 있다는 사실을 내담자에게 알려 주는 일은 종종 흥미롭다. 즉, 얼굴 근육과 뇌 사이에 분명한 피드백 고리가 있어서 뇌가 얼굴의 미소를 발견했을 때 뇌는 "아, 나는 행복한 것임에 틀림없어."라고 말하고 있는 것이다.

연습: 활동과 게임

다음 게임은 다양한 감정과 연관된 다양한 생리적 반응에 대해 교육하고 연습하기 위해 사용할 수 있다.

신체 신호 게임

이런 네 가지 느낌(그리고 내담자와 함께 다루어야 할지도 모르는 더 많은 것)에 대해, 신체 신호 게임은 좋은 교육도구가 될 수 있다.

준비. 이 게임은 상담자가 정서를 일으키는 상황 목록을 준비하기 위해 10분 정도 시간을 들여야 하지만, 그 이상 할 것은 없다. 게임을 하는 방법은 각 카드에 한 가지 상황을 적은 카드 한 벌을 만드는 것이다. 예는 다음과 같다.

시나리오 1: 여러분은 전학생이다. 수학 시간에 선생님이 문제를 풀어 보라고 한다. 여러분은 답이 틀릴까 봐 혹은 다른 친구들이 비웃을까 봐 두렵다.

시나리오 2: 여러분의 어머니는 주로 오후 5시에 집에 도착한다. 그러나 오늘은 5시 20분인데도 어머니한테서 전화가 오지 않는다. 여러분은 어머니에게 전화를 했으나 어머니는 전화를 받지 않는다. 여러분은 뭔가 나쁜 일이 벌어진 것 같아 두렵다.

시나리오 3: 여러분은 동생을 돌보고 있고 동생은 잠든다. 집 안이 굉장히 고요하고 뒷마당에서 이상한 소리가 들린다. 여러분은 갑자기 엄청 무섭다고 느낀다.

시나리오 4: 여러분은 매우 중요한 과학 시험 전날 밤 침대에 누워 있다. 여러분은 며칠 간 열심히 공부를 했지만, 여러분의 마음은 시험에 대한 걱정과 시험을 망칠 가능성으로 가득하다.

시나리오 5: 여러분과 여러분의 가장 친한 친구는 늘 문자를 곧바로 주고받았는데 이 친구에게서 문자도 없고 전화도 없다. 여러분은 더 이상 그 친구와 여러분이 친구가 아닌가라고 걱정하기 시작했고, 더 나아가 친구에게 뭔가 나쁜 일이 있다고 걱정하기 시작한다.

시나리오 6: 여러분은 두통, 어지러움 그리고 피부 발진과 같은 증상을 동반한 새로운 질병에 대해 방금 인터넷에서 읽었다. 그 병은 분명히 물로 전염되는 박테리아에 의해 발생한다는 것을 읽었다. 여러분은 최근에 레스토랑에서 맛이 이상한 물을 마셔서 그 병에 걸릴까 봐 걱정되기 시작하였다.

시나리오 7: 지난 3년간 친했던 여러분의 친구가 이번 여름에 다른 지역으로 이사를 간다.

시나리오 8: 여러분의 애완동물이 너무 나이가 들어서 오늘 동물병원에서 안락사를 시키기로 하였다. 여러분은 이제 막 학교에서 돌아왔고, 여러분의 어머니(혹은 아버지)는 여러분에게 애완동물이 죽었다는 사실을 알려 주었다.

시나리오 9: 오늘 여러분은 방과 후에 여러분의 남자친구/여자친구와 헤어졌다.

시나리오 10: 오늘 여러분의 형제 또는 자매가 여러분의 허락도 없이 방에 들어왔고, 여러분이 가장 아끼는 물건 중 하나를 뜻하지 않게 망가뜨렸다.

시나리오 11: 여러분의 부모님은 여러분이 가족 규칙을 깨뜨렸다고 혼내고 있고, 처벌 중 하나는 외출 금지여서 친구 집에서 자고 오는 것을 하지 못한다.

시나리오 12: 여러분은 몇 주 동안 학교 프로젝트를 해 왔다. 제출 전날 밤 여러분은 저장한 컴퓨터 파일이 며칠 전에 작업했던 파일이며 그날 이후에는 작업한 것을 저장하지 않았다는 것을 알게 되었다.

시나리오 13: 여러분은 성적표를 받았고, 성적은 여러분이 바랐던 것보다 좋다. 여러분은 부모님이 자랑스러워할 것이라는 것을 알고 있다.

시나리오 14: 방학 전 금요일 밤이고 방학 동안 과제는 없다.

시나리오 15: 여러분은 방과 후 친구 몇 명을 초대하려고 한다. 그리고 친구들과 함께 할 새 게임을 가지고 있는데 여러분은 친구들이 이 게임을 좋아할 거라고 알고 있다.

게임 진행. 카드를 섞은 다음 안 보이게 뒤집어서 놓는다. 첫 번째 참여자는 제일 위에 있는 카드를 선택해서 뒤집어서 본다. 그리고 그 상황과 관련 있는 다양한 신체 신호를 가능한 한 많이 목록으로 만든다. 목록에 있는 신호에 대해 다른 참여자들은 각 신체 신호가 느낌과 올바르게 관련이 되는지 알려 주는 '예' 또는 '아니요'에 투표한다. '예'라고 하면, 그 참여자는 1점을 받는다. 게임은 한 참여자가 20점을 받을 때가지 진행하거나 카드가 모두 소진될 때까지 진행한다.

단계 4: 정서를 숨기기(그리고 변화시키기)

개 요

아동들은 어린 나이에 자신의 감정을 숨기는 법을 배우는데, 이러한 지식이 처음 드러나는 것이 **표현 규칙**이라고 하는 것이다. 표현 규칙이란 어떤 뜻밖의 감정을 표현하는 때(그리고 표현하지 않는 때)와 관련하여 불문율의 사회적 규칙이 있는데, 고전적인 예로는 친척에게서 원하지 않는 선물을 받았을 때 여러분의 반응을 지켜보고 있는 그 친척에게 감정을 표현할 때다. 실망감이나 슬픔 또는 더 나아가 분노를 느끼더라도 표현하는 정서는 행복감이나 감사하는 것으로 되어 있다. 즉, 사람은 자기의 실망감을 감춰야 하는 것이다. 많은 미취학 아동은 이런 능력을 가지고 있다. 개인의 진짜 감정을 가끔씩 감춘다고 하여 감정 은폐라고 불리는데 이는 나이가 들면서 더 정교해져서 중학생 나이의 아이들은 자신의 감정을 표현할 상황과 표현하지 않을 상황을 자세하게 설명할 수 있다.

교육

감정 감추기

감정을 감추는 것은 대인 관계에서 이득이 있으며, 사람들이 그들의 느낌을 어떻게 감추는지, 왜 감추는지에 대한 지식은 정서 역량의 중요한 구성 요소다. 언급해야 할 몇 가지 중요한 교육 목표가 있다.

개인의 표현 ≠ 개인의 경험.　이 요점은 간단한데, 여기서 실제로 말하고자 하는 바는 사람은 자신이 경험한 모든 느낌을 다 표현하지는 않는다는 것이다. 실제로는 개인의 실제 정서를 표현하는 것이 원하지 않은 결과를 불러올 시기가 있다.

타인의 표현 ≠ 타인의 경험.　이것은 정서 역량과 사회 역량에 있어서 아주 중요한 사항인데, 정확하게 타인의 정서를 읽고 반응하는 것은 사회 상호작용의 중요한 요소다.

왜 감정을 숨길까?　여기에는 고려해 봐야 할 무수한 이유가 있는데, 이후에 설명하는 게임은 이를 설명하기 위해 사용할 수 있다.

어떻게 감정을 숨길까?　**왜** 감정을 숨길까라는 질문과 비슷하게, 감정을 숨기는 **방법**에는 다양한 반응이 있다. 이후에 설명하는 게임은 이 기술을 연습할 수 있는 방법을 제공한다. 여기서 제공하는 것은 감정을 숨기는 다양한 방법이다.

감정을 감추는 방법의 예시전략

~인 척하기. 이 전략은 아주 간단하다. 단지 다른 느낌인 척하는 것이다.

말을 줄여라. 대부분의 시기에 말을 적게 하는 것이 감정을 감추는 하나의 방법일 수 있다.

타인의 주의를 돌려라. 언어적이든 신체적이든 산만한 것은 감정을 감추는 데 효과적인 방법이 될 수도 있다. 만약 타인이 사람에게 주의 집중을 하고 있지 않다면, 그 사람이 감정을 보여 줄지라도, 사람들은 알아챌 확률이 낮을 것이다.

드물게 그리고 전략적으로 감정을 감추기. 마지막이지만 중요한 이 요점은 감정을 감추는 것이 대인관계에서 중요하지만, 대체로 감정을 다루는 바람직한 건강한 방식은 아니라는 것이다. 이 논의의 취지는 감정을 임시로 감추는 것이 중심이 되어야 하며, 상황에 따라 선택해야 한다는 것이다. 자신의 감정을 표현하기 위해 애쓰거나 자신의 감정을 감추는 경향이 있는 내담자에게 정서조절 기술 3: 표현 기술(모듈 6)은 다루어야 할 중요한 것이다. 다음의 몇 가지 예시는 임시로 감정을 감추는 것이 도움이 될 수 있는 상황이다.

감정을 감추는 것이 좋을 때

감정을 표현하는 것이 대인 관계 불안을 만들어 낼 때. 이것은 감정을 감추는 고전적인 상황이다. 감정을 표현하는 것이 표현하지 않는 것보다 더 큰 손해가 있을 때를 말한다. 여러분이 친구의 선택에 동의하거나 그 선택을 좋아하지는 않지만, 친구를 지지해 주는 경우를 예로 들 수 있다.

감정이 일시적일 때. 때때로 감정은 종종 일시적이며 아주 잠깐이라는 것을 내담자에게 상기시켜 줄 필요가 있다. **모든** 감정을 표현하는 것이 가장 좋은 선택이 아닐 수도 있다. 가끔씩 리얼리티 TV 프로그램을 보는 나이가 있는 내담자들은 이런 생각의 지혜를 인정할 것이며, 상담자는 그 프로그램에서 '과잉 표현'이 특정 개인에게 미치는 영향에 대해 이야기를 나누도록 촉진할 수 있다. 나눌 준비가 되어 있는 자기 자신의 최근 감정에 대한 자신의 예를 준비하는 것도 도움이 될 수 있다.

안전하지 않은 상황일 때. 어떤 상황에서는 자신의 진짜 감정을 보이는 것이 더 위험할 수도 있는데 깡패에게 무섭다거나 상처를 받았다는 느낌을 주는 것과 같은 것이다.

연습: 활동과 게임
이 절에는 감정을 숨기는 기술을 가르치고 연습할 수 있는 게임이 있다.

감정 숨기기 카드 게임
이 게임은 대화와 역할놀이로 구성되어 있다.

준비.   정서 상황이 적힌 카드가 필요하다. 색인 카드가 작업하기에 좋다. 상황에는 감정을 숨기는 인물이 포함되어 있어야 한다. 몇 가지 상황이 예시로 나와 있다. 10장 정도의 카드를 준비하는 게 게임하기에 좋다.

시나리오 1: 여러분의 이모가 여러분이 받고 싶지 않은 생일 선물을 주셨다. 여러분이 선물을 열었을 때 이모는 여러분을 향해 웃고 있었다. 여러분은 실망했다.

시나리오 2: 여러분의 학교에 아이들을 괴롭히는 한 불량배 무리가 있고 여러분을 봤다. 그들이 여러분을 향해 소리친다. "어딜 쳐다봐?" 여러분은 공포를 느낀다.

시나리오 3: 여러분은 야구경기에서 삼진아웃을 당해 대기석으로 돌아왔다. 동료들이 여러분을 바라본다. 여러분은 슬픔과 부끄러움을 느낀다.

시나리오 4: 여러분은 고1이다. 여러분이 귀엽다고 생각은 하지만 아직 잘 모르는 남자 혹은 여자 아이의 사물함 옆에 여러분의 사물함이 있다. 그 아이가 사물함을 향해 걸어오고 여러분은 긴장한다.

시나리오 5: 선생님이 여러분이 끝내지 못한 어떤 일에 관해 혼을 냈다. 여러분은 화가 난다.

시나리오 6: 여러분과 친구는 학교놀이에서 주인공 역할을 하려고 서로 다퉜다. 여러분의 친구가 그 역할을 선택했다. 여러분은 슬픔과 질투를 느낀다.

게임 진행. 　카드를 섞은 다음, 안 보이게 뒤집어서 놓는다. 참여자는 차례대로 카드를 한 장씩 뺀다. 이 게임에는 세 단계가 있다. 첫 번째 단계에서는, 한 참여자가 카드를 읽고 두 참여자는 그 상황에 대해 토론하는데 그 상황에서 감정을 숨기는 게 좋은 생각인지 아닌지에 초점을 맞춘다. 그래서 좋은 생각이라면, 어떻게 감정을 감출 수 있을지 의논한다. 두 번째 단계에서는, 한 참여자가 그 상황을 표현하고 있는 카드를 빼는데 이때 보통 다른 참여자의 도움을 얻어서 토의한 내용을 바탕으로 감정을 숨기든지 숨기지 않든지 한다. 마지막 단계에서는, 참여자가 처음 선택과 반대로 해 본다. 다시 말하자면 만약 첫 번째 역할극에서 감정을 숨겼다면, 두 번째 역할극에선 감정을 숨기지 **않는 것**이다.

점수를 매겨 가면서 게임을 하고 싶어 하는 내담자들에게는 그 참여자가 얼마나 자신의 감정을 잘 숨겼는지 1~5점으로 다른 참여자가 점수를 매길 수 있다(5점은 가장 좋고 1점은 가장 나쁘다). 20점을 먼저 얻는 참여자가 이긴다.

다음 축어록은 상담자가 크리스티나와 함께 게임의 첫 번째 단계를 진행한 내용인데, 그녀는 14세이고 불안과 우울 모두와 관련되어 문제가 있다.

상담자: 내 차례야. 자, 보자. (카드를 가져오며) 좋아, 상황은 이러해. 나는 15세 이고 10학년이야. 내 사물함은 내가 좋아하는 남자애 옆에 있는데, 나는 아직 정말로 그 애를 잘 몰라. 그 애가 자기 사물함으로 걸어올 때 나는 엄청 긴장해. 우와— 힘든 일이야. 이걸 잘 생각해 봐. 지금 나는 내 감정을 숨기고 싶을까?

크리스티나: 오, 네. 그럼요. 비록 하기 어려운 일이긴 하지만요. 제 말은, 아이들은 다른 애가 긴장할 때 그걸 눈치채거든요.

상담자: 그래, 그 감정을 숨기는 것은 힘들지만 가능해. 왜 나는 긴장할 걸 숨기고 싶을까?

크리스티나 : 모르겠어요. 제 말은, 만약 남자애를 좋아한다면, 걔가 볼 때 긴장한 것 때문에 이상해 보이기를 원하지 않을 거예요.

상담자: 그래, 긴장하는 건 이상해 보이니?

크리스티나: 네.

상담자: 왜 긴장한 게 이상해 보이지?

크리스티나: 몰라요. 왜냐하면 긴장하는 건 바보처럼 말하게 만들기 때문에…… 벌벌 떨게 될 거예요.

상담자: 그래. 만약 내가 정말로 긴장했고 그 감정을 드러낸다면, 나는 당황스럽 겠지. 마치 벌벌 떨고 있고 바보 같은 말을 한다는 듯이 말이야. 그럼 만약 긴장을 느낀다 해도 떨거나 바보 같은 말을 하지 않는다면 어떨까? 그럼 긴장해도 괜찮을까?

크리스티나: 제 생각에는, 제 말은 선생님이 긴장하지 않는다면 더 좋겠어요.

상담자: 그렇지. 가끔은 긴장을 없애 버리는 게 좋을 때가 있어. 얼마나 많은 아이가 자신이 좋아하는 새로운 사람을 만날 때 긴장할까?

크리스티나: 몰라요. 대부분 그렇겠죠.

상담자: 그래, 나도 그렇게 생각해. 어떤 아이들은 그럴 거야. 어쩌면 꽤 많은 아이가 그렇겠지. 그러면 돌아가서 남자애가 내 사물함으로 다가올 때 왜 긴

장되는 감정을 숨기고 싶었는지 생각해 봐. 가장 중요한 이유가 당황스러운 뭔가를 보거나 말할 수도 있을 것 같다는 거거든.

크리스티나: 네, 그리고 긴장하는 건 좋지 않아요.

상담자: 긴장하는 게 좋지 않다는 거야? 아니면 긴장한 것을 보여 주는 게 좋지 않다는 거야?

크리스티나: 보여 주는 거요. 아니, 어쩌면 둘 다?

상담자: 긴장했다는 것을 보여 주는 게 안 좋을 것 같다는 이야기 같구나. 하지만 우리가 감정에 대해 뭐라고 이야기했는지 기억나니? 그건 TV 채널을 바꾸는 것과는 다르고 그보다는 좀 더……?

크리스티나: 제 방을 바꾸는 것과 같아요. 짧은 시간 깨끗하게 치운 것처럼요. 네, 그 이야기 기억나요.

상담자: 그래, 우리는 TV 채널을 바꾸듯이 감정을 즉각 바꿀 수는 없어. 그러나 우리가 작은 것부터 시작하고 유지해 나가면, 때론 바꾸는 게 가능할 수도 있지. 그래, 이 상황을 연습할 시간이야. 내가 남자애 주변에서 긴장하는 여자애 역할을 할 테니까 네가 남자애를 하렴. 알겠니?

크리스티나: 이상해요, 음. 알겠어요.

상담자: 나는 두 가지 다른 태도를 취할 거야. 한 번은 내 감정을 드러내는 거고 한 번은 감정을 드러내지 않는 거란다. 어떤 걸 했을지 추측해 보고 그러고 나서 그런 감정을 숨기는 다른 방법에 대해 같이 이야기해 보자.

<u>모듈 2: 유인물 1</u>
감정과 촉발요인

촉발요인	감정
예: 시험에서 나쁜 성적을 받음	슬픔, 걱정, 분노
새로운 강아지가 집에 옴	흥분, 행복
1.	
2.	
3.	
4.	
5.	
6.	
7.	
8.	
9.	
10.	
11.	
12.	

Module 3
공감 기술

대인 관계에서 하는 역할 때문에 공감은 정서 역량의 중요한 측면을 나타낸다. 발달단계에서 보면, 공감은 이전의 두 가지 모듈에서 기술되었던 것보다 더 성숙한 기술이다.

캐롤린 사니(Carolyn Saarni, 1999)는 정서 역량의 발달에 대한 매우 독창적인 책을 썼다. 이 책에서 사니는 정서 발달에서 공감의 중요성을 설명한다. 예를 들어, 공감적 개입은 돈독한 관계를 형성하는 데 가장 중요한 구성 요소 중 하나라고 언급한다. 나아가 공감은 또한 많은 친사회적 행동의 주된 유발요인이기도 하다. 이와 같이, 아동의 공감 기술을 발달시키는 것은 중요하다. 발달 연구가들은 공감에 대한 4개의 다른 구성 기술을 밝혔고(개관을 위해 Saarni, 1999 참조), 그러한 네 가지 기술은 이 모듈의 초점이다.

하지만 먼저 공감과 동정을 구분하고 이 두 단어와 개인적인 고통을 구분하기 위해 몇 마디가 필요한데 이 세 개념은 모두 연관되어 있으면서도 각자가 이 모듈에서 다루는 기술을 다르게 조합하고 있다. 다른 사람이 고통스러워할 때 겪게 되는 **개인적 고통**은 다른 사람의 느낌을 자신의 느낌과 구분하는 데 실패(예: 다른 사람의 고통이 자신의 고통이 된다)한 결과다. **동정은 다른 사람에 대한 느낌**으로 구분

된다. 아동은 다른 사람이 어떻게 느끼고 있는지를 알아차리고 그 느낌과 자신의 느낌을 분리할 수 있지만, 그 느낌에 대해 깊은 공감과 이해가 부족하다. 동정은 그 느낌과 분리된 특성을 가지고 있고 따라서 이 방식에서 완전히 밀착되어 있는 개인적 고통과는 상당히 다르다. 동정은 친사회적 행동을 촉진할 수 있지만 그 행동은 비인간적이라고 느낄 수 있다. **공감은 다른 사람과 함께 느끼는 것**으로 정의된다. 공감하는 사람은 다른 사람이 어떻게 느끼는지를 이해하고 그 사람과 함께 느끼지만, 또한 유용한 방식으로 반응하는 것과 그 느낌을 구분할 수 있다.

이 모듈을 사용하는 시기

이 모듈은 공감을 잘 못하는 것이 호소 문제와 관련되어 있는 내담자에게 사용하도록 구성되어 있다. 2장에서 설명했듯이, 공감 발달에는 정서 지식과 경험을 통합하는 것이 필요하다. 그러므로 공감 문제는 다양한 형태로 일어날 수 있다. 어떤 내담자들은 다른 사람의 관점을 이해하는 데 어려움이 있어서 다른 사람이 경험하고 있을 감정을 아는 데 어려움이 있을 수 있다. 또 어떤 내담자들은 타인의 느낌을 이해할 수는 있지만 그러한 느낌에 적절한 반응을 할 수 없다는 것에 고통받을 수 있다. 여기에 또 다른 아동 집단은 스스로 완전히 고통스러워하는 것 없이 다른 사람의 감정을 느낄 수 있지만 어떻게 반응할지에 대해 확신하지 못한다. 이 모듈에서 교육하고 연습시키고자 하는 핵심은 다양한 문제 영역에 걸쳐 공감 기술을 강화시키는 몇 가지 방법을 제공하는 것이다.

목표

이 모듈의 목표는 공감 발달과 관련 있는 다른 네 가지 기술을 교육하고 연습시키는 것이다. ① 정서 단서를 활용하여 다른 사람의 느낌 파악하기, ② 다른 사람의 느낌 이해하기(그 사람의 입장에서 생각해 보기), ③ 다른 사람의 느낌 느끼기(정서 공유하기), ④ 도움을 주기 위해 그 사람의 느낌과 분리하기다.

두 번째와 세 번째 목표를 이 모듈의 단계 2에 함께 두어서 여기에는 세 단계만 기술되어 있다.

1. 다른 사람의 정서 파악하기
2. 다른 사람의 느낌을 이해하고 공유하기
3. 도움을 주기 위해 다른 사람의 정서와 분리하기

절 차

단계 1: 다른 사람의 정서 파악하기

개 요

공감 발달의 첫 단계는 정서 단서 이해와 관련되어 있는 모듈 1(정서 인식)에서 다루고 있는 기술을 확장시키는 것이다. 여기서 상담자들은 내담자가 **다른 사람이 어떻게 느끼고 있는지** 알기 위한 외부 단서와 내부 단서를 파악하는 기술을 발달시키도록 돕는 데 초점을 둘 것이다. 초기 모듈에서 유사한 기술이 개발되었지만 이는 내담자 자신의 느낌을 파악하는 데 더 중점을 두고 있다.

교 육

다른 사람의 느낌 파악하기
여기서 교육의 핵심은 다른 사람의 느낌 신호에 대한 인식을 증가시키는 것이 목표라는 면에서 모듈 1의 기술과는 다르다. 또한 이 기술은 모듈 2(정서 이해)의 내용을 필요로 하는데, 특히 다양한 느낌의 원인을 아는 기술과 감정을 숨길 수 있다는 것을 아는 기술이 필요하다. 그러므로 상담자가 이미 이 모듈을 다루었다면, 이 모듈의 1단계에 대한 작업은 간단해진다. 모듈 1과 2를 모두 다루지 않았다면, 공감 모듈의 첫 번째 단계를 교육하는 것은 두 가지 단계로 나눌 수 있는데 이 두 단계는 타인 정서에 대한 외부 단서와 상황 단서다.

외부 단서.   외부 단서는 다른 사람의 얼굴과 신체 신호로서 이는 어떤 정서를 경험하고 있다는 것을 알려 주는 것이다. 중요한 이 기술을 이해하고 있는지 확인하는 손쉬운 방법은 정서 목록을 작성하고 각 정서별로 해당하는 신체 신호가 무엇인지 확인하는 것이다. 그리고 나서 신체 신호 목록으로 다시 돌아가서 내담자에게 그 목록을 세 그룹으로 나누라고 한다. 이 세 그룹은 ① "신체 신호를 알아차릴 수 있을 것이다." ② "자세히 본다면 신체 신호를 볼 수 있을 것이다." 또는 ③ "신체 신호를 알아차릴 수 없을 것이며 그래서 그 사람에게 물어봐야 할 것이다."다. ①의 예는 미소나 웃음이 될 것이고, ②의 예는 손이 떨리는 것이 될 것이다. 그리고 ③의 예는 두근거림일 수 있다. 여기서 주요 요점은 타인이 느낌을 경험할 때, 신호 가운데는 관찰하는 사람에게 명백하게 보이는 것이 있고 자세히 봐야 하는 것도 있으며 그 사람에게 직접 물어보지 않고는 탐지가 불가능한 것도 있을 수 있다는 사실을 내담자가 이해하는 것이다.

상황 단서.   외부 단서가 없고 그 사람의 감정을 직접 물어볼 수 없는 경우에 상황이 그 사람에게 어떤 영향을 미칠지 이해하는 것은 신체 신호를 이해하는 데 도움이 된다. 통화를 하거나 문자를 주고받는 것과 같은 상황에서 신체 단서는 대체로 볼 수 없기 때문에 상황 단서는 더욱 중요해진다.

이 기술에서 염두에 두어야 할 중요한 사항은 사람들은 각자 독특성이 있어서 상황과 감정 사이에 일대일 대응이 되지 않는다는 것이다. 즉, 그 상황을 안다는 것이 그 상황에서 다른 사람이 어떻게 느끼는지 아는 것을 의미하지 않기 때문이다. 동일한 상황에서 각자 다르게 느끼게 하는 여러 성격 특성, 기억이나 연상, 또는 개인의 선호가 있을 수 있다. 다른 사람의 감정을 아동이 얼마나 잘 측정하는지 평가하는 것을 목표로 하는 발달 연구에서는 전형적인 시나리오가 사용된다. 이 시나리오는 '**타비타의 어머니가 자전거를 타 보라고 합니다.**'다. 이 연구에서 아동들은 "타비타가 어떻게 느낄 것이라고 생각하니?"라고 질문을 받는다. 어린 아동들은 대부분 자전거 타기를 좋아하기 때문에 타비타가 행복하다거나 신나한다고 반응을 하였다. 그러나 만약 아동들이 타비타가 이전에 자전거를 배울 때 넘어졌기 때문에 자전거 타기를 두려워한다는 사실을 안다면 이 정보는 나이가 좀 든 아동들이 타비타의 느낌을 예측하는 방식을 바꿀 것이다. 이와는 달리 어린 아동들에게 자전거 타기는 이들의 마음속에서 재미있는 것이기 때문에 이들은 여전히 타비타가 행복하거나 신나할 것이라고 대답한다.

연습: 활동과 게임

이 두 가지 게임은 외적 단서와 상황적 단서 모두를 사용하여 정서를 파악하는 연습을 하는 재미있는 방법이다.

정서 위험

준비. 상담에 앞서 상담자는 유튜브, 영화 또는 TV 쇼에서 최소 11개의 동영상을 찾는 것이 좋다(동영상이 아니어도 가능한데 이에 대해서는 다음에 논의되어 있다). 이 가운데 5개는 사람이 신체로 정서를 표현하는 것이어야 한다. 이상적으로는 최소 3개 종류의 정서가 5개의 비디오에 걸쳐 다른 강도 수준으로 표현된다. 이 정서들은 **신체 신호**라고 부른다. 또 다른 5개의 비디오는 특정 정서를 분명히 불러일으키지만 그 상황에서 등장인물이 자기 정서에 대한 분명한 외부 신호를 보여 주지 않는 것이 특징이다. 신체 신호 비디오와 같이, **상황 신호 비디오**는 이상적으로 다양한 정서가 특징이다. 열한 번째 비디오인 **최종 위험**은 두 범주 가운데 하나에 들어맞을 수 있으나 추측하는 것이 가장 어려워야 한다.

게임 진행. 상담자는 게임 쇼 진행자 역할을 하고 내담자는 참여자 역할을 한다. 내담자에게 상황 신호 또는 신체 신호를 선택하게 하고 내담자가 선택한 범주에서 임의로 비디오를 보게 한다. 그러고 나서 내담자는 그 장면의 정서를 추측하고 **왜** 그 정서를 추측했는지를 설명한다. 상담자는 교육 가치를 최대화하기 위해 그 이유를 탐색해야 한다. 즉, 내담자가 단일하면서도 뻔한 단서에 의지한다면 상담자는 더 미묘한 다른 신호를 검토해야 한다. 종종 이렇게 탐색할 때는 비디오를 다시 볼 필요가 있다. 이러한 생각은 각 비디오를 교육도구로 만들게 된다.

이 게임은 **위험**(Jeopardy)과 유사한 방식으로 진행되어서 각 비디오는 점수 총점과 관련이 있으며 내담자는 "상황 신호를 200점으로 할래요."라고 말할 수 있다. 정답을 맞히면 내담자는 점수를 얻는다. 정답은 정당한 것이어야 하는데 정당한지 여부는 상담자가 판단한다. 선택한 비디오는 한 개 이상의 답이 있을 수 있다. 오답을 하면 점수를 잃게 된다. 게임은 10개의 신체 신호와 상황 신호 비디오를 다 볼 때까지 계속한다. 그러고 나서 내담자는 '최종 위험'으로 가는데 이것은 1,000점이다.

정서 위험은 상담자가 비디오를 구할 필요가 없게 하기 위해 변형될 수 있다. 어린 내담자에게는 그림책뿐만 아니라 역할 연기 이야기도 사용할 수 있다. 게임의 성공과 관련 있는 중요한 요소는 상담자의 사전 준비다. 내담자와 관련 있는 상황을 선택하는 것은 게임의 활용성과 가치를 극대화한다.

삼단 느낌 탐정 게임

준비. 상담자는 3단 카드를 만든다. 첫 번째 단은 각 느낌들에 대한 **신체 신호**를, 두 번째 단은 각 느낌들에 대한 **상황 신호**를, 그리고 세 번째 단은 각 느낌들에 대한 **개별 정보**를 담고 있다. 카드에는 단어만 적혀 있거나 카드에 단어를 명료하게 하기 위해 그림이 그려져 있을 수 있다. 한 단의 묶음은 각 범주마다 최소 5장의 카드가 있다. 범주당 10장의 카드는 게임 진행을 길고 재미있게 만든다. 각 카드 범주별 예시는 다음과 같다.

신체 신호

- 이 사람은 속이 좋지 않다.
- 이 사람은 자신의 얼굴을 뚫어져라 보고 있다.
- 이 사람은 자신의 손으로 얼굴을 가리고 있고 손가락 사이로 엿보고 있다.

상황 신호

- 소년은 축구 시합에서 점수를 획득했다.
- 소녀는 아픈 애완동물과 동물병원에 있다.
- 소년은 학교 무도회에 있고 누군가에게 춤을 추자고 물어보고 있다.

개인 정보

- 소녀는 전혀 부끄러워하지 않는다. 소녀는 아주 외향적이고 집단 앞에서 이야기하기를 좋아한다.
- 소년은 뛰어난 육상선수가 아니며 운동하는 것을 좋아하지 않는다.
- 소녀는 최악의 하루를 보냈다.

게임 진행. 세 카드 묶음을 섞고 따로 쌓아 둔다. 상담자와 내담자는 참여자와 심판을 번갈아 가며 한다. 차례는 다음과 같이 한다. 참여자는 각 카드 묶음에서 한 장의 카드를 가져와서 뒤집지 않고 바닥에 내려놓는다. 그리고 나서 참여자는 카드를 얼마나 뒤집을지 선택한다(한 장, 두 장 혹은 세 장 모두). 카드를 뒤집고 난 후, 참여자는 그 사람이 갖고 있는 느낌을 추측하고 그 느낌이 왜 타당한지를 설명

한다. 처음 추측을 하고 난 후, 세 장의 카드 모두를 뒤집고 심판과 참여자가 함께 참여자가 추측한 것이 맞는지를 판단한다.

점수는 다음과 같이 얻는다. 뒤집은 카드가 한 장일 경우 옳은 추측에 대해 50점을 획득한다. 뒤집은 카드가 두 장일 경우 옳은 추측에 대해 25점을 획득한다. 세 장 모두 뒤집었을 경우 10점을 획득한다. 먼저 200점에 도달한 참여자가 승리한다.

단계 2: 다른 사람의 느낌을 이해하고 공유하기

개 요

2단계는 유사하지만 별개인 두 개의 학습 요점이 결합되어 있는데 이 학습 요점은 공감 발달과 관련되어 있다. 두 개의 학습 요점은 어떤 사람의 느낌을 더 깊게 이해하기 위해 특정 상황에서 그 사람이 어떻게 느낄지 인식할 수 있는 능력과 그 사람의 느낌을 느낄 수 있는 능력을 말한다.

교 육

다른 사람의 감정을 느끼기

다른 사람의 감정을 **파악하는 것**에서 다른 사람의 감정을 **느끼는 것**까지 이르는 단계는 역설적이기는 하지만 규모가 작으면서도 크다. 동일한 정보, 즉 어떤 상황인지, 그 사람이 무엇을 표현하고 있는지, 그리고 그 사람에 대해 무엇을 알고 있는지에 대한 정보가 다른 사람의 감정을 파악하는 것과 다른 사람의 감정을 느끼는 데 모두 필요하다. 그렇기 때문에 작은 단계이고 거의 새로울 게 없는 인지 과제다. 그러나 지적으로 다른 사람의 정서를 파악한다는 것과 다른 사람이 경험하고 있는 것과 유사한 방식으로 그 감정을 느낀다는 점은 아주 다르다고 할 수 있다.

한 가지 유용한 비유는 사람과 컴퓨터를 비교하는 것이다. 많은 내담자는 컴퓨터가 충분한 정보를 가지고 있다면 다른 사람의 정서를 추측하는 것을 배울 수 있다고 말한다. 이들은 또한 컴퓨터는 어떤 정서를 느끼는지 또는 그 사람이 얼마나 강하게 느끼고 있는지는 말할 수 없다는 사실을 인정할 것이다. 그러므로 목표는 다른 사람의 정서 수준을 인식할 수 있을 정도로 다른 사람의 느낌을 경험할 수 있는 방법을 내담자가 배우도록 돕는 것이다. 또 다른 더 일반적인 비유는 내담자가 말 그대로 그 사람의 신발을 신고 걸을 수 있는 법을 배우도록 돕는 것이다.

연습: 활동과 게임

다음에 나오는 게임 모두 내담자가 다른 사람과 함께 느끼는 것과 관련 있는 학습 요점을 이해하도록 돕는 데 좋은 방법이다.

정서 아이돌

이 게임은 인기 있는 TV 프로그램인 〈아메리칸 아이돌〉에서 영감을 얻었는데, 참여자들은 심사위원 패널들 앞에서 노래하는 오디션에 참가한다. 이 게임에서 노래 부르기는 정서를 행동화하는 장면으로 대체된다. 낮은 기술 수준과 높은 기술 수준이 가능하다.

준비(낮은 기술 수준 버전). 상담자는 시나리오를 설명하는 몇 묶음의 카드를 만든다. 상담자가 내담자의 욕구와 강점에 대해 알게 되고 여기에 게임을 맞춰 가면서 카드 묶음이 늘어날 수도 있다. 그렇지만 게임을 시작할 때는 약 10장의 카드가 필요하다. 각 카드는 그 사람이 정서 경험을 하고 있는 상황을 설명한다. 이 설명에는 참여자가 다른 사람의 정서를 정확하게 짐작하고 그 상황의 정서적 의미가 그 특정 사람에게 어떤 정서적 의미인지 인식할 수 있는 데 충분한 정보를 담고 있어야 한다. 결과적으로 다음의 정보는 카드에 설명되어 있는 상황에 담겨 있어야 한다.

- **확인**. 대상인물은 누구인가? 그 사람의 이름, 연령, 성, 가족사항(예: 가족이 얼마나 있는가, 누가 대상인물을 양육하고 있는가)을 제공해야 한다.
- **개인 정보**. 그 사람의 기본적인 인구통계 자료에 덧붙여, 시나리오는 또한 다른 사람의 정서 반응을 판단하기 위해 그 사람이 어떤 사람인지 참여자가 이해하고 인정하도록 돕는 약간의 배경과 개인 정보(예: 호/불호, 기질)를 제공해야 한다.
- **상황**. 그 사람에게 무슨 일이 일어나고 있는지에 대한 설명이 필요한데 설명을 자세하게 하여 내담자가 경험하고 있는 정서를 추측할 수 있게 한다.

시나리오를 구성할 때 또 다른 고려사항은 기술을 다양하게 잘 연습하도록 다음 항목의 한도를 다르게 정하는 것이다.

- **정서**. 이 말은 카드가 다양한 정서 배경을 포함하도록 해야 한다는 것인데 여기에는 화, 슬픔, 불안, 행복 등이 있다.
- **강도**. 이와 유사하게, 카드들은 약하게 느끼는 정서부터 강하게 느끼는 정서까지 여러 정서 강도가 있어야 한다.
- **등장인물 정보**. 다양한 성, 연령(성인과 아동을 포함), 내담자가 다른 사람의 폭넓은 느낌을 이해하고 받아들이도록 돕는 다른 관련 변인들이다.
- **유사성**. 또한 카드들은 다른 사람과 직접적인 관련은 없지만 내담자 자신의 상황과 상당히 유사한 어떤 느낌과 상황을 담고 있어야 한다.

다음에 네 개의 간단한 시나리오를 예로 들어 놓았다.

시나리오 1: 안젤라는 어머니와 두 명의 남동생과 함께 살고 있는 15세 소녀다. 안젤라의 아버지는 안젤라가 일곱 살 때 돌아가셨다. 안젤라의 어머니는 재혼을 하지

않았지만 몇 명의 남자친구가 있다. 그러나 최근 안젤라의 어머니는 더 이상 데이트를 하지 않고 있다. 몇 달 전, 안젤라의 가족은 이전 집에서 몇 마일 떨어진 곳으로 이사를 했고 현재 새로 이사한 지역에 살고 있다. 안젤라는 항상 친구들과 함께 있기를 좋아하는 외향적인 소녀다. 그녀는 새로운 학교에서 새로운 친구들을 사귀는 데 문제가 없었다. 어느 날, 안젤라는 새로 사귄 친구들과 쇼핑몰로 놀러 갔고 친구들이 부모에 대한 불평을 하기 시작한다. 친구 테리는 친구들에게 자신의 아버지가 얼마나 비열한지 이야기하면서 안젤라에게 아버지는 어떤지 묻는다.

시나리오 2: 타일러는 부모님과 살고 있는 11세 소년이다. 타일러와 나이가 비슷한 사촌 세 명이 근처에 살고 있기는 하지만 타일러에게는 형제가 없다. 타일러는 성적이 낮기는 하지만 예능에는 뛰어나다. 그는 나이에 비해 육상을 잘 하지 못한다. 그러나 괜찮은 유머감각을 가지고 있고 많은 친한 친구가 있는데 대부분 입학 전에 알게 된 아이들이다. 어느 날, 방과 후 운동장에서 타일러의 친구들이 그를 킥볼 게임에 초대한다. 타일러는 게임에 참가하지만 잘 하지 못하고 타일러가 수비를 맡는 동안 몇 개의 공을 차고 놓친 후 아웃 당한다. 게임을 쉬고 나서 타일러가 찰 차례다. 베이스에는 두 명의 주자가 있고 타일러의 팀은 한 점 뒤지고 있다.

시나리오 3: 제시카는 부모님과 17세의 언니, 8세의 남동생과 살고 있는 13세 소녀다. 제시카의 부모님은 두 분 다 그 지역 초등학교 선생님이다. 제시카의 반에 있는 대부분의 소녀와는 달리, 그녀는 실제로 아직 사춘기가 지나지 않았고 소년들에게 어떤 흥미도 표현하지 않았다. 제시카는 친한 친구가 몇 명 있기는 하지만, 교실의 많은 학생은 제시카를 약간 이상하다고 생각하고 있는데, 이는 그녀가 약간 무관심하기 때문인 것으로 보인다. 어느 날, 몇 명의 여자애가 크게 떠들면서 지나가고 있을 때 제시카는 그녀의 가장 친한 친구 에린이 아파서 결석하는 바람에 급식소에서 혼자 밥을 먹고 있었다. 여자애들 중 한 명이 제시카를 가리키고 웃으면서 자신들의 얼굴을 손으로 가렸다.

시나리오 4: 호세는 부모님과 17세, 14세, 12세의 누나와 살고 있는 9세 소년이다. 호세의 아버지는 2개의 직업을 가지고 있고 어머니는 아르바이트를 하고 있다. 호세는 스포츠를 좋아하는 활발한 소년이다. 또한 학교 공부를 좋아하지 않지만 호세는 그의 반에서 공부를 잘 한다. 호세는 그의 친구들과 꽤 잘 지내는 편이지만 장난을 치는 아이들 때문에 쉽게 상처를 받는다. 그는 때때로 친구들이 자신을 괴롭힐 때 친구들과 싸운다. 어느 날, 국어 수업 시간에 호세는 교실에서 이야기책을 크게 읽고 있었다. 몇 개의 단어를 잘못 발음하자 매니라는 친구가 "호세야, 너 안경 필요하지?"라고 말하였고 교실에서는 웃음이 터졌다.

준비(높은 기술 수준 버전). 카드 대신 상담자는 정서 시나리오로 된 아동, 청소년 그리고 성인이 등장하는 비디오 클립을 선택할 수 있다. 카드 시나리오와 마찬가지로, 앞에서 언급한 항목별로 다양성이 있는 비디오가 중요하다. 미디어를 사용할 때는 내담자가 선호를 알고 내담자에게 친숙하고 내담자가 재미있어 하는 예를 사용하는 것이 좋다. 많은 상담자가 알고 있는 것처럼, 내담자 연령에 맞는 프로그램을 보는 것이 도움이 되는데 이는 상담자가 이렇게 프로그램에 친숙해짐으로써 내담자가 교육 요점을 이해할 수 있게 도움을 주는 좋은 예를 고를 수 있기 때문이다.

게임 진행. 앞서 언급했던 것처럼 이 게임은 〈아메리칸 아이돌〉을 기초로 하고 있다. 이처럼 참여자는 주인공과 시나리오 카드 또는 비디오에서 묘사된 상황에 기초한 정서 장면을 행동으로 나타냄으로써 영화(또는 TV 쇼)의 부분을 시도해 본다. 다른 참여자는 청중이 된다. 〈아메리칸 아이돌〉과 달리, 정서 아이돌에서는 심사위원과 우승자가 없다. 일반적으로 상담자와 한 명의 내담자가 게임을 진행하지만, 게임은 아동 집단과 가족이 참여할 수 있다.

낮은 기술 버전을 사용하든 높은 기술 버전을 사용하든 이 게임에는 세 개의 단계가 있다.

- **단계 1: 브레인스토밍.** 맨 처음 시도하는 참여자는 시나리오 카드(또는 비디오) 중 하나를 제시받는다. 그리고 참여자는 시나리오에 기초하여 그 정서를 느끼고 있는 사람이 경험하고 있을 **신체 느낌**, **생각** 그리고 **행동** 목록을 떠올리기 위해 짧은(예: 5분 또는 그 미만) 브레인스토밍 시간을 사용한다. 이 목록은 단계 2에서 그 장면을 행동으로 나타낼 때 참여자가 시도되는 것을 파악하도록 돕기 위해 설계된다. 만약 내담자가 참여자라면 상담자는 내담자가 목록을 만들도록 한다.
- **단계 2: 시도.** 일단 브레인스토밍 시간이 끝나면, 참여자는 시나리오와 브레인스토밍 목록을 어림잡아 무대에 오르는 것처럼 하면서 한 장면을 행동으로 나타낸다. 참여자는 자신이 느꼈을 정서가 아니라 등장인물이 느꼈을 정서를 보여 주고 경험하도록 격려해야 한다.
- **단계 3: 수정.** 시도 후, 참여자는 시나리오에서 주인공의 느낌을 얼마나 정확하게 묘사했는지에 중점을 두고 어떻게 장면이 흘러갔는지 논의한다. 처음에 상담자의 피드백은 부드러워야 하고 칭찬을 많이 해야 한다. 그러고 나서 첫 번째 한 시도에 대해 **대안**을 제시한다.

높은 기술 수준 대안. 시도를 기록하기 위해 비디오카메라를 사용하면, 시도한 내용을 더 잘 되돌아보도록 해 주고 토론을 위해 시도한 내용 중 특정 순간을 따로 떼어 내는 데 도움이 되기도 한다. 상담자가 기억해야 할 것은 내담자가 연기를 더 잘 하도록 하는 것이 아니라 내담자가 '다른 사람처럼 느끼는' 경험을 하도록 돕는 것이다.

단계 3을 하는 동안, 참여자가 시도를 반복해서 하도록 할 수 있는데 여기서 목표는 참여자(그리고 상담자)가 시나리오에서 기술한 등장인물의 정서 경험을 묘사했다는 사실에 만족하는 것이다.

장면 1, 장면 2

이 게임은 정서와 관련 있는 장 피아제(Jean Piaget)의 고전 **산 과제**의 변형이다. 피아제의 실험에서 아동은 어디에 앉아 있느냐에 따라 다른 장면이 만들어지도록 배치된 모형 산이 있는 테이블 앞에 앉아 있다. 몇 가지 실험에서 테이블 주위의 다른 의자에 인형이 앉아 있고, 아동에게 사진을 보여 준 다음 자신의 관점에서 자신이 본 것을 나타내는 사진이 무엇인지 그리고 인형의 관점에서 인형이 보았을 것을 나타내는 사진이 무엇인지 물어보았다. 이 게임에서 내담자에게 다른 사람이 보는 관점에 대해 추측하도록 하는 대신 초점이 다른 사람의 정서에 대해 추측하도록 한다는 점 외에는 동일한 기본 원칙이 적용된다.

준비. 이 게임에는 상황 카드와 사람 카드로 구성된 한 묶음의 카드가 필요하다. 상담자는 최소 10개의 상황 카드와 최소 15개의 사람 카드를 만들도록 한다. 다음에는 상황 카드와 사람 카드를 잘 만들기 위한 몇 가지 좋은 팁이 있으며 각 팁별로 몇 가지 예가 제시되어 있다.

상황 카드의 예와 팁. 이 카드에는 두 사람의 상호작용을 설명해야 한다. 이 설명에는 그 상황의 사람들이 느낄 수 있는 다양한 정서에 대한 여지를 남겨 두면서 이와 함께 참여자가 어떤 관점을 취할 수 있도록 자세하게 설명해야 한다. 다시 말해, 분명하게 한 사람에게 화가 나도록 요구하는 상황은 좋은 선택이 아니다. 다음에 몇 가지 예가 있다.

시나리오 1: 두 사람이 중요한 역사적 장소에 대해 배운 현장 학습을 하고 돌아가는 스쿨버스에 있고 또한 아이스크림을 먹고 있다.

시나리오 2: 두 사람이 함께 생일 파티에 있고 케이크를 먹으며 이야기를 하고 있다.

시나리오 3: 두 사람이 방과 후 함께 야구 또는 소프트볼 게임을 하고 있다. 이 게임은 학교 팀에 중요한 것이고 게임 후반부에 동점이 되었다.

시나리오 4: 빗속에서 두 친구가 학교에서 집으로 걸어가고 있다. 한 친구는 우산을 가지고 있고 다른 친구는 우산을 깜박했다.

사람 카드의 예와 팁.   사람 카드는 그 상황에 있는 두 사람 중 한 사람에 대한 기본적인 정보를 담고 있어야 한다. 나이는 필요하지 않지만 이름과 성별은 있어야 한다. 이 카드는 대부분의 경우 그 상황에 속한 다른 사람에 대해 그 사람이 어떻게 느끼는지를 포함하여 그 사람이 느끼고 있는 것을 분명하게 설명해야 한다. 설명은 그 상황에서 각 개인의 정서 관점이 무엇인지를 이해하고 받아들이도록 돕는 추가적인 개인적 정보를 포함하도록 해 준다. 사람 카드가 상황 카드보다 더 자세해야 한다는 것을 분명히 하는 것은 가치가 있다. 다음에 몇 가지 예가 있다.

시나리오 1: 산드라는 최악의 하루를 보냈다. 산드라는 충분히 자지 못해 피곤하고 점심을 깜박해 친구가 준 음식을 먹어야 했다. 산드라는 사람 2에게 특히 짜증을 느끼고 있는데 그들이 학교에 도착했을 때 사람 2가 산드라에게 인사를 하지 않았기 때문이다.

시나리오 2: 폴은 계속 편찮으셨던 어머니가 뭔가 심각한 문제가 있는지 오늘 검사를 받으러 가셨기 때문에 매우 예민하다. 하지만 폴은 오늘 약간 기분 좋은 소식을 들었다. 자신의 거시 사회학 시험에서 A를 받은 것이다. 그리고 폴은 사람 2를 정말 좋아하기 때문에 사람 2와 시간을 보낼 것에 신나 있다.

시나리오 3: 리치는 오늘 지루하다. 학교 과제는 매우 쉬웠기 때문에 집에서 비디오 게임이나 새로운 책을 읽으려고 했다. 리치는 선생님이 늘 자신의 잘못을 잡아내려

한다고 생각하고 있다. 그래서 결과적으로 리치는 좌절감을 느끼고 있다. 리치가 사람 2를 생각할 때면 사람 2는 책상이나 가방에 정말 멋진 물건을 가지고 있다는 것이 기억난다. 리치는 그 멋진 물건을 나누어 쓰고 싶어서 사람 2에게 잘해 주기로 결심한다.

시나리오 4: 지난 밤, 바네사는 한 연극의 마지막 회에서 연기했다. 여기서 바네사는 중간급의 배역을 맡았다. 바네사는 연극이 잘 진행되어 안심했다. 하루 종일 반 친구들은 좋은 연기였다고 이야기하고 있고 바네사는 자신에 대해 뿌듯하게 느끼고 있었다. 그러나 연극에서 주인공을 맡고 있고 그 역을 매우 잘 연기하는 사람 2를 보았을 때 바네사는 예민해지기 시작했고 사람 2도 역시 자신에게 잘 했다는 말을 해주기 바라고 있다.

게임 진행. 첫 참여자는 상황 카드를 가져오고 카드를 크게 읽으며 카드를 바닥에 엎어 둔다. 그리고 나서 참여자는 임의적으로 자신에 대한 사람 카드 한 장과 다른 참여자에 대한 카드를 한 장 고르는데, 서로의 카드를 보지 않도록 조심한다. 각각의 참여자들은 조용히 자신의 사람 카드를 읽는다. 참여자는 다른 참여자에게 카드를 보여 주지 않아야 한다.

장면 1. 참여자는 상황 카드에 설명되어 있는 장면을 행동으로 나타내는데 각 참여자는 사람 카드에 있는 정서를 나타내는 데 초점을 둔다. 여러분이 영화를 만들고 있는 것처럼 하면 어떤 내담자는 더 즐거워한다. 영화에서처럼 장면 1은 늘 다소 어색하다. 각 참여자는 다른 사람의 정서를 알지 못하고 내담자는 자신의 카드에 있는 정서가 무엇인지 말하지 않도록 해야 한다.

장면 1 보고. 장면 다음에 각 참여자는 다른 참여자가 느끼고 있는 것과 왜 그 사람이 그렇게 느끼고 있는지를 추측한다. 참여자는 다른 사람의 정서를 명료하게 하고/거나 제안하기 위해서 서로 질문을 할 수 있지만 사람 카드에 적혀 있는 것을 서로 알아서는 안 된다.

장면 2. 첫 번째 보고를 들은 다음, 참여자는 사람 카드를 바꾸고 장면을 반복한다.

장면 2 보고. 장면 2 다음에 참여자는 역할을 바꾸는 것에 대해 이야기한다. 정서를 파악하는 데 초점을 두는 것보다는, 다른 사람처럼 '되는' 경험과 '느끼는' 경험에 초점을 둬야 한다.

단계 3: 도움을 주기 위해 다른 사람의 정서와 분리하기

개 요

공감 발달에서 마지막 단계는 도울 수 있기 위해서는 다른 사람의 감정을 느끼는 것과 자기 자신을 분리하는 것이다. 전반적인 교육 메시지는 두 부분으로 되어 있다. 하나는 친구와 같이 느낄 수 있다면 더 좋은 친구가 될 수 있다는 것이고 다른 하나는 친구가 힘들 때 도와주기를 원하기 때문에 그 친구의 감정에 너무 심하게 느껴서는 안 된다는 것이다. 목표가 공감일 때는, 가장 적절하게 공감적인 도움을 주기 위해 '함께 느끼는' **위험한** 지역으로 걸어가야 하는 것이다.

교 육

분리가 다른 사람을 돕는 것을 도울 수 있다

공감이 발달하면서 정서 상황 속에서 다른 사람을 돕는 미묘한 차이에 대한 공감 또한 발달한다. 실제로 이 모듈의 중요한 내용 중 하나는 모든 사람은 각자 다른 관점으로 상황을 보고 경험한다는 것이다. 정서적 세계에서는 하나로 모든 것이 해결되지 않는다. 같은 맥락에서 친구가 어떤 정서를 느끼고 있을 때 내담자가 친구를 돕는 방법을 가르칠 때는 다른 사람을 도울 때 그 사람에게 **맞도록 하는** 과정이 필요하다는 사실을 분명히 하는 것이 필요한데, 그 점에서 특정 사람에게 가장 효과적인 것이 무엇인지 결정하려고 노력하는 것이다. 그러므로 공감 발달 과정에서는 조망 수용을 강조한다.

여기서 강조하고자 하는 중요한 요점은 다른 사람의 정서가 어떻게 누군가에게 정서를 느끼게 하는가라는 것이다. 다른 사람이 정서를 느끼고 있을 때 본인도 정서를 느낄 수 있다는 사실을 아는 것은 공감적이지만 효율적으로 반응하기 위해 충분히 분리할 수 있다는 점에서 도움이 된다. 예리한 독자가 추측할 수 있는 것처럼, 이 교육 핵심은 자연스럽게 다음 정서조절 모듈로 이어진다(즉, 모듈 4에서 8). 상대적으로 정서조절 기술이 좋은 내담자에게 공감 반응은 더 쉽다. 하지만 몇몇 내담자에게는 공감의 이 마지막 단계가 어려울 수도 있다. 사실 정서조절 기술이 부족한 내담자의 경우는 공감 모듈 전에 정서조절 기술을 다루는 것이 더 나을지도 모른다.

공감의 장단점

또 다른 교육 핵심은 공감의 장단점과 관련이 있다. 즉, 누군가의 **감정을 느끼는 것**은 공감하는 사람에게 정서적인 결과가 있을 수 있다. 내담자를 공감한다는 것에 대해 편파되지 않은 소크라테스식 분석을 하는 것이 생산적일 수 있는데 이를 통해 내담자가 공감의 장단점을 구분하는 데 도움이 된다. 대부분의 내담자에게 이 분석은 폭넓은 수준에서 할 수 있다. "공감하는 것에 대한 좋은 것과 나쁜 것은 무엇인가?" 이 폭넓은 관점은 잠재적인 공감 '수용기'가 상대적으로 잘 기능하는 내담자에게 유용하다. 이러한 경우, 여기서 일반적인 핵심은 예외가 있긴 하지만 일반적으로 공감은 비용보다 이득이 더 많다는 것이다. 하지만 내담자의 삶에서 사람들에게 대한 공감 경험의 영향을 고려해 볼 때 세부적으로 비용편익 분석을 해 보는 것도 가끔은 도움이 된다. 분명히 어떤 내담자에게는 특정 사람에게 공감하는 데 이득보다는 비용이 더 들 수 있는 것이다.

한 예로, 특히 고통스러워하고 불안한 동료 또는 가족 구성원을 공감하는 것은 많은 부담을 줄 수도 있고 내담자의 공감 기술 수준을 넘어서는 것일 수도 있다. 이런 경우, 상담자는 고통스러워하는 사람을 공감하려는 내담자의 노력을 칭찬은 해 줄 수 있지만 때로는 전문적인 도움이 필요할 수 있다고 말해 줄 수도 있다.

연습: 활동과 게임

이 게임은 내담자가 그 사람을 돕기 위해 '함께 느끼는' 것보다 다른 사람과 분리되는 것을 연습하도록 한다.

전화인터뷰 프로그램

이 게임은 전화인터뷰 프로그램과 유사하다. 이 게임에는 두 명의 참여자가 필요한데 한 사람은 전화를 거는 시청자 역할을 하고 다른 한 사람은 방송 진행자 역할을 한다.

준비. 상담자는 전화인터뷰 프로그램의 부분으로 사용될 카드에 적혀 있는 시나리오가 필요하다. 각 카드에는 다음과 같은 정보가 필요하다.

- **상황.** 전화 거는 사람이 상황을 설정하고 방송 진행자가 전화를 거는 사람의 정서를 타당하게 추론할 수 있게끔 충분한 단서를 제공하도록 상황을 자세하게 설명해야 한다.
- **개인 정보.** 카드에는 전화를 거는 사람에게 개인 이력 정보뿐만 아니라 신상 정보를 포함한 등장인물에 대한 정보도 있어야 한다. 이 자료는 방송 진행자가 도움을 주기 위한 또 정서를 추론하기 위한 지침도 줄 뿐만 아니라 전화를 거는 사람이 그 특성에 익숙해지도록 충분해야 한다.
- **정서.** 카드는 전화를 거는 사람의 정서를 명쾌하게 설명해야 한다. 전화를 거는 사람이 통화 도중 정서를 밝히지는 않겠지만, 전화를 거는 사람이 자신이

전달하고자 하는 정서가 무엇인지 이해하는 것은 중요하다.

다음은 시나리오 카드에 대한 몇 가지 예다.

시나리오 1: 여러분은 13세의 돌로레스다. 여러분의 가장 친한 친구인 카밀라가 일주일 후에 이사를 가기 때문에 지금 매우 속상하다. 여러분은 수줍음이 많고 친구를 사귀는 데 어려움이 있어서 카밀라 같은 친구를 다시 어떻게 만들 수 있을지 확신하지 못하고 있다.

시나리오 2: 여러분은 부모님이 이혼하려고 하는 14세 소년 토비다. 부모님이 계속하던 싸움을 멈추는 것은 여러분에게 기쁜 일이지만 아버지가 이 도시를 떠나겠다고 위협하고 있어서 아버지를 자주 못 보는 것이 걱정된다. 또한 부모님이 싸우지 않고 있을 때는 집안일을 제대로 하지 않는다는 것과 성적이 좋지 않다는 것에 대해 여러분에게 싫은 소리를 한다.

시나리오 3: 여러분은 16세의 카멜라다. 지난 밤 이후 남자친구가 전화를 하지 않고 있다. 여러분은 남자친구가 관심이 없어졌을지도 모른다고 걱정하고 있다. 남자친구는 보통 여러분에게 전화나 문자를 바로 한다. 또한 여러분은 지난주에 통금 시간에 늦은 대가로 운전이 금지되었기 때문에 남자친구 집으로 차를 몰고 갈 수도 없다. 남자친구는 자전거를 타거나 걸어가기에는 먼 거리에 살고 있다.

시나리오 4: 여러분은 11세의 카일인데, 가장 친한 친구 헨리가 항상 같은 반 다른 친구들에게 괴롭힘을 당하고 있다. 여러분은 헨리를 어떻게 도와야 할지 모르겠고 다른 친구들이 여러분을 더 괴롭히고 따돌릴 것 같아 걱정하고 있다.

게임 진행. 카드를 섞고 평평한 바닥에 엎어서 펼쳐 둔다. 참여자는 전화를 거

는 사람과 진행자를 번갈아 한다. 전화를 거는 사람은 카드 묶음에서 시나리오 카드가 보이지 않도록 선택하고 라디오 프로그램에 전화를 하는 것처럼 한다. 진행자는 전화에 답하고 전화를 거는 사람은 자신의 말로 시나리오를 설명한다. 하지만 전화를 거는 사람은 자신의 정서를 드러내서는 **안** 된다. 대신 개인 정보와 상황에 대한 정보를 드러내는 데 초점을 둔다. 전화를 거는 사람은 카드에 없는 정보를 추가할 수 있다. 진행자는 다음 과제를 완수해야 하는 과업이 있다.

- **공감 보여 주기**. 진행자는 전화 거는 사람의 정서를 추론해야 하고 어떻게 그런 추론에 이르게 되었는지에 대해 자세하게 설명해야 한다. 목표는 이 게임을 하는 동안 진행자가 자기 위치를 지키는 것이다. 그러나 어떤 내담자에게는 이것이 처음에 매우 어려울 수 있다. 이런 경우, 상담자는 **휴식**을 요청하여 회의를 할 수 있는데 이 회의 동안 상담자와 내담자는 그 상황에 대해 생각해 보고 대안이 되는 정서를 찾아볼 수 있다.
- **도움 주기**. 다음 단계는 진행자에게 실제적인 조언이나 언어적 지원의 형태로 약간의 도움을 제공하는 것이다. 어떤 내담자들은 다시 역할에 꼭 맞게 할 수 있는 반면 또 어떤 내담자들은 휴식 시간 동안 이 목표를 이루기 위한 방법을 토의하는 과정에서 도움을 얻기도 한다.

점수 따는 게임을 좋아하는 내담자에게는 통화가 끝난 후 전화 거는 사람이 진행자가 얼마나 공감을 했는지 그리고 도우려고 얼마나 노력했는지에 대해 각각 5점까지 줄 수 있다. 상담자들은 조형이 중요한 목표이며 따라서 불완전하더라도 초기 노력을 칭찬하고 보상해 주는 것을 잊지 말아야 한다. 장기 목표는 내담자 반응의 방향과 질을 조형하는 것이다. 게임은 한 참여자가 특정 점수(예: 20점)에 도달할 때까지 계속 진행할 수 있다.

Module 4

정서조절 기술 1
예방 기술

　나머지 다섯 모듈은 정서조절을 다루고 있는데 이는 정서조절이라는 구성개념이 복잡하고 정서조절을 가르치는 데 사용되는 전략이 다양하기 때문이다. 이 장과 다음 장의 두 가지 정서조절 모듈은 **선행 사건 관리**라고 언급되는 전략을 나타낸다. 나머지 세 가지 모듈은 스트레스 상황이나 어려운 상황이 벌어지고 있거나 벌어진 후에 사용할 수 있는 조절 과정에 초점을 맞추고 있고 주로 내담자가 '그 순간'에 조절할 수 있도록 돕는 데 목적을 두고 있다.

　정서조절 모듈은 정서 인식, 정서 이해, 공감의 뒤를 잇는데 이론상 조절은 이러한 정서 발달 획득 다음에 나오기 때문이다. 물론 2장에서 언급했듯이 그것은 정서 발달을 지나치게 단순화하고 있기는 하다. 이 다섯 가지 모듈에서 강조하고자 하는 것은 콥(Kopp, 1989)이 '계획적인 조절'이라고 언급한 것이다.

　전반부의 두 가지 모듈은 '유비무환'이라는 속담으로 요약할 수 있을 것이다. 이 모듈들은 다양한 자료에서 전략을 채택하고 있는데 특히 리네한(Linehan)의 경계선 성격장애 환자 치료에서 참고를 많이 하고 있다(Linehan, 1993). 리네한은 두 가지 넓은 범주의 '예방' 기술, 즉 '하나의 사원으로서 당신의 몸'과 '당신이 잘 하는 것을 하는 것'에 초점을 두고 있다.

누군가의 몸을 사원으로 보는 것은 에이브러햄 매슬로(Abraham Maslow)의 욕구 위계를 떠올린 사람들에게 친숙한 생각일 것이다. 매슬로는 인간 '욕구'에는 위계가 있어서 '하위 수준'의 욕구가 충족되었을 때 '상위 수준'의 욕구를 갈망한다고 가정하였다. 매슬로에게 '가장 낮은' 수준의 욕구는 **생리적 욕구**라고 불리는 것이다. 매슬로는 음식, 물, 수면 그리고 거주지에 대한 욕구를 생리적인 욕구에 포함시켰다. 두 번째 수준의 욕구는 **안전 욕구**로 불렀고 취업을 통해 자원을 즉시 이용할 수 있는 것뿐만 아니라 자기와 가족의 안전도 포함시켰다. 다음 욕구는 **사랑/소속감 욕구**인데, 우정과 가족 유대를 포함한다. 네 번째 수준의 욕구는 **자존감 욕구**인데 이는 자기확신, 자기존중감 그리고 다른 사람을 존중하고 다른 사람의 존중을 받고자 하는 욕구를 나타낸다. 매슬로는 다섯 번째 수준을 가정했는데 이는 **자기실현**이라고 불린다. 이 단계에서 인간은 도덕적이고 창조적이며 자율적인 삶을 갈망한다.

매슬로의 이론을 비판하는 사람들이 있기는 하지만 하위 수준의 욕구 상태를 고찰하기 위해 아동의 행동(그리고 자기 자신을 포함한 성인의 행동)을 관찰해 보면 유익하다. 이것은 정서조절을 고려할 때 특히 그렇다. 많은 사람(모두?)에게 음식, 수면 부족 또는 삶의 안정성 부족은 우리의 정서적 '신호'의 민감성을 증가시킬 수 있다. 사람들은 그들의 기본 욕구가 충족되지 않을 때 이 욕구를 전반적으로 '획득하지' 못하게 되는 상황에서 더 쉽게 폭발하게 된다.

아이들을 양육하거나 오랜 시간 아이들과 함께 보내고 있는 독자들은 '흐느적대는' 아동을 보는 경험이 있을 것이다. 이는 쇼핑몰이나 밖에서 그럴 수 있는데 주로 즐길 수 있는 상황에서 그렇다. 처음에 아동이 흐느적대는 동안 성인은 아동을 설득하려고 노력할 수 있고 짜증이 난 이유에 대한 타당한 설명을 위해 자기 자신의 마음을 탐색할 수도 있다. 성인이 '정답'(예: 떨어져 있는 장난감 동물을 주는 것)을 찾은 것 같은 때라도 짜증은 줄어들지 않는다. 그리고 나서야 성인은 깨닫는다. "아, 너 배고프구나(또는 피곤하구나 혹은 특정 변화 때문에 스트레스 받았구나)." 낮은 수준의 욕구를 처리하는 것이 그 짜증을 즉각 끝내지는 않지만, 그렇게 하는 것이 상황을 바로잡는 시작이다. 그리고 그러한 하위 욕구에 마음을 쏟거나 주의를 기울이는 것은 극도로 짜증을 내는 것에 대한 훌륭한 초기 방어가 될 수 있다. 이런 이유로 이 모듈은 내담자 그리고 내담자의 양육자가 정서를 다루기 위한 방법으로서 자기의 신체적인 면을 돌보는 것이 중요하다는 사실을 알려 주기 위해 고안되어 있다.

이 모듈을 사용하는 시기

이 모듈은 좋지 못한 수면 습관, 좋지 못한 식이 습관, 운동 부족 또는 바람직하지 못한 건강유지 기술의 네 가지 가운데 하나 또는 그 이상이 내담자의 정서조절 곤란의 원인이라고 생각할 때 사용하기 위해 고안되었다.

목 표

이 모듈을 위한 목표는 생리적 기능과 건강을 증진시키도록 설계된 4개의 다른 기술을 가르치고 연습하는 것인데 그렇게 함으로써 내담자가 정서조절 곤란 상태에 덜 빠지도록 한다.

1. 잘 먹고 건강하게 먹기
2. 운동과 활동하기
3. 좋은 수면 습관 기르기
4. 신체건강 유지하기

절 차

다음 모듈에는 5단계가 있다. 단계 1은 모든 내담자에게 사용해 볼 것을 고려할 가치가 있지만, 상담자는 적절한 개입 선택을 하기 위해 평가 자료를 사용하도록 권한다. 단계 2에서 단계 5까지는 내담자에게 적합할 때만 사용할 수 있다.

단계 1: 정서조절 – 소개

개 요

첫 단계는 정서조절이 왜 치료에 중요한 주제인지에 대해 언급하고 타당화하기 위해 고안되어 있다.

교 육

정서를 다루는 데는 융통성과 인내가 요구된다

전략은 많으며 정답은 없다.   요점은 두 개의 하위 요점으로 나뉠 수 있다. ① 정서를 다루는 많은 방법이 있다. ② 언제나 잘 들어 먹히는 확실한 전략은 없다. 만약 이것이 이 책에서 내담자에게 사용하는 첫 번째 모듈이라면 몇 가지 활동을 빨리 하는 것이 유용할 것이다(다음 연습 절을 보라). 하지만 초기 모듈을 마친 내담자들에게 이 장의 교육 요점은 종종 교훈적으로 또는 소크라테스식으로 할 수 있다.

……그리고 때때로 하나 이상의 전략이 필요하다.   정서를 다루기 위한 보편적인 해결책이 없기 때문에 종종 여러 가지 노력과 전략이 필요하다. 이 의견을 전달하기 위해 무수히 많은 비유가 있다. 예를 들어, 게임 속에서 주인공은 자주 난관에

부딪힌다. 도전의 수준이 더 어려워지기 때문에 그 수준을 '쟁취'하기 위해 필요한 다른 전략의 수가 증가한다. 또한 상담자는 성공을 위해 여러 가지로 된 전략을 순서대로 사용해야 함을 전할 수도 있다. 즉, 누군가는 몇 가지 단계를 따라야 할 수도 있는데(종종 정확한 순서로), 이는 오븐에 쿠키를 넣는 순서가 밀가루 반죽 다음이어야 하는 쿠키 굽기 레시피를 따르는 것과 유사하다. 이와 마찬가지로 어떤 상황은 고통스러운 정서를 유발하는데 이 정서가 다시 안정되기 위해서는 단일 전략보다는 궁극적으로 일련의 순서로 된 전략을 필요로 한다.

연습: 활동과 게임

정서 대처 이야기 구축하기
여기서 상담자와 내담자는 정서적으로 고통을 주는 상황에 맞닥뜨린 아동이 등장하는 이야기를 만들기 위해 함께 작업한다.

준비. 상담자는 한편으로는 정서적으로 힘든 상황을 적기 위한 한 묶음의 색인카드 또는 종이 묶음을 준비해야 한다. 이 상황은 복잡할 필요가 없지만 다양한 정서와 정서 강도가 반영되어야 한다. 또한 내담자 자신의 삶과 관련 있는 상황과 관련 없는 다른 상황이 담겨 있는 것이 현명할 수 있다. 스토리텔링은 말로, 글로, 사진을 사용해서 또는 인형이나 다른 인물(예: 만화)을 사용하여 할 수 있다. 이야기는 나중에 내담자 또는 부모와 함께 검토하기 위해 녹음하거나 녹화할 수도 있다. 그러므로 게임 진행을 위해 사용되는 매체에 따라 상담자는 미술용품, 인형이나 다른 소품 또는 비디오나 오디오 기록 장치가 필요할 수 있다.

정서 상황의 예는 다음에 나열되어 있다. 목표가 한 아이에 대한 이야기를 만드는 것이기 때문에 동일한 주인공 이름이 전체에 사용되었다.

시나리오 1: 팻은 방금 중요한 시험에서 매우 나쁜 점수를 받았다.

시나리오 2: 팻의 형제는 팻의 방에서 중요한 물건을 가지고 나왔다가 (실수로) 망가뜨렸다.

시나리오 3: 팻의 가장 친한 친구는 다른 도시로 이사를 갔다.

시나리오 4: 팻의 부모님은 최근 자주 싸운다.

시나리오 5: 팻은 자신의 남자친구가 그 자신에게 반한 여자애의 페이스북 친구 요청을 받아 준 것을 보았다.

게임 진행. 게임 진행을 위한 두 가지 기본적인 방법이 있다. 첫 번째 방법이 대부분의 내담자가 사용하기에 쉽고 간단하다. 상담자와 내담자는 여러 상황 중 한 가지를 고르고 함께 이야기를 만든다. 상담자의 중요한 역할은 이야기가 이 단계의 중요한 교육사항 두 가지를 강조하는 것이다. 이 단계의 두 가지 교육 핵심은 정서를 다루기 위한 많은 방법이 있다는 것과 때때로 처음 시도하는 것이 잘 되지 않을 수 있으므로 인내가 필요하다는 것이다. 이 목표를 달성하기 위해 좋은 방법은 내담자가 이야기의 결말 부분에 대한 대안을 생각해 보도록 상담자가 제안하는 것인데 대안이 되는 결말에는 '정서를 다루는' 다른 길을 살펴보는 것이다. 앞에서 언급했듯이, 이야기는 내담자에게 가장 잘 맞는 어떤 소재로도 만들 수 있다.

대안 버전: 교대로 하기. 게임의 대안은 이야기 만들기와 같은 큰 과제에 주눅이 드는 내담자에게 유용할 수 있다. 또한 이 대안은 대처 방안이 적거나 너무 엉뚱하거나 저항이 심한 경향이 있어서 앞의 버전에 어려운 내담자에게 좋다. 이 대안 버전에서 상담자와 내담자는 문장마다(또는 그림마다) 이야기를 서로 만든다. 여기서 이야기 전개가 어떻게 될지는 모르기 때문에 이야기를 만들어 내도록 하는 방법

은 상담자가 교정적 피드백을 제공할 기회를 많게 한다. 다시 말하자면 상담자의 역할은 1단계의 두 가지 기본 교육 요점을 만들도록 이 과정을 안내하는 것이다. 11세 엘리의 사례는 게임 진행을 위해 '교대로 하는' 방법을 설명한다.

> 상담자: 자, 우리는 자기 감정을 다루어 힘든 상황에 대처하려고 하는 아이에 대해 함께 이야기를 만들 거야. 나한테 상황에 대한 몇 가지 카드가 있어. 네가 한 장 골라 볼래?
>
> 엘리: 네. (카드를 끌어당긴다.)
>
> 상담자: (읽는다.) 팻은 중요한 시험에서 매우 나쁜 성적을 받았다. 힘든 상황이네.
>
> 엘리: 뭘 해야 돼요?
>
> 상담자: 음, 우리가 TV 쇼나 책의 작가처럼 할 거야. 그리고 팻에게 일어난 것에 대한 이야기를 할 거야. 시작해 보자. TV 쇼를 위해 이 이야기를 써 보자. 무슨 채널에 우리 쇼가 나올까?
>
> 엘리: 아마 닉이나 디즈니 채널이요. 어린이 채널이니까요.
>
> 상담자: 좋아. 니켈로데온(TV 채널)으로 하자. 자, 내가 이야기의 한 부분을 이야기할 거야. 그러면 너는 다음에 무슨 일이 일어날 것 같은지 말하면 돼. 그리고 팻이 이 시험에 대한 기분을 다룰 수 있는 방법을 우리가 알 때까지 번갈아 가면서 할 거야. 내가 여기에 우리의 이야기를 쓸 거야. 자, 나부터 할게. (쓰고 큰 소리로 읽는다.) "팻은 성적표에서 불쾌한 성적인 D를 보면서 책상에 앉아 있다. 팻은 매우 슬프고 또 화가 난다." 자, 니 차례야. 다음에 일어날 일에 대해 한 문장이나 두 문장을 나한테 말해 줘.
>
> 엘리: 음. 흠. 음, 팻은 일어나 스쿨버스를 타러 간다.
>
> 상담자: 잘했어! 좋아. 그녀가 버스에 탄 게 궁금해. 그녀가 누구랑 이야기하니? 아니면 D를 받은 것에 대해 이야기하니?
>
> 엘리: 아니요. 팻은 혼자 앉아 있고 아무랑도 이야기하지 않아요.

상담자: (쓴다.) 잘했어. 그리고 버스가 팻의 집에서 멈추고 팻이 버스에서 내려 터덜터덜 집으로 간다.

2단계: 식사 – 건강한 식사

개 요

여기서 핵심은 내담자가 더 잘 먹도록 설득하는 것이 아니라 건강한 식사가 어떻게 그리고 왜 정서조절에 도움이 되는지를 바람직하게는 소크라테스대화식으로 논의하는 것이다. 보통 대부분의 합리적인 목표는 내담자 식습관의 완전한 재조정이 아니라 식습관의 작은 변화다. 예를 들어, 내담자가 자신의 하루 식사에 야채나 과일을 한 가지 더 추가한다면, 상담자는 매일 다섯 가지를 추가하지 못했다는 사실에 실망할 것이 아니라 작은 변화를 칭찬해야 한다.

교 육

건강한 식사가 감정에 중요한 이유

건강하게 규칙적으로 먹는 것은 심리사회적 안녕을 촉진한다. 만약 누군가의 몸이 균형을 이뤘을 때, (반드시 쉽진 않지만) 스트레스를 다루는 게 더 쉽다. 개인적으로는 나와 동료들은 배고픔 때문에 부정적인 감정이 들 때 이것을 '**행그리**'(hangry, 즉, hungry + angry)하다라고 부르는 것을 좋아한다.

연습: 활동과 게임

온라인 게임

아동 비만에 대한 공중 건강 영향 때문에 정부 정책은 아동의 건강한 식사 습관을 기르기 위한 많은 도구를 개발하였다. 인터넷 기반 게임은 다음에 나오는 것들을 포함하여 많은 웹사이트에서 찾을 수 있다.

- www.fns.usda.gov/tn
- school.fueluptoplay60.com
- www.choosemyplate.gov

관 찰

상담자는 아동 또는 부모에게 몇 가지 기능 지표(예: 기분, 활동 수준, 문제를 일으키는 빈도)에 따라 아동의 식사를 관찰하라고 제안할 수 있다. 그러한 자료를 추적함으로써 언급할 만한 가치가 있는 관계가 있는지 검토할 수 있다. **식사 일지(유인물 1)**가 음식과 기분을 관찰하는 방법을 제공한다.

가족 식사 시간

최근의 연구는 어느 정도는 상식 같아 보이는 어떤 '사실'을 입증하였다. 이들 연구에 따르면 규칙적으로 식사를 함께 하는 가족은 더 잘 기능하고 더 건강한 식사를 한다. 그러므로 내담자 가족의 식사 습관에 대해 더 잘 이해하는 것이 건강한 식사를 향상시키기 위한 방법을 확인하는 데 도움이 될 수 있다. 가족 식사 시간은 건강한 식사를 촉진시킬 뿐만 아니라 가족들이 대화하고 서로 나눌 수 있는 기회를 제공하며, 그렇게 함으로써 정서 건강을 증가시키는 기회를 만든다. 바버라 피스(Babara Fiese)와 동료들의 연구(예: Fiese, Foley, & Spagnola, 2006)는 특히 이 영역에서 유용하다. 효과적인 가족 식사 시간을 위한 중요한 구성 요소를 알아냈다. 그것은 ① 분명하고, 직접적이며 지지적인 대화, ② 식사 시간 전, 식사 시간 중 그리고 식사 시간 후까지 융통성 있고 순조로운 흐름, ③ 감정을 공유하려는 개방성, ④ 가족 구성원의 걱정에 대한 공감적 개입이다. 부모와 양육자가 성공적인 가족 식사 시간을 계획하는 데 도움이 되는 몇 가지 팁이 다음에 제시되어 있다.

가족 식사 시간 팁

건강한 식사하기. 양육자가 식단과 간식 계획을 세우는 것을 돕고 심지어는 장을 볼 목록 작성을 돕는 것도 좋은 전략이다.

테이블 공개하기. 때때로 아동의 친구를 가족의 식사에 초대하는 것은 가족 식사 시간에 대한 아동의 의욕을 증가시킬 수 있다.

건강한 식사 역할 모델 되기. 특히 가족들이 식사하는 동안뿐만 아니라 다른 때도 양육자가 건강한 식사 습관을 어떻게 자신의 행동에 길들일지 생각해 보는 것을 돕는다.

식사 준비에 아동 참여시키기. 모든 아동이 식사 준비를 즐기지는 않지만 많은 아이가 즐거워한다. 식사 또는 간식 준비에 참여하는 것은 아동이 새로운 음식을 시도하는 의지를 증가시킬 수 있다. 어린 아동들에게는 분명하고 한정된 과제가 가장 좋다. 예를 들어, 어린 아동은 식료품 창고에서 재료를 가져오고/거나 재료를 측량할 수 있다. 좀 더 큰 아동은 식재료를 계획하거나 준비하는 것과 같은 더 복잡한 과제 혹은 전체 식사 준비에 참여할 수 있다. 게다가 아동이 건강한 식사에 대해 배울 수 있도록 해 주며 아동이 식사 준비에 참여하는 것은 더 중요한 삶의 기술을 배우도록 하는 기회가 된다.

단계 3: 활동하기

개 요

운동은 건강상 이점 이외에도 상담에서 이용할 수 있는 멋진 기법이 될 수 있다. 그 이유는 내담자들이 그들의 교실이나 상담실 밖으로 나가 농구, 줄넘기나 다른 신체 활동에 참여하는 것을 기뻐하기 때문이다. 이 단계에서 분명히 연습해 보는 것은 강의식으로 하는 교육보다 앞선다.

교육

활동하는 것이 감정 다루는 것을 돕는다

교육의 첫 번째 핵심은 운동이 분명히 신체에 좋다는 것이다. 대규모 연구에서 운동을 하는 것은 신체건강의 이점이 있다고 설명한다. 두 번째 요점은 다소 분명하지는 않지만 정신건강상의 이점이 있다는 것이다(Callaghan, 2004; Fox, 1999; Stathopoulou, Powers, Berry, Smits, & Otto, 2006). 성인 연구에서 운동 처치만 한 것도 특히 우울한 내담자에게 강력한 효과가 나타났다(Fox, 1999; Stathopoulou et al., 2006). 또한 연구가 많지는 않지만 운동이 아동의 신체건강과 정신건강에 이롭다는 사실을 지지한다(예: Ortega et al., 2008). 여기서 이러한 생각은 운동이 몇 가지 방식에서 감정을 다루는 데 도움이 될 수 있다는 사실을 내담자에게 전달하는 것이다.

- 운동은 일과 후 사람들이 열을 식히거나 편안해지도록 도울 수 있다.
- 운동은 자신을 돌보기 때문에 사람들이 자신에 대해 좋게 느끼도록 도울 수 있다.
- 운동은 사람들이 더 안정되게 느끼도록 돕고 그러므로 스트레스를 더 잘 다룰 수 있게 해 준다.

연습: 활동과 게임

이것은 내담자가 다양한 가능한 운동을 생각해 보도록 돕고 가장 실행 가능하고 재미있을 것 같은 운동을 해 보도록 돕는 한 가지 방법이다.

활동 목록을 작성하고 계획 세우기

상담자가 내담자에게 운동량이 많은 활동을 제시하고 계획하기 전에 상담자와 내담자는 이 활동을 위한 목표를 세울 필요가 있다. 그리고 그러한 목표는 내담자에게 끌려야 하며 가족에게는 실행 가능한 활동 목록이 아니라면 가능하지 않다. 그러므로 이러한 활동은 내담자가 **시도할 수 있는** 활동 목록 만들기가 필요하다. 상담자는 메뉴처럼 목록을 보여 줄 수 있다. 어떤 아동들은 혼자 하는 활동(달리기나 테니스 같은)을 더 잘하는 반면, 또 어떤 아동들은 팀기반 활동(야구나 농구 같은)을 더 잘하기 때문에 어떤 목록이든 팀으로 하는 활동과 혼자 하는 활동이 다 포함되어 있어야 한다. 평정을 하는 것은 처음 목록의 활동을 몇 개 묶음으로 묶을 수 있도록 해 준다.

경험상 몇 가지 활동을 포함하고 있는 목록을 만드는 것이 좋은데 이 가운데 적어도 한 가지 활동은 다음 기준 가운데 한 가지는 충족해야 한다.

- 무료거나 최소 비용
- 내담자에게 이미 친숙한 것
- 내담자에게 흥미로운 것
- 1년 내내 접촉 가능함(예: 온화한 기후에 살고 있는 내담자에게 스키 타기는 안 됨)
- 매일 가능한 것
- 15~20분간 지속
- 상담 시간 중 내담자가 연습할 수 있는 것

상담자가 목록 만드는 것이 힘들 때 활동 목록을 제공해 주는 유용한 웹사이트가 있다. 예를 들어, 질병 관리 및 예방 센터(Centers for Disease Control and Prevention) 웹사이트에는 활동 선택을 돕기 위한 퀴즈가 있다. 또한 이 사이트에는 주문에 따라 만들 수 있는 활동 달력도 있다. 그리고 신체건강에 대한 대통령 자문위원회에도 온라인 목록이 있다.

목록을 작성하고 나면, 즉각 일정을 잡기 위해 상담자는 내담자와 함께 최선의 후보군이 되는 활동을 파악하고자 작업할 것이다. 매일 활동을 계획하기 원하는 지나치게 열심인 내담자(또는 양육자)를 진정시키도록 돕는 것은 중요하다. 대체로 목전에 있으면서도 천천히 성공하는 것을 지지하여 야망을 줄이는 것이 최선이다. 유사하게, 어떤 활동도 하지 않으려고 하는 기운 없는 내담자는 격려하도록 하는데 이러한 노력은 상담 시간에도 필요하다. 대체로 처음에는 신체 활동의 이점이 분명하게 있다는 사실에 희망을 걸고 목표를 낮게 잡는다. 그러고 나서 여러분의 실험 성공이 시작되면 상담자는 내담자가 자신의 레퍼토리를 추가하도록 제안할 수 있다. **활동 일지(유인물 2)**는 활동 수준을 기분에 연결시키는 것을 도울 수 있다.

특히 만든 목록을 완결 짓기 위한 한 가지 유용한 방법은 목록에서 활동 중 한 가지를 선택하고 상담 시간 동안 그 활동을 시도해 보는 것인데, 이 활동의 시도 전과 시도 후 내담자 감정(또는 에너지 수준이나 다른 관련 표시)에 이 활동이 주는 영향을 평정한다. 앞에서 한 조언처럼 기대를 낮게 설정한다. 예를 들어, 활동이 축구라면 상담자와 내담자는 몇 분간 복도에서 축구공을 서로 주고받는 것이다.

다음 사례에서 상담자는 11세의 마크라는 내담자가 그의 어머니와 함께 가능한 활동 목록을 작성한다. 약간 과체중인 마크는 의기소침하면서도 말을 잘 안 듣는 소년이다. 마크가 가장 좋아하는 활동은 비디오게임을 하는 것이다.

상담자: (어머니에게) 더 적극적이 된다는 것 같다는 말은 마크와 탐색할 가치가 있는 무언가가 있을 수 있다는 거지요. (마크에게) 네가 더 적극적이 되기 위해 네가 할 수 있는 것이 뭔지 생각나는 게 있니?

마크: 비디오게임이요! 이것도 되나요?

어머니: (고개를 흔들고 이야기하기 시작한다.)

상담자: 물론, 게임을 적어 보자. 지금 우린 브레인스토밍을 하는 거야. 당장 할 수 있는 최선의 것을 고르는 게 아니야. 단지 목록을 적는 거야.

마크: 좋아요! 비디오게임이 좋아요!

어머니: 축구.

마크: 난 축구 싫어해.

상담자: 기다려. 내가 축구를 적을게. 목록을 다 적을 때까지 목록에 대한 평정 결과를 기다릴 수 있어. 알겠지?

마크: 좋아요, 하지만 난 축구가 싫어요.

상담자: 그러면 다른 건? (긴 침묵) 좋아. 생각하는 게 어려울 수 있어. 이걸로 게임을 해 보자. 난 어떤 활동의 특징을 말할 테니 너는 네가 좋아하는 것에 일치되는 것을 말해야 해. 준비됐니? (마크가 끄덕인다.) 네가 밖에서 할 수 있는 것.

마크: 비디오게임—선생님이 밖에서 할 수 있어요.

상담자: 맞아. 난 비디오게임을 가지고 있어. 니가 밖에서 할 수 있는 다른 건 뭐지?

마크: 자전거 타기.

상담자: 좋아 자전거 타기. 다른 건?

마크: 미식 축구?

상담자: 밖에서 하는 다른 거네. 지금 우린 아주 잘 하고 있어!

마크: 낚시?

상담자: 빙고. 마크 니가 가장 좋아하는 비디오게임은 어떤 거야?

마크: 배트맨 게임을 좋아해요. 미지는 끝내줘요.

상담자: 좋아. 그래서 미지에서 너는 뭘 하니?

마크: 게임 속에서 남자는 탐험가고 수수께끼를 풀어요. 그리고 지도를 찾고 어떤 보물을 찾기 위해서 사람들을 쏘면서 주위를 달려요.

상담자: 멋지네. 거기 니가 실제로 해 볼 수 있는 활동이 있는 것 같네. 주위를 달리는 것같이—술래잡기를 하거나 깃발 뺏기를 할 수 있네, 맞지?

마크: 네, 아마도.

상담자: 그리고 숨겨진 보물을 찾기 위해서 지도를 사용하는 것은 GPS 보물찾기

와 많이 비슷한 것 같은데. 넌 어떠니?

마크: 아니요.

상담자: 음, 보물찾기 같아. 주위에 숨겨진 단서가 있고 너는 GPS나 나침반 같은 도구를 사용해서 단서를 찾아야 해. 우리가 이 게임을 고르면, 그 게임에 대해 더 이야기할 수 있어. 좋아, 다음으로 넘어가자. 날씨가 나쁠 때 니가 할 수 있는 건 뭐야?

마크: TV 보는 거요.

상담자: 좋아. TV 보기. 다른 건?

어머니: 거기에 문제가 있어요. 날씨가 춥거나 비가 올 때. TV를 너무 오래 보고 게임도 너무 오래 해요.

상담자: 흠, 우리가 찾을 수 있는 게 뭔지 보지요. (긴 침묵) 전 이런 종류의 많은 목록을 만들어 낼 수 있고 그래서 몇 가지를 생각해 낼 수 있어요. 실내 수영장에서 수영을 하는 건 어때요? 농구를 하기 위해 학교 체육관에 가는 건 어때요? 아니면 실내 트럭에서 달리는 건? 또 아니면 밖에서 걷기 위해서 옷을 따뜻하게 입을 수 있어요.

마크: 수영이 좋아요. 우리가 할 수 있는 다른 건 뭐가 있을까요?

어머니: 너도 알잖니. 내가 어릴 때, 할아버지는 겨울 내내 실내에서 앉았다 일어서기와 팔굽혀펴기를 하셨어.

상담자: 그럼, 그것도 좋네요. 실내 운동. 좋아, 우린 좋은 목록을 가지고 있어. 자, 이것을 경험해 보고 각각의 활동에 대해 다른 두 개의 점수를 매겨 줘. 우선, 그 활동을 얼마나 좋아하는지 그리고 얼마나 하고 싶은지 말해 볼래? 아니면 어머니는 마크가 그 활동을 얼마나 했으면 하는지 말씀해 주세요. 그리고 가족들이 그 활동을 편성하는 게 얼마나 어려운지 또는 쉬운지 말씀해 주세요. 우린 각각의 활동에 대해 0에서 10점까지 줄 수 있어. 0점은 네가 그것을 싫어하거나 하기 매우 어렵다는 거야. 10점은 네가 그것을 좋아하거나 가장 하기 쉽다는 거야. 이해했니? 좋아, 비디오게임부터 하자.

단계 4: 잘 자기

개요

수면 건강의 문제는 일생 동안 보편적이어서 수면과 정신병리 상태의 상호작용에 대한 관심이 증가하고 있다(예: Chorney, Detweiler, Morris, & Kuhn, 2008; Harvey, Mullin, & Hinshaw, 2006). 정신병리 치료의 특정 구성 요소인 수면은 아동과 청소년의 과학적 문헌에서 드물게 발견된다. 하지만 타당한 양의 연구들이 특정 수면 관련 문제를 나타내는 아동의 수면 행동을 목표로 하는 개입의 효과를 검증하였다(Mindell, Owens, & Carskadon, 1999). 이러한 개입의 대부분은 소거 절차를 통해 아동의 비수면 행동에 대한 부모의 강화를 줄이는 것을 목표로 한다. 다시 말해, 몇 가지 연구는 아동이 밤에 수면 문제를 보일 때 그리고 자주 방으로 부를 때 그리고/혹은 함께 잘 때 효과적인 개입은 '비수면' 행동을 제거하기 위해 밤 동안 부모가 아동을 무시하도록 하는 것(다치거나 아픈 경우는 제외)이라고 주장해 왔다. 다른 두 가지 일반적인 개입에는 부모 교육(특히 예방적으로)과 수면 주기를 세우고 보상하는 것이 있다.

교육

좋은 수면 건강은 기분을 다루기 쉽게 만든다

이 단계는 주로 교육이 중점인데 이 교육 요점은 아동보다는 부모 또는 양육자와 이야기를 더 잘 할 수 있다. 그래서 이 단계에는 대부분의 모듈에 있는 활동과 게임 주제가 없다.

취침 시간 정하기.   많은 독자는 일요일 저녁이라도 규칙적인 취침 시간을 강요하지 않는 가족에게 친숙할 것이다. 어떤 아동은 자고 싶을 때 잘 수 있는 자유가 있어도 적절한 시간에 잠을 자지만 또 어떤 아동은 잘 수 있는 자유가 있으면 불규

칙하게 잠을 잘 수 있다. 게다가 많은 아동은 자기 전에 '긴장을 푸는' 시간을 필요로 하거나 잠자는 시간이 정해져 있을 때 잘 잔다. 예측 가능성과 통제 가능성이 효과적인 불안 감소 전략의 두 가지 중요한 특징이라고 부모에게 강조하는 것은 가치가 있다.

가족의 취침 시간에 대한 이해와 취침 시간을 증가시키는 방법에 모든 관심을 집중시키기 위해 상담자는 가사 스케줄, 저녁 시간, 집안일과 저녁 후 활동 등의 저녁 일정에 대한 더 긴 안목을 갖기 원할 수 있다. 상담자는 수면이 아동 문제의 어떤 부분과 관련이 있다고 지각한다면 다음에 구체적으로 제안하고 있는 일상적인 취침 시간 절차가 유용할 것이다.

1. **잠자는 시간을 명확하게 한다.** 예를 들어, "잠자는 시간은 저녁 9시야."
2. **미리 잠자는 시간을 알려 준다.** 예를 들어, 보호자는 "잠자리에 들 시간이 15분 남았어."라고 말할 수 있다.
3. **취침 일정을 정한다.** 여기에는 다음과 같은 것들이 포함될 수 있다.
   - 샤워나 목욕(일부 아이는 아침에 목욕하는 것을 더 좋아할 수 있다)
   - 잠옷으로 갈아입기
   - 양치질
   - 아이의 방에서 이야기나 조용한 게임과 같은 정적인 활동을 (가능하다면) 일대일로 하기
   - 지정된 취침 시간에 소등하기
   - 취침 인사를 하거나 아이를 침대로 밀어 넣는 것도 좋은 방안이 될 수 있다.

침실과 취침 시간을 잠자기 좋은 환경으로 만든다. 가능한 한 침실은 수면을 위한 공간이 되어야 한다. 침실에서 매체를 이용할 수 있도록 하는 것은 불필요한 것이며 종종 수면 환경을 해친다. 수면을 유도하는 침실과 잠자리시간을 만들기 위한 몇 가지 팁은 다음과 같다.

- **조용하기**. 침실과 주변의 방을 조용하게 만든다. 다른 가족이 낮은 목소리로 이야기하도록 하고 TV 그리고/또는 음악 소리를 낮추도록 한다. 헤드폰을 사용하는 것 또한 좋은 방안이 된다. 그렇지 않으면 어떤 환경에서는 백색소음 장치가 유용할 수 있으며 비싸지 않게 구할 수 있다.
- **어둡게 하기**. 수면의 질은 침실이 어두울 때 더 좋다는 증거가 있다. 가족이 아동을 위해 침실을 어둡게 한다. 야간등은 안전을 위해서나 취침 시 어두우면 공포심을 느끼는 사람들을 위한 임시방편으로만 사용해야 한다.
- **편안하게 하기**. 명백한 제안이지만 어떤 경우 수면 환경이 불편할 수 있다는 것은 놀랍다. 필요한 때 베개와 담요를 사용할 수 있어야 하고 방은 환기가 잘 되도록 한다.
- **안전**. 아이가 자신의 방에서 안전하기도 하고, 안전하다고 **느끼도록** 한다.

비의료적 수면 '보조도구'를 제공한다.　잠에 들거나 자주 깨는 내담자를 돕기 위한 비의료적인 수면 보조도구들이 있다. 여기에는 다음과 같은 것들이 있다.

- 수면 유도 음료(따뜻한 우유, 물 등)
- 등 문지르기
- 머리 빗기
- 차분한 음악
- 이완 운동(복식호흡 등)

낮에 신체 활동을 많이 하기.　낮에 활동적인 것은 사람이 쉴 준비가 되었다고 느끼는 데 도움이 된다. 하지만 대부분의 성인과 비교해 볼 때 대부분의 아동이 신체 활동 욕구가 더 높다는 사실을 기억하는 것이(그리고 이를 부모에게 상기시키는 것이) 중요하다. 보호자가 자신의 욕구가 아닌 아동의 욕구에 초점을 맞추도록 한다. 때때로 보호자들은 "와, 내가 지쳤나? 자비어도 틀림없이 지쳤을 거야."라고 생각한다. 그러나 진실은 자비어는 절대로 보호자만큼 지치지 않았다는 것이다. 잠들무렵(통상적인 잠자리 시간)의 격렬한 활동은 일반적으로 피해야 하는데, 특히 이완하는 데 문제를 가진 내담자들은 더욱 그렇다. 그러나 내담자가 낮 동안 신체 활동이 많았는지 확인하기 위해 보호자와 작업하는 것은 수면 시간을 더욱 성공적으로만드는 데 크게 도움이 될 수 있다. 또한 요가나 스트레칭처럼 잠들기 이전에 실천할 수 있는 적절한 진정 유도 활동들이 있다.

   자기 전 과도한 자극이나 정서적 활동은 피한다.   방금 논의한 신체 활동처럼 감정이 들어간 대화나 감정이 섞인 상황은 잠드는 것을 더 어렵게 할 수 있다. 또한수면 시간 무렵의 TV 시청, 컴퓨터 사용 그리고/또는 비디오게임 등은 자극적일수 있고 내담자가 이완하는 것을 어렵게 할 수 있다. 수면 시간 무렵에 매체를 제한하거나 금지하는 것은 종종 좋은 정책이 된다. 내담자가 침실에 있는 TV나 컴퓨터형태로 매체를 규제 없이 이용할 수 있기 때문에 어떤 가족에게는 이것이 조금 힘들 수 있다. 가족들이 가정에서 매체에 대한 정책을 세우고 이를 지키도록 돕는 것은 종종 유용한 조치가 된다. 가족의 가치와 일치하기도 하면서 시행할 수 있는 정책을 세우기 위해 가족과 협력한다.
   잠을 더 잘 자기(유인물 3)는 자신의 아이가 더 나은 수면 습관을 배우도록 도우려고 하는 가족들에게 유용한 참고사항이다. 상담자는 보호자에게 면담에서 다룬주제를 기억하는 도구로서 복사본을 줄 수 있다.

5단계: 건강해지고 건강을 유지하기

개요

   질병이 정서적 기능을 방해할 수 있다는 사실은 쉽게 생각할 수 있는 것이다. 거의 모든 독자는 감기나 하부 요통으로 아플 때 기분이 가라앉거나 예민해진 경험이 있을 것이다.

교 육

건강할 때 감정을 더 다루기가 쉽다

4단계에서처럼, 주된 요점은 대부분 교육과 관련되어 있으며 이 단계에는 아동 중심의 게임과 활동이 없다. 최적의 건강을 유지하기 위해 보호자 그리고 내담자와 다음 지침에 대해 이야기하는 것이 도움이 될 수 있다.

예방.   내담자는 신체건강을 유지하기 위해 의사와 정기적으로 만나야 한다. 때때로 상담자는 가족이 아동을 위한 예방 처치를 하도록 가정의학 전문의나 소아과 전문의를 연결시켜 주는 것이 필요하다. 건강한 내담자에게는 정서조절 용량을 감소시키는 '스트레스원'이 한 가지 없어지게 되는 것이다.

응급 문제 처치.   응급 의료 문제가 발생할 때 가장 합당한 조언은 가능한 한 빨리 치료를 받게 하는 것이다. 작은 의료 문제라도 방치한다면 더욱 복잡하게 될 수 있다. 감기와 독감, 계절적 질환 그리고 일반적으로 경미한 문제들이 더욱 심각한 문제를 일으키면서 이차 감염으로 진행되도록 할 수도 있다. 모든 응급 의료 문제가 병원을 갈 필요가 있는 것은 아니지만 의료 문제가 발생할 때 이를 무시하면 나중에 더 큰 문제가 된다. 여기서 가장 중요하면서도 계속되는 의료 문제는 스트레스원을 다루는 내담자의 역량을 감소시킬 수 있다는 것이다. 상담자는 의료적 조언을 할 수 없고 해서도 안 되지만 내담자의 건강에 대하여 어떤 선택을 할 때는 가족을 지역 의료 전문가에게 의뢰한다든가 사용할 수 있는 특정 서면 또는 온라인 자료를 제안할 수는 있다.

만성 문제 처치.   만성 의료 문제는 불행하게도 아동 사이에서 흔하며 이 문제를 가지고 있는 내담자와 상담할 때 염두에 두어야 할 몇 가지가 있다.

배우고 질문하기. 의사가 아동의 만성 의료 문제를 모니터하고 다루기 때문에 상담자가 그 문제에 대해서 정보를 받지 않은 채로 있어도 되는 것은 아니다. 특히 그 문제가 정신건강에 영향을 미칠 수 있다면 더욱 그러하다. 그들이 아는 것에 대해 가족과 이야기한다. 가족에게서 그 문제에 대해 알려고 하고 배우려는 자세를 취해야 한다. 상담자가 의료 문제에 대해 전문가일 필요는 없다. 상담자의 질문과 보여 주는 관심은 몇 가지 목적에 부합된다. 첫째, 상담자는 가족에 대해 더 잘 알게 되고 질병을 둘러싼 가족의 기능에 대해 더 많이 알게 된다. 둘째, 상담자는 가족이 그들의 알고 있는 내용에 대해서는 자신들이 잘 알고 있어야 한다는 느낌을 갖도록 도울 수 있다. 셋째, 상담자는 가족이 이해하고 있는 수준을 측정할 수 있고 필요한 경우 그 격차를 줄일 수도 있다.

가족에게서 좋은 정보를 얻었다고 해도 치료 담당 의사에게서 자문을 계속 받는 것이 현명한 처사다. 적합한 법적인 용인하에서 의사와 정기적으로 접촉하는 것은 상담자와 의사가 각자의 일을 서로 지원하도록 할 수 있다. 만약 가족이 문제를 해결하는 데 도움을 주는 전문가 팀이 있다면 가족이 지지받고 있다는 느낌을 갖게 할 수 있다. 마지막으로 상담자가 정확한 자료를 바탕으로 내담자 상태에 대해 아는 데 시간을 보내야 한다는 점을 언급하는 것은 가치가 있다. 미국 국립보건원은 대다수 질병에 대한 정확하고 최신의 정보를 보유한 웹사이트(www.nlm.nih.gov/medlineplus)를 운영하고 있다.

조언 따르기를 장려하기. 치료의 조언을 따르지 않는 것은 의료에서 중대한 문제다. 어떤 만성 문제는 아동과 아동의 가족에게 부담이 되거나 성가시게 하는 정기적 치료를 요구하기도 한다. 이러한 개입을 피하는 것은 종종 불쾌함의 제거와 연합되어 있다. 즉, 부적 강화의 덫이 작동하고 있는 것이다. 상담자는 (보통) 의사는 아니지만 부착에 대해 질문할 수도 있고 문제가 있을 때(상담자나 의사에게서) 지원을 받도록 권할 수도 있다. 상담자는 또한 가족과 부착의 이런저런 어려움을 해결할 수도 있다. 최근 연구의 상당수는 행동 개입을 통해 만성 문제가 있는 사람이 자신의 병을 어떻게 효과적으로 관리하도록 할 수 있는지에 초점을 맞추고 있다. 때때로 참신한 안목이 가족으로 하여금 치료 부착을 방해하고 있는 엄청난 난관처럼 보였던 것에 대한 해법을 보도록 도울 수 있다.

급성 질병과 관련하여 언급했던 것처럼 사람들이 신체적으로 안 좋을 때 심리적으로도 좋지 않은 것이다. 대처 역량은 쉽게 부담을 느끼게 되므로 사람들은 짜증을 내기 쉽고 조급해지기 쉽다. 사실 어떤 질병은 치료하지 않거나 제대로 치료하지 않으면 개인의 정서적인 삶에 직접 영향을 미쳐서 더욱 화가 나게 하거나 더욱 침울하게 한다. 이런 식으로 질병 문제를 다루는 것은 중요한 정서조절의 한 형태가 된다.

<u>모듈 4: 유인물 1</u>

식사 일지

기분을 0에서 10까지 사이에서 평정하라. 0은 가장 슬프거나 우울한 상태이고 10은 가장 행복한 상태다.

날짜	식사 시간	식사	식사 이전 기분	식사 이후 기분
예: 4월 10일 월요일	오전 7시 15분	스파게티와 빵	3(매우 배고팠음)	6(숙제를 해야 함)

<u>모듈 4: 유인물 2</u>

활동 일지

기분을 0에서 10까지 사이에서 평정하라. 0은 가장 슬프거나 우울한 상태이고 10은 가장 행복한 상태다.

날짜	활동 내용	활동 시간	활동 이전 기분	활동 이후 기분
예: 3월 2일 수요일	개를 산책시킴	15분	4	7

출처: Southam-Gerow (2013). *Emotion Regulation in Children and Adolescents: A Practitioner's Guide*. The Guilford Press.
이 책을 구입한 독자가 개인 용도로 사용하는 경우에 한해 복사를 허용합니다.

모듈 4: 유인물 3

잠을 더 잘자기

1. 잠자는 시간을 정하기

시간 매일 밤 잠자는 시간을 정하고 그 시간을 지킨다. 아동이 필요로 하는 잠의 양은 아동마다 다르다. 어떤 아동은 8시간으로도 낮에 말똥말똥하고 행복한 반면, 어떤 아동들은 최소 10시간이 필요하기도 하다. 잠자는 시간을 정하기 위해 여러분의 아이에 대해 알고 있는 것을 이용한다.

이행 가족 일정표에 수면 이행 시간을 만든다. 잠자기 전 약 30~60분간 이완놀이에 초점을 맞춘다.

잠잘 준비 아동을 따스한 물로 목욕시키거나 책을 읽어 주는 것과 같은 이완 활동을 한다. 그리고 이 활동을 매일 한다.

2. 과식하지 않기. 수면 시간 무렵에 아이들에게 음식을 많이 먹이지 않는다.

3. 카페인 금지. 수면 시간이 너무 가까울 때 카페인 함유 음료나 심지어 초콜릿도 피한다.

4. 쾌적한 온도. 침실 온도를 쾌적한 상태로 정한다. 너무 덥지도 너무 춥지도 않아야 한다.

5. 어두운 것이 잠자기에 좋다. 침실이 어두운 것을 확인한다. 필요한 경우 작은 야간등은 허용한다.

6. 조용한 시간. 일단 아동이 잠자리에 들면 소리는 적게 한다. 대화는 큰 소리로 하지 않도록 한다. 집이 작거나 아파트의 경우 음악을 듣거나 텔레비전을 볼 때 헤드폰을 사용한다.

7. 낮잠 금지. 더 자란 아동의 경우 낮잠은 피한다. 낮잠은 정상적인 수면과 각성의 패턴을 교란할 수 있다.

8. 운동. 낮 동안의 신체 활동은 밤에 좋은 수면을 촉진한다. 격렬한 운동은 아침이나 늦은 오후에 해야 한다. 편안한 수면을 위해 잠자리에 들기 전 이완 연습을 할 수도 있다.

9. 정서적이거나 자극적인 상황을 줄인다. 정서를 자극하게 되는 대화나 활동은 잠자기 전에 피하려고 노력한다. 또한 아동을 자극하거나 짜증이 나게 하는 경향이 있는 TV나 다른 매체는 피한다.

Module **5**

정서조절 기술 2
통 달

이 모듈은 주로 예방에 초점을 둔 조절전략, 즉 선행 사건 관리라는 점에서 이전 모듈과 유사하다. 모듈 4와 마찬가지로 이 모듈 또한 다양한 문헌에서 전략을 빌렸는데 주로 리네한(Linehan, 1993)의 경계성 성격장애 상담에서 주로 차용하였다. 요약하면, 모듈 5의 목표는 내담자가 그들이 잘 하는 것을 하도록 돕는 것이다.

이 모듈을 사용하는 시기

이 모듈은 내담자가 ① 잘하는 활동이 충분하지 않거나, ② 자기효능감 향상을 위해 자신이 잘 할 수 있는 활동에 충분한 시간을 할애하지 않는다고 상담자가 생각할 때 사용하도록 고안되었다.

한 예로, 주된 활동이 비디오게임인 한 내담자를 생각해 보자. 이 내담자는 비디오게임은 잘 하겠지만 다른 활동을 하지 않기에 오락을 하지 않을 때 지루하고 침울함을 느끼게 될 수 있다. 또한 비디오게임에 시간을 소모함으로써 내담자가 통달을 경험할 수 있는 다양한 활동을 할 수 있는 시간이 별로 없게 된다.

목 표

이 모듈의 목표는 어떤 활동을 하여 통달을 하고 유지하는 방법에 대해 교육하고 연습하는 것이다.

절 차

단계 1: 정서조절 - 소개

모듈 4의 단계 1을 내담자가 아직 하지 않았다면 정서조절을 사용하기 위한 소개로서 단계 1의 자료를 사용할 수 있다. 만일 이미 다루었다면 이 자료를 내담자가 다시 보는 것이 내담자에게 도움이 되지 않으면 반복할 필요는 없다.

단계 2: 통달 - 잘 하는 것을 하기

개 요

이 개입의 논리를 흠잡을 사람은 적을 것이다. 대다수의 사람은 자신이 잘 하는 것을 함으로써 정신건강상의 이득을 얻는다. 이와 유사한 근거를 가지고 있는 우울증 치료에서 발견되는 두 개의 개입법이 있는데 이 두 가지는 '활동 선택'과 '기술 축적'이다(예: Chorpita & Weisz, 2009). **활동 선택** 개입은 기분을 나아지게 하는 활동을 찾기 위해 내담자와 함께 상담자가 작업하도록 하고 이 활동을 많이 하도록 하는 것이다. **기술 축적** 개입에서는 내담자가 축적하기 원하는 기술을 개발하기 위하여 상담자는 내담자와 작업하고 목록을 만들어 기술 축적에 필요한 조치를 하도록 한다. 이 모듈은 이러한 개입법에서 차용해 왔지만 여기서 초점은 기술을 통달하는 데서 오는 정서조절 이득을 강조한다는 점에서 다르다.

교육

무엇인가 잘한다는 것은 감정을 다루기 쉽게 한다

통달은 두 가지 과정을 통해 정서조절을 증진한다. 첫 번째는 예방하는 이점이 있다는 것이다. 잘 하는 일을 하는 것은 기분을 더 좋게 하고 기분이 좋아지면 부정적인 감정을 촉발시키는 요인을 더 잘 다룰 수 있게 된다. 두 번째는 치료되는 이점이 있다는 것이다. 원하지 않거나 불쾌한 사건의 결과로서 기분이 아주 가라앉아 있을 때라도 잘 하는 일을 하는 것은 기분을 향상시킬 수 있다. 상담자는 이 두 가지 교육 요지를 내담자와 보호자에게 강조할 수 있는데 가족의 일상생활에서 혹은 상담자 자신의 경험에서 예를 들 수도 있다.

연습: 활동과 게임

이 모듈을 위한 게임은 없다. 대신 상담자는 내담자가 활동을 찾고 이후에 그 활동으로 통달을 축적하기 시작할 수 있는 계획을 세우도록 도울 수 있다. 기본 순서는 ① 활동을 선택하기, ② 활동 연습 일정을 짜기, ③ 활동의 영향 관찰하기다.

활동을 선택하기

내담자를 기술 통달의 길로 안내하는 첫 단계는 몇 가지 가능한 활동을 제시하는 것이다.

활동 생각해 내기: 기초. 많은 내담자는 자신이 잘 하는 활동을 찾는 데 어려움이 없다. 하지만 어려움이 있는 내담자에게는 다양한 활동 목록을 만드는 것이 좋은 연습이 될 것이다. 그러한 브레인스토밍 연습은 또한 '어떤 것도 더 이상 재미가 없어.'라는 생각에 갇힌 내담자에게 도움이 될 수 있다. 일부 상담자는 내담자에게

제안하는 것을 주저하겠지만 상담자가 내담자의 관심사를 주의 깊게 경청하는 한 제안하는 것은 매우 도움이 된다. 상담자는 내담자가 좋아할 것 같은 활동뿐만 아니라 내담자가 예전에 좋아한다고 말했던 활동도 제안할 수 있다. 현명한 상담자는 내담자가 해야 할 일에 대해 말하지 않는다. 대신 마치 연구 가설을 제안하듯이 호기심 있고 과학적인 태도로 제안한다. 대체로 제안한 내용에 대해서는 개인 감정을 숨기는 것이 가장 좋다. 더욱이 상담자에게 명백하게 유치한 아이디어도 제안해 볼 것을 권장한다. 가장 좋은 아이디어에 국한하지 말고 어떤 활동이라도 제안하는 브레인스토밍 모델을 제시하여 내담자가 스스로의 생각을 제안하도록 격려할 수 있다. 하지만 어떤 내담자들은 상담자의 아이디어가 필요하다.

초기 목표는 다음 기준 모두를 충족하는 두 (개 이상의) 활동이 있는 목록을 작성하는 것이다.

1. 내담자가 즐겨 하는 활동이 있다.
2. 내담자는 활동에 참여하는 것을 허락받았다.
3. 활동이 **최소한** 다음 기준 중 **하나**를 충족한다.
   • 내담자가 이미 그 활동을 잘하며 그 활동을 향상시킬 수 있다.
   • 내담자가 그 활동에서 능력을 향상시킬 의지가 있는 것으로 보인다.
4. 활동이 다음의 두 기준 **모두**를 충족한다.
   • 활동이 개인의 기술 수준에 관계없이 재미있다.
   • 활동은 재미있고 계속 할수록 더 재미가 있다.
5. 활동은 건전한 것이다. 비디오게임이 내담자가 만드는 목록에 다수 포함될 것으로 보이지만 비디오게임 사용(또는 TV 시청이나 훨씬 무자비하고 잠재적으로 위험한 활동)은 권장하지 않는다.

활동 생각해 내기: 문제해결.   어떤 내담자들은 어떤 활동이 재미있을 것이라고 인정하지 않을 수도 있고, 잘 하는 것이 없다고 우기기도 할 수 있다. 때에 따라서

는 몇 가지 활동 목록을 주는 것이 전부인 경우도 있다. 만약 그렇지 않다면 몇 가지 선택할 수 있는 방법이 있다.

첫째, 상담자는 다른 모듈을 할 수도 있다. 때때로 내담자에게 할 개입으로 가장 좋다고 생각되는 방안이 제대로 먹히지 않는 경우가 있는데 그 이유는 개입이 좋지 않아서가 아니라 시기가 좋지 않았거나 개입이 내담자에게 맞지 않았기 때문이다. 상담자가 플랜 B를 하기로 했다면 그 사례에 적합한 핵심 표적을 다루고 있는 다른 개입을 선택해야 한다. 예상하는 바와 같이 여기서 추천하는 것은 기능 평가를 바탕으로 한다(4장 참조).

하지만 내담자의 저항에도 불구하고 상담자는 이 모듈을 계속하기 원할 수도 있다. 만일 상담자가 내담자로 하여금 내담자가 잘 하는 일을 하도록 하는 것이 효과가 있다거나, 상담자가 생각하기에 내담자가 브레인스토밍에 관심이 있으면서 단지 저항하는 척할 때는 이 모듈을 계속하는 것이 좋은 방안이 될 수 있다. 추천하는 이러한 상담자 태도는 어떤 특정 활동이 도움이 될 것이라고 가정하지는 않는다. 이보다는 활동의 영향이 어떨지 호기심을 갖는 모델이 되어야 하는 것이다. 다음 사례는 내담자의 저항을 피할 수 있는 방법을 제시하는데 내담자는 7개월간 매우 우울해 있는 14세 스티브다.

> 스티브: 목록의 어떤 것도 재미없어 보여요. 어쨌든 저는 이런 것들을 잘 못해요.
>
> 상담자: 좋아. 이해해. 내가 좋아하는 음식인 샌드위치도 가끔은 끔찍한 소리로 들릴 수 있어. 같이 실험을 해 보자. 내가 세운 가설이 하나 있어. 가설이 무슨 말인지 기억나니?
>
> 스티브: 흠. 추측?
>
> 상담자: 그래, 추측보다는 고급 어휘야. 자, 나는 추측하고 있는 게 있어. 네가 알다시피 나는 다른 아이들과도 상담하는데 이것처럼 목록에서 고른단다. 그러면 아이들은 이 작업을 여러 번 하지. 뭔지 알겠니? 활동이 어떤 아동들에게는 도움이 되지. 모든 아이에게는 아니고…… 몇몇 아이들에게만.

내 가설은 이게 네게 도움이 될 거라는 것이야. 하지만 그것이 네게 도움이 되는지 알 수 있는 유일한 방법은 시험해 보는 거란다. 그게 도움이 될지 어떻게 알까?

스티브: 뭐, 그건 도움이 되지 않을 거예요.

상담자: 내가 다른 아이와 상담하고 있고 이게 그 아이에게 도움이 되는지 알아내려고 노력하고 있다고 해 보자. 도움이 되는지 어떻게 알 수 있을까?

스티브: 그 아이에게 물어봐야 해요.

상담자: 맞아. 예를 들면 점수를 매길 수도 있어. 가설이 맞는지 실험을 해 볼 수도 있고. 내 생각에 이 가설이 네게 맞는지 테스트해야 할 거 같은데. 그 목록을 다시 검토하고 싶구나. 그리고 이번에는 재미있었던 활동에 플러스 부호로 표시해 보자. 이렇게. (시범을 보인다.)

(상담자와 내담자는 시트를 작성하면서 몇 가지 활동에만 표시한다.)

상담자: 멋지네! 자, 그럼 목록을 다시 한 번 보도록 하자. 이번에는 어떻게 하는지 이미 알고 있는 것에 별표를 해 보자. 이렇게. (시범을 보인다.)

(상담자와 내담자는 시트를 작성하고 몇 개 활동에 표시한다.)

상담자: 좋아. 이거는 실험의 일부야. 별표나 플러스 기호가 있는 활동 가운데 한 가지를 뽑아야 해. 세 개만 뽑자. 하기 쉽게.

스티브: 어떤 것도 도움이 되지 않아요.

상담자: 스티브에게도 뭔가 가설이 있는 거 같네. 두 개 다 모두 점검하자. 가설을 점검하려면 어떤 걸 선택해야 할까?

마지막으로, 보호자를 종종 이 과정에 참여시키는 것이 중요하다. 일단 내담자가 이 활동을 할 준비가 되기만 하면 보호자는 지지를 하는 데뿐만 아니라 목록에 넣을 활동을 만드는 데도 도움을 줄 수 있다.

활동 연습 일정 짜기

일단 하고자 하는 활동을 선택하면 다음 단계는 실천 일정을 짜는 것이다.

초기부터 성공 경험을 할 수 있도록 한다. 일정을 짤 때 초기 목표는 내담자가 초기에 성공 경험을 할 수 있도록 하는 것이다. 이렇게 한다면 내담자는 활동 내용뿐만 아니라 활동의 질에 대해서도 만족감을 느낄 수 있다. 논리는 간단하다. 많은 사람이 행동의 변화를 목표로 한다면 마치 20점차로 지고 있는 미식 축구 팀인 양 계획을 짠다. 이렇게 되면 이들은 많은 점수를 서둘러서 따야 한다는 압박감을 느끼게 된다. 그래서 그들은 즉시 이 모든 점수를 한 방에 획득할 수 있는 방안을 모색하는데, 일반적으로 과도하게 원대한 목표를 세운다. 그러한 계획은 만약 내담자가 매우 동기부여되어 있고 짜인 일정을 소화할 수 있는 인내심과 지지 세력이 있다면 성공할 수 있다. 그러나 대부분 몇 개라도 실천을 하지 못하게 되면 내담자는 좌절할 수 있다.

예를 들면, 드럼을 배우는 데 관심이 있는 내담자를 생각해 보자. 드럼 연습을 매일 밤 2시간씩 하는 것으로 일정을 짜고 싶은 유혹이 생길 수 있는데 이 일정대로 한다면 능력은 분명히 쌓일 것이다. 그리고 어떤 내담자들은 이 일정을 그런대로 따를 수 있다. 하지만 대부분의 내담자는 이 일정을 지킬 수 없기 때문에 이 계획은 실패한다. 그러고 나서는 ① "내가 할 수 없다고 말했잖아요." 또는 ② "계획은 효과가 없었어요. 왜 내가 당신 방안을 또 해 봐야 하는데요?"라고 말하고 싶은 충동이 생길 수 있다.

이보다 가장 좋은 조언은 보통 작은 것에서 시작해서 거기서부터 쌓아 가라는 것이다. 때로는 성공이란 계획된 활동을 하나씩 해 나가는 것을 의미한다. 하나씩 하는 것이 내담자나 내담자의 가족(또는 아마 상담자)에게 대수롭지 않게 보일 수도 있지만, 기저율(즉, 0)과 비교해 볼 때는 한 번에 하나씩 하는 것이 올바른 방향이다. 그리고 이 '하나'가 성공하기만 하면 내담자는 '두 번째 성공'으로, 그리고 그다음 성공 등으로 나아갈 수 있다. 내담자와 보호자들이 이러한 점진적 단계를 성공에 포함시키도록 성공에 대한 관점을 정교하게 하는 것은 그들이 추구하고 있는 더 큰 성공을 달성하도록 하는 데 중요하다.

무엇을, 누가, 언제 할 것인지 파악한다.   계획 세우기와 일정 짜기의 또 중요한 부분은 성공에 방해가 되는 장애물에 대해 생각해 보는 것이다. 이것을 달성하는 유용한 한 가지 방법은 통달 활동 연습에 대해 무엇을, 누가 그리고 언제 할 것인지에 대해 생각해 보는 것이다.

무엇을?   '연습'이라는 말이 정확히 의미하는 바는 무엇인가? 5분이면 되는가? 예를 들어, 지구력을 기르기 위해 농구를 하지 않더라도, 단거리 혹은 장거리 달리기를 하는 것은 농구 연습으로 볼 수 있는가? 조심스럽게 처방전을 쓰는 것처럼 '연습'이라는 말을 쓰는 것이 도움이 된다. "8.5인치 × 11인치 종이 위에 최소한 세 가지 다른 색으로 그림을 그려 보자." 그리고 상담자가 어떠한 오해나 잘못된 평가를 알아내는 데 도움을 주기 위해 그 연습을 가지고 역할놀이를 하는 것도 도움이 될 수 있다.

누가?   내담자가 도움 없이도 활동을 할 수 있는가? 아니면 운반을 위해 보호자가 필요하거나 스포츠에서 짝이나 상대가 필요하듯이 타인이 필요한가? 만약 타인이 필요하다면 목표는 내담자와 함께 그것을 충분히 생각하도록 돕는 것이 되는데 심지어는 어떻게 할지 내용을 구성하는 것을 돕는 일이 될 수도 있다. 예를 들면, 내담자는 상담하는 동안 그 일을 어떻게 달성할지 보호자와 계획을 짤 수도 있다. 아니면 상담자는 내담자와 함께 필요한 사람을 열거하는 작업을 할 수도 있는데 심지어 이들에게 전화나 이메일로 연락해 보도록 상담 시간을 할애할 수도 있다.

다음 상담 축어록에는 4장에서 소개한 채드의 예가 있다. 간단히 기억해 보자면 채드는 가정과 학교에서 중등도의 행동 문제(다른 아이 괴롭히기, 집에서의 반항, 짜증)로 부모가 의뢰한 9세 아동이다.

상담자: 우리가 지금 뭘 할 거 같은지 추측해 볼래?

채드: 음, 아마도 연습하는 거겠지요?

상담자: 그래, 너는 여기서 이전에 해 본 게 재미있었지? 그래서 우리가 전에 말했던 것처럼 수영 연습을 해 보려고 해. 어떠니?

채드: 음, 선생님은 제가 어떻게 수영하는지 보여 주는 것을 원하시나요?

상담자: (웃으며) 내가 유치하게 보일 수 있겠구나. 그래. 너는 선생님한테 수영을 어떻게 하는지 바로 보여 줄 수 있을 거야. 하지만 지금은 수영을 연습하기 위해 다른 단계가 무엇인지 생각해 보자. 그러면 첫 단계는?

채드: 음, 수영장에 들어가는 거?

상담자: 물론, 수영장에 들어갈 필요가 있을 거야. 하지만 선생님은 네 집에서부터 시작하는 것을 말하는 거야. 네 집에는 수영장이 없어. 그렇지 않니?

채드: 그러고 싶어요.

상담자: 좋아. 그러면 네가 첫 번째로 무엇을 해야 하지? 행동으로 나타내 보자. 선생님은 네가 될 수 있고, 너는 네 어머니가 될 수 있어. 우리는 네 집에 있어. 어떤 날이 연습에 좋을 것 같니?

채드: 음, 잘 모르겠어요.

상담자: 질문이 어려울 수 있겠구나. 엄마가 나중에 들어오시면 어머니께 여쭈어 보자. 하지만 수요일이 좋다고 말해 보자.

채드: 좋아요. 제가 어떻게 해야 하죠?

상담자: 그래서 선생님이 네가 되고 너는 네 어머니가 되는 거야. 어떻게 수영 연습을 할 수 있겠니? 뭘 처음에 해야 할까?

채드: 글쎄요. 그럼 선생님은 엄마에게 Y까지 태워 달라고 부탁해야 해요.

상담자: 그래, 그렇게 해 보자. 선생님은 너이고, 너는 네 엄마다. [채드처럼] 음, 엄마, 이제 Y에 수영 연습을 하러 갈 시간이에요.

채드: [엄마처럼] (재미있는 목소리를 사용하여) 알았어. 가자.

상담자: 지금까지 잘 하고 있어. 자, 까다로운 질문이야. 연습은 어느 정도가 충분한 시간이겠니?

채드: 모르겠어요.

상담자: 얼마가 채드에게 좋을까? 수영을 얼마나 할 수 있겠니?

채드: 2시간?

상담자: 와. 2시간은 대단하다. 연습을 많이 하네. 다른 것도 빨리 물어볼게. 너는 네 방을 청소해야 하니?

채드: 네. 저는 청소하는 걸 싫어해요.

상담자: 그래 나도 마찬가지야. 선생님이 선생님 방을 청소하는 것에 대해 안 한 가지 사실은 청소를 계속 해야 할 거 같은 느낌을 늘 느낀다는 거야. 그래서 그렇게 생각하지 않지. 그래서 내가 배운 것은 청소에 5분이나 10분 정도만 시간을 할당하는 거야. 그러고 나서는 청소를 멈추고 어떤지 보지. 우리가 말하는 것처럼 연습도 때로는 그와 같단다. 그래서 2시간 연습하는 것은 훌륭하지만 더 적어도 좋다는 거야. 그렇게 하는 게 쉬울 수도 있고. 어떻게 생각하니?

채드: 예. 그럼 한 시간?

상담자: 한 시간이면 좋네. 선생님은 처음에 더 적은 시간을 제안할 수도 있어. 15분이나 30분. 너는 그보다 늘 많이 할 수도 있지만 15분이나 30분만 하더라도 너는 '해냈어.'라고 생각할 수도 있단다. 그래서 때로는 10분만 하는 아이도 훌륭하다고 생각하는데 내가 내 방을 10분간 청소하고 '음 그렇게 힘들지 않네. 반 정도 했어. 빨리 끝낼 수 있겠네.'라고 생각하는 것과 같단다. 목표를 작게 잡으면 더 큰 목표를 이룰 수 있어. 이렇게 해 보자.

채드: 좋아요. 15분 정도요.

상담자: 좋은 출발점이야.

언제?   활동을 할 **시기**를 파악하는 것은 활동이 무엇인지를 명확하게 하는 것 만큼 중요하다. 종종 보호자는 좋은 시간이 언제인지 결정하고 내담자를 상기시키 는 데 도움이 될 수 있다. 이전에 언급하였듯이 상담자는 특정한 일시를 포함해 연 습의 대상과 시기를 명시하기 위해 처방전 패드를 사용하는 척할 수 있다.

활동의 영향을 관찰하기
평가는 내담자와 상담자로 하여금 그 활동이 내담자가 능력을 개선하도록 돕고 내담자의 기분을 좋아지게 하고 있는지 여부를 알도록 해 준다.

평가 종류.   이 모듈에서 도움이 될 수 있는 평가의 두 가지 종류, 즉 평가 범주 가 있다.

- **기분**. 목표는 활동이 기분에 영향을 미쳤는지를 알아보는 것으로, 어떤 평가 는 유용하다. 선택하는 실제적인 척도에는 어떤 마법도 없다. 많은 상담자는 전통적으로 0~10점 척도를 선택하는데 10점은 '매우 행복함'이고 0점은 '매 우 우울함'이다. 더 작은 점수 범위는 더 어린 내담자에게 유용할 수 있다. 그 리고 적어도 내담자 자신에게 숫자를 사용할 필요는 없다. 어떤 상담자들은 척도로 다양한 얼굴을 사용하기도 하고 또 색깔을 사용하기도 한다. 이처럼 숫자 외의 척도는 숫자로 변환시킬 수 있으며 이렇게 하는 것이 종종 유용한 데 이는 내담자의 진전도나 미비함을 보여 주기 위해 점수를 그래프로 나타낼 수 있기 때문이다.
- **통달**. 두 번째로 중요하게 평가해야 할 항목은 통달이다. 여기서 목표는 내담 자가 얼마나 '잘' 그 활동을 하는가를 측정하는 것이다. 다시 말지만, 평정 은 전통적인 0~10점 척도로 측정할 수도 있고 그림이나 색깔로 측정할 수도

있다. 물론 상담에서 희망하는 것은 척도가 시간이 지나면서 차츰 좋아지고 있다는 것을 나타내 주는 것이다.

- **기타 척도**. 물론 이 활동을 하는 동안 사용할 수 있는 다른 평가법들이 있다. 어떤 상담자들은 '재미있다.' '사람들이 나를 좋게 보고 있다.' 그리고 '다시 그것을 하고 싶다.'를 평정하는 것을 예로 사용하고 있다. 상담자들은 내담자의 강점과 요구에 맞춰 평가 과정을 변경하는 것이 좋다.

평가 시기. '사전'과 '사후'(그리고 가끔 '중간') 평가를 실시하는 것은 개입이 바람직한 효과를 내고 있는지 여부를 알기 위한 한 방편이다. 정기적으로 최소한 사전/사후 평가를 할 것을 권한다. 일부 내담자는 평가하는 것을 거부하거나 상담자가 생각하기에 타당하지 않은 평가를 할 수도 있다. 그런 경우 보호자를 모니터링 과정에 개입시킬 수 있다.

평가 결과 좋아지지 않았다면? 만약 평가 결과 좋아지지 않았다면 상담자는 그 이유를 평가해야 한다. 실제로 그 활동이 내담자가 더 나아졌다고 느끼게 하지 못할 수도 있고 내담자가 실제로는 더 나아졌지만 불안정하거나 몇 번 반복된 뒤에야 비로소 나아졌다고 느낄 수도 있다. 또 내담자는 상담자(또는 보호자)가 그 활동이 영향이 있다는 것을 아는 걸 원하지 않을 수 있다. 경험주의적인 협업 접근은 개입이 기대하는 결과를 내지 못했는지 탐색하는 데 아주 유용할 수 있다. "무엇이 효과 있는지 알아보기 위한 실험을 해 보자. 이해를 더 잘 하기 위해 이것을 몇 번 해야 할 수도 있어. 우리가 시도하는 것 가운데 몇 가지 아이디어는 효과가 없을 수도 있어. 모든 사람은 약간씩 다르거든. 하지만 이유를 알 때까지 계속 시도할 거야."

상담자들은 상담 과정을 변화시키기 위한 하나의 토대로서 이런 평가 방법을 사용하도록 한다. 선택한 활동이 여기 목적에 가장 부합하는 것이 아닐 수도 있다. 그렇지 않으면 내담자가 통달을 경험하도록 돕는 것이 내담자에게는 무시할 수 있는 미미한 이익일 수도 있다. 평가를 하지 않고서는 개입의 효과에 대해서는 추측만 할 뿐이다. 평가를 통해 상담자는 상담 과정을 조정하거나 변화시킬 데이터를 사용할 수 있는 것이다.

Module 6

정서조절 기술 3
표현 기술

이 기술은 '그 순간에' 정서조절을 하는 것을 강화하기 위해 고안된 세 가지 정서조절 모듈 중 첫 번째다. 이는 내담자가 힘든 상황에 최대한 적응하기 위해 그 상황에서 자신의 감정을 표현하도록 돕는 방법에 초점을 맞추고 있다(선행 사건 관리전략에 대해서는 모듈 4와 모듈 5를 참조).

이 모듈을 사용하는 시기

이 모듈은 내담자 문제가 특히 **정서 표현과 관련된** 정서조절 기술이 부족할 때 사용하도록 고안되었다. 내담자는 자신의 감정을 표현하지 못할 수 있는데, 한다고 해도 큰 소리로 하지는 못한다. 또는 내담자는 자신의 감정을 표현하기는 하지만 역작용을 일으킬 수도 있다(예를 들어, 너무도 자주 감정을 표현해서 다른 사람들이 계속 표현되는 감정에 대해 지겨움을 느낀다). 양극단의 사례를 이 모듈에서 다루고 있다.

목 표

이 모듈의 목표는 정서 경험을 표현하는 방법을 교육하고 연습시키는 것인데 기대하는 결과는 ① '나아지게' 될 것이라는 것(즉, 더 쉬워지고, 더 다루기 수월해질 것이라는 것), 그리고 ② 감정이 일단 표현되면, 강도가 약해지고/거나 골치 아픈 게 덜해질 것이라는 것이다. 이 모듈에서 설명하고 있는 전략은 어떤 특정한 감정군에만 초점을 맞추고 있는 것이 아니다. 대신 그것은 모든 감정은 아니더라도 대다수의 감정에 적용되도록 고안되었다.

이 모듈은 정서 표현 기술을 교육하기 위한 서로 다른 두 가지 전략 세트에 초점을 맞추고 있다. 첫 번째 초점은 정서 표현의 양(그리고 어느 정도까지는 질)을 증가시키는 것이다. 두 번째 초점은 내담자의 정서 표현을 최적화하도록 돕는 것(예: 질을 개선하는 것 등)에 맞춰져 있다. 즉, 첫 번째 초점은 정서 표현 기술이 부족한 내담자들을 위한 것이며, 두 번째는 정서를 표현하긴 하지만 종종 문제를 일으키는 내담자를 위한 것이다. 상담자는 사례개념화에서 하는 바와 같이 이 둘 가운데 하나 또는 둘 모두에 초점을 맞출 수 있다.

절 차

단계 1: 정서조절 – 소개

만약 모듈 4의 단계 1을 내담자가 먼저 하지 않았다면 상담자는 이를 정서조절을 활용하는 도입부로 사용할 수 있다. 상담자가 모듈 4의 단계 1을 이미 다루었다면 다시 검토하는 것이 내담자에게 이득이 되지 않을 때는 반복할 필요 없다.

단계 2: 자기 자신을 표현하기

개 요

정서를 표현하는 것은 중요한 정서조절 전략인데 가치가 **저평가되어 있고 진부하다고** 치부되기 십상이다. "그것에 대해 어떻게 느꼈는지를 말해 주세요······."라는 것이 아마도 전형적인 상담자의 대사일 것이다. 정서를 표현(그리고 통제)하는 방법을 배우는 것은 중요한 발달 과업이나 상담자가 모든 연령대의 내담자로 하여금 자신의 감정을 표현하도록 격려해야 하는 이유와 과업에 대해서는 많은 오해가 있다.

교 육

감정을 표현하는 것은 그 감정을 다루기 쉽게 한다

감정이 여러분에게 무엇이 중요한지 말해 준다.　2장에서 논의된 바와 같이 감정은 (이상적으로 보면) 어떤 사건이 어떤 사람에게 '중요하다'는 것을 '알려 주는' 한에 있어서 일상생활에 도움이 된다. 예를 들어, 샘과 엘리가 친한 친구라고 가정해 보자. 샘과 엘리가 샘의 집에서 놀다가 엘리가 집으로 가면 샘은 슬픔을 느낄 수 있다. 이 슬픔은 샘에게 엘리가 얼마나 중요한지를 말해 주는 것이다. 만약 샘이 같은 상황에서 안도감을 느낀다면 이 안도감은 엘리와 그의 관계에 대해 다른 의미인 것이다.

많은 내담자에게는 자신의 감정이 깊게 자리한 문제를 나타내는 것이 아니라 무엇이 중요한 것인지 일깨워 주는 신체의 방식이라는 말을 듣는 것이 더 안심이 될 수 있다. 문제를 일으키는 감정이 있다는 것은 불편하게 하거나 짜증나게 할 수도 있고, 심지어 '미쳤다'는 신호로 보일 수도 있다. 이러한 메시지를 대체하기 위해 상담자는 내담자에게 감정은 정당한 것이라는 점을 확신시켜 줄 수 있는 것이다.

사실 감정은 우리 편이다. 감정은 사람들에게 무엇이 자신에게 중요한지, 자신이 무엇을 가치 있게 여기는지를 가르쳐 주는 것이다. 그래서 감정에 귀를 기울이는 것은 중요하다.

중요하기 때문에 중요한 것에 대해 깊이 생각한다.   모든 감정이 동등하게 창조되지는 않았다. 감정을 걷잡을 수 없게, 무차별하게 서로 나누는 것은 문제가 될 수 있다. 많은 상담자는 과다하게 감정을 나눔으로써 다른 사람에게 상처를 입히거나(자기표현이라는 이름으로 건설적인 피드백이 못되는 피드백을 주는 것 등), 감정을 계속해서 과장되게 드러내는 경향으로 인해 다른 사람을 밀어내거나 다른 사람이 그들 자신의 감정을 나누는 것을 어렵게 하는 내담자들을 보아 왔다. 감정을 표현하기 전에 무엇이 진정으로 중요한지 깊이 생각해 보는 것이 도움이 된다. 내담자와 함께 이야기하고 생각해 봐야 할 몇 가지 사항이 있다.

누가(혹은 무엇이) 그 감정의 정당한 '대상'인가?   여기서 상담자는 감정을 느끼는 대상을 내담자가 식별하도록 돕는다. 다시 말해서, 내담자가 어떤 사람(들)에 '대해' (또는 '향해') 슬픈 감정을 느꼈는가? 그 대상이 내담자 자신일 수도 있다는 것을 기억하는 것이 중요하다. 또한 진짜 대상이 부인되거나 은폐될 수도 있다는 사실을 염두에 두는 것이 중요하다. 여기에 내가 경험한 사례가 하나 있다. 그렇게 막히지 않는 도로에서 운전하는 동안 나는 불만을 느끼기 시작한다. 차량이 너무 느리게 가서 지체되기 때문에 이 불만의 대상이 앞에 있는 차량이라고 생각할 수도 있다. 하지만 생각해 보면 내가 집에서 너무 늦게 나왔기에 내 자신에게도 불만이 있다고 생각할 수도 있다. 이 사례처럼 한 감정에 하나 이상의 대상이 있을 수 있다.

무엇이 그 감정의 정당한 '이유'인가?   여기서 상담자와 내담자는 "왜 나는 이렇게 화가 났지?"와 같이 '왜?'라는 거대한 질문과 씨름한다. 다시 말하지만, 종종 여러 가지 이유가 있지만 모든 이유가 다 받아들이기 쉬운 것은 아니다. 많은 경우 이유를 찾는 이유는 거기에 누군가 잘못이 있다는 것이다. 모듈 2에 언급되었듯이 감정의 내부 원인에 대한 이해보다는 '외부' 원인에 대한 이해가 앞선다. 더 나아가 **받아들일 수 있는** 이유를 그 상황에 대한 관점이나 가족 문화 또는 그 사람이 자란 문화에 돌리는 것이 더 쉽다. 여기에 자부심, 문화 또는 자부심과 문화 모두가 가리고 있을 수 있는 다른 이유를 대는 데는 용기와 숙고가 필요하다.

또 다른 개인적인 사례를 들자면, 내가 과제에 대해서 여러 차례 언급했고 아이들은 그렇게 해야 한다는 것을 알고 있기 때문에 아이들이 과제를 제때 마치지 못했을 때 나는 종종 좌절감을 느낀다. 따라서 과제를 마치지 못한 것은 내가 좌절감을 느끼는 하나의 이유인데 이는 명백하고 인정하기 쉬운 것이다. 그러나 나는 또 다른 다양한 이유로 화가 날 수 있는데 여기에는 ① 과제를 마치지 않을 경우 다음 활동(이 활동은 내가 관심을 두고 있는 활동이다)이 지연될 수도 있고, ② 과제하는 것을 돕거나 지도할 때 다른 전략을 쓸 수 있었거나 썼어야 했고, ③ 과제를 마치지 못한 것이 때때로 내 자녀에 대한 '나쁜' 뭔가를 의미할 수도 있기 때문이다.

요약하자면, 감정이 일어나는 데는 많은 이유가 있다. 그러한 이유를 더 잘 이해할수록 감정을 더 잘 다룰 수 있을 것이다. 그리고 특정한 감정에 대해 더 당황스러워하는 이유를 아는 것은 특히 중요하다.

자신의 감정을 더 많이 자각한다는 폭넓은 견해와 그 감정을 경험하는 이유와 관련하여 상담자가 생각해 보기 원하는 몇 가지 다른 요점이 있다.

- **각 이유에는 이유별로 감정 궤적이 있다.** 감정이 일어난 이유에는 최초로 일어난 감정으로 어떤 감정이 일어날 수 있는가뿐만 아니라 그 감정을 얼마나 오래 경험하는가에 대해서도 어떤 의미가 있다.
- **사람들은 단지 상상이나 예측만으로도 어떤 대상에 대해 감정을 느낄 수 있다.** 감정은 생기지 않은(그리고 영원히 생기지 않을 수도 있는) 사건 때문에 발생할 수도 있다. 그래서 감정이 일어난 이유에 대해 탐색할 때는 단지 그날의 사

건에서뿐만 아니라 내담자의 생각과 예측도 철저히 조사해야 한다.

- **사람들은 자신이 통제하지 못하는 과거 사건과 연결되어 있는 감정을 느낄 수 있다.** 따라서 그 과거는 또한 감정이 일어난 이유를 탐색할 장소인 것이다.
- **감정이 일어난 어떤 이유는 사소하거나 중요하지 않게 보일 수도 있다.** 주의 깊게 그리고 솔직하게 생각해 보면 사람들은 우스워 보이는 상황에서 상처를 입거나 속상함을 느낄 수 있다. 그러한 상황에서 상담자가 할 일은 그 감정이 바보 같다는 내담자의 의견에 동의하지 않는 것이다. 대신 상담자는 그 감정이 인간이면 누구나 느낄 수 있고 정상적이라는 데 주목하고 부드럽게 넘어가 모든 감정에 따라 행동할 필요는 없다는 사실을 논의한다.
- **내담자가 제일 숨기는 이유가 가장 주된 이유일 수 있다.** 때때로 상담 성과는 감추어졌던 이유가 드러나 표현되고 평가될 때만이 관찰할 수 있다. 예를 들어, 잦은 분노가 일반적으로 다른 사람을 비난하는 것이었는데 이 분노가 갑자기 이면의 불안으로 나타난 내담자를 들어 보자. 이 불안은 내담자의 어머니가 내담자를 떠날 것이라는 두려움이었다. 분노에 숨겨진 감정은 버려짐에 대한 두려움으로 논의할 가치가 있다.

때때로 왜 그 감정일까 생각해 보는 것은 내담자가 대인 관계의 변화를 생각하게끔 한다(이는 다음 단계에 나타난 바와 같다). 다른 경우, 그 감정 이면을 검토해 봄으로써 내담자가 생각하는 방식을 변화시킬 수 있는데 이는 모듈 7과 모듈 8의 요점이다.

감정은 나누는 것이다

감정은 개인 내부의 사건이기도 하지만 사람과 사람 간의 사건이기도 하다. 심지어 기쁘지 않은 것까지도 감정을 나누는 것은 종종 관계를 위해 좋다. 그러나 언급한 바와 같이 모든 감정을 항상 나누는 것은 이롭지 않다. 대신 무엇을, 언제, 어떻게 나눌지 알아야 한다.

어떤 감정을 나눌 것인가? 많은 내담자에게 초기 목표는 수도꼭지를 여는 것, 즉 내담자가 어떤 감정이라도 나누도록 만드는 것이다. 일단 수도꼭지가 열리면 상담자는 실제와 가상의 상황을 사용하여 나눌 감정에 대해 충분히 생각하는 방법에 대해 모델을 제시하고 연습시킬 수 있다. 다음 사례는 상담 시간에 이것을 어떻게 효과적으로 할 수 있게 하는지에 대한 한 가지 방안을 제시하고 있다. 내담자는 12세의 메러디스로 사회불안과 중등도의 우울증이 있다.

상담자: 이렇게 해 보자. 너는 가장 친한 친구의 생일 파티에 있고 음식을 먹었는데 형편없어. 감정을 표현할 좋은 때지?

메러디스: 음, 아뇨. 그러니까 전 많이 먹지 않을 거고요, 그렇게 말하지 않아야 한다고 생각해요. 무례할 수 있어요.

상담자: 말이 되네. 그럼 진짜 음식이 좋았다면?

메러디스: 아, 그러면 반드시 뭔가 말을 해요.

상담자: 좋아. 좀 더 어렵게 해 보자. 학교에서 연극을 하려고 신청했고 친한 친구도 마찬가지였어. 그런데 혼자만 배역을 맡고 친구는 그러지 못했어. 어떻게 느끼겠니?

메러디스: 음, 행복하고요, 아마 자랑스럽기도 하고요. 하지만 친구 때문에 마음이 안 좋을 것 같아요.

상담자: 그래, 좋아. 그래서 뭐라고 표현하겠니?

메러디스: 글쎄요. 잘 모르겠어요. 아마 말하지 못할 것 같아요. 그 친구가 그것에 대해서 이야기하고 싶지 않을 거예요.

상담자: 그래. 그건 하나의 방법이야. 그 친구가 만약 "축하해."라고 말한다면?

메러디스: 그렇다면 "고마워."라고 말하고 "내가 운이 좋았어."라고 말할지 모르겠어요.

상담자: 그렇구나. 그럼 네 감정을 중요하게 보지 않는다는 거니?

메러디스: 그런 거 같아요. 행복하게 행동하는 건 그 친구의 감정을 상하게 할

거예요.

상담자: 훌륭해. 하나 더 해 보자. 여기서는 친구 샌디가 집의 규칙을 어겨서 문
제를 일으켰어. 그래서 외출 금지를 당했다고 해 보자.

메러디스: 안 좋네요.

상담자: 맞아. 그리고 샌디의 어머니가 휴대전화도 압수하고 컴퓨터 앞에 전혀
앉지 못하게 했어. 그래서 샌디는 어머니에게 이건 부당하고 자신이 이런
벌에 대해 화가 나 있다고 말했어. 이제 같은 날 시간이 좀 지나서도 샌디
는 그 일에 대해 여전히 화가 많이 나 있다고 해 보자. 샌디가 그 감정을 다
시 어머니와 나누어야 한다고 생각하니?

메러디스: 음, 아마 아닐 것 같아요.

상담자: 왜 아니지?

메러디스: 모르겠어요. 그냥 안 좋은 생각 같아요.

상담자: 왜지? 왜 안 좋은 생각이라고 생각했니? 샌디는 몹시 화가 난 게 맞지?
또 감정을 사람들에게 이야기하는 게 가끔 좋은 게 맞지?

메러디스: 그런 거 같아요……. 하지만 도움이 될 것 같진 않아요.

상담자: 무슨 일이 벌어질까?

메러디스: 어머니가 친구에게 화를 내실 거 같아요.

상담자: 맞아. 좋은 지적이야. 샌디의 감정은 어떨까?

메러디스: 다시 감정을 표현하면요? 모르겠어요.

상담자: 잘 생각해 보자. 친구가 어머니에게 여전히 화가 나 있다고 말하고 어머
니가 친구에게 살짝 열이 받았다고 해 보자. 그러면 샌디가 어떻게 느낄까?

메러디스: 더 안 좋아질 것 같아요. 아마 서로 소리칠 것 같아요.

언제 감정을 나눌 것인가?   나이가 어린 대부분의 아동은 자신이 원할 때 말을
하는데, 이렇게 원할 때는 종종 다른 사람을 불편하게 한다. 나이가 들면서 다른 사
람들은 나름의 감정을 가지고 있으며, 자신의 기분과 상황에 따라 각기 다르게 반

응할 것이라는 새로운 관점을 가지게 된다. 아동은 어머니가 운전할 때는 어머니가 자신이 하는 말을 잘 들어주지만 아버지가 운전할 때는 아버지를 짜증나게 한다는 것을 알 수 있게 된다. 내담자가 이런 지식에 어느 정도까지 이해하고 있는지 알기 위해서는 다음과 같은 질문이 도움이 될 수 있다.

---

1. 언제가 어머니/아버지/보호자에게 용돈을 달라고 말하기 가장 좋은/최악의 때인가?
2. 언제가 어머니/아버지/보호자에게 일을 저질렀다고 말하기 가장 좋은/최악의 때인가?
3. 언제가 어머니/아버지/보호자에게 시험에서 좋은 성적을 받았다는 등 좋은 소식을 말하기 가장 좋은/최악의 때인가?
4. 언제가 어머니/아버지/보호자에게 학교에서 새로운 친구가 생겼다고 말하기 가장 좋은/최악의 때인가?

어떻게 감정을 나눌 것인가?   이것은 단지 몸짓이나 어조만을 말하는 것이 아니라 매체도 말하는 것이다. 어떤 내담자들은 말로 감정을 표현하는 것이 가장 쉽지만 어떤 내담자들은 글로 적는 것을 더 편하게 느낀다. 또 어떤 내담자들은 그림을 그리거나 도구를 사용하는 것이 더 편하다. 하지만 선호하는 것이 같더라도 약간씩 차이가 존재한다. 예를 들어, 어떤 내담자들은 일대일로 직접 질문을 받을 때 감정에 대해 이야기하는 경향이 있다. 다른 내담자들은 게임을 하거나 공을 주고받는 것과 같이 어떤 활동에 참여할 때 감정을 더 나누려는 경향이 있다. 상담자들은 각 내담자에게 가장 잘 맞는 것이 어떤 것인지 확인하기 위해 감정을 나누는 여러 방식을 설명하고 연습해 보기 위해 상담 시간을 할애할 수 있다. 결국 목표는 내담자가 자신에게 중요한 사람과 감정을 나누는 방식을 찾도록 하는 것이다. 이렇게 하기 위해서, 내담자는 감정에 대해 말하는 방법을 배울 필요가 있는 것이다. 다양

한 방법으로 상담 중에 감정 표현을 연습하도록 권장하지만 상담자들은 내담자가 자신의 감정을 다른 사람에게 말하는 연습을 하도록 지도할 필요가 있다.

연습: 활동과 게임

감정에 대해 말하는 것이 좋은 것이라는 명백하고도 진부한 상담 계보는 많은 내담자에게 입에 발린 소리처럼 들릴 수 있다. 따라서 내담자가 이 말의 가치를 이해하도록 돕는 것은 어려울 수 있다. 또 다른 난관은 상담자들이 내담자가 말하는 것을 거의 모두 동등하게 이해하고 공감하며 지지하고 인정하도록 훈련받았다는 것이다. 여기에 드물기는 하지만 놀랍거나 상처가 되는 것도 그러한데 이처럼 많은 상담자는 모든 것을 듣는다. 어떤 면에서 상담자들은 인간으로서 듣는 데에 가장 '완벽하며' 그래서 나누기를 꺼리는 내담자에게 이익이 되게끔 경청을 사용한다. 하지만 분명한 것은 상담자가 내담자의 친구가 되고자 하는 것은 아니라는 것이다. 따라서 여기서 목표는 내담자가 감정을 나눌 수 있는 믿을 만한 다른 사람들을 찾도록 돕는 것이다. 두 가지 과제를 위해선 연습이 필요한 것이다.

좋은 소식은 내담자들이 감정을 표현하도록 돕는 데는 수많은 방법이 있다는 것이다. 여기에 연구에서 확증된 세 가지 특정 활동이 있는데 이 활동들은 연령대와 문제 영역에 따라 사용하는 데 융통성이 있다.

말한 것을 실천하기

다음 활동은 종종 몇 시간에 걸쳐 하게 된다. 다음 네 단계가 '누구' '무엇' '왜' '어떻게'라는 질문에 답하고 있다.

누구에게 말할 수 있는가? 이 단계는 내담자가 감정을 나누는 데 편안함을 느끼거나 그럴 용의가 있는 대상 목록을 작성하는 것처럼 간단할 수 있다. 그 목록은 위계적으로 구성될 수 있는데 감정을 표현하기 어렵지만 표현해 보면 도움이 될 대상뿐만 아니라(적어도 상담자의 판단으로), 감정을 표현하기 쉬운 대상도 포함된다.

예를 들면, 내담자가 처음에는 부모를 목록에 넣지 않을 수도 있다. 반면, 상담자는 부모를 목록에 넣고 싶을 수도 있는데 이는 상담자가 보기에 부모가 아주 심하게 학대하는 사람은 아니어서 내담자의 말을 들어줄 수 있는 사람이라고 보기 때문이다. 상담자는 지금 당장은 내담자가 상담자의 생각을 받아들이지 않을 수도 있지만 시간이 가면서 마음이 바뀌는 내담자를 많이 봐 왔다는 사실을 알려 줄 수도 있다. 따라서 상담자는 부모와 이야기하는 것을 하나의 가능성으로 둘 수 있는데 이는 경험적인 검증이 필요하다.

그래서 어떻게 이 목록을 만들 것인가? 늘 그렇듯이 상담자가 해야 할 일은 해답이 아닌 어떤 아이디어를 주는 것이다. 감정을 나눌 잠재적인 후보 목록에는 어떠한 '필수 조항'도 담겨 있지 않다. 각 대안은 질문이지 명령이 아니다. 상담자는 "나는 X와 이야기하면 어떻게 흘러갈지 궁금한데."라고 말할 수 있다. 상담자는 후보가 될 수 없을 것 같은 사람들을 후보로 제안하는 데 능숙한데 이런 사람들에는 친척, 교사, 코치, 종교 지도자 등이 있다. 바람직하게는 다음 기준을 모두 충족시키는 사람을 목록으로 만드는 것이 목표다.

1. 쉽게 접근 가능할 것
2. 지지해 줄 가능성이 높을 것
3. 이따금씩 상담자와 이야기를 나눌 수 있을 것
4. 긍정적인 모델링의 가능성이 높을 것(훌륭한 충고를 해 주고 내담자의 성장과 적응적 선택을 지지해 줄 것)

무엇을 말할 것인가? 다음 단계는 목록에 있는 사람들과 이야기할 감정 주제 목록을 만드는 것이다. 이 과정은 불안을 노출 치료할 때 공포 위계를 만드는 것과 유사할 수 있다. 상담자와 내담자는 협력하여 감정을 유발하는 주제 목록을 만든다. 이 목록을 가지고 상담자는 일종의 위계를 정하는데 목록에 있는 사람들과 감정에 대해 이야기할 때 어느 정도 어려운지 평정하고, 그 평가가 주제와 사람에 따라 다를 수 있음을 염두에 둔다. 주제의 예로는 내담자가 학업에 대해 느끼는 감정부터 다른 급우나 가족 구성원에 대해 느끼는 감정까지 다양한데 특정 감정 자체는 모든 주제에 걸쳐 나타난다.

왜 말하는 것이 중요한가?   세 번째 단계는 내담자에게 왜 자신의 감정을 말하는 것이 유용한지 상기시키는 것이다. 구체적으로 상담자는 정서적 지지 그리고/또는 도구적 지지에 대해 느끼는 감정에 대해 논의하고 싶을 것이다. 여기서 각 지지별로 간단히 논의할 것인데 두 지지는 뚜렷한 차이가 있다.

 정서적 지지.   사람들은 때로 자신의 감정, 가령 "그래 맞아." "더러운 것들." 또는 "좋은 소식이네!"와 같은 감정이 맞다는 말을 듣는 것으로 충분한 경우가 많다. 상담자가 내담자에게(그리고 잠재적 목록상의 청자들에게) 때때로 감정 표현은 그야말로 감정 표현일 뿐이라는 사실을 명확하게 하는 것이 도움이 된다. 즉, 그것은 그 순간의 감정 표현일 뿐이지 어떤 중대한 행동을 일으키지는 않는다는 것이다. 내담자들은 다른 어떤 일이 일어나지 않고 그들의 감정을 이해받고 공감받을 수 있기를 바라는 것이 정상이라는 사실을 알아야 한다. 어떤 내담자들은 그들의 감정을 나눔으로 인해 왜 그런 감정을 표현했는지 설명해야 하고 그 감정으로 인한 문제를 해결해야 하지 않나 걱정할 수도 있다. 상담자들은 어떤 상황에서는 감정을 말하게 될 때 그로 인해 발생하는 일이라는 건 그래봐야 그 감정에 대해 듣는 것이라는 사실을 확신시킬 수 있다. 내담자가 "오늘 친구 제시카를 못 봐서 엄청 외로워요."라고 말하면 이 말을 들은 사람은 "외로운 것은 별로 유쾌한 일이 아니지. 빨리 제시카를 볼 수 있기 바라."라든가 "안타깝네."라고 반응할 수 있다.

 도구적 지지.   때때로 감정은 행동할 필요가 있는 중요한 문제를 식별하게 해 주는데 이는 마치 감정이 "이 문제는 어떤 해결책이 필요해!"라고 말하는 것 같다. 이것은 모든 발달단계, 심지어 성인기에도 그렇지만 특히 어린 아동들에게서 주목할 만하다. 그 이유는 아동은 대인 관계 상황에서 복잡한 감정의 세계를 헤쳐 나가도록 도와줄 누군가를 필요로 하기 때문이다. 이때 필요한 지지는 문제해결 조언부터 아동을 대신해서 실제 행동을 하는 것까지 다양하다.

어떻게 감정에 대해 말할 것인가

시간과 장소.　이 모듈의 앞부분에서 어떤 특정 주제를 어른에게 말하기 좋은 때와 그렇지 못한 때에 대해 내담자가 얼마나 감을 가지고 있는지 측정하는 맥락에서 적절한 시점의 문제를 논의하였다. 여기서 내담자와 논의할 기본 관념은 감정에 대해 말할 때 '자신의 지점을 고르는 것'이다. 이 단계를 잘 하는 상담자들은 자신들이 능통한 예를 가지고 있는데 이들은 어떤 상황을 기술한 후 "사람들에게 당신이 X를 느낀다는 것을 알게 할 좋은 시기인가요?"라고 질문하는 게임에서 이 예를 사용한다.

감정+이유=자기표현하기.　이것은 대다수의 상담자에게 친숙한 구조다. 감정 표현에는 감정에 이름을 붙이는 과정과 왜 그 감정을 느끼는지 설명하는 과정이 있다. 그 '이유'는 종종 복잡해서 상담자는 감정을 과도하게 처리하고자 하는 유혹을 느낀다. 하지만 초기에는 감정에 대해서 단 한 가지 이유만을 생성하는 것이 가장 좋을 수 있다. 시간이 지나고 경험이 쌓이게 되면서 상담자는 내담자가 '또 다른' 이유를 이해하고 인정하도록 할 수 있다. 하나의 단순한 예로서 내담자는 다음과 같이 말할 수 있다. "선생님이 나에게 소리쳤기 때문에 나는 화가 났어요." 더욱 미묘한 차이가 있는 표현은 다음과 같을 것이다. "선생님이 나에게 소리쳤을 때 나는 다른 애들 앞에서 당황했기 때문에 화가 났어요." 더욱 진전된 표현은 다음과 같을 것이다. "나는 다른 애들이 생각하는 것에 신경이 쓰이고 이제 선생님이 내가 잘못한 어떤 일로 나에게 소리쳤기 때문에 다른 애들이 나를 깔볼 것이 걱정되어서 화가 났어요." 처음에는 첫 번째 표현이 목표가 된다. 시간이 지남에 따라 상담자는 더욱 진전된 사례를 끌어내도록 작업할 수 있다.

선택사항: 감정+이유+요청=자기표현하기. 여기서 선택 단계는 요청을 추가하는 것으로 이는 특정한 감정 때문에 자신이 필요하다고 생각하는 것을 요청하는 것이다. 어떤 내담자에게 자신이 도구적 지지를 찾고 있는지 또는 정서적 지지를 찾고 있는지 이해할 수 있고 의사소통할 수 있는 것은 자신이 필요한 도움을 얻도록 도와준다.

다음 사례는 상담자가 내담자를 감정에 대해 말하는 '어떻게'의 단계로 데리고 가는 것을 보여 준다. 내담자는 브리트니로 4장에서 자세히 설명된 바 있는 14세 소녀다. 브리트니는 속상한 상황을 반추하는 경향이 있다.

> 상담자: 이제 우리는 연습을 해 볼 거야. 여느 때처럼 말이야. 이것은 네가 보통 해 왔던 것과 약간 다르다고 이미 말한 적이 있어. 그래서 내가 먼저 어려운 부분을 해 보는 건 어떨까? 네가 듣는 사람이 되고 나는 내가 가진 속상한 감정에 대해 네게 말해 볼게.
>
> 브리트니: 제가 뭘 하면 되죠?
>
> 상담자: 좋은 질문이야. 우리는 듣는 사람이 무엇을 해야 하는지 말하지 않았네. 경청은 정말 어려운 일이야. 왜 쉽지 않을까? 내가 이야기할 때 너는 듣기만 하고, 네가 들었던 것을 나에게 최선을 다해 할 수 있는 만큼 이야기해 주렴.
>
> 브리트니: 좋아요. 저는 제 친구 그렉의 말을 늘 잘 경청해요.
>
> 상담자: 자, 그럼 해 볼게. 나는 15세 소녀이고 중학교 2학년이야. 그리고 학교에서 좋지 않은 날이었고 침울하게 집에 왔어. 그렇게 "누구?" 단계가 될 거야.(실행이 가능한 청취자의 제스처 목록이 초기 세션 단계에서 만들어 졌다.) 그리고 내가 불쾌한 날, 무슨 일이 일어날까? 다음 단계에서……?

브리트니: 음. 아, 그 "왜?" 그럼 왜 나한테 말하려 하나요, 이게 맞나요?

상담자: 맞아. 잘했어! 좋아. 그리고 마지막에……?

브리트니: 그 "어떻게?" 이것은 정말 분명해요.

상담자: 그러면 나는 이것을 어떻게 해야 하지?

브리트니: 선생님은 단지 저에게 말만 하면 돼요. 선생님의 느낌, 그리고 왜 그렇게 느끼는지요.

상담자: 맞아. 정확했어. 그리고 한 가지 더 우리가 이것을 하기 전에, 우리가 항상 하는 건?

브리트니: 맞았는지 평가를 해요. 누가 평가를 하나요? 선생님인가요?

상담자: 그래. 나는 네게 내가 어떻게 느끼는지 이야기할 때 내가 어떻게 평가하는지 우리가 살펴볼 거야. 그래서 이렇게 해 보자. 나는 집으로 왔고 그때 내 기분은 10점 중 3점이야.

브리트니: 낮은 수치네요. 실망스러워요.

상담자: 좋아. 시작해 볼까?

상담자: (10대처럼) 어머니. 음. (긴 침묵)

브리트니: 너 오늘 과제 많지?

상담자: (10대처럼) 네, 맞아요. 하지만 음, 저는 학교에서 어떤 일로 인해서 현재 기분이 좋지 않아요.

브리트니: 너 오늘 해야 할 과제 많지 않니?

상담자: (10대처럼) 그래요, 그런데, 전…….

브리트니: 어서 말해 봐.

상담자: (웃으며) 브리트니야, 너무 웃기다. 선생님이 선생님 느낌을 말하는데 어려움이 있는 것 같구나. 한번 해 볼게.

[10대처럼] 음. 학교에서 엠마가 제 옷을 가지고 요조숙녀라고 놀려서 전 슬펐어요. (역할을 벗어나서) 와! 어렵다. 어땠니?

브리트니: 잘했어요.

상담자: 차근차근 봐 볼까? 누구와 무엇을. 내가 어떻게 했지?

브리트니: 좋아요. 선생님이 제게 이야기하기를 제 말은 선생님 엄마요. 선생님
은 저에게 엠마가 선생님이 옷 입은 것에 대해 놀렸다고 말했어요.

상담자: 맞아. 다음에 한 일이 뭐지?

브리트니: 음. 아, 맞아요. 왜였나? 선생님은 이것은 하지 않았어요.

상담자: 맞았어. 나는 엠마와 있던 일에 대해서 왜 말하려고 했을까?

브리트니: 여학생들이 놀렸나요? 분명히 어머니의 도움을 받지 않았어요. 좋지
않은 생각 같아요.

상담자: 좋아. 그럼 첫 번째 이유는 도움을 구하는 것이네. 또 다른 이유는 뭘까?

브리트니: 음, 아, 맞아요. 지지, 지지를 받기 위해서요. 네, 선생님이 원했던 것
일 수 있어요.

상담자: 마지막 단계는?

브리트니: '어떻게'요.

상담자: 그리고 내가 어떻게 했니?

브리트니: 선생님은 꽤 좋은 것을 얻었어요. 선생님은 저에게 선생님이 슬펐다
는 것과 왜 슬펐는지 말했어요.

상담자: 잘했어. 이제 브리트니 차례야.

받아 적기

말로 의사소통하는 것을 수줍어하는 내담자에게 종이에 생각을 적도록 하는 것
은 시도할 만한 전략이다. 글쓰기 개입은 신체건강 문제를 가진 사람들(예: HIV, 암,
관절염)에서 정신건강 문제를 가진 사람들(예: 우울, 외상)까지의 다양한 집단에서
수많은 연구를 통해 긍정적인 이점이 검증되었다. 다음의 권장사항들은 정서를 글
로 표현하는 것을 구조화하는 지침이 된다. 말이나 글 모두 의사소통하는 것이 어
려운 내담자도 있다. 이 활동 마지막에는 대안이 될 수 있는 전략 목록이 있다.

어디에 저장할지 결정하기.　나선철로 제본된 공책이나 작문 연습장은 종이에 쓰기를 선호하는 내담자들에게 좋은 도구다. 내담자들은 또한 컴퓨터나 다른 전자 기기에 쓰는 것을 선택할 수도 있는데, 전자 문서도 나쁘지 않다. 만약 이러한 전자 문서들을 이메일로 보낼 경우, 문서의 신상 정보가 누락될 수 있기 때문에 문서를 비밀번호로 저장해 둘 것을 강하게 권장한다. 또 다른 대안은 오디오나 비디오 녹화를 하는 것인데 이는 팟캐스팅이나 비디오캐스팅과 비슷하다. 글로 쓰는 개입 방법에 대한 연구에서 표현하는 방법에 따라 차이가 있다는 결과는 없으므로 내담자가 편하게 느끼는 방법을 사용하면 된다.

과제에 대한 안내하기.　상담자는 내담자의 진행 정도나 욕구를 맞추려면 다음에 나오는 기본 지침을 바꿔야 할 수도 있다(그리고 바꿔야 한다).

무엇을 쓰는가.　글쓰기 개입 개발자들은 그들의 작업에서 다양한 방법을 사용하고 있다. 다음에 나오는 것들이 표준 지침이다.

> "**여러분에게 중요한 사건 가운데 화가 났던 사건**에 대한 여러분의 느낌과 생각에 대해 쓰세요. 글을 쓸 때, 여러분은 되도록 솔직하게 그 사건에 대한 느낌과 생각을 쓰는 것이 중요합니다."

완전하지는 않지만 **굵은 서체**로 되어 있는 부분에 대한 변형 문구가 있다. 독자들은 다른 대안을 찾을 수도 있다.

> "**여러분의 인생에서 가장 화났던 경험**……."
> "**여러분의 인생에서 가장 외상이 되었던 경험**……."
> "**최근에 화났던 경험**……."
> "**중요한 경험 가운데 긍정적이고 행복했던 경험**……."

독자들은 마지막 변형 문구에서 차이를 볼 것이다. 비록 대부분의 글쓰기 개입은 내담자가 화났던 사건에 초점을 두지만, 어떤 연구에서는 긍정적인 사건을 사용한다. 연구 자료는 사건들의 감정가는 문제가 되지 않음을 시사하고 있다. 그럼에도 불구하고 일반적으로 많이들 내담자가 부정적인 사건에 대해 글을 쓰는 것이 더 유용하다는 사실을 발견하는데, 이는 내담자들이 그 사건에 대해 부적절하게 평가하고 반추하는 경향이 있기 때문이다. 그러나 긍정의 수호자처럼 보이는 이요르(Eeyore)나 레모니스니켓(Lemony Snicket)에 초점을 맞추는 내담자에게는 긍정적인 제시문이 도움이 되고 유익할 수 있다(예: 내담자는 긍정적인 사건에 대해 생각하거나 그렇게 할 의사가 있나요?).

다음에 나오는 '플러그인'들은 글쓰기 작업이 진행되면서 경험을 다양하게 하는 유용한 첨가물이 될 수도 있다.

- **플러그인 I: 감정 변화.** 이 플러그인은 자신의 나쁜 감정이 평생 지속될 것이라는 신념에 갇혀 있는 경향을 보이는 내담자에게 특히 유용하다. 표준 지침이 사용되고 있고, 이 제시문은 다음에 있다.

> "내용을 쓰고 난 뒤, 최소한 15분 정도 보지 않습니다. 15분 이후, 내용을 다시 읽습니다. 여러분이 지금 느끼는 것보다 더 강하게 표현한 부분에 동그라미를 치세요."

이 플러그인을 위해 상담자는 다음의 지침을 추가할 수 있다.

> "동그라미를 치거나 밑줄 그은 부분에 대해, 그 감정의 강도가 왜 덜해졌다고 생각하는지 씁니다."

이 두 번째 지침은 시간이 지날수록 강도가 덜해질 수 있다는 것을 내담자에게 더 명확하게 한다. 비록 상담자들이 그 사실을 내담자에게 직접 설명해 줄 수도 있지만, 내담자가 정서 '약화'를 직접 경험하는 것이 유용하다. 특히 감정적으로 반응하는 경향이 있는 내담자에게는 더욱 유용하다.

- **플러그인 2: 생각 범죄.** 이 플러그인은 감정이 생각에 강하게 영향을 주는 내담자에게 유용하다. 표준 지침은 이 제시문 아래에 있다.

> "내용을 쓰고 난 뒤, 최소한 15분 정도 보지 않습니다. 15분 이후 다시 읽습니다. 여러분이 썼던 것 가운데 과장한 것처럼 보이거나 부정적인 측면에만 초점을 맞춘 것에 동그라미하거나 밑줄을 긋습니다."

상담자는 또한 다음 지침을 추가할 수 있다.

> "동그라미를 치거나 밑줄을 그은 부분에 대해 하나는 여러분의 기분을 더 나쁘게 만드는 생각을 쓰고 다른 하나는 여러분의 기분을 더 좋게 만드는 생각을 씁니다."

이 제시문은 더 긍정적인 생각을 찾아내는 것이 힘든 내담자에게 유용하다. 다음에 나오는 것을 추가하여 더 많은 것을 유도할 수 있다.

> "어떤 상황에 대한 여러분의 생각이 여러분이 평온을 유지하고 잘 대처할 수 있게끔 도움을 준 것처럼 항목을 다시 작성합니다."

이 플러그인을 더 심화시키려면 두 가지 버전을 요청할 수 있다. 하나는 순수한 환상으로 마술이나 신화적 동물과 같이 어떤 것이라도 허용되는 것이고 좀 더 실제적인 것은 그 상황을 반복하는 것이다. 이 두 가지 형태는, 그 사이에 휴식이 있을 수도 있고 없을 수도 있지만, 연속해서 쓰도록 한다. '어떤 것이든 허용되는' 버전에서 주목할 점은 내담자의 창의성을 활용한다는 것이다. 또한 환상 버전은 때때로 그 주제에 대한 내담자의 소망이나 희망을 잠시 들여다볼 수 있게 도와준다.

• **플러그인 3: 대안 현실.** 이 플러그인은 자신이 경험하는 난관을 다룰 수 있는 방안을 찾는 데 어려움이 있거나 문제마다 같은 해결법을 적용하는 내담자에게 유용하다. 이 제시문은 처음 두 가지 플러그인과 조금은 다르다. 여기서는 내담자가 새로운 내용을 작성하는 것이 아니라 이전의 내용을 가지고 한다.

> "지난번에 적어 둔 것으로 되돌아갑니다. 그 일이 다시 일어난다면 지난번에 묘사한 상황에서 여러분이 느낀 강한 감정에 어떻게 대처할지 다른 방안 세 가지를 적어 봅니다. 다음에는 이 대안 가운데 한 가지가 실제 일어난 것처럼 내용을 작성합니다."

이 플러그인에 담긴 아이디어는 가능한 대처 방법 목록을 단순히 목록으로 만드는 것이 아니다. 쓰기의 이점은 내담자에게 다양한 대처 접근에 대한 장단점을 통해서 생각하게끔 하는 것이다. 이를 통해 내담자는 실제 생활에서 이 접근법 가운데 한 가지를 시도할 가능성이 높아지는 것이다. 감정을 다르게 다루는 것을 상상하는 과정을 통해, 내담자는 이전의 습관을 포기하는 가치를 이해하기 시작할 수도 있다. 많은 내담자는 이 플러그인을 혼자서 해 보라고 하면 어려워하기 때문에 이 과정을 모델링하는 것이 종종 유용하다.

• **플러그인 4: 희망은 어디 있나요?** 이 플러그인은 안 좋은 경험이나 난관이 성장하는 데 도움이 된다는 것을 이해하는 내담자에게 도움이 된다.

"여러분이 작성한 내용 끝에 여러분이 작성하고 있는 사건의 결과로 일어날

수 있는 긍정적인 것을 하나 씁니다."

모든 사건이 희망적인 부분을 쉽게 알아낼 수 있는 것이 아니고 학대와 같이 어떤 사건들은 완전히 부정적인 것이라고 생각되기 때문에 이러한 제시문을 사용하는 것에 대해 몇 가지 주의사항이 있다는 사실을 주목할 필요가 있다.

얼마 동안 써야 하나. 글을 얼마나 오래 써야 하는지에 대한 체계적인 연구는 없다. 그러나 대부분의 연구에서 글 쓰는 시간은 15~20분 정도였다. 상담자는 내담자가 짧은 시간부터 하도록 격려해야 하는데 특히 과제가 어려울 것 같아 내담자가 주저하는 경우는 더욱 그렇다.

"15분 동안 글을 쓰세요. 그 시간 동안, 글 쓰는 데에 최선을 다합니다. 여기에

는 정답도 없고 문법이나 철자가 맞는지 고민할 필요도 없습니다."

얼마나 자주 써야 하나. 내담자가 얼마나 자주 글을 써야 하는지 알아본 연구들이 있다. 한 주에 여러 번이 적합한가, 한 주에 한 번이 적합한가, 또는 한 달에 한 번이 적합한가? 하지만 146개 연구를 메타분석한 결과(Frattaroli, 2006)에서는 빈도가 중요하지 않은 것으로 시사되었다. 그러므로 현재 최선의 조언은 내담자의 필요성과 습관에 따라 일정을 짜라는 것이다.

이와 관련하여 고려해야 할 사항은 상담자가 상담시간에 그 글을 읽고 피드백을 주기 전에 몇 번이나 글을 써야 하는가다. 경험상으로 볼 때 한두 번 정도 쓰고 그러고 나서 상담 시간에 이 자료를 가지고 이야기해 보는 것이다. 그렇게 하면서 상담자는 그 개입의 이득이 최대로 될 수 있도록 내담자의 노력을 조절할 수 있다. 또한 상담 시간 사이에 쓰는 횟수를 줄이면 상담자는 자주 피드백을 주고 내용을 검

토해 주어 쓰는 경험을 더 세밀하게 조정할 수 있다. 어떤 내담자에게는, 그 정도 수준의 상담자 개입이 도움이 될 것이다. 또 다른 내담자, 특히 경험에서 도움을 얻는 내담자에게는 상담자가 올바른 방향을 제시하면 글쓰는 빈도를 늘릴 수 있다.

언제 써야 할까.   상담자는 내담자가 글을 완성하기 위해 되는 시간, 비밀보장 그리고 필요한 도구에 대해 내담자와 브레인스토밍을 하도록 한다. 상담자는 이런 요소들이 글쓰기에 어떻게 영향을 미치는지 알아보기 위해 하루 가운데 언제 시간이 되는지 또는 일주일 가운데 무슨 요일이 되는지 실험해 보도록 격려한다.

개입 수단으로서 글쓰기의 목적을 기억하기.   처음에는 어느 글쓰기든 격려하는 것이 좋은 방안인데, 이렇게 하는 목적은 글을 쓰도록 자극하는 데 있다. 내담자가 글쓰기를 시작하면, 구조화를 추가하는 것이 연습 방향을 제시하는 데 도움이 된다. 어떤 것이라도 쓰는 것이 아무것도 쓰지 않는 것보다는 낫지만, 감정을 쏟아내기만 한다든지 감정 없이 사건만 나열한다든지 하는 것은 특히나 유용하지 않다. 목표는 내담자가 감정을 생각 그리고 사건과 연결시키고 특정 상황의 다양한 관점을 생각해 보도록 돕는 것이다. 쓰기 작업은 내담자가 감정을 가라앉히고 해결 방안을 생각할 수 있는 장소가 될 수 있다.

내담자가 쓴 내용을 읽을 때 상담자 역할은 내담자가 단계 2의 교육 요점을 연습하도록 도와주는 것이다. 단계 2의 교육 요점은 다음 세 가지다. 즉, ① 무엇이 중요한 건지 감정이 내담자에게 말하는 것을 알기, ② 어떤 감정이 더 주의를 요하는지, 그리고 어떤 감정이 아무렇지 않게 무시할 수 있는지 알기, ③ 타인과 감정을 나누는 것이 도움이 될 수 있다는 사실을 이해하기다. 이 마지막 요점과 관련하여, 내담자의 글을 읽어도 될 정도로 내담자의 인생에서 중요한 타인을 찾기 위해 상담자는 내담자와 함께 작업하는 것이 좋다.

경고 내용과 주의사항.   글쓰기를 개입 수단으로 사용할 때, 정서 표현 문제를 가진 내담자는 정서를 너무 지나치게 표현하거나 정서를 반추할 수도 있다는 사실을 기억하는 것이 중요하다. 글쓰기 개입의 산출물은 주로 어려운 사건에 초점을 맞추고 있지만 적절하게 초점을 맞추고 있는지 또는 과다한지는 구분하는 것이 쉽지는 않다. 내담자가 반추를 계속하는 것은 글쓰기가 다른 수단이 되어 생산적이지 못할 것이다. 이것을 예방할 수 있는 몇 가지 방법이 있다. 더구나 만약 문제가 지속된다면, 상담자는 글쓰기에 추가로 틀을 더 제시할 수 있다. 예를 들면, 인지치료의 '4칸 기법'이라고 불리는 접근법을 끌어오면서, 상담자는 내담자가 다음 형식으로 글을 쓰도록 하는 플러그인을 만들어 낼 수 있다.

---

1. 상황을 설명한다.
2. 당신이 경험한 감정을 설명한다.
3. 당신이 가지고 있는 생각을 목록화한다.
4. 당신이 다르게 느낄 수 있도록 도움이 될 수 있는(또는 되었던) 생각들을 목록화한다.

우울이 있는 16세 소년 J.T.의 사례는 상담자가 글쓰기 개입을 어떻게 각색할 수 있는지 보여 주고 있다.

상담자: 이번 주에 네가 제출한 일지는 아주 훌륭했어. 네 감정들을 단어로 표현한 방법이 아주 좋아. 이 문장 가운데 어떤 부분은 굉장히 생동감 있어. 너도 알다시피, 나는 그걸 영화처럼 볼 수 있어. 아주 잘했어. 또 네가 카밀을 좋아한 데 대해 엠마와 카밀이 너를 힘들게 한 것에 두 내용이 모두 초점을 두고 있다는 것도 눈에 띄었어.

J.T.: 네, 그건 정말 최악이었어요!

상담자: 그래, 그런 거 같더구나. 그 일지를 다른 방법으로 쓰는 것을 시도해 봤

으면 하고 생각해 봤어. 하나의 예로 어제 썼던 네 일지를 사용해 보자. 나는 이것을 다른 방법으로 쓸 거야. 네가 썼던 것을 최대한 유지하면서 내용을 약간만 바꾸는 거지. 무엇이 다르다고 이야기할 수 있는지 한번 보자(이야기하는 동안 쓰기). 좋아, 먼저 우리는 카밀이 너를 좋아한다는 것을 엠마가 문자로 알려 줬다고 쓸 거야. 그런 다음 우리는 네가 카밀이 참 귀엽다고 다시 답장했던 것을 쓸 거야. 비록 너는 엠마에 대해 잘 모르지만 말이다. 아직까지 어떤 변화라도 있니?

J.T.: 아니요.

상담자: 그래, 좋아! 그다음 나는 엠마가 네가 생각한 것을 담은 너의 문자를 다른 사람들에게 보여 주는 것을 네가 보았고, 그들은 구내식당에서 너를 보고 비웃는 것에 대해 쓸 거야. 다음엔 나는 네가 얼마나 화가 났는지, 네가 얼마나 당황했는지에 대해 그 사건의 감정과 생각에 대해 쓸 거야. 지금까지 내가 한 것과 네가 한 것의 차이가 있니?

J.T.: 아니요.

상담자: 그래, 네가 얼마나 화가 났는지 그리고 네가 얼마나 그 여자아이들을 싫어했는지에 대해 쓴 다음에, 너는 일이 어떻게 될지 생각하기 시작했어. 기억하니?

J.T.: 네, 생각나요. 내가 학교에서 여자친구가 아무도 없었던 것을 썼을 때를 말하는 거지요?

상담자: 맞아, 바로 그거야. 이 부분도 그대로 쓸 거야. 바꾸지 않을 거야. 하지만 한 가지를 추가할 거야. 그걸 하는 데 네 도움이 필요해. 네가 여기 있었다는 가정을 해 보자. 네가 글에 썼던 장소말이야(J.T.의 공책을 읽는다), "그 여자아이들은 내가 얼마나 하찮은 사람인지에 대해 이야기했다." 우리는 이 문장에서 두 가지를 할 거야. 먼저, 우리는 그에 대한 각각의 생각이 얼마나 진실인지에 대해 쓸 거야. 이거는 마치 수학 시간과 같아. 왜냐하면 우리는 우리가 한 작업을 보여 줄 거거든. 내 말은 우리가 증거가 있어야

하고 왜 그게 사실이라고 생각하는지 또는 사실이 아니라고 생각하는지 보여 주어야 하는 거란다. 두 번째는 그들이 말했을 내용에 대해 최소한 하나 이상을 추측해 보는 거지. 즉, 네가 한 추측과는 다른 추측을 해 보는 거야. 하지만 우리가 알고 있는 사실과는 들어맞아야 하는 거지. (잠시 침묵) 이게 많다는 거는 나도 알아. 그러니까 한 번에 하나씩 하자. 여기에 종이로 된 양식이 있어. 나는 여기에 할 거야. 그래서 네가 한 추측이 사실이라고 생각하는지에 대해 먼저 써 보자. 그런 다음, 우리가 한 답에 대한 증거를 나열해 보자. 그 문장은, "그 여자아이들은 내가 얼마나 하찮은 사람인지에 대해 이야기했다."라는 것을 기억하렴. 우리가 함께 크게 읽어 볼까 아니면 네가 조용히 읽고 싶니?

J.T.: 조용히 하는 게 나아요.

상담자: 그래, 좋아. 우리는 네가 그것을 다 한 다음에 같이 나누어 볼 수 있어. 그래, 시작해 보자.

여기서 내담자가 쓴 내용 가운데 부정적인 부분을 대단히 긍정적인 내용으로 바꾸어 보도록 제안하지 않는다는 것에 주목한다. 실제로 그 내담자가 쓴 내용은 내담자가 분노한 경험을 나눌 수 있는 곳이어야 한다. 대신에 상담자는 내담자가 자신이 쓴 글을 스스로의 경험을 가지고 건설적인 작업을 할 수 있는 공간으로 사용하는 방법을 조형시켜 주기 시작하는 것이다.

글쓰기에 대한 대안.   처음에 언급했듯이, 어떤 내담자들은 쓰거나 이야기하는 것을 썩 좋아하지는 않는다. 여기에 정서 표현을 교육하고 연습시키는 몇 가지 대안이 있다.

예술 일지.   치료의 부분으로서 예술을 사용하는 것은 정신건강 역사에서 오래된 일이다. 실제로 '글쓰기 개입' 구조에서 목록화된 많은 지침이 특정 사건에 대한 감정과 생각을 표현하기 위해 그리기, 색칠하기와 같은 예술 일지를 적용하고 있다.

글로 된 일지와 마찬가지로 초점은 창조를 위해 해서는 안된다는 것이다. 이보다 목표는 내담자가 상황과 감정을 더 잘 이해할 수 있도록 감정, 그리고 감정과 관련된 생각을 표현하도록 안내하는 것이다. 여기에 덧붙여 목표는 이런 감정을 표현하는 역량을 키우는 것이다. 안내문에는 "다음 시간에는 다른 결과, 즉 더 좋은 결과가 일어난 것처럼 그 상황을 그려 보세요." 또는 "당신은 여기에 정말 많은 중요한 세부사항을 그렸어요. 나는 당신이 자신의 감정을 표현하기 위해 사용한 색이 너무 좋아요. 다음에는 당신이 똑같은 장면을 그렸으면 좋겠는데 이때는 당신의 행동 방식을 바꾸었다고 상상해 보세요. 그렇게 해서 우리는 차이를 볼 수 있어요."와 같은 내용을 포함시킬 수 있다.

비록 그리기와 색칠하기로 글쓰기를 가장 쉽게 대체할 수 있지만, 어떤 상담자들은 글쓰기를 대체하는 다른 매체도 찾을 수 있을 것이다.

사진 슬라이드쇼, 오디오 팟캐스트 또는 비디오 저널. 어떤 내담자들은 앞서 언급했던 글쓰기 개입과 같은 목적을 달성할 수 있는 사진 블로그 또는 비디오 블로그를 만드는 것을 잘 할 수 있다. 그리고 같은 표준 지침을 글쓰기 개입과 마찬가지로 제시할 수 있다. 예제에는 다음 내용이 포함된다.

- 문제 상황에 대한 내담자의 감정과 생각을 설명하거나 표현하는 사진 슬라이드쇼
- 내담자가 어려운 상황에 대해 말하는 비디오나 녹음 기록

행위 일지. 어떤 내담자들은 연기자로 태어나서 행위, 즉 노래나 간단한 연극으로 자신을 표현하는 것이 더 쉬울 수 있다. 행위 접근은 대안 형태가 되는데 내용을 개정하거나 조형하는 것을 더 쉽게 한다. 상담자는 이러한 특정 개입 방법을 사용

하지 않을 때라도 내담자에게 영화 은유를 사용할 수 있는데 이는 상담자로 하여금 내담자가 만든 것에 대해 문제를 일으키지 않고 피드백을 줄 수 있기 때문이다 (예: "위에서 하나 가져와 보자. 하지만 이번에는 마지막 부분을 바꿀 수 있는지 보도록 하자. 그때 너는 새엄마와 싸움으로 끝났지. 주인공이 싸움으로 끝나지 않도록 다르게 해 보렴.").

새로운 결말을 제안하는 것이 내담자로 하여금 엘리너 포터(Eleanor Porter)의 20세기 초 소설의 등장인물인 폴리야나와 같은 태도를 받아들이라고 하는 것은 아니다. 이보다 목표는 내담자와 합당하고 현실적인 대안을 함께 만드는 것인데 이는 부분적으로 그러한 결과가 가능할 수도 있다는 것을 증명하는 것이다.

나누기 또는 나누지 않기

여기서 설명하는 마지막 게임은 주로 정서 표현이 지나친 내담자들을 위해서 고안되었다. 상담자는 그런 내담자에게 항상 감정을 나누는 것은 부정적인 결과를 낳을 수 있다는 사실을 강조하기 원한다. 이러한 부정적인 결과에는 친구를 멀어지게 하는 것은 물론 그 사람의 감정 상태에 지나치게 초점을 맞추는 것 등이 있다. 다음의 게임은 분리되어 있지만 연관되어 있는 기술인 정서 이야기를 편집하는 기술과 채널을 바꾸는 기술을 증진시킴으로써 지나치게 많은 정보를 주려는 경향이 있는 내담자를 도울 수 있다.

준비. 내담자가 이용할 수 있는 '**나누기** 또는 **나누지 않기**(유인물 1)' (또는 이와 유사한 것)의 복사본이 있어야 한다. 여기에 시나리오 세트를 만들어야 하는데 색인 카드에 쓴다. 각 시나리오에는 자신이 경험하고 있는 감정을 다른 사람에게 말할 것인지 말하지 않을 것인지 선택하는 사람이 있어야 한다. 가장 유용한 카드 세트에는 다양한 정서와 정서 강도가 들어 있게 된다. 많은 상담자가 자신의 카드 세트를 만들기 원하기는 하지만 여기에 몇 가지 예를 들었다.

시나리오 1: 트레이시는 가정의 규칙을 어겼다고(늦게 들어오고, 집안일을 끝내지 않은 것) 자기의 특전(예: 휴대폰, TV 보는 시간)을 앗아 간 어머니한테 화가 나 있다. 토요일이다. 트레이시는 아침에 어머니에게 화가 났다고 말했다. 하지만 지금은 저녁시간인데 여전히 화가 나 있다.

시나리오 2: 타일러의 여자친구인 트릭시는 두 달 전에 그와 헤어졌다. 타일러는 그 뒤로 매우 슬펐고, 그의 이야기를 들어주는 누군가와 그 슬픔을 나누었다. 타일러의 가장 친한 친구인 트로이와 몇몇 다른 친구는 함께 콘서트에 갈 것이다. 차를 타고 가는 중에도, 타일러는 트릭시 때문에 매우 슬프다.

시나리오 3: 테리는 반 친구들과 놀이공원에 왔다. 테리는 높은 곳을 매우 무서워한다. 테리는 자기 친구들이 같은 반의 다른 친구들과 롤러코스터를 타는 것이 얼마나 흥분될 것인지를 이야기하면서 높은 롤러코스터로 가고 있다는 것을 알게 되었다. 테리는 롤러코스터를 타는 것이 너무 두려웠다. 이 경우에는 그렇지 않을지 모르겠지만 테리는 롤러코스터를 타서 심하게 다친 사람에 대한 이야기가 떠올랐다.

게임 진행. '**나누기 또는 나누지 않기**' 유인물과 상황 카드로, 게임은 꽤 간단히 진행된다. 첫 번째 참여자는 상황 카드를 꺼내어 읽는다. 그러고 나서 그 참여자는 유인물에서 '정서 이야기 편집하기' 지침을 훑어보고, 상황과 연관 지어 각 상황에 대해 이야기한다. 그러고 나서 그 참여자는 나눌 것인지 나누지 않을 것인지 선택한다. 만약 참여자가 '나누기'를 선택했다면, 그 장면을 역할 연기하는데 첫 번째 참자가자 그 상황의 주요 등장인물을 연기하고, 두 번째 참여자가 그 상황의 다른 인물을 연기한다. 만약 참여자가 '나누지 않기'를 선택했다면, 참여자는 유인물에서 '정서 채널 변화시키기' 지침을 참고하는데, 이 상황에서 자신이 사용할 전략을 찾고 그 결과에 대해 역할놀이를 한다.

　역할놀이를 한 후, 두 번째 참여자는 첫 번째 참여자(주요 등장인물)에게 첫 번 참여자가 상황을 다룬 방식에 대해 피드백한다.

상담자는 게임을 수정할 수도 있는데 그렇게 하여 선택한 양식(즉, 나누기 또는 나누지 않기)으로 상황을 역할 연기한 후 참가자는 반대 양식을 이용하여 역할 연기를 반복한다.

나누기 또는 나누지 않기

정서 이야기 편집하기

✔ **정서를 이전에 나누어 본 적이 있는가?** 감정을 나눈다는 것은 감정을 여러 번 반복한다는 것을 의미하지는 않는다. 때때로 여러분이 어떻게 느끼는지 말하는 것은 한 번으로도 충분할 수 있다.

✔ **감정을 나누기 위해 기다릴 수 있는가?** 진짜 질문은 "나누기 위해 기다릴 수 있는가?"가 아니라 "그 감정은 지금 당장 나눌 필요가 있는가? 그렇게 하지 않으면 정말로 어떤 나쁜 일이 일어나는가?"다.

✔ **그 감정은 나눌 필요가 있는가?** 모든 감정을 공유할 필요는 없다. 선택적이다. 한 순간의 감정은 지나가도록 놔둔다. 다음과 같은 질문이 유용할 수 있다. "내가 감정을 나눌 때 무슨 일이 일어나길 희망하는가?"

✔ **감정을 나누는 것이 상황에 도움이 되는가?** 감정을 나누는 것이 여러분과 다른 사람을 위해 상황을 이롭게 하리라고 생각하는가?

정서 채널 변화시키기

✔ **무언가를 적극적으로 한다.** 여러분이 나누고 싶은 감정을 다루는 데 주의 분산이 도움이 되는 방법이다. 하지만 그래서는 안 된다는 결정을 하게 한다. 적어도 그 순간에는 말이다. 무언가를 적극적으로 하는 것(예: 뛰거나 걷기, 공놀이하기, 자전거 타기)은 여러분의 몸을 움직이도록 해서 주의를 감정에서 떼어 놓는다.

✔ **도움이 되거나 건설적인 것을 한다.** 집안일을 하거나, 서랍 정리를 하거나, 나뭇잎을 긁어모으는 활동 등 어떤 것이라도 도움이 된다.

✔ **창조적인 것을 한다.** 노래 부르거나 춤추기와 같은 예술 활동을 한다.

Module **7**

정서조절 기술 4
기본 인지 기술

  마지막 두 가지 모듈은 정서조절을 위한 수단으로서 인지적 전략을 사용하는
데 초점을 두고 있다. 인지전략은 정서과학자들이 '노력이 필요한 조절' 전략이라
고 부르는 것 가운데 하나의 예다. 보통 말하듯 이들은 아동이 일상생활에서 부딪
히는 감정을 다루는 좀 더 성숙한 방법을 제시하고 있다. 물론 책 전체 내용을 인
지치료에 할애하는 책도 있다. 여기의 두 모듈은 독립적으로 사용할 수 있지만, 인
지치료를 심도 있게 논의하는 것은 아니다. 독자는 아동과 청소년을 대상으로 한
인지치료를 좀 더 상세하게 논의하고 있는 다른 문헌을 참고할 수 있다(Friedber,
McClure, & Garcia, 2009; Kendall, 2006; Reinecke, Dattilio, & Freeman, 2003).

  이 모듈은 인지 기술에 초점을 둔 두 가지 정서조절 모듈 중 첫 번째다. 이 모듈
에서 설명하고 있는 기술은 일반적이면서 기본적인 것들이다. 모듈 8은 구체적인
정서와 관련된 인지전략을 설명하는데, 슬픔, 두려움, 걱정 그리고 분노와 관련된
사고에 대해 아동들이 생각하는 것을 도와주는 방법에 대해 설명한다.

이 모듈을 사용하는 시기

이 모듈은 내담자 문제의 주된 원인이 적절한 정서조절을 방해하는 사고 패턴에 있을 때 사용하도록 고안되었다. 즉, 내담자의 말을 인용하자면, 이 모듈은 감정이 생길 때 '악취가 나는 생각'을 하는 내담자를 위해 고안되었다는 것이다.

인지 기술은 이전 모듈에서 다룬 기술보다 틀림없이 앞선 기술이다. 여기서 **앞선**이라는 말은 내담자가 이미 몇 가지 기본 정서 기술을 소유하고 있어야 한다는 것을 의미한다. 예를 들어, 자기의 행동이 자신의 정서에 영향을 미칠 수 있다는 것을 이해하는 내담자는 아마 이 모듈을 성공적으로 완성시킬 기본 바탕을 충분히 가지고 있다는 것이다.

여기서 의도는 내담자에게 이 모듈이 너무 어렵게 보이지 않도록 하는 것이다. 사실, 인지전략은 다양한 문제를 치료하기 위한 프로그램에서 공통으로 볼 수 있는 것인데 이 접근을 사용한 연구에서 표본에는 보통 다소 어린 아동이 포함되어 있었다. 하지만 앞에서 언급했듯이, 인지전략은 이전 모듈에서 다루었던 전략보다 더 정교한데, 특히 인지전략을 정서조절 방법으로 고려해 볼 때는 특히 그러하다. 결론적으로 상담자는 이 모듈을 하기 전에 이전 모듈을 하는 것이 더 유용하다는 것을 알게 될 수도 있는데 이런 까닭은 모듈이 점진적으로 진행되기 때문이다. 하지만 어떤 내담들은 이전의 모듈들에서 다루었던 내용들은 이미 이해하고 있기 때문에 이 모듈로 시작하는 것도 분명히 하나의 선택사항이 된다.

목 표

목표는 내담자가 다음과 같은 사항을 이해하도록 돕는 것이다. ① 생각, 감정 그리고 행동은 서로 연관되어 있다. ② 생각이 다르면 감정과 행동에 다르게 영향을 준다. ③ 사람들의 기분을 더 낫게 또는 더 나쁘게 하는 특정 종류의 생각이 있다. ④ 사람들의 기분을 더 좋도록 도와주는 사고에 대해 생각하도록 도와주거나 변화시키는 방법이 있다.

절 차

단계 1: 정서조절 – 소개

만약 모듈 4의 단계 1을 내담자가 아직 다루지 않았다면 상담자는 단계 1의 자료를 정서조절의 도입부로서 사용할 수 있다. 만약 상담자가 그 자료를 벌써 사용했다면, 내담자가 그 자료를 검토하여 이득을 얻는 것이 아니라면 반복할 필요는 없다.

단계 2: 감정을 다루기 위해 생각 이용하기

개 요

두 번째 단계는 네 가지 하위 영역으로 나뉘어 있는데 각 단계는 내담자를 교육하고 연습시키기 위한 중요한 개념의 요점을 설명하고 있다. 네 영역은 다음과 같다. ① 인지 삼각형(또한 생각, 감정 그리고 행동의 삼각형으로도 알려져 있다), ② 생각 파악하기, ③ 생각 진단하기, 그리고 ④ 생각 바꾸기다.

교 육

여러분이 생각하는 방식이 여러분이 무엇을 하는가와 어떻게 느끼는가에 영향을 준다. 즉, 여러분이 생각하는 방식을 바꾸면 여러분의 감정도 마찬가지로 바

뀔 수 있다

인지 삼각형. 인지 삼각형으로도 알려져 있는 생각−감정−행동([그림 7−1] 참조)의 삼각형은 내담자들이 생각하고 느끼고 행동하는 방법 간의 관계를 시각화하는 데 도움을 주는 유용한 도구다. 대부분의 독자는 이 삼각형에 익숙할 것이므로, 설명은 간단히 하겠다.

삼각형이 매력적인 이유는 단순하기 때문이다. 즉, 많은 내담자는 많이 주저하지도 않고 삼각형을 설명할 수 있을 것이다. 예를 들면, 만약 여러분이 '나는 내가 그림을 정말 잘 그리지 못한다고 생각해.'와 같은 생각을 갖고 있다면, 그 생각은 그림 그리는 것에 대한 불안한 감정을 증가시킬 것이고, 그림 그리는 것을 피하는 선택을 하도록 할 것이다. 하지만 '나는 재밌는 얼굴을 꽤 잘 그리는 방법을 알고 있어.'와 같은 생각은 여러분이 불안을 덜 느끼도록 해 주어서 여러분이 그림을 그리고 싶도록 할 것이다.

다음에 상담자가 내담자를 도와주기 위해 삼각형을 잘 도입한 사례가 있다. 내담자는 16세의 첼시로 주된 문제는 우울과 파괴적인 행동이었는데 학교에서 가끔씩 정학도 받는다. 여기서 면담은 첼시를 주기적으로 괴롭히려는(예를 들면, 최근 첼시의 남자친구가 바람을 피우고 있는 것을 암시함으로써) 한 친구에게 대처하는 첼시의 노력에 초점을 맞추고 있다.

상담자: 자, 우리가 충분히 이야기했던 삼각형에 대해 생각해 보자.

첼시: 네, 그 마법의 삼각형이요.

상담자: 그래서, 타메카는 너에게 다가갔어. 그러고 나서…… 이 상황이 어떻게 흘러갔는지 볼 수 있도록 삼각형을 사용해 보자.

첼시: 네, 그래서 저는 제 일을 하고 있었어요. 그러자 타메카가 다가와서는 제 얼굴로 들이밀었어요. 저는 마치…….

상담자: 그래, 와. 돌아가서 조금 천천히 해 보자. 그래서 너는 타메카가 오는 것

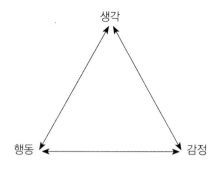

[그림 7-1] 인지 삼각형

을 봤어. 그리고 타메카가 거기에 오기 전에 무슨 일이 있었지? 삼각형을 한번 보렴. 이 세 가지에 무슨 일이 생겼지?

챌시: 아, 음…… 저는 이런 생각이 들었던 거 같아요. "여기 [×××]이 다시 오네."라고요.

상담자: 그리고 그 생각이 네 감정이나 행동에 어떤 영향을 미쳤니?

챌시: 음…… 싸울 준비를 하고 있었어요. 저는 정신이 나갔어요.

상담자: 행동할 준비가 되어 있었고 또 감정을 느꼈다. 그래서 어떤 일이 일어났니? 삼각형에서. 화난 감정이 또 다른 생각이 나게 했니?

챌시: 그랬던 거 같아요. 저는 걔를 보고서는 걔가 무슨 생각을 하고 있는지 알려고 애를 썼어요. 그게 생각이었나? 그러니까 제 말은, 나는 '걔가 시비를 걸려고 오고 있어.'라고 생각했어요.

상담자: 그렇지! 굉장히 잘했어. 이것이 삼각형이 어떻게 작동하는지 보여 주는 좋은 예야.

생각 찾아내기. 삼각형을 쓸 수 있게 되면, 인지 개입에서 다음에 진행하는 일반적인 단계는 무엇을 '생각 채굴하기'로 생각할 수 있는가 하는 것이다. 어떤 내담자들은 자신이 많은 생각을 한다는 사실을 인정하기 주저하면서, "어떤 생각이 드나요?" 또는 "무슨 생각을 하고 있나요?"와 같은 질문에 "몰라요." 또는 "아무 생각도 하지 않아요."와 같은 악명 높은 반복되는 말을 사용한다. '연습: 활동과 게임' 부분에서 어떤 게임이든 이러한 이해를 돕기 위해 변용할 수 있다. 각 게임들은 타인의 생각을 바탕으로 활동하도록 고안되었지만 상담자는 내담자에게 적합한 상황(그리고 생각)으로 작업할 수 있도록 게임을 변용하는 것이 좋다. 끝으로, 이 단계의 요점은 모든 사람이 대부분의 시간에 생각을 하고 있다는 사실을 배우도록 단순히 돕는 것이다. 이 요점의 목표는 이 생각을 평가하거나 바꾸는 것이 아니고 열거하는 것을 배우는 것이다.

생각 진단하기.   내담자가 생각을 찾아낼 수 있고 같은 상황에 대해 다른 생각을 할 수 있게 되면 다음 단계는 분별하는(엄격하거나 판단하는 것이 아니라 과학적인) 안목을 생각으로 돌리는 것이다. 이 분별(즉, 생각 검토)의 중요한 목표는 내담자의 생각 패턴에 주목하고 내담자에게 어떤 생각이 중요한가에 대한 인식을 증진시키는 것이다. 많은 독자는 아론 벡(Aaron Beck)과 앨버트 엘리스(Albert Ellis)가 초기에 알린 **핵심 신념** 작업에 익숙할 것이다.

이것을 교육하는 한 방법은 모든 사람이 함정에 빠지는 생각의 목록을 만드는 것이다. 그러한 함정에 대해 아는 것은 그들이 미래에 더 쉽게 피할 수 있도록 해 준다. 다음은 다소 공통된 생각 함정들이다.

흑백논리: 절대적인 용어나 상대적인 용어로 결과나 상황에 대해 생각하는 것이다. 예를 들면, "나는 수학을 절대 잘 할 수 없어." "나는 축구를 하면 항상 망쳐."

임의 추론: 이것은 경솔하게 행동하는 것으로, 사람들이 제한된 증거를 가지고 빨리 결론을 지어 버리는 것과 같다. 예를 들면, "저 사람은 나에게 웃어 주지 않았어. 저 사람은 날 싫어해." "나는 시험의 첫 번째 문제에서 틀렸어. 나는 실패했어."

파국화: 이것은 사소한 문제를 크게 만드는 것으로 어떤 결과가 종종 상황에 비해 너무 과중하면서 엄청나게 나쁠 것이라고 추측하는 것이다. 예를 들면, "내 친구가 나에게 화를 냈어. 나는 다시는 다른 친구를 만들 수 없을 거야." "나는 역사 기말 시험을 잘 치지 못했다고 생각해. 나는 실패할 것이고 부모님은 평생토록 외출 금지를 시킬 거야."

정서로 추론하기: 다른 모든 가능한 사실을 평가해 보는 대신에 자기가 느끼는 것이 진실이며 사실이라고 추론하는 것이다. 예를 들면, "나는 절대로 피아노를 잘 칠 수 없는 것처럼 느껴져. 그것은 틀림없는 사실이야."

적대적 귀인 편향: 심지어 타인의 의도를 읽기 힘든 상황에서도 타인의 의도가 적대적이라고 추론하는 것이다. 예를 들면, "저 사람은 나와 부딪쳤어. 그는 나를 다치게 하려고 한 거야."

마음 읽기: 자기가 타인의 마음이나 의도를 읽을 수 있다고 추론하는 것이다. 예를 들면, "내 남자친구는 나에게 오늘 전화하지 않았어. 그는 무엇 때문에 나에게 화가 난 거야." "선생님이 나를 보며 웃었어. 그녀는 내가 멍청하다고 생각하는 거야."

과잉일반화: 부정적인 사건을 경험했을 때, 그것이 자기 전체 인생에 스며들 것이라고 추론하는 것이다. 예를 들면, "나는 그 기회를 놓쳤어. 나는 또 다른 기회를 절대 다시 가질 수 없을 거야."

과잉개인화: 상황이 자신이나 자신과 관련된 상황이라서 필연적으로 일어날 수밖에 없었다고 추론하는 것을 말한다. 예를 들면, "어머니는 오늘 화난 것처럼 보였어. 분명 내가 한 것 때문임이 틀림없어."

선택적 추론: 이것은 나쁜 뉴스를 찾는 것으로, 결론을 이끌어 내기 위해 약간의 가능한 증거에만 초점을 맞추는 것이다. 예를 들면, "선생님이 나의 보고서가 조금 수정할 필요가 있다고 말했어. 그는 나를 싫어해."

이 단계의 목표는 이러한 함정들을 피해야 한다고 납득시키는 것이 아니다. 이 보다는, 모든 인지 작업에서 그러하듯이 목표는 이러한 함정이 존재하고 그것이 감정과 행동에 어떻게 영향을 미치고 있는지 내담자가 이해하도록 돕고 생각하는 방식을 새롭고 다르게 해 보도록 격려하는 것이다.

'연습: 활동과 게임' 부분에 목록으로 나열되어 있는 활동과 게임은 이러한 생각 함정이 어떻게 작동하는지 보여 주는 데 사용되는데 특히 '여러분의 추측은 무엇입니까' 게임이 그러하다.

생각을 평가하고 바꾸기. 사람들은 때때로 감정을 더 효과적으로 다루기 위해 자신들이 생각하는 방식을 바꿀 수 있다. 사람들이 이렇게 하는 것은 자신들의 생각이 상황의 '현실'과 더 비슷하고/거나 효과적으로 대처하는 데 더 좋도록 생각하는 방식을 바꿈으로써다.

정서조절로서 인지전략을 사용하는 가장 힘든 부분은 내담자에게 **그들이 도움이 되지 않는 생각을 가지고 있다는 것을 알아채서 그것에 대해 어떤 일을 하게끔** 하도록 지도하는 것이다. 곧 상세하게 설명하겠지만, 이 네 번째 교육 요점은 잠재적인 위험투성이이고 최근의 어떤 접근법에서는 이 작업이 필요하지 않다고 제안하고 있다. 즉, 어떤 경우에는 생각을 단순히 관찰하고 수용하는 것만으로도 충분하다는 것이다. '관찰과 수용' 접근이 다소 유용할 수도 있지만, 내담자의 생각이 단단히 갇혀 있을 때가 종종 있다. 그러한 경우에 생각을 다루는 대안을 찾는 것이 중요한 기술이 될 수도 있다.

그러나 연습하는 방법을 이해하기 전에 인지전략에 대한 염려와 오해를 검토해 보는 것이 더 나을 것 같다.

인지치료 접근에 대한 근거 없는 믿음. 내 이야기를 몇 가지 하는 것이 서문으로 도움이 될 것 같다. 나는 다양한 인지치료 배경의 상담자들을 10년 넘게 훈련시키고 있다. 내가 훈련시킨 사람들 가운데 많은 사람은 인지치료와 인지행동치료 경험이 많지 않았고 심지어 어떤 사람들은 인지치료에 반감이 있는 이론을 가지고 있었다. 결론적으로 나는 내담자에게 인지전략을 사용하는 데 대한 의구심과 오해에 부딪혀 온 셈이다. 짧은 이 절에서는 인지전략의 효과에 대한 공통된 오해를 나열하고 논의할 것이다.

솔직히 얘기하자면 학계에 있는 사람들조차 몇 가지 잘못된 관념을 가지고 있다는 것을 처음부터 언급해 두며, 여기에 소개된 인지치료 가운데 몇 가지는 다음의 근거 없는 믿음에서 언급하고 있는 치료와 유사할 가능성도 있다. 그럼에도 불구하고 다음은 하지 **말아야** 할 지침이다.

근거 없는 믿음 1: 목표는 내담자가 더 합리적으로 생각하도록 설득하는 것이다. 이것은 옳지 않으며 악영향을 줄 수 있는 잘못된 개념이다. 인지치료 훈련을 받는 사람들이 그럴 경우 나는 그들이 자신들이 생각하기에 인지치료라고 하는 것을 역할 연기하는 것을 관찰한다. 이것은 여러 시간 동안 다른 역할 연기를 해 본 후에 하는데 이러는 동안 상담자들은 자신이 상담자-내담자 관계를 얼마나 잘 다루며 새로운 자료를 지지적인 태도로 얼마나 잘 제시하는가를 보여 주려고 한다. 하지만 때로는 인지전략을 역할 연기해 보라고 하면 상담자들은 믿을 수 없을 만큼 지시적인 모습을 보일 수 있다. 내담자와 함께 탐색하고 협력하는 대신에 이들은 권위적이 되거나 안심시키려고 한다. 한 예로서 상점에서 도움을 요청해야 하는 상황에 대해 상담자와 내담자가 주고받은 대화가 있다.

> 상담자: 그래서 네가 원하는 게임이 어디에 있는지 어떻게 찾을 수 있을까?
>
> 앨리시아: 음, 그냥 가게를 돌아볼 수 있을 거 같아요.
>
> 상담자: 그런데 만약 그것을 찾을 수 없으면?
>
> 앨리시아: 누군가에게 도움을 요청하는 거요?
>
> 상담자: 그것을 어떻게 하지? 무슨 일이 일어날까?
>
> 앨리시아: 음, 잘 모르겠어요. 제가 모르기 때문에 멍청하다고 생각할지 몰라요.

상담자: 그럴 수도 있겠지. 하지만 기억하렴. 점원들은 어떤 것을 찾도록 도와주
　　　　기 위해 거기에 있단다. 그리고 네가 그 가게에서 물건이 어디 있는지 모르
　　　　는 것은 당연한 거야.

　　이 상담자는 특별히 권위적이지 않지만, 내담자를 위한 인지적 작업을 (본인이) 모두 했다. 많은 경우 그러한 접근이 꽤 도움이 된다고 '느낄 수' 있지만, 그것은 토론하는 것을 효과적으로 차단하고 배울 기회를 감소시킬 수도 있다. 이것은 예로부터 내려오는 내담자에게 고기를 잡는 방법을 가르쳐 주는 것이 아니라 고기를 잡아다 주는 그 문제다. 이러한 경우, 내담자가 상담자가 제공하는 조언을 원하지 않는 것은 당연하다. 상담자는 앨리시아에게 자신의 생각에 대해 알 기회를 주기보다는, 그 상황(하나의 종합적인 목표)에 대해 다르게 생각하는 방법만을 주고 있을 뿐이다. 내담자가 그 목표에 스스로 어떻게 도달할지 이해하도록 하지 않은 채 말이다.

　　다음은 같은 시나리오를 다시 해 본 것인데 다른 접근을 취하고 있다.

상담자: 그래서 네가 원하는 게임이 어디에 있는지 어떻게 찾을 수 있을까?

앨리시아: 음, 그냥 가게를 돌아볼 수 있을 거 같아요.

상담자: 그런데 만약 그것을 찾을 수 없으면?

앨리시아: 누군가에게 도움을 요청하는 거요?

상담자: 그것을 어떻게 하지? 무슨 일이 일어날까?

앨리시아: 음, 잘 모르겠어요. 제가 모르기 때문에 멍청하다고 생각할지 몰라요.

상담자: 그 사람들이 너에 대해서 생각하는 것, 그러니까 그 점원이 너를 멍청하
　　　　다고 생각할 것이라고 추측하고 있는 것처럼 들리는구나. 우리가 이야기
　　　　했던 생각, 감정 그리고 행동으로 구성된 삼각형을 기억해 보렴.

앨리시아: 음, 네.

상담자: '그 점원이 내가 멍청하다고 생각할 거야.'라는 생각이 어떤 감정과 행동

을 하게 하는지 궁금하구나.

앨리시아: 음, 기분이 좋지 않아요.

상담자: 아무래도 그렇겠지. 누군가가 내가 멍청하다고 생각할 것이라고 생각할
때 나는 형편없다고 느껴져. 함께 종합해서 생각해 보자. 잠깐 동안 가게에
서 네가 일하는 것을 생각해 보렴. 마트 같은 곳에서 말이야.

앨리시아: 제가 거기 직원 같은 건가요?

상담자: 그렇지, 맞아. 자, 내가 들어가서 너에게 토스트기가 어디 있는지 물어
본다고 상상해 보자. 너는 나에게 대해서 어떻게 생각하니?

앨리시아: 선생님이 저에게 토스트기에 대해서 물어본 것 때문에요? 저는 거기
서 일해요, 그렇죠? 그렇다면 저는 그냥 그게 어디에 있는지 말해 줄 거예
요. 그러니까, 그건 저의 일이니까요.

상담자: 재미있구나. 너는 그저 내게 말했어. 내가 토스트기가 어디에 있는지 묻
는 것에 대해 너는 어떻게 생각한다고?

앨리시아: 아무런 생각도 하지 않아요. 정말이에요. 그러니까 제가 왜 선생님에
대해 어떤 것을 생각하지요? 선생님은 그저 토스트기를 원한 것뿐이에요.

상담자: 그래, 맞아. 그렇다면 만약 네가 마트에서 일을 하고 손님이 매장 안에
서 물건이 어디 있는지 모른다면, 너는 '나는 그 사람에게 말해 줄 거야.'라
고 생각할 거야.

　　요점은 내담자와 인지 작업을 할 때 목표가 내담자로 하여금 어떤 특정한 방법
으로 생각하도록 설득하는 것이 아니라는 것이다. 대신에 자신의 생각에 대해 생
각하고 평가하는 방법을 연습하도록 돕는 것이다(특히 이 책의 목적에 맞게 생각이
감정에 얼마나 영향을 미치는지와 관련해서 말이다).

　　**근거 없는 믿음 2: 내담자를 안심시키는 것이 내담자가 더 나아지게 하는 좋은 방법이
다.** 　이것은 첫 번째 잘못된 개념에 따른 필연적인 결과인데, 이는 상황을 그저 나

쁘게 하는 것이 아니라 현실과는 명백하게 반대되는 생각을 가지고 있는 내담자와 상담을 한 상담자들의 경험에서 나왔을 수도 있다. 그런 경우 많은 상담자는 상당히 안심시키는 말을 하려고 할 수 있다. 다음 사례는 이것이 어떻게 보이는지 보여 주고 있다.

> 상담자: 과제로, 친구나 학교에서 화가 났던 일을 이번 주에 두 번 양어머니에게 이야기하는 연습을 할 거야.
> 패티: 모르겠어요. 어머니는 그럴 시간이 없을 거예요.
> 상담자: 시간을 내실 거야. 어머니와 함께 이것에 대해 이야기했거든.
> 패티: 하지만 제가 이야기하려고 할 때 어머니는 바쁠 수도 있고 귀찮아할지도 몰라요. 어머니는 아무래도 그런 이야기 듣는 것을 정말로 좋아하지 않거든요.
> 상담자: 들으실 걸. 나는 네가 어머니가 시간이 없을까 봐 걱정하고 있다는 것을 알고 있어. 하지만 나와 어머니가 이야기해서 나는 어머니가 기꺼이 들으실 거라고 생각해.
> 패티: 모르겠어요.

여기서 상담자는 다시 내담자를 대신해서 인지 작업을 하고 있는데, 이는 내담자가 그 작업을 스스로 하는 방법을 익히지 못하게 하는 것이다. 이 사례는 확연하게 보이지만 유사한 시나리오가 많은 상담 시간에 더 미묘하게 나타날 수 있다. 어떤 의미에서, 내담자가 어떤 상황에 대해 자신의 생각(또는 추측)을 가지고 있을 때는 거의 언제나 그 생각을 검토하도록 돕는 것이 인지치료의 가르침을 강화할 수 있는 유익한 수단이 될 수 있다. 상담자는 안심시키는 대신 내담자의 의문과 걱정을 가지고 증거를 탐색하고 수집하는 수단으로 사용할 수 있다. 이렇게 하여 가치 있는 인지 기술을 연습할 수 있다. 앞의 사례와 마찬가지로 '두 번째 장면'이 있다.

> 상담자: 과제로, 친구나 학교에서 화가 났던 일을 이번 주에 두 번 양어머니에게 이야

기하는 연습을 할 거야.

패티: 모르겠어요. 어머니는 그럴 시간이 없을 거예요.

상담자: 음.연습하는 게 어떻게 될 건가에 대해 네가 어떤 생각이 있는 것처럼 들리네.

패티: 저는 이것을 꽤 잘할 것이라고 생각하지 않아요.

상담자: 무슨 일이 일어날 것이라고 생각하니?

패티: 모르겠어요. 어머니는 들으려 하지 않거나 짜증을 낼 거예요.

상담자: 좋아, 거기에 두세 가지 정도 추측이 있는 거 같구나. 첫 번째는 어머니가 시간이 없을 것이다. 두 번째는 어머니는 들으려 하지 않을 것이다. 그리고 세 번째는 어머니는 짜증을 낼 것이다. 삼각형 기억나니(벽에 있는 인지 삼각형을 가리킨다)?

패티: 아, 네.

상담자: 왜 내가 지금 그것을 가리켰을까?

패티: 나는 생각을 하고 있고, 그것이 내가 이것을 하고 싶지 않다는 감정을 만들어요.

상담자: 맞았어. 기억력이 좋구나! 그렇다면 우리는 기분 나쁘게 하는 생각이 들 때 무엇을 할 수 있을까?

패티: 그것들을 봐요.

상담자: 훌륭해. 그것들을 보렴. 복잡한 과학 구절을 빌리자면 우리는 생각이 올바른 추측을 하는지 또는 올바르지 않은 추측을 하는지 검증하기 위해 증거를 모을 수 있어. 이 숙제가 어떻게 될지에 대해 네가 가지고 있는 세 가지 추측에 대해 함께 생각해 보자.

이 예에서 내담자에게 시간이 더 필요하고, 생각을 평가할 단계는 아니라는 의미에서 상담자는 더 많은 작업을 해야 한다. 하지만 바라는 바와 같이 분명해지지만, 여기 목표는 과정중심이지 결과중심은 아니라는 것이다. 추가 시간을 할애하여 상담자는 내담자에게 "긍정적으로 생각해라."나 "네가 생각하는 것보다 더 나을 거야."와 같은 진부한 이야기를 하는 대신 다양한 상황에 일반화할 수 있고 사용할 수 있는 방법을 교육할 수 있다.

근거 없는 믿음 3. 인지치료는 아동에게 긍정적으로 생각하는 방법을 가르치는 것이다.   내담자에게 행복한 생각을 하도록 가르치는 것은 인지치료의 목표가 아니다. 앞서 설명했듯이, 목표는 생각을 다르게 이해하는 방식을 교육시키고 연습시키는 것인데 이 방식에는 내담자가 이루고 싶어하는 것을 생각이 어떻게 돕거나 방해하는지 비판적으로 평가하는 것이 수반된다. 이것은 이해하기 힘든 의미이기 때문에 많은 내담자에게 전달이 잘 안 된다. 인지 작업을 할 때 이 요점을 열심히 시도했지만 나는 상담 후반부에 내담자에게서 "저는 그것에 대해 방금 긍정적으로 생각했어요. 그랬더니 모든 것이 괜찮아졌어요."와 같은 말을 들었다. 그리고 나는 그런 오해와 함께 살아가는 법을 배웠다. 이렇게 말하는 이유는 어떤 내담자들은 생각을 평가하는 미묘한 의미를 이해하지 못할 수도 있고 긍정적인 생각이 실제로 가끔씩은 가야 할 방향일 수도 있기 때문이다. 하지만 대체로 볼 때 내담자가 자신이 가지고 있는 사고에 대해 다르게 생각해 보는 방식을 꾸준히 교육하는 것이 가장 좋다.

지나치게 지시적인 인지 작업이 왜 문제인가?   첫 번째로 인지치료가 허수아비, 즉 올바로 생각하는 방식을 규정하는 생각 해결사를 만든다는 선입견이 있다. 그래서 사람들이 인지 작업을 하려고 할 때 자신이 할 일은 생각을 '고치는 것'이라고 느낀다. 이러한 인지 작업에 대한 인상은 아마도 초기 인지치료자들(특히 앨버트 엘리스)이 그들의 작업에서 사용했던 방법에 대한 인상과 인지치료를 설명하는 데 사용한 용어들(**사고 오류** 또는 **왜곡**) 때문에 견고해진 것 같다.

둘째, 인지 접근은 구조화된 것이다. 구조화된 접근에 별로 익숙하지 않은 상담자들은 새로운 것을 시도하는 데 불안을 느낄 수도 있고 구조를 융통성 없이 강조할 수도 있으며 상담 시간에 너무 지시하는 태도나 설명하는 태도를 취할 수도 있다.

지나치게 지시적인 접근이 되게 하는 세 번째이면서 마지막 이유는 인지 작업이 할 만한 것처럼 보이기 때문이다. 인지 작업은 처음에 매우 쉬워 보인다. 가령 다른 사람의 생각에서 '오류'가 너무 뻔히 보이는 경우가 많다. 오류를 지적하고 몇 가지 대안을 제시하는 것처럼 실제로 그렇게 간단할까? 내담자가 가지고 있는 **사고에 대해 생각하도록 하는 다양한 방법**을 배우도록 돕는 것은 어렵고도 힘든 일이다. 아동이나 청소년 내담자에게는 특히 천천히 그리고 인내를 가지고 해야 한다. 내담자에게 오류를 지적하고 몇 가지 대안을 제시하고자 하는 경향과 내담자가 부정적으로 생각할 때 내담자를 안심시키고자 하는 유혹을 피하는 것이 필요하다는 것을 이해한다고 하더라도 그러한 함정에 쉽게 빠질 수 있는 것이다.

그래서 내담자에게 정서조절 인지전략을 교육하는 접근법을 언급하기 전에 과도하게 지시적으로 인지 작업을 하는 함정을 피하는 사전 조언을 하고자 한다.

공정 팀의 대장이 된다. 상담자의 역할은 내담자의 생각에 대해 공정성을 유지하는 것이다. 상담자는 그 생각을 판단하지 않아야 하는데, 어떤 생각은 '좋다' 또는 '긍정적이다'라고 하고 또 어떤 생각은 '부정적이다' 또는 '잘못됐다'라고 이야기하지 않는다는 것이다. 대신에 상담자는 공동 연구자의 역할을 하여 내담자가 가지고 있는 생각을 검토하고 다르게 생각했을 때 상황에 미치는 영향을 (내담자와 함께) 생각해 볼 수 있다. 어떤 상담자는 처음에 공정 팀의 대장으로 행동할 때 자신이 다소 인색하지 않을까 염려하는 말을 하기도 하였다. 어떤 내담자는 무엇을 해야 하고 어떤 생각을 해야 하는지 상담자가 말해 주기 원할 수도 있다. 내담자를 괴롭히는 생각에서 벗어나 적응적인 생각을 하도록 내담자를 유도하고 싶은 유혹이 들겠지만, 목표는 이것이 아니라 각 생각을 분석하여 그 생각이 내담자가 바라는 것을 돕는지 또는 방해하는지 생각해 보는 것이다.

결론적으로 이 작업이 특히 힘든 부분은 내담자가 어떤 특정한 생각이나 몇몇 생각에 말뚝을 박고 있다는 인상을 지우는 것이다. 여기서 간단한 진리는 어떤 생각이 도움이 될지 아는 것은 정말 힘들다는 사실이다. 맥락이 중요한 결정 요인이 될 수 있다. 어떤 순간이나 어떤 장소에서 도움이 되는 것이 다른 순간이나 다른 장소에서는 별로 도움이 되지 않을 수도 있다.

고기 잡는 법을 가르친다. "사람에게 물고기를 주어라. 그러면 너는 그 사람을 하루 먹일 수 있다. 고기 잡는 법을 가르쳐라. 그러면 그 사람을 평생 먹일 수 있다."는 격언을 기억하자. 많은 정신건강 전문가가 안심시키기를 하는 것은 자연스럽다. 하지만 목표는 이후 강물에 떠나보낼 생각뿐만 아니라 지금 가지고 있는 생각을 다루도록 내담자를 준비시키기 위해 그 생각에 접근하는 방식에 대한 모델이 되어 주는 것이다. 이 작업에는 다음과 같이 유용한 질문들이 있다.

- 그 생각을 지지하는 또는 반증하는 증거는 무엇인가?
- 그 생각을 믿거나 그 생각을 바탕으로 행동할 때 나타나는 결과는 무엇인가?
- 다른 생각이 들었는가?
- 여러분의 목표와 일치되게 행동하거나 느끼는 데 어떤 생각이 도움이 되는가?

상담자들은 어떻게 그들 자신의 취향에 맞는 치료를 하는가? 상담자들이 인지전략을 가르치는 방법을 고심하는 데 도움을 줄 수 있는 세 번째 아이디어는 테이블을 돌리는 것이다. 즉, 자신이 내담자라고 생각하고서는 내담자들이 여러분과 함께 인지작업을 하려고 시도했던 때를 생각해 보라. 여러분에게 다음과 같은 말을 해 주는 사람이 있다면 유용하겠는가?

- 걱정하지 마. 별일 아니야.
- 그 사람은 너에 대해 어떤 나쁜 이야기도 하지 않았어. 그 사람은 최근에 그저 기분이 안 좋았을 뿐이야.
- 그것 때문에 화내지 마. 그는 네가 그걸 얼마나 신경 쓰고 있는지 몰랐던 거야.

이러한 안심시키기가 때로는 도움이 되기도 하고 지지가 되기도 한다는 것은 사실이다. 하지만 많은 경우 이러한 조언은 조언을 받는 사람으로 하여금 조언을 받아들이지 않게 하여 이로 인해 조언을 받는 사람이 가지고 있던 생각을 더 견고하게 하는 것이다. 가벼운 생각으로 움직이기 시작했던 것이 견고한 상태로 되는 것이다.

이와 유사하게 개인의 생각에 대한 부적절한 평가 또한 문제가 될 수 있다. 다음의 생각을 고려해 보자.

- 그건 정말 큰일이야.
- 그 사람은 가끔 정말 비열해.
- 네가 정신 나간 게 맞아. 그는 정말 얼간이었어.

다시 말하지만, 지지가 때때로 가치 있기는 하지만, 그 사람에게 단순히 동의하는 것은 그 사람이 벗어나는 데 도움이 되지 않을 수도 있다.

자, 어떤 것도 친구로서 행동하는 방식을 바꾸어야 한다고 말하고 있는 것이 아니다. 친구로서 우리는 때로는 동의하지 않기도 하고 또 때로는 지지와 수용 그리고 동의를 하기도 한다. 더욱이 상담자는 유사한 지지 역할을 하기도 한다. 하지만 인지 작업을 할 때는 양극의 중도를 위해 이 두 가지 전술은 대체로 피해야 한다. 즉, 판단하지 말고 생각을 지켜보는 것이다.

인지전략을 가르치는 방법.　주로 서문에서 상당히 많은 자료가 논의되었기 때문에 이제는 인지 작업을 위해 네 가지 일반적인 방법을 이야기할 때다. 네 가지 방법은 ① 소크라테스를 기억하기, ② 과학자/탐정이 되기, ③ 하향식 화살기법표를 따라가기, 그리고 ④ '다른 생각'이 떠오르도록 촉진하기다.

소크라테스를 기억하기.　소크라테스식 방법이란 무엇인가? 대부분의 독자가 떠올릴 수 있듯이, 소크라테스는 비판적인 사고를 장려하는 방법으로 답을 제공하는 대신에 질문을 요구하는 방법을 가르쳤다. 그리고 이 방법은 교육과 치료의 도구로서 사용하기 위해 발전해 왔다. 일반적으로 이 방법은 개방형으로 끝나고 탐색하는 질문을 하도록 한다. 인지치료와 관련해서는 소크라테스 방식을 사용하여 물어볼 수 있는 몇 가지 질문 유형이 있는데, 이는 다음과 같다.

명료화 질문 이 질문의 목표는 더 많은 정보를 얻는 것이다. 그러한 질문에는 "X는 무슨 뜻인가요?" "그것을 다루는 방법에 대한 당신의 생각은 무엇입니까?" 등이 있다.

근거/증거 질문 이 질문은 인지 작업에서 공통된 접근인데 이는 전반적인 목표가 내담자로 하여금 생각을 평가하도록 하는 것이기 때문이다. 증거는 생각을 평가하는 한 가지 방법이어서 증거에 대해 묻는 것은 교육과 연습을 위해 좋은 방법이다. 그러한 질문에는 "그것이 사실이라는 증거는 무엇입니까?" "그렇게 이야기하는 근거는 무엇입니까?" "당신이 옳다고(또는 틀리다고) 하는 것을 어떻게 확신하나요?" 등이 있다.

관점 질문 이 질문은 내담자(그리고 상담자)가 타인의 관점을 생각해 보도록 하는 것이다. 여기서는 다른 사람들이 그 상황을 어떻게 지각할지 내담자에게 생각해 보도록 요구하는 질문을 한다. 이런 질문의 예로는 "당신에게 동의하지 않는 사람은 뭐라고 말할까요?" "이 말에 대해 당신을 도와주고 싶어 하는 사람은 더(또는 덜) 속상할까요?" 등이 있다.

영향/결과 질문 제목이 의미하듯이, 이 질문들은 내담자가 그들 생각의 결과나 영향을 상상해 보도록 질문하는 것이다. 이러한 질문의 종류는 최소한 세 가지 다른 방향이 있다. 첫 번째는 내담자가 '최악의 시나리오'를 상상하도록 하는 것인데 이는 곧 논의할 **하향식 화살기법** 원리와 관련이 있다. 하향식 화살기법 유형의 질문

예로는 "만약 그 생각이 사실로 드러난다면 무슨 일이 벌어질까요?" "일어날 수 있는 최악의 상황은 무엇일까요?" 등이 있다.

두 번째 접근은 내담자에게 그 증거가 가설에 불과하더라도 증거를 검토하도록 요구하는 것과 유사한데, 다음과 같은 질문을 한다. "그것이 일어날 가능성은 어느 정도이며 어떻게 아나요?" "일어날 수 있는 최악의 일은 무엇인가요?" 등이 있다.

'영향' 질문의 세 번째 접근은 내가 이따금씩 '필 박사' 방법이라고 부르는 것인데 방송 진행자이자 심리학자인 필(Phil) 박사의 이름을 따라 붙였다. 여기서 추천하는 것은 필 박사가 가끔 보이는 비판적인 어조를 사용하라는 것이 아니라 그 질문의 정신을 차용하라는 것이다. 예를 들면, "그렇게 생각하는 것이 당신에게는 어땠습니까?" "그런 식의 생각이 효과가 있는지 어떻게 알까요?" 등이 있다.

효과가 있기는 하지만 인지전략을 교육할 때 이 방법을 쓰는 것은 시간 낭비다. 하지만 이 방법을 계속하면 자신의 생각을 검토하는 것이 복잡한 감정을 다루는 데 도움이 된다는 메시지를 내담자가 간직할 가능성을 높이는 것이 된다.

과학적 또는 수사 작업으로서 인지치료. 공동 연구자로서 상담자라는 개념을 떠올려 보기 바란다. 내담자의 생각, 그리고 그 생각이 자신의 감정에 어떻게 영향을 미치는지에 대해 더 많이 알 수 있도록 고안된 과학적인 연구에 상담자와 내담자가 참여하고 있다고 생각해 본다. 이런 생각에 대한 대안으로 어떤 사람은 상담자의 역할을 어떤 범죄에 대해 맞는 이론을 찾기 위해 단서나 증거를 모으고 있는 협력 형사로 생각할 수도 있다. 또는 상담자와 내담자가 검찰이나 피고측 변호사 역할을 한다고 생각해도 된다. 어떤 경우라도 인지치료의 중요한 과정은 증거를 모으고 평가하는 것으로 이 목표는 내담자의 생각하는 방식을 바꾸는 것이 타당한 근거가 있는지 살펴보는 것이다. 여기 사례는 이렇게 하는 한 예를 보여 주고 있다.

상담자: 탐정처럼 이것에 대해 생각해 보자. 책이나 TV에서 아는 탐정 있니?

캘리: 음, 어머니가 가지고 다녔던 오래된 낸시 드류 책을 몇 권 읽었어요. 낸시 드류도 탐정 같던데 맞나요?

상담자: 맞아. 좋은 책이지. 낸시 드류는 말이야. 탐정이 무슨 일을 하지?

캘리: 음, 그들은 살인자같이 누가 범인인지 밝혀내려고 해요.

상담자: 맞아. 그렇다면 그들을 어떻게 밝혀내니?

캘리: 음, 모르겠어요. 그들이 어떤 단서를 가지고 있어서 그 단서들을 함께 사용하지 않을까요?

상담자: 맞아. 그들은 단서를 가지고 있어, 증거 같은 거 말이야. 그들은 그 증거를 찾지, 왜 그럴까?

캘리: 누가 그랬는지 알기 위해서요.

상담자: 맞았어. 그들은 어떻게 알까?

캘리: 음, 증거들이 그들에게 보여 줄 거예요.

상담자: 모든 증거는 항상 같은 답을 나타내니?

캘리: 음…… 모르겠어요.

상담자: 다른 방식으로 물어보자. 한 가지 단서가 범인이 청바지를 입고 있는 것이라고 생각해 보렴. 그 단서가 범위를 한 사람으로 좁히니? 한 사람만 청바지를 입고 있니?

캘리: 음, 아니요. 그러니까 많은 사람이 청바지를 입고 있어요.

상담자: 그렇지, 많은 사람이 입고 있어. 많은 사람이 청바지를 입고 있기 때문에 우리가 누가 그랬는지 아직 알 수 없어. 자세히 살펴봐야 하는 증거가 많아. 탐정은 모든 증거가 어떻게 딱 들어맞는지 이해하기 위해 기다려야 해. 내가 생각탐정(모듈의 연습 부분에서 설명)이라고 부르는 게임이 있는데, 탐정이 일하는 방식과 아주 비슷해. 여기서는 범죄를 수사하는 대신에 생각을 수사하지.

상담자는 이 과정을 탐정 작업보다는 과학적인 사고하기에 비유하고 싶어 할 수도 있다. 이 비유에서 생각은 추측, 즉 가설이다. 가설을 검증하기 위해서 내담자는 증거를 모으고 그 증거들을 평가한다. 과학 비유의 보너스는 가설을 검증하기 위해 실험을 할 필요가 있고 이 실험은 사고/추측을 검증하기 위해 상담 시간에 내담자가 하는 실제 과제가 될 수 있다는 것이다. 예를 들어, 만약 내담자가 축구를 하는 것이 끔찍하다고 생각한다면, 상담자는 내담자와 함께 '끔찍하다'가 의미하는 것(즉, '끔찍하다'는 것을 어떻게 측정할 수 있는지)을 탐색할 수 있고, 내담자의 축구 기량과 그의 수행을 측정할 수 있는 다양한 과제를 설계할 수 있다.

하향식 화살기법을 따라가기. 내담자에게 인지 기법을 사용하는 또 다른 중요한 교리는 하향식 화살기법이라고 하는 것과 관계가 있다. 때때로 내담자가 찾은 첫 번째 생각은 다소 피상적으로 보일 수 있다. 하향식 화살기법에는 한 가지 생각을 추적해서 최악의 시나리오까지 따라가는 것이 포함되어 있다. 여기서 개념은 마음에 떠오르는 첫 번째 또는 두 번째 생각이 그다지 고통을 주지 않는 것처럼 보이더라도 더 깊이 들어가 보면 더 고통스러운 생각에 이를 수 있는데 이 생각은 내담자의 정서상의 곤경에 빛을 비추는 데 도움을 준다. '깊이 들어간다는 것'은 반드시 내담자의 과거를 깊이 캐내는 것을 의미하지는 않는다. 이보다 깊이 들어간다는 것은 특정 생각의 뿌리, 즉 **의미**를 드러낸다는 것이다.

실제 하향식 화살기법에는 내담자에게 처음 든 생각에서 있을 수 있는 최악의 결론이나 의미로 내담자를 이르게 하는 일련의 질문들이 있다. 질문은 다음과 같다.

- "그러고 나면 다음에는 무슨 일이 일어날까요?"
- "그 일이 일어난다면 그것이 의미하는 것은 무엇인가요?"
- "최악의 상황이 일어났다고 생각해 보세요. 그러면 어떤가요?"

하향식 화살기법의 목표는 내담자 사고의 바닥을 찾는 것이다. 즉, 가장 걱정되거나 슬프거나 또는 화나게 하는 끔찍하거나 불쾌한 결과가 무엇인가 하는 것이다. 바닥을 찾는 것은 단순히 질문을 하는 문제이기는 하지만, 모든 내담자가 고통을 주는 생각을 듣기 전까지는 그 생각을 잘 자각하지 못하기 때문에 상담자는 가능한 안 좋은 결과에 대해서 제안할 필요가 있는 것이다. 화살의 **가장 밑**에 무엇이 있는가는 개인차가 있다는 것 또한 언급해 두는 것이 좋겠다. 다음 임상 축어록은 추천하고 있는 과정의 예를 보여 주고 있다.

상담자: 그 상황에서 든 생각은 시험을 잘 치지 못할 것이라는 거니?

지크: 네, 그럴 거 같아요.

상담자: 좋아, 그럼 시험을 잘 치지 못했다고 하자. 그러면 어떻게 될 거 같니?

지크: 음…… 제가 성적이 안 좋을 거 같은 거?

상담자: 얼마나 안 좋은 게 최악이라고 생각하니?

지크: 음…… 제가 낙제하는 거 같은 거?

상담자: 맞아. 네가 낙제했다고 가정해 보자. 그러면 어떻게 될 거 같니?

지크: 모르겠어요.

상담자: 네 추측은 뭐니? 다음 일어날 최악의 것은?

지크: 최악이요? 음, 나는 그 수업에서 낙제할지도 몰라요.

상담자: 좋아. 너는 그 수업을 낙제했어. 그리고 나면?

지크: 그러면, 아마도 나는 10학년을 낙제하겠죠?

상담자: 그런 일이 일어났다고 가정해 보자. 그리고 나면?

지크: 어머니와 새아빠가 눈앞이 캄캄해지고, 아마 엄청나게 화를 낼 거예요.

상담자: 그들이 정말로 분노했다고 가정해 보자. 그리고 나면?

여기서 상담자는 계속 했는데 지크가 생부처럼 일생 아무것도 이루지 못하고 패배자로 살아갈 것이라고 한 어머니와 계부가 결국 옳을 것이라는 생각까지 도달하였다. 결국 지크의 가장 큰 걱정은 생부처럼 끝나는 것이었는데 다른 사람들이 보기에 생부가 그 이상 뭔가를 할 수 있다고 생각했음에도 몇 년 동안 실업자였고 어린 시절 대부분 집에 오지도 않았다. 이런 걱정에 대해 아는 것은 상담자가 인지 작업을 발전시켜 나가는 데 엄청난 도움을 주었다.

안목이 있는 독자는 주목하겠지만, 이 결과에 이른 것은 첫 번째 생각에서는 불분명하다. 어떤 경우에는 시험을 잘 못 본 것이 향후 공부에 대한 두려움이나 가족이 더 이상 사랑하지 않을 것이라는 염려를 일으켰을 수도 있다. 하향식 화살기법은 이러한 깊은 걱정에 도달하는 데 도움을 준다.

'다른 생각'이 떠오르도록 촉진하기.   지금까지 전략의 핵심은 생각을 찾고 개선하는 것이었다. 어떤 의미에서, 인지 작업의 중요한 부분이 평가와 관련되어 있어서 생각을 찾는 것보다 어떤 것으로 너무 빨리 이동해 가는 위험성이 있다. 실제로 모듈의 주제이지만 생각을 수정하는 방법으로서 인지 작업에 대해 생각하는 것은 분명히 잘못된 것이다. 하지만 인지 작업은 단순히 내담자가 자신의 생각을 찾는 것을 돕는 문제만은 아니다. 즉, 또 다른 중요한 요소는 대안이 되는 생각을 해내는 것이다. 구체적으로 말하면, 목표는 (이상적으로) 내담자에게 도움이 되는 생각을 더 잘 해내도록 돕는 것이다. 그런데 이것을 어떻게 하는가?

방법은 여러 가지가 있다. 두 가지는 이미 설명했는데 소크라테스식 질문과 탐정가 작업, 즉 과학적인 사고를 하는 것이다. 이 두 방법은 지시가 덜 하고, 내담자가 하도록 요구하며 내담자에게 잘 맞는 생각을 찾게 되기 때문에 좋은 방법이다. 하지만 이러한 전략이 잘 들어먹히지 않거나 상담자 편에서 좀 더 직접적인 제안이 필요한 경우가 많다. 상담자가 구체적인 대안 생각을 제안하는 것이 필요하다고 생각될 때 사용할 수 있는 두 가지의 전략은 다음과 같다.

1. **다른 생각을 브레인스토밍하기.** 상담자는 내담자와 함께 어떤 특정 상황에서 들 수 있는 다른 생각 목록을 만드는 작업을 할 수 있다. 다른 브레인스토밍과 마찬가지로, 이 방안은 많은 가능성을 만들어 내고서 이 가능성의 득실을 따져 보는 것이다. 처음에 목표는 가능한 한 많은 생각을 평가하지 않고 단

순히 목록으로 만드는 것이다. 그러고 나서 이 생각의 장단점을 따질 때 인지 삼각형을 참고하는 것이 도움이 된다(예: "만약 당신이 '처벌은 실망스러운 일이기는 하지만, 몇 분 안에 끝날 것이다.'라고 생각한다면, 당신의 느낌은 어떨까요?")

2. **도움이 되는/논박하는/대처하는 생각 이면의 논리를 설명하기.** 소크라테스식 질문의 간접 방법이나 탐정가 작업과 같이 둘러가는 방법과는 반대로, 때로는 내담자가 대처하는 데 도움이 되는 생각을 만들어 내는 목적에 대해 직접 알려 주는 것이 유용할 수 있다. 많은 아동은 마지못해 상담을 받지만 어떤 아동들은 변화에 더 열의가 있다. 상담의 목표가 도움이 되는 생각(또는 논박 사고 또는 대처 사고)을 찾는 것이라는 점을 이해하고 동의한다면 상담은 다소 쉬워질 수 있다.

연습: 활동과 게임

다음은 내담자가 감정과 생각 사이의 연관성을 연습하는 데 도움이 되도록 설계된 세 가지 활동과 게임이다.

인지 우주선

이 게임은 사람들은 생각을 하고, 그 생각은 우리의 감정과 행동에 영향을 미친다는 인지 작업의 기초를 다지기 위해 설계되었다. 이 게임은 신체 활동과 매칭 과제가 혼합되어 있는데, 결과적으로 어리거나 활동적인 내담자와 작업할 때 특히 유용하다. 여기서 설명한 것처럼 이 게임은 수많은 변형이 있을 수 있다. 상담자는 자신이나 내담자의 선호에 따라 이 게임을 수정해도 좋다.

준비. 상담자는 생각을 범주화한 신호 한 세트가 필요하고 상황 목록 그리고 감정과 연관되어 있는 생각을 목록으로 만든 카드 한 세트가 필요하다. 이 두 요소에 대한 설명은 다음에 있다.

신호. 신호는 생각을 범주화하는 데 사용된다. 내담자들 사이에 발달 수준이 다양하다는 사실을 감안하여 세 가지 신호에 대해 설명하였다.

1. **단순신호.** 어린 내담자나 복잡한 개념이 어려운 사람들에게 세 가지 신호가 유효할 수 있다. ① '도움이 되는 생각', ② '도움이 되지 않는 생각', ③ '이도 저도 아닌 생각'.

2. **지침+느낌 신호.** 좀 더 단계가 높은 신호는 특정 감정(예: 더 걱정되는, 덜 화나는)에 미치는 생각의 영향을 반영하는 것이다. 여기에는 플러스 신호와 마이너스 신호뿐만 아니라 복합되어 있는 감정 신호(예: 행복한, 슬픈, 겁나는)가 요구된다. 내담자는 한 개의 감정 신호와 플러스 신호(감정의 증가) 또는 마이너스 신호(감정의 감소)에 접촉한다. 물론 어떤 생각들은 여러 감정에 영향을 줄 수 있다. 그러므로 내담자는 한 가지 이상의 감정에 접촉할 수 있다.

3. **생각 범주 신호.** 더 난이도가 있는 대안 신호는 ① 과잉일반화, ② 파국화, ③ 과잉추론, 그리고 ④ 선택 추상화와 같은 생각 범주들이다. 여기서 내담자는 패턴이나 각 생각에 반영되어 있는 패턴에 접촉하게 된다. 이는 선택 추상화에 대해 확장 거울을 사용하는 것처럼(즉, 한 가지 사물을 자세히 보는 것) 이러한 생각 패턴의 정의를 개관하고/거나(신호에 요약을 쓰는 것도 생각해 볼 수 있다), 그 범주를 나타내는 그림을 그려 보기 위해 이 접근을 사용할 때 유용할 수 있다. 더 도움이 되는 생각을 갖기 위해 내담자들은 어떤 패턴이 생각에 의해 감소되는지 파악할 수 있다.

　　상황과 생각(S&T) 카드. 이 카드는 상담하다가도 쉽게 사용할 수 있기는 하지만 이 카드를 만들어야 하는 내담자를 상담할 때는 게임에 앞서 이 S&T 카드를 준비해 놓는다. 필요한 것은 다양한 정서 상황인데 각 상황은 몇 가지 다른 생각과 연관되어 있다. 보통 몇 가지 상황을 상정하고 나서 생각을 생성하기 위해 이 상황을 사용하는 것이 가장 쉽다.

　　S&T 카드를 만드는 동안 생각하고 있어야 할 몇 가지 목표가 있다. 첫째, 몇 가

지 '도움이 별로 되지 않는' 생각에 초점을 맞춘다. 도움이 되는 대처 사고 목록을 가지고 있는 것은 나름대로 이점이 있지만 도움이 별로 되지 않는 생각을 꺼내어 주의 깊게 살펴보는 것이 중요하다. 둘째, 내담자 자신의 상황과 관련이 있는 생각을 떠올리도록 노력해야 한다. 셋째, 다양한 느낌을 일으킬 수 있는 다양한 상황을 떠올리도록 노력해야 한다.

몇 가지 가능한 S&T 카드의 예가 다음에 있다.

상황: 선생님이 방금 여러분을 불렀다.

생각:

"아! 대답을 잘 못할 거야!"

"내가 문제를 일으켰나?"

"선생님이 방금 뭐라고 하셨지?"

"어젯밤 과제를 해서 다행이야."

"선생님은 맨날 나만 가지고 그래."

상황: 학교 식당에서 어떤 아이들이 여러분을 쳐다보고 있다.

생각:

"오늘 멋진 옷을 입고 있는데."

"내 등에 이상한 게 붙어 있나 보다."

"나를 비웃고 있나 보다."

"나를 때리려고 하나 보다."

상황: 여러분이 친구를 세 번이나 불렀는데도 돌아보지 않는다.

생각:

"쟤는 이제 내가 싫은가 보다."

"부모님께 또 혼났나 봐."

"다른 친구들하고만 놀려고 하는구나."

"마음이 상했나 봐."

상황: 쇼핑몰에서 어떤 아이가 여러분과 부딪힌다.

생각:

"조심성이 없구나."

"뭐야? 고의로 그랬구나."

"여기는 너무 붐비는데."

"난 너무나 조심성이 없는 멍청이야."

상황: 아버지가 여러분을 데리러 오기로 한 시간에 아직 오시지 않고 있다.

생각:

"사고가 났나?"

"또 길을 잘못 드셨나 보다."

"너무 바쁘신가 보다."

"여기 오시는 것 까먹으셨다."

상황: 여러분이 과제하는 것을 잊었다.

생각:

"별일 아니야. 수업 전까지 할 수 있어."

"과제 못해서 불려 나갈 거야."

"성적이 엉망일 거야."

"난 멍청이야."

게임 진행. 카드는 내담자가 각 신호에 접촉하기 위해 이동할 수 있도록 여러 위치에 놓아둔다. 즉, 신호는 이동하는 데 지장이 없도록 각 신호 사이에 충분히 간격을 두어야 한다. S&T 카드의 윗면이 위로 향하도록 테이블에 놓는다. 내담자가

한 카드를 골라 상황을 읽고 목록에 있는 생각 가운데 하나를 골라 읽는다. 그러고 나서 내담자는 그 생각과 가장 적합하다고 생각되는 신호로 다가가서 꼬리표를 붙이고 처음 있던 곳으로 되돌아온다. 내담자가 선택한 것이 아주 잘못되었다면 상담자는 의미를 명확하게 해 주거나 부드럽게 교정해 줄 수 있다. 그런 다음 내담자는 다음 카드에 적힌 생각을 읽고 그 생각에 맞는 신호로 간다.

부가물. 카드에 있는 모든 생각이 범주로 나뉘고 나면 상담자와 내담자는 다른 생각을 더 추가할 수 있다. 이 부가물 활동은 새로운 생각의 '좋은 점'을 강조하자 하는 것이 아니라(상담자가 공정 팀에서 대장으로 활동한다는 것을 상기해 보기 바란다), 단순히 대안이 되는 생각을 해 보도록 해서 이런 생각이 감정에 미치는 영향을 평가하기 위한 것이다. 내담자가 새로운 생각을 해내도록 하는 것이 가장 좋지만 내담자가 새로운 생각을 해내는 것이 어렵다면 상담자가 처음에 조금 도와주는 것이 도움이 될 수 있다. 내담자가 이런 대안들을 만들어 내고 나면 달려가 적합한 신호를 건드린다.

대안 버전 1: 인지 목표물. 이 게임은 인지 버스와 비슷하지만 더 쉽게 할 수 있다. 같은 신호가 사용되지만 카드에는 상황만 있다(S&T 카드에 있는 생각들은 포스트잇으로 가려 있다). 내담자는 다음과 같은 순서로 한다. ① 내담자 1은 상황을 선택한다. ② 내담자 2는 신호에 미사일을 던져 신호 가운데 하나를 선택한다(미사일은 구긴 종이면 충분하다. 안전한 것으로 선택한다). ③ 그리고 내담자 1은 내담자 2가 어떤 신호를 맞추든 간에 그 신호와 상황을 연결하여 그 상황에서 들 수 있는 생각을 말한다. 게임은 각 상황별로 여러 번 반복될 수 있다.

대안 버전 2: 인지 후프. 이 게임은 신호 대신에 이름이 붙어 있는 컵이나 용기를 사용한다는 점 외에는 인지 목표물과 같다. 공을 컵에 던져 넣는다(공은 종이를 구겨서 할 수도 있고 탁구공을 사용할 수도 있다).

대안 버전 3: 강점의 인지 업적. 1990년대 TV 쇼인 〈사인필드〉에서 영감을 받은 제목으로 여기서는 각 신호에 강점을 부여한다. 내담자는 인지 셔틀에서 하는 것처럼 생각을 범주로 나누기 위해 신호에 가는 것이 아니라 자신이 선택한 것을 나타내기 위해 범주를 적절하게 나타내는 신호에 강점 업적을 수행한다. 게임할 때 내담자는 S&T 카드를 꺼내서 상황을 읽고 그런 다음 한 번에 하나씩 생각을 읽는다. 이후 내담자는 정확한 범주를 나타내는 강점 업적을 수행한다. 강점 업적의 예에는 ① 30초간 한 다리로 서 있기, ② 팔굽혀 펴기 5개 하기, ③ 요가 자세 따라 하기, ④ 뛰어오르기 5개 하기 등이 있다. 게임 상황의 제약점들이 업적 목록에 영향을 준다.

생각탐정

이 게임은 단서가 한 번에 하나씩 나타나는 사건을 해결하기 위해 내담자가 탐정 역할을 하는 것이다. 이는 서점이나 장난감 가게에서 팔고 있는 '범인 찾기' 게임과 비슷하다. 여기서 풀어야 할 과제는 범인을 찾는 것이 아니라 아동의 삶에서 발생하는 어렵고 모호한 상황들이다.

준비. 이 게임은 준비하는 데 시간이 필요하기는 하지만, 상담자가 준비물 가운데 몇 개만 새로 준비한다면 다른 재료들은 여러 번 다시 사용할 수 있다. 상담 시간에 준비하는 것도 가능하지만 이런 경우에는 내담자가 생각을 빨리 할 수 있고 창조성이 있어야 한다.

단계 1: 줄기 잡기. 먼저 상담자는 해결해야 할 과제를 최소한 한 개는 설정해야 한다. 여기에 세 개의 시나리오(줄기)가 제시되어 있지만 변형은 무궁무진하게 가능하다. 이 시나리오를 상담자와 내담자 각 개인에게 맞게 변형시키는 것은 그럴 만한 가치가 있다. 경험에 따르면 내담자가 선택하도록 하고 2라운드 또는 3라운드에서 기회를 가지도록 하기 위해 상담을 시작하기 전에 두 개나 세 개 정도 시나리오를 준비하는 것이 좋다.

시나리오 1: 전화 미스터리 한 친구가 다른 사람에게 전화나 문자를 하지 못했다. 이 친구는 왜 전화를 다시 하지 않을까?

시나리오 2: 혼란스러운 선생님 미스터리 수업 시간에 선생님이 한 학생에게 화난 표정을 지으면서 수업 시간 이후에 보자고 하신다. 왜 그럴까?

시나리오 3: 늦게 데리러 온 미스터리 방과 후 부모님이 아동을 늦게 데리러 왔다. 무슨 일일까?

단계 2: 이야기 만들기.   목표는 적당한 길이의 이야기를 만드는 것인데 이는 게임이 재미가 있게 하면서 동시에 불가사의하고 모호하도록 하기 위해서다. 겉으로 명백하게 드러나는 상황은 보통 내담자를 몰입시키지 못한다. 다음의 예를 보면 등장인물의 이름과 나이가 부여되어 있다. 불특정한 상황이지만 내담자가 경험한 것처럼 느끼게 구성하면 내담자에게 더 재미를 주고 몰입하게 한다.

시나리오 1: 전화 미스터리 안젤리나와 케이트는 벨리 고등학교에서 지난 몇 달 사이 친구가 되었다. 어느 토요일 아침 케이트가 안젤리나에게 전화를 했지만 몇 시간이 지나도 안젤리나에게서 전화가 없다. 케이트는 문자를 보냈지만 한 시간이 지나도 답문자도 없다. 안젤리나는 왜 전화도 없고 문자도 보내지 않은 걸까?

단계 3: 단서 만들기.   상담자는 내담자에게 한 번에 하나씩 보여 줄 단서 목록을 만든다. 단서는 종이 한 장 또는 색인 카드 한 장에 한 단어씩 쓰도록 하고 3개에서 7개 정도가 좋다(이 정도가 긴장감을 조성하기에 좋고 너무 많지 않아 단어 설명이 명쾌

하다). 단서를 제시하는 나름의 순서가 있을 때 단서를 만드는 것이 가장 쉽다.

시나리오 1: 전화 미스터리 다음 순서로 단서를 제시한다.

단서 1: 금요일에 안젤리나가 다른 친구들 몇몇과 이야기하는 것을 케이트가 보았다.

단서 2: 안젤리나는 금요일에 케이트와 점심을 같이 먹지 않았다.

단서 3: 케이트는 작년에 이곳으로 이사 왔지만 안젤리나는 유치원 때부터 이곳에 살고 있었다.

단서 4: 안젤리나는 케이트보다 더 잘 산다.

단서 5: 안젤리나는 금요일에 일찍 하교했다.

게임 진행. 미스터리 저녁 파티를 알고 있는 사람이라면 이 게임을 어떻게 하는지 금방 알 것이다. 이 게임은 다음 순서로 진행된다.

1. 이야기를 읽는다.
2. 첫 번째 단서를 꺼내어 읽는다.
3. 단서를 기초로 가능한 답안을 찾는다. 상담자가 할 일은 내담자가 찾은 답안이 이야기에 등장하는 인물들이 할 수 있는 추측이나 생각과 얼마나 유사한가를 확인하는 것이다.
4. 찾은 답안별로 이후 벌어지는 일들에 대해 토론하는데 이때 토론의 기초로 인지 삼각형을 이용한다. 달리 표현하자면, 내담자가 찾은 방법으로 해결한다고 하면 등장인물이 어떻게 느낄 것이며 무슨 일이 일어날 것이냐를 토론하는 것이다.

5. 내담자에게 답안에 대한 자신의 추측을 쓰도록 하고 왜 그렇게 썼는지 말하
   도록 한다. 단서 번호와 추측을 쓴다.

6. 다음 단서를 꺼낸다.

7. 3단계와 4단계 그리고 5단계를 반복한다. 새로운 단서가 내담자가 상황에 대
   해 생각하는 방식에 영향을 미쳤는지 그리고 이전에 찾은 답안을 지지하는지
   또는 지지하지 않는지에 대해 토론해야 한다.

8. 마지막 단서를 꺼낸 다음 상담자와 내담자는 모든 단서를 고려할 때 가장 그
   럴듯한 답안은 무엇인지 토론한다(그리고 바라기로는 상담자와 내담자가 그 답
   안에 동의한다).

9. **선택사항**: 각 단서를 다시 살펴보고 단서가 최종 답안을 추측할 때 말이 되는
   지 토론해 본다.

'여러분의 추측은 무엇입니까?' 게임

내 동료인 브루스 초피타(Bruce Chorpita)는 생각을 **추측**으로 보는 아이디어를
소개하였다. 이것이 이 게임을 만드는 데 영감을 주었다. 이 게임은 내담자가 생각
을 해내고 그 생각을 검토하는 연습을 하도록 고안되었는 데 이 모듈의 핵심 교육
내용과 일치한다.

준비. 상담자는 카드 한 세트를 만들고 어떤 상황이나 이야기를 묘사하는 문장
몇 개를 써 둔다. 각 이야기는 불완전하게 구성되어야 한다. 등장인물은 이야기가
끝날 때 게임이 잘 되기 위해서는 대략 카드 7장 정도가 필요하다.

이야기를 구성할 때 두 가지 요구사항이 있다. 등장인물이 한 명에서 네 명 정도
여야 하고, 이야기는 상황에 따라 결론이 달라야 하지만 그 결론이 어떻게 될지에
대한 단서는 없다.

다음에 몇 개의 예가 있다. 굵은 서체가 주인공이다.

시나리오 1: 톰과 **샌디**가 함께 학습 과제를 했다. 선생님이 성적표를 나누어 주시면서 톰과 샌디가 있는 탁자로 다가간다. 성적표를 주는 대신 샌디에게 복도에서 보자고 하신다.

시나리오 2: 레놀드는 친구 타일러가 복도에 있는 것을 보고는 손을 흔들어 인사한다. 타일러는 손을 흔들지 않는다.

시나리오 3: 그레이스와 신시아가 놀고 있다. **케이트**가 다가가서 함께 놀 수 있는지 물어본다.

시나리오 4: 트래비스와 **애비**가 학교에서 방과 후 수업을 한다. 애비의 어머니가 애비를 데리러 오기로 한 시간보다 늦게 왔다.

게임 진행. 아무나 카드를 섞고 참여자 1이 카드를 뽑는다. 참여자 1이 카드를 읽고 이 상황 이후 무슨 일이 일어날 것이라고 주인공이 생각할지 추측을 한다. 앞의 예 시나리오 1을 보면 참여자 1은 샌디가 선생님이 자신을 혼낼 거라고 생각할 것임을 추측할 수 있다. 그러고 나서 참여자 1은 다음 각 질문에 답한다.

- "샌디가 왜 그런 생각을 할까요?"
- "샌디가 그런 생각을 한다면 샌디는 어떤 기분일까요? 샌디는 어떤 행동을 할까요?"
- "만일 첫 번째 추측이 틀리다면(즉, 선생님이 샌디를 혼내지 않는다면) 어떨까요? 샌디가 혼난다고 예상한다면 느낄 감정이 아닌 다른 감정을 느끼려고 한다면 어떤 추측을 할 수 있을까요?"

각 질문에 답을 다 하고 나면 참여자 2는 ① 카드 1을 가지고 다시 작업할 수도 있고, ② 새 카드를 뽑을 수도 있다. 만일 카드 1을 가지고 다시 작업한다면 참여자 1과는 다른 추측을 한다.

대안 버전 1: 다른 사람은 어떤가?   이 변형 게임에서는 게임에 등장하는 다른 인물에 대해 추측해 본다. 같은 게임 방법이 적용된다.

대안 버전 2: 함정에서 빠져나오기.   이 변형 게임에서는 각 카드에 생각 함정의 이름으로 된 또 다른 카드 세트가 필요하다(이 모듈의 '생각 진단하기' 참조). 시작할 때 참여자는 상황 카드와 함정 카드를 모두 뽑는다. 참여자는 두 가지 임무가 있다. 첫 번째는 각 상황별로 생각 함정과 일치되는 생각을 해내야 하고 다음에는 함정에서 빠져나오는 데 도움이 되는 생각을 해내야 한다.

Module 8
정서조절 기술 5
각 정서에 맞는 인지 기술

이 마지막 모듈은 각 정서에 맞는 인지전략에 초점을 맞추고 있다. 이 전략은 아동들이 슬픔, 공포, 걱정 그리고 분노와 관련된 사고를 평가하는 것을 돕는 방법에 대해 설명하고 있다.

이 모듈을 사용하는 시기

이 모듈은 주요 네 가지 정서인 분노, 걱정, 슬픔 그리고 두려움을 내담자가 잘 조절하지 못할 때 도움이 되도록 고안되었다. 특별히 이 모듈은 내담자의 사고방식이 최적의 정서조절을 어떻게 방해하는지에 대해 언급하고 있다. 모듈 7의 첫머리에 있는 주의사항이 여기서도 관련이 있다. 여기서 설명하는 전략들은 조금은 나이가 있는 내담자에게 적합한 것으로서 자신의 생각을 어느 정도 말로 표현할 수 있어야 한다. 이 모듈은 모듈 7을 해 보지 않고서도 할 수는 있으나 이 두 모듈이 서로 연관이 있다는 것은 언급해 두겠다.

목 표

이 모듈의 목표는 앞에서 언급한 네 가지 정서인 분노, 걱정, 슬픔 그리고 두려움과 관련되어 있는 인지 기술을 가르치고 연습시키는 것이다.

절 차

단계 1: 정서조절 – 소개

모듈 4의 단계 1을 내담자가 해 보지 않았다면 상담자는 정서조절의 도구로서 모듈 4의 단계 1에 있는 자료를 사용할 수도 있다. 만일 상담자가 자료를 읽었다면 구태여 또 읽을 필요는 없다.

단계 2: 분노를 다루는 데 사고 사용하기

개 요

분노는 불쾌감을 느끼게 하고 **행동을 하도록 하는** 정서인데, 그 속성상 사람으로 하여금 생각을 안 하고 행동하도록 한다. 그래서 분노로 어려움을 겪는 내담자에게 인지 기술을 사용할 때 주요 목표는 정서가 시작하는 때와 행동을 시작하는 때 사이의 시간을 늘리는 것이다. 즉, **행동을 억제하고 사고를 억제시키지 않는 것**이다. 다른 생각을 일으키는 생각을 파악하고 분석하는 기본 접근은 모듈 7에 언급되어 있는데 이 접근은 대체로 유용하다. 하지만 분노를 다루기 위해 생각해 볼 만한 몇 가지 인지 기술이 있는데 그 가운데 여기서 자세히 설명하는 것은 '관점 취하기'다.

교육

분노를 다루기 위해 생각 사용하기

관점 취하기. 관점 취하기는 다른 사람의 느낌을 이해하기 위한 수단으로 모듈 7에서 설명한 전략이다. 이 전략은 내담자가 화가 났을 때 분노를 가라앉히는 방법으로 내담자에게 제공하기 위해 이 모듈에서 쉽게 되어 있다.

1. **상황을 보는 방식은 여러 가지다.** 내담자가 이 점을 이해하도록 돕는 확실한 방법은 상담자와 내담자가 한 방에서 각각 자리를 잡고 자신이 볼 수 있는 것들을 이야기하고 그것이 어떻게 생겼는지 묘사해 보는 것이다. 바람직하게는 어떤 것은 놓치고 어떤 것은 왜곡하는 관점을 각자가 갖도록 상담자가 유리한 위치를 잡는 것이다.

2. **상황은 사람에 따라 다르게 보일 수 있다.** 이 경험을 비유로 하여 각 사람이 내면 경험의 차이로 상황이 어떻게 다르게 보일 수 있는지까지 확장시키는 것이 중요하다. 달리 말하면, 두 사람이 모두 같은 사물을 같은 장소에서 보지만 각 사람에 따라 그리고 어떤 경험을 하는가에 따라 그 사물(또는 상황)은 다른 의미를 가질 수 있다(그리고 종종 그렇다). 이것을 쉽게 할 수 있는 한 가지 방법은 모듈 2에서 소개한 단축형과 같이 이야기를 하는 것인데 여기서 다시 사용할 수 있다. "아이스크림을 먹으러 오라는 소리를 들은 아이를 생각해 보라. 이 아이는 어떤 느낌을 가질까?" 많은 내담자는 그 아이가 기쁨과 행복을 느낄 거라고 답할 것이다(어쩌면 "먹고 싶어요."라고 말할 수도 있다). 그리고 나서 내담자에게 만일 아이가 우유 알레르기가 있어서 아이스크림을 먹게 될 때 몸이 아프게 된다면 이 아이의 느낌이 달라질지 생각해 보라고 한다. 이 점을 연습하기 위해서 다음 절의 '연습: 활동과 게임'에 있는 전지전능(또는 모든 측면 보기) 게임을 보기 바란다.

3. 다른 시각은 다른 느낌과 행동을 유발한다. 이것은 사람마다 다른 관점을 가지고 있다는 논리를 확장한 것이다. 같은 경험을 하더라도 관점에 따라 느낌과 행동은 아주 다를 수 있는 것이다.

연습: 활동과 게임

다음은 내담자가 분노를 느끼고 이 분노를 조절할 수 있는 인지 기술을 사용할 수 있도록 돕는 두 가지 간단한 방법이다.

가상 분노기억 게임

앨라배마 대학교에 재직 중인 존 로크먼(John Lochman) 연구팀은 내담자가 분노 반응을 가라앉히는 다양한 방법을 연습시키기 위해 (안전하게) 내담자의 분노를 자극시키는 게임에 대해 설명하고 있다(Larson & Lochman, 2011 참조).

게임이 시작되면 내담자는 한 세트의 카드를 기억해야 하는 기억 게임을 할 것이라는 말을 듣는다. 카드를 꺼내 내담자에게 한 번에 한 장씩 몇 초간 보여 주고 카드를 덮는다. 그리고 내담자에게 보여 준 카드가 무엇이었는지 기억해 보라고 한다. 상담자는 한 번에 카드 한 장씩 보여 주고 그 카드가 무엇이었는지 기억해 보라고 하면서 시작할 수도 있다. 시간이 지남에 따라 기억해야 하는 카드 수를 늘려 나가면서 기억해야 하는 과제가 점점 어렵도록 한다. 게임을 더 어렵게 하고 정서조절과 관련 있게 하는 것은 각 카드를 제시할 때 상담자가 정서적인 도전과제를 제시한다는 것이다. 그러한 어려운 과제의 예로는 ① 상담자가 내담자의 이름을 다른 목소리로 불러서 내담자를 짜증나게 하는 것, ② 상담자가 내담자의 별명을 부르면서 놀리는 것(이것은 강하지 않아야 하고 허락을 얻어서 한다), ③ 게임하는 동안 좌절시키는 말을 하는 것(이것도 허락을 얻어서 한다)(예를 들면, "○○이는 카드를 잘 기억하지 못할 거야."와 같은 말을 추천한다)이다. 이 게임에서 생각해야 할 것은 내담자가 당면 과제(여기서는 기억 카드)를 완수하는 데 주의 분산이 될 수 있을 정도로 내담자를 짜증나게 하거나 화나게 하는 과제를 찾는 것이다.

상담자는 게임이 시작되기 전에 내담자가 카드를 기억하는 데 초점을 맞추도록 게임을 하는 동안 사용할 생각(그리고 다른 전략들)을 해낼 수 있게 내담자를 돕는 것이 좋다.

"주의를 기울이자."

"난 이걸 할 수 있어."

"저렇게 놀리는 것은 진심이 아니야."

"카드에 뭐가 있지?"

이 게임을 하는 데는 상담자 편에서 세심함을 요하는데 상담자는 무엇보다도 내담자가 이 게임을 이해하고 있으며 상담자가 놀리는 것이 진심이 아니라는 사실을 이해하고 있다고 확신할 수 있어야 한다. 두 번째로 상담자는 활동에 대해 이야기할 시간을 남겨 놓아야 하는데 이때 상담자는 게임이 내담자가 상담자와 관계를 지각하는 데 어떻게 영향을 미치는지에 초점을 맞춘다. 덧붙여 이 게임을 한 어떤 내담자들은 상담자가 자신을 진짜 싫어하며 놀리는 것이 진짜이지 않을까 걱정하는데, 상담자는 이것이 절대 아님을 미리 이야기해 두어야 한다. 이렇게 미리 준비해 두더라도 내담자들은 게임이 끝난 후 받을지도 모르는 상처에 대해 이야기할 시간의 기회가 있어야 한다. 마지막으로 게임이 분노를 조절하는 연습을 할 수 있는 효과 있는 방법이지만 모든 내담자(모든 상담자도 마찬가지로)에게 다 효과가 있는 것은 아니다. 따라서 게임을 하기 전에 각 내담자들이 게임을 어떻게 다룰지 생각해 두어야 한다. 상담자는 게임을 잘 다룰 수 있는 내담자에게도 조심해서 진행해야 한다.

형제와 또래 참여시키기. 상담자가 분노 촉진자로 참여하지 않는 가상 분노 상황에서 내담자가 연습할 수 있는 다른 방법은 형제나 또래를 참여시키는 것이다. 상담자가 분노를 촉발시키는 것을 지나치게 심각하게 받아들이는 내담자의 경우 같은 나이의 또래는 훌륭한 조력자가 될 수 있다. 여기서 중요한 활동은 내담자가 분노를 다루는 데 어려움을 겪는 상황을 역할 연기하는 것이다. 내담자는 또래나 형제와 역할 연기를 하는데 이들은 분노를 촉발시키는 역할을 한다. 상담자는 코치 역할을 하면서 역할 연기를 하기 전, 역할 연기를 하면서, 그리고 역할 연기를 한 후에 분노를 다룰 수 있는 생각과 전략에 대해 생각하게 한다. 상담자는 과제 수준을 높이거나 낮추기 위해 또래나 형제와 하는 역할 연기의 난이도를 다양하게 할 수 있다.

　임상 예가 이 접근의 예시로 좋을 것 같다. 나는 이전에 11세 남자아이의 사례를 슈퍼비전한 일이 있는데 이 아이는 친구가 조금만 자극해도 시비가 붙어 싸움이 잦았다. 상담자는 내담자와 놀리는 상황을 역할 연기하였고 중학생들이 주로 많이 쓰는 욕이 무엇인지도 탐색하였다. 상담자의 상당한 노력에도 불구하고 내담자는 역할 연기를 하는 동안 어색해하면서 웃었는데 내담자는 상담자가 놀리는 것을 재미있다고 느끼는 것 같았다. 내담자는 대안 행동을 연습하고 화를 자극하는 상황에서 다르게 생각하는 것을 연습했지만, 실제로 화가 났을 때는 어떤 연습도 하지 않았다. 그 결과 상담자는 내담자의 허락을 얻어 역할 연기에 형을 참여시켰다. 내담자는 훨씬 진지했고 연습은 더 잘 되었다.

　형제나 친구를 끌어들일 때는 몇 가지 규칙이 있다. ① 우선 내담자의 허락을 얻어야 한다. ② 형제나 친구가 역할을 할 수 있도록 준비시켜야 한다(이때는 참여하는 사람이 즉석해서 좋은 기술을 보일 것이라거나 목표를 이해했다고 가정하지 않는다). ③ 참여하는 사람이 믿을 수 있는 사람인지 감이 있어야 한다. 친구나 형제가 모두 이런 유형의 활동에 도움이 되는 것은 아니다.

전지전능(또는 모든 측면 보기)

　이 게임은 내담자가 분노를 조절하기 위한 하나의 인지 기술로서 역지사지 기술을 연습할 수 있도록 돕는다.

준비. 게임 전에 상담자는 한 세트의 시나리오를 준비할 필요가 있다. 바람직하게는 이 시나리오 가운데 몇 개는 내담자와 관련이 있는 것이 좋다. 몇 가지 시나리오의 예를 들면 다음과 같다.

시나리오 1: 타이와 잭이 점심을 먹으려고 줄을 서고 있다. 타이가 식판에 음식을 한 가득 담아서 자기 자리로 간다. 잭이 타이와 부딪혀서 식판이 뒤집혀 음식이 사방으로 튀었다.

시나리오 2: 프랜신과 헬렌이 학교 복도에서 이야기를 하고 있다. 이들의 친구인 웬디가 급히 옆으로 걸어가면서 프랜신과 헬렌이 잘 모르는 여자아이와 웃고 있다. 프랜신이 웬디에게 "안녕."이라고 얘기하지만 웬디는 쳐다보지 않는다.

시나리오 3: 브리애나와 에밀리는 같은 수학반 친구다. 어느 날 선생님이 최근 본 시험지를 되돌려 주었는데 에밀리가 브리애나보다 성적이 더 좋다.

시나리오 4: 케이트와 게리의 어머니가 직장에서 늦게 퇴근하였다. 그래서 이들은 할머니와 있어야 했는데 할머니는 엄격하시다. 어머니는 6시 30분에 도착하였는데, 케이트와 게리는 배가 고프고 과제를 아직 다 못했다.

게임 진행.
1. 참여자 1이 시나리오 하나를 골라 크게 읽는다.
2. 시나리오에 등장하는 사람들 가운데 한 명을 뽑아 그 사람의 입장에서 말하거나 글로 쓴다. 즉, 이 참여자는 그 등장인물이라고 상상하고 그 등장인물이 각 상황에서 생각하고 느끼고 행동할 수 있는 다양한 방식 가운데 한 가지를 상상하는 것이다. 여기서 제공된 관점으로 참여자는 시나리오 다음에 어떤 상황이 일어날지도 설명한다. 즉, 참여자는 그 관점을 취한 등장인물의 결과

를 생각하는 것이다.

3. 첫 번째 참여자가 끝나면 두 번째 참여자가 다른 관점을 추가한다.

4. 첫 번째 등장인물과 관련하여 새롭게 추가할 관점이 없을 때까지 참여자끼리 게임을 진행한다.

5. 각 상황에 대한 관점이 다 끝나면 참여자들은 점수를 부여하는 데 동의하고 독특한 관점을 제시한 참여자에게 1점을 준다.

6. 첫 번째 등장인물에 대한 점수 부여가 끝나고 나면 두 번째 참여자는 시나리오에서 다른 등장인물을 골라 위 과정을 다시 진행한다.

7. 이 과정은 시나리오의 각 등장인물별로 관점이 완료될 때까지 반복한다.

8. 게임은 한 시나리오를 마친 후 끝날 수도 있고 다른 시나리오로 더 진행할 수도 있다.

점수 부여. '게임 진행'의 5단계에서 언급한 바와 같이 참여자들은 관점에 점수를 부여할지 합의해야 한다. 상담자의 역할은 참여자이면서 동시에 등장인물이 왜 그런 독특한 관점을 가지게 되는지 내담자가 설명할 수 있도록 돕고 내담자가 기술하는 각 관점의 결과의 두 측면을 생각해 보도록 돕는 것이다. 내담자가 '부정적인' 관점을 생각해 내지 않는다면 상담자는 부정적인 관점을 생각해 내야 한다. 예를 들어, 시나리오 2에서 상담자는 다음과 같은 부정적인 관점 가운데 하나를 제안할 수 있다. ① 웬디는 프랜신을 싫어한다. ② 웬디는 프랜신을 비웃고 있다. ③ 헬렌은 웬디가 왜 "안녕." 인사를 하지 않았는지 알고 있지만 말을 하려고 하지 않는다. 간단히 말해서 별로 긍정적이지 않거나 적응적이지 않은 것도 포함하여 모든 측면을 다 고려하는 것이 중요한데, 이는 내담자가 이미 어떤 관점을 가지고 있을 가능성이 있기 때문이다.

단계 3: 걱정을 다루기 위해 생각을 이용하기

개 요

무엇이 생각이 아니고 걱정인가? 이런 이유로 인지 개입이 걱정조절에 중요하다는 사실은 놀랍지 않다. 여기서 트릭은 걱정은 머릿속에 있는 것이기 때문에 목표는 내담자로 하여금 걱정을 자신의 머리에서 나오도록 하는 것이다. 하지만 걱정하는 사람이 걱정한다는 사실이 도움이 된다고 볼 때는 이것이 쉽지 않다. 걱정을 하는 상당수의 사람들은 걱정을 하지 않으면 문제가 더 심각해질 것이라고 말한다. 사실 문제해결과 문제계획이 어디서 끝나는지 그리고 문제가 되는 걱정이 어디서 시작되는지 정하는 것은 종종 어려운 일이다.

모듈 7에서 설명한 기본 인지전략은 걱정이 많은 사람에게 유용할 수 있다. 이는 인지 개입이 들어 있는 프로그램으로 치료했을 때 걱정이 많은 사람들이 좋은 효과가 있다는 사실이 문헌을 통해 밝혀지고 있다는 것에서도 알 수 있다(예: Chorpita & Southam-Gerow, 2006). 모듈 7에서 설명하지 않은 개념이 걱정 분류다.

교 육

걱정하는 사람을 분류하기

걱정 분류에서는 염려(또는 걱정)를 적어도 세 집단으로 나눈다. 이 세 집단에는 ① 직접 그리고 짧은 시간에(즉, 지금) 말할 수 있는 걱정, ② 말할 수는 있지만 바로는 힘든(즉, 이후에 하는) 걱정, ③ 즉각 말하기도 힘들고 이후 통제하기도 힘든(즉, 절대 안 될 수도 있는) 걱정이 있다. 목표는 걱정이 많은 내담자들이 걱정을 자세히 살펴보는 것을 배워 이 차이를 더 정확하고 빨리 할 수 있도록 돕는 것이다.

모든 방법에는 내담자가 몇 가지 방안을 통해 걱정을 통제할 수 있다는 것을 내담자가 이해하도록 돕는 것이 포함되어 있다. 첫째, 내담자들은 몇 가지를 고려하여 분류하고 우선순위를 정할 수 있는데 고려할 사항은 ① 걱정이 얼마나 급박한 것인가, ② 걱정이 얼마나 해결 가능한가, ③ 내담자가 걱정하지 않아도 되는 걱정을 얼마나 가지고 있는가다. 둘째, 내담자에게 다음 특징이 있는 상황에 대해 걱정하는 것이 이익인지 손해인지 견주어 보도록 격려할 수 있다. ① 통제할 수 없는 상황, ② 급박하지 않은 상황, ③ 아직 일어나지 않았고 위협이 거의 일어나지 않을 상황이다.

이러한 대화는 소크라테스식 대화를 사용한다면 성공할 가능성이 더 많은데 여기서 상담자는 공정 팀의 대장 역할을 한다(자세한 내용은 모듈 7 참조). 걱정 분류의 개념이 모듈 7에서 다루지는 않았지만 이 모듈의 교육 요점과 게임의 상당수는 내담자에게 걱정을 구분할 수 있도록 도울 때 유용할 수 있다.

모듈 7에서 기술되어 있고 여기서도 반복해서 나오는 또 다른 중요한 기준은 내담자에게 지나치게 많은 답을 주지 않도록 유의하라는 것이다. 상담자들은 "그건 걱정하지 마. 별거 아니야."와 같이 말하는 경향성을 자각해야 한다. 대신 걱정 분류를 할 때 상담자는 다음 질문을 하여 내담자가 다시 생각해 보게 하고 걱정 목록을 분류하도록 돕는다.

걱정 분류: 예시 질문

1. 이 문제를 해결하기 위해서 내가 할 수 있는 방법은 무엇인가?

2. 내가 이 상황에 대해 더 이상 생각하지 않는다면 무슨 일이 일어날까?

3. 내가 이 상황에 대해 아무 일도 하지 않는다면 무슨 일이 일어날까?

4. 내가 걱정하고 있는 안 좋은 결과가 얼마나 빨리 일어날까?

5. 해결이라는 면에서 이 상황은 다른 상황과 비교해 볼 때 얼마나 중요할까?

6. 이 상황에 대해 내가 얼마나 통제력을 가지고 있나?

7. 다른 상황과 비교해 볼 때 이 상황은 내가 얼마나 통제가 가능한가?

8. 걱정하는 것을 멈춘다면 일어날 수 있는 가장 안 좋은 일은 무엇인가?

9. 내가 걱정을 한다면 원하지 않는 결과가 얼마나 일어나지 않을 것 같은가?

연습: 활동과 게임

걱정 분류

이 게임의 목적은 가상 인물의 걱정을 분류하는 것이다.

준비. 두 세트의 카드가 필요하다. 첫 번째 카드는 등장인물 카드로 여기에는 다양한 청소년에 대한 설명이 들어 있다. 두 번째 카드는 걱정 카드로 여기에는 각자의 걱정이 들어 있다. 등장인물 카드는 세 장 이상 뽑는 것이 좋고 걱정 카드는 열 장 이상 뽑는 것이 좋다. 물론 몇몇 걱정 카드는 내담자의 걱정과 관련이 있어야 한다. 하지만 내담자와 특정하게 관련되지 않는 걱정이 있어도 도움이 된다.

상담자는 등장인물 카드와 걱정 카드 이외에 네 개의 신호지, 즉 '지금 걱정하기' '나중에 걱정하기' '걱정 없음' '불분명함'을 준비해야 한다.

등장인물 카드와 걱정 카드의 예시가 다음에 제시되어 있다.

등장인물 카드

등장인물 1: 샐은 13세 중학생이다. 샐은 어머니와 누나하고 살고 있고 아빠는 다른 도시에서 살고 있다. 샐은 아빠를 자주 보러 가지는 않는다. 여기에 샐의 걱정 몇 가지가 있다.

등장인물 2: 샐리는 16세 고등학생이다. 샐리는 어머니, 새아빠 그리고 새남동생과 새여동생하고 살고 있다. 샐리는 성적이 좋고 대학에 가고 싶어 한다. 여기에 샐리의 몇 가지 걱정이 있다.

걱정 카드

걱정 1: 내가 수학 시험을 못 보면 어떻게 하지?

걱정 2: 엄마나 아빠가 다시 아프면 어떻게 하지?

걱정 3: 엄마나 아빠가 해고되면 어떻게 하지?

걱정 4: 내일 방과 후 선생님이 나한테 소리치면 어떻게 하지?

걱정 5: 친구 다니엘이 전학을 가면 어떻게 하지?

걱정 6: 내가 감기에 걸리면 어떻게 하지?

걱정 7: 이혼한 엄마/아빠가 남자친구/여자친구가 생기면 어떻게 하지?

걱정 8: 목요일에 먹은 급식 때문에 식중독에 걸리면 어떻게 하지?

걱정 9: 과학 성적이 나쁠지도 몰라.

걱정 10: 친구가 더 이상 나를 좋아하는 것 같지 않아.

걱정 11: 내가 원하는 대학에 가기에 과학 성적이 작년부터 계속 좋지 않은 것 같아.

걱정 12: 친구가 오늘 내 문자에 답을 하지 않았다. 얘가 아직도 나를 좋아하는 걸까?

걱정 13: 오늘 역사 선생님과 이야기할 때 선생님이 약간 이상했어. 과제가 엉망이었던 건 아닐까?

걱정 14: 엄마(아빠)가 야근을 자주 하신다. 졸음 운전으로 사고가 나면 어떻게 하지?

게임 진행. 등장인물 카드와 걱정 카드를 따로 섞어서 신호지를 내담자 앞에 옆으로 나란히 놓는다.

1. 내담자 1이 등장인물 카드를 꺼내어 쓰인 글을 읽는다.
2. 내담자 1이 걱정 카드를 꺼내어 읽는다.
3. 내담자 1이 네 개의 신호지(지금 걱정하기, 나중에 걱정하기, 걱정 없음, 불분명함) 가운데 어떤 신호가 그 걱정 카드에 맞는지, 그리고 등장인물 카드에서 설명하고 있는 등장인물에 대해 생각해 본 후 걱정 카드를 신호지 위에 올려놓고 왜 그 신호지를 선택했는지 설명한다.
4. 다른 내담자는 다른 대안을 제시한다.

5. 내담자 1은 2에서 4까지 반복하되 등장인물 카드는 처음 뽑은 카드를 그대로 쓴다.

6. 그리고 나서 내담자 2가 다음 등장인물 카드를 뽑고 앞에서 설명한 대로 게임을 진행한다.

추가 선택 사항. 내담자들은 걱정 카드를 분류할 수 있다.

- **지금 걱정하기.** 이런 걱정에 대해서는 등장인물이 이 상황에 대처할 수 있는 것이 무엇인지 내담자들이 돌아가면서 이야기한다.

- **나중에 걱정하기.** 이런 걱정에 대해서는 내담자들은 두 가지 활동을 한다. 첫째, 내담자들이 나중에 걱정하는 것이 가장 좋다고 생각되면 이와 같은 걱정에 대해 어떻게 채널을 바꿀지 이야기를 나눈다. 둘째, 그 걱정을 언제 하는 것이 좋을지 돌아가면서 이야기한다. 이것에 대해 생각하는 또 다른 방법은 이 걱정을 지금 걱정하기 범주로 옮기기 위해서는 어떤 일이 일어나야 하는지 생각하는 것이다. 만일 걱정이 "내가 수학에서 낙제하면 어떻게 하지?"와 같이 광범위한 것이면 내담자는 걱정을 "다음 수학 과제를 어떻게 할까?" 그리고 "다음 수학 시험은 어떻게 될까?"와 같이 작은 단위로 나눈다.

- **불분명함.** '불분명함' 범주 카드를 사용하는 것은 까다로울 수 있어서 어떤 상담자들은 이 카드를 사용하지 않는 것도 고려한다. 하지만 걱정이 많은 내담자들은 완벽주의자들이어서 이 게임의 각 걱정에 들어맞는 범주를 선택하는 데 지나치게 걱정을 한다. 이런 내담자들에게 '불분명함' 범주는 게임을 계속 진행하도록 하는 데 도움이 된다. 하지만 '불분명함' 범주를 통해 되돌아가서 두 개의 다른 끝맺음으로 날 수 있는 소크라테스식 질문을 하는 것이 중요하다. 첫째, 어떤 '불분명함' 걱정은 다시 생각하여 다른 범주로 묶일 수도 있다. 둘째, 걱정을 범주로 묶는 어려움 자체에 대해 이야기하는 것이 유용할 수도 있다. 상담자는 "이 걱정을 범주로 묶는다면 어떨 것 같나요?" "최악의 경우는

무엇인가요?" "잘못된 범주로 묶는다면 어떻게 될까요?" 또는 "잘못된 범주로 묶었다는 것을 어떻게 알까요?"와 같은 질문을 할 수 있다.

'불분명함'을 두 번째로 분류하고 두려운 결과를 탐색한 이후라면 상담자는 부드럽지만 강요된 선택 절차를 생각해 볼 수도 있다. 여기서 내담자는 각 걱정별(지금 걱정하기, 나중에 걱정하기, 또는 걱정 없음)로 가장 그럴듯한 추측을 하라는 요구를 받는다. 내담자가 선택을 하기 전과 후에 불안에 점수를 매기는 것이 도움이 될 수 있는데 이것은 불안 위계를 작성하는 것 자체가 어떤 내담자에게는 노출이 될 수 있기 때문에 노출 과제를 할 때 내담자들이 불안에 점수를 매기는 것과 유사하다. 선택을 강요하는 것은 내담자가 걱정 분류 개념을 익히는 데 도움을 줄 뿐만 아니라 불확실한 상황에서도 선택해 보는 경험을 하도록 한다. 일단 선택을 하면 상담자는 두려워했던 결과 가운데 어떤 것이 실제로 발생하는지 내담자가 관찰하고 지켜보도록 도울 수 있다.

- **걱정 없음.** 이런 걱정에 대해서 내담자는 한 가지 더 단계를 거치는데 내담자들은 어떤 변화가 일어날 때 이 걱정을 '나중에 걱정하기'나 '지금 걱정하기' 범주로 옮길 수 있는지 이야기한다.

단계 4: 슬픔을 다루기 위해 생각 이용하기

개요

인지 개입은 우울한 내담자들에게 적용하기 위해 처음 개발되었다. 하지만 우울한 내담자들에게 인지전략을 사용하는 데는 어떤 전략을 사용하는 것이 도움이 되는가 하는 어려움이 있다. 논의를 요구하는 특정한 주제는 **우울 현실주의**(depression realism)라고 불려 온 어려운 문제, 즉 함축된 의미로 **척박한 환경**이라고 불릴 수 있는 것이다. 여기서 이야기하고자 하는 것은 어떤 내담자들은 과도하게 왜곡된 시각 때문에 우울하기도 하지만 환경이 실제로 불우하기 때문에 우울하기도 하다는 것이다. 우울 현실주의는 논란이 있는 것이고 이것을 논의하는 것은 이 책의 범위를 넘는다(궁금한 사람들은 Kistner, Balthazar, Risi, & David, 2001; Moore & Fresco, 2007 참조). 따라서 이 모듈의 목적은 **척박한 환경**이라는 말을 사용하는 것이 더 수월할 것이다. 이는 이 모듈이 힘들고 고통스러운 환경이 일부 원인이 되어 우울하게 된 내담자에게 초점을 맞추고 있기 때문이다.

척박한 환경에 살고 있는 내담자에게 슬픔을 일으키는 생각에 대한 대안 생각을 찾는 것은 어려울 수 있다. 한 예로 11세의 다넬을 보자. 다넬은 어머니가 자기와 함께 있는 것을 싫어하고 늘 자기에게 소리를 지른다고 인식하고 있고 이 때문에 짜증이 나고 슬픔을 느끼고 있다. 다넬에게 공통된 생각은 "어머니는 나를 싫어해."다. 안타깝지만 다넬의 경우에는 다넬의 인식이 틀리다는 증거보다는 맞다는 증거가 더 많다. 많은 부모가 자녀에 대해 양가감정을 가지고 있지만 대부분 이런 생각을 반박하기에 충분할 정도로 아이를 사랑한다는 증거가 있다. 하지만 많은 상담자는 그런 증거가 그렇게 많지 않은 가족들을 상담한다. 사실 대부분의 상담자는 부모가 자녀를 사랑하나 하는 의심이 드는 사례 몇 가지를 생각할 수 있을 것이다. 상담자들이 부모의 사랑을 의심하지 않는다고 하더라도 부모 자신의 정신건강 문제나 약물남용 문제가 자녀를 양육하고 자녀에게 사랑과 보호를 줄 수 있는 능력을 저하시키는 경우가 있을 수 있다.

내담자가 불행한 진실을 들 때 무엇을 해야 할까?

교육

척박한 환경을 언급하고 반대 증거 찾아보기

다음에는 우울이나 슬픔의 원인이 부분적으로 척박한 환경에 있는 내담자에게 유용할 수 있는 여섯 단계가 있다. 여기에는 교육이 몇 가지 있지만(예: 대안 생각해 보기, 대처할 수 있는 방법 찾아보기), 몇 가지 활동은 단순히 내담자의 경험의 타당성을 검증해 보는 것이다.

척박한 환경을 이해하기 위한 활동.   이 단계의 목적은 평가(상담자)와 탐색(내담자)이다. 4장에서 설명한 바와 같이 기능 평가 과정은 평가 활동의 지침이 될 수 있다. 무엇인가를 더 잘 이해하고자 하는 지점이 바로 특정 상황에 있어서는 진실이다. 예로 앞에서 언급한 다넬을 떠올려 보라. 평가에는 어머니 면담이 들어 있다. 평가에서 드러나듯이 어머니는 다넬에게 자주 소리를 질렀고 심지어는 온두라스에 살고 있는 아버지에게 보내 버리겠다고 위협을 했다. 치료 팀은 다넬의 어머니가 다넬을 통해 자신이 미워했던 이혼한 남편을 떠올리고 있고 둘을 분리하는 데 어려움이 있다는 사실을 알았다. 치료 팀은 어머니에게 다넬을 사랑했거나 칭찬했던 경험을 물어 찾았다. 그 경험은 처음에는 별로 없었으나 시간이 가면서 점차 늘어났다. 이 평가의 목표는 내담자의 신념이 **실제** 그리고 **현재** 자료로 얼마나 뒷받침되는지 보는 것이다.

평가에는 내담자도 포함된다. 다넬의 사례에서 치료 팀은 다넬이 어머니가 자기하고 시간을 보내고 싶어 하지 않는다는 신념을 뒷받침하는 증거를 수집하도록 도왔다. 이를 위해 치료 팀은 모듈 7에서 기술한 인지전략을 사용하였는데 여기에는 인지 삼제, 생각 함정 찾기, 생각탐정 게임 등이 있다.

가능한 때에 척박한 환경의 이유 말하기.   평가 과정이 완료되면 상담자와 내담자는 척박한 환경을 해결하기 위해 문제해결을 궁리할 수 있다. 이러한 전략에는 보호자를 직접 상담할 수도 있고 내담자가 직접 영향을 미치지 않는 보호자 외의 다른 어른과 상담할 수도 있다. 사례 몇 가지를 소개한다.

사례 1: 매니.   17세인 마누엘(매니)은 2년 이상 학교 가는 것을 거부하고 있다. 학교에서는 매니의 등교 거부를 불안이나 슬픔보다는 비행에서 비롯된 것으로 보고 있다. 평가에서 이런 결과를 파악한 후, 과업은 매니가 실제 불안하다는 사실을 이해시키기 위해 진로지도교사와 교장선생님을 만나는 것이었다. 처음에 학교 당국은 출석 일수를 늘리면서 매니를 학교에 등교시키는 접근법에 대해 거부감을 느졌다. 학교 당국은 매니가 즉각 매일 출석하지 않으면 등교 거부로 퇴학시켜야 할 것이라고 하였다. 이것은 또한 내담자가 가지고 있던 시각이기도 해서 인지전략만으로는 충분하지 않아 보였다. 상담자는 상담 작업의 속성을 계속 설명하면서 내담자의 우울감과 공황 발작에 대한 두려움이 어떻게 등교 거부를 일으키게 되었는지 설명하였다. 이러한 끈질긴 노력과 공황 발작 경험이 있던 한 선생님의 배려로 학교 당국은 태도를 바꾸어 내담자가 학교에 다시 다닐 수 있도록 돕는 데 협력하였다.

사례 2: 섀도. 12세인 섀도는 아버지와 계모와 사는데 친어머니한테는 가끔 가서 지냈다. 섀도는 어머니와 지내는 시간을 공포스럽고 슬프다고 말했고 어머니가 자신을 싫어하는 것이 확실하다고 말하였다. 섀도의 특정 행동 가운데 몇 가지는 정서 학대 기준에 부합했고 아동보호기관에 보고되었다. 상담자는 어머니가 경계성 성격장애 진단을 받았다는 사실을 알았다. 여기서 다시 상담자는 인지전략만으로 조치를 취하지 않았다. 상세히 말하자면 상담자는 어머니를 상담에 의뢰하였고 어머니가 기괴하게 행동하더라도 섀도가 안전할 수 있도록 안전계획을 세우는 작업을 가족과 하였다. 여기에 대처 능력을 향상시키기 위해 섀도와 인지전략을 사용한 상담을 하였다.

여기 제시된 사례는 모두 환경이 척박할 때는 상담자가 내담자의 관점을 바꾸도록 하는 것 이상의 작업이 필요함을 보여 주고 있다. 그런 환경을 적극 다루는 것은 인지전략이 아니더라도 이런 접근이 어디에 도움이 되며 생각보다는 행동이 어디에 필요한지 명료화함으로써 인지 차원의 정서조절을 교육하고 연습하는 치료계획의 일부가 될 수 있다.

반대 증거 찾기. 명백하게 척박한 환경에 있다고 하더라도 내담자가 반대 증거를 계속해서 찾을 수 있도록 격려할 수 있다. 희망을 갖도록 하는 것은 척박한 환경에서도 탄력성을 갖도록 하는 중요한 경로인데, 희망을 갖도록 하는 한 가지 방법은 반대 증거를 수집하는 것이다. 다넬의 사례는 좋은 예다. 언급한 바와 같이 다넬의 어머니는 불행하게도 다넬에게 안 좋은 감정을 강하게 가지고 있었다. 그러나 치료 팀은 어머니가 다넬을 사랑하기도 한다고 생각하였다. 그래서 목표는 다넬이 용기를 내어 어머니에게 자기와 시간을 보내 달라고 요청하도록 돕는 것이었다. 이것을 연습하는 한 가지 간단한 방법은 다넬이 어머니에게 상담 시간 동안 자신과 우노 게임을 해 달라고 요청하는 것이었다. 어머니는 마지못해 승낙했지만 게임하는 동안은 재미있어하였다. 나중에 어머니는 바쁜 일정으로 게임하는 시간을 내기가 불가능하다고 말했으나 게임은 재미있었다고 하였다. 상담자는 다넬을 따로 만나 어머니에 대한 새로운 사실을 충분히 생각할 수 있도록 도왔다. 이와 함께 어머니가 자기와 시간을 보내기 싫어한다는 신념이 조금 수정될 수 있다는 데 수긍하였다.

반대 증거를 찾을 때는 목표에 대해 명료한 것이 중요하다. 내담자들이 새로운 반대 증거를 찾아 희망을 유지하도록 돕는 것이 바람직한데 이러한 반대 증거는 아무리 어려운 환경이라도 언제나 발견할 수 있다. 하지만 이것이 모든 상황에 맞는 것은 아니다. 어떤 신념들은 왜곡되지 않아서 사실 완전히 타당한 것도 있다. 그러나 저자를 포함해서 많은 상담자는 내담자가 당면하는 척박한 환경의 잡초 속에서 새로 돋아나는 반대 증거의 새순을 쉽게 보지 못했던 사례들이 있었을 것이다. 반대 증거가 있을 것이라고 보고 반대 증거를 찾으려고 계속 노력하는 것은 척박한 환경에 있는 내담자를 보는 상담자가 가져야 할 유용한 자세다. 이런 식이라면 바람직한 방향으로 가는 작은 변화도 쉽게 눈에 띌 것이다. 그런데 사실 아무리 낙관 성향이 강한 상담자라고 하더라도 내담자의 환경이 너무도 척박해서 변화가 일어날 것 같지 않다고 인정해야 할 때가 있다. 이 순간이 바로 다음 단계가 중요해지는 때다.

척박한 환경이라는 것이 모든 것이 척박하다는 의미는 아니다. 앞서 말한 바와 같이 척박한 환경에 처해 있는 사례의 경우 가장 까다로운 문제에 초점을 맞추기가 쉽다. 상담자들이 이렇게 하는 이유는 거대하고 해결하기 어려운 문제가 마치 방 안에 있는 250킬로그램의 고릴라 같기 때문이다. "여기에 있는 저 괴물을 어떻게 다루지?"라고 질문할 수도 있다. 내담자도 그럴 수 있는데 이는 내담자가 고릴라를 타고서 밀고 당기고 했지만 헛되었기 때문이다. 어떤 문제가 생기면 내담자는(때 때로 상담자들도) 자신의 경험으로 그 문제를 일반화한다. 그러는 동안 상담자와 내 담자는 대처할 수 있는 정도의 그렇게 척박하지 않은 환경은 간과할 수 있다.

예를 들어, 우울해하는 14세의 다프네를 보자. 다프네는 부모님과 살고 있다. 아 버지는 몇 달 전에 집으로 다시 들어왔는데 암에 걸려 있었다. 다프네의 어머니는 아버지가 같이 있다는 것에 너무 스트레스를 받아서(부모님은 여러 해 전에 이혼하였 고 아버지는 그 후로 가족과 연락을 거의 하지 않았다) 다프네보고 아버지를 돌보라고 하고는 남자친구와 살기 위해 집을 나갔다.

이 사례에서 빠지기 쉬운 유혹은 척박한 환경에 초점을 맞추는 것인데 환경을 보면 분명히 상담자가 해야 할 일들이 있다. 가족 문제의 역동에 초점을 맞추면서 치료 팀은 처음에 다프네가 통제력을 발휘하고 있는 다른 영역은 간과하였다. 예 를 들면, 학교 성적이 떨어지고 있었는데 이는 다프네가 슬펐고 자신의 노력이 별 로 중요하지 않다고 느끼고 있었기 때문이다. 이 문제가 발견되자 인지 접근과 문 제해결 전략이 적용되었다. 다프네는 자신이 한 노력이 허사라는 신념을 기꺼이 검증하려고 하였고 과제와 시험 공부를 할 것을 약속하였다. 상담하면서 다프네는 학업을 마칠 일정을 짰다. 이와 함께 다프네는 학교 성적을 계속 확인하였다. 그리 고 놀랍게도 다프네의 노력이 결실을 맺었다. 상담자는 다프네가 자신이 통제할 수 있는 환경인 학교와 자신이 통제를 잘 하지 못하는 다른 환경 간 차이를 이해하 도록 도왔다. 요약하면, 다프네는 어떤 환경은 자신의 통제 밖에 있지만 모두 다 그 런 것은 아니라는 사실을 배운 것이다.

환경이 계속 척박한 경우, 대처 방법 찾기(그리고 이름 붙이기). 이런 모든 노력에 불구하고 어떤 척박한 환경은 계속될 것이고 내담자는 이런 환경의 현실을 수용하고 대처하는 어려움에 부딪힐 것이다. 이제 목표는 내담자가 문제는 사라지지 않을 것이라는 것을 인정하고 대처 방법을 찾는 것인데 여기에는 인지전략을 사용한다.

섀도의 경우를 보자. 섀도의 어머니는 섀도에게 자주 지나치게 난폭했는데 상담자는 이 행동이 바뀔 수 있다고 생각했지만 빨리 바뀌지는 않을 것이라는 사실도 인정하였다. 이럴 것이라고 주장하는 것은 섀도를 잘 챙겨 주지 못할 것이라는 것을 의미한다. 그래서 상담자는 어머니에 대한 섀도의 인식, 즉 때때로 무섭고 화를 내는 행동을 한다는 것을 인정하였다. 어떤 의미에서 상담자는 섀도의 지각을 인정하는 것이었다. 섀도에게 이것은 중요했는데 왜냐하면 그 대상이 어머니였고 섀도의 부모님을 제대로 이해하는 사람이 거의 없었으며 어머니는 섀도에게 뭐든지 제대로 이해하지 못한다고 말하고 있었기 때문이다. 그래서 인지 관점에서 섀도가 어머니에 대해 가지고 있는 지각을 확증하는 것은 섀도의 지각 전반에서 자신감을 갖도록 도왔다.

다음으로, 목표는 어머니가 부모다운 행동을 하는 데 어려움이 있을 때 대처하는 법을 알아내는 것을 돕는 것이었다. 상담자가 목표와 관련된 수많은 개입을 했지만 이 개입은 이 장에 특히 적합하다. 특히 상담자는 어머니의 행동이 섀도가 생각하는 것만큼 그렇게 섀도에게만 그러는 게 아닐 가능성을 탐색하였다. 즉, 상담자와 내담자는 섀도의 어머니가 실제로 종종 무섭기는 하지만 어머니의 분노가 자기 탓이라는 섀도의 생각을 검증하는 작업을 하였다. 이들은 형사 비유를 사용하였고 단서를 모았는데 이들 가운데 몇몇은 토론하기가 힘들었다. 예를 들면, 섀도는 어머니가 술을 마시거나 약 먹는 것을 잊었을 때는 더 못되게 된다고 하였다. 상담자와 섀도는 어머니가 때때로 불친절하게 되는 문제를 가지고 있다는 발상을 사용하기 시작하였다. 섀도는 이 문제를 어머니의 '부러진 다리'라고 부르기로 결정했다. 이 인지전략으로 섀도는 어머니가 이성을 잃고 행동할 때는 한발 물러설 수 있었고 "어머니의 부러진 다리가 말을 안 듣는 거야. 나 때문이 아니야. 어머니가 지금 말하고 있는 것은 부러진 다리 때문이야."라고 되새겼다.

연습: 활동과 게임

슬픔을 다루는 것과 관련된 단계에 적합한 게임이나 활동은 없다. 그렇기는 하지만 걱정과 우울이 종종 함께 발생하기 때문에 슬픔을 겪는 내담자에게 걱정 분류 게임이 유용할 수 있다. 더욱이 모듈 7의 세 가지 게임 가운데 어떤 것이라도 슬픈 감정을 다루는 데 유용하다.

단계 5: 두려움을 다루는 데 생각 이용하기

개 요

위험에 대한 과대평가와 파국화는 두려움과 불안이 있는 내담자에게는 공통된 생각이다. 청소년의 불안을 치료하는 상당수의 증거기반 치료는 노출에만 초점을 맞추고 있으나 다른 증거기반 접근은 불안을 줄이고 접근 행동을 격려하는 인지 기법을 포함하고 있다.

교 육

신체의 경고 시스템이 어떻게 작동하는지 그리고 어떻게 오작동하는지 알기

인지행동 관점에서 불안치료의 초석은 내담자가 잘못된 신호와 실제 신호의 차이를 이해하는 것이다. 잘못된 신호는 신체 신경체계가 활성화될 때 발생하지만 실제 위험은 없다. 대신 위협에 대한 과장(즉, 실제 위험이 발생할 가능성에 대한 과대평가)이 존재한다. 신체는 실제 신호와 잘못된 신호 간 차이를 모르기 때문에 신호가 실제 신호라고 하는 것이다. 인지치료의 목표는 내담자가 잘못된 신호와 실제 신호를 구분할 수 있도록 돕는 것이다. 잘못된 신호의 경우 상담자는 모듈 7에서 설명한 인지전략을 사용할 수 있다.

실제 신호는 신체가 투쟁-도피 반응을 하는 상황이고 반응이 필수불가결하다. 즉, 이 상황은 내담자의 생존, 즉 신체의 온전함에 대한 실제 시험대인 것이다. 몇 가지 예를 들면 ① 산길에서 곰을 만난 경우, ② 동료로부터 받은 심각한 위해, ③ 부모, 보호자 또는 어른의 학대, ④ 내담자 또는 내담자가 알고 있는 사람의 갑작스러운 응급 사태 등이 있다. 실제 신호 상황에서 잘못된 지각을 수정하는 데 목표를 두고 있는 인지전략은 분명히 추천할 만하지 않다. 그러면 무엇을 해야 하나? 다음 세 단계가 한 방법을 제시한다.

위협을 평가하기.　실제 신호-잘못된 신호라는 이분법은 잘못된 것이다. 위협에 관해서는 중간지대가 많다. 첫째, 어떤 내담자들은 기질 때문에 위협에 더 민감해진다. 즉, 어떤 내담자에게 실제 신호인 것이 다른 내담자에게는 잘못된 신호가 되는 것이다. 둘째, 상담자도 또한 실제 신호와 잘못된 신호에 대한 역치를 가지고 있다. 박사과정에서 상담자를 훈련시킬 때 나는 상담 중에 내담자들이 말하는 다양한 상황과 관련되어 있는 위협에 대해 활발하게 토론한다. 동료들이 늘 친절하지 않고 받아 주지 않는다는 것을 예로 들 수 있는데 동료와 관련된 대부분의 상황은 실제 위험 신호가 아니다. 이는 놀리는 것이 '불쾌함'으로 되고 내담자가 울음을 터뜨려도 그렇다. 반면, 단단히 벼르고 있는 동료 또는 상당히 위협을 하거나 잔혹하게 행동하는 동료는 실제 신호일 수 있다.

위협을 평가할 때 상담자는 공정 팀의 대장(모듈 7)으로 행동해야 한다. 내담자의 두려움은 두려움에 대한 내담자와 상담자의 지각을 과장되게 할 수 있다. 더욱이 '왕따' 같은 유행어를 사용하거나 내담자(또는 보호자)가 자기 문제를 희화해서 표현하는 것은 상담자로 하여금 보통 수준 이상으로 위협을 느끼게 한다. 위협 수준에 대해 상담자가 조급하게 판단을 내리면 실수를 하기 쉽다. 상담자의 조급한 판단은 내담자와 보호자에게 고찰을 제대로 하지 않는 모델을 보여 주게 되기도 한다. 상담자가 평가를 주의 깊게 하면 스트레스원이 무엇이든지 간에 내담자가 적절하게 대처하도록 도울 수 있는 준비가 되는 것이다.

여기서 스트레스에 대해 추가로 언급할 필요가 있다. 스트레스 자체는 위험한 것이 아니기 때문에 스트레스를 피하는 것이 가장 중요한 삶의 목표가 되어서는 안 된다. 스트레스 대처 경험은 이후에 올 스트레스를 다루는 데 좋은 사전 준비가 된다. 연구에 따르면 우리가 성장하는 데 도움이 되는 스트레스는 예측 가능하고 통제 가능한 스트레스다. 반면, 예측과 통제가 가능하지 않은 스트레스는 대처 기술을 향상시킬 수 있는 기회가 되기 때문에 미래 어려움을 맞닥뜨릴 수 있는 자기 효능감과 자신감을 키울 수 있다.

스트레스의 이점에 대해 이야기하는 것은 중요한데 종종 보호자(심지어는 내담자)는 스트레스와 그에 따른 고통을 내담자가 겪지 않아야 한다고 보기 때문이다. 여기서 이야기하고자 하는 것은 어른이 아이에게 일부러 스트레스를 주라는 것은 절대 아니다. 그러나 스트레스가 되는 상황은 피할 수 없기 때문에 아동들이 스트레스 상황을 다룰 수 있다는 사실을 아는 매우 좋은 방법이 이러한 상황에 맞닥뜨려 보는 것이다. 그리고 바람직하게는 미리 준비시키는 것이 좋고 상황이 종료된 다음에는 어떻게 되었는지 이야기하는 것이 좋다.

잘못된 신호에 대해: 다가가고 노출하고 인지전략 사용하기. 이미 언급한 바와 같이 위협을 평가한 후 상황이 스트레스가 되기는 하지만 실제 위험이 되지는 않는다고 결론이 나면 다른 전략(예: 기술 습득, 노출 등)과 함께 인지전략이 적절할 수 있다.

실제 위협에 대해: 안전 수립, 문제해결 그리고 인지 대처 조합. 노출치료에 대해 배울 때 상담자들은 노출이 내담자들을 위험에 노출시키지 않나 걱정한다. 예를 들어, 이들은 "만일 내담자가 자신의 아버지가 자기를 때릴까 봐 두려워하면 어쩌지요?"라고 질문할 수 있다. 이것이 만일 실제 위협이라면 노출치료를 권하는 것은 물론 윤리에 어긋난다. 노출은 **잘못된 신호**에만 선택하는 개입전략이다. 노출할 때 스트레스원에 직면하는 것 때문에 위험 상태에 놓이지 않는다. 오히려 이득을

얻을 수도 있다.

실제 위협의 경우 첫 번째 단계는 안전 수립과 문제해결이다. 일단 외관상 안전이 수립되면 이런 상황에서 내담자에게 유용할 수 있는 세 가지 인지 개입전략이 있다.

첫 번째 전략은 우선순위 전략인데 이 전략은 **안전 수립을 상기시켜 주는 것**으로 생각할 수 있다. 여기서, 첫째, 상담자는 안전 수립과 문제해결에 능숙해야 한다. 이런 후에 상담자는 위험을 감소시키기 위해 동원했던 모든 방법을 기억해 보도록 도울 수 있는데 이때는 소크라테스식 질문을 한다. 두려움은 위험을 과잉 지각하게 하고 안전지대는 간과하게 한다는 사실을 기억하기 바란다. 내담자나 다른 사람들이 안전하도록 하기 위해 또는 위험을 감소시키기 위해 취하는 방법을 기억해 보도록 돕는 것은 자신이 지지받고 있다는 사실에 초점을 맞추게 할 뿐만 아니라 약간의 통제감도 불어넣게 된다.

마지막 두 가지 인지 개입전략은 둘 다 사후 선택사항이어서 안전 수립이 되었다 하더라도 나쁜 상황이 발생할 수 있다. 첫 번째 개입전략은 고전인 **레몬으로 레몬에이드 만들기식** 사고법이다. 처음에도 그렇고 나중에도 내담자가 어떤 사건의 좋은 면을 볼 여유는 없다. 하지만 무엇인가 좋은 것은 어려운 상황에서도 발견할 수 있다. 예를 들어, 학대하는 부모 혹은 보호자가 있는데 이들이 수감되어 있다고 생각해 보자. 이들은 끔찍한 일을 저질렀지만 수감되어 있어서 아이들은 안전하다.

두 번째 사후 전략은 탄력성 사고라고 부를 수 있다. 여기서 목표는 내담자로 하여금 결과는 비록 안 좋았지만 어려운 상황에 대항했다는 사실을 숙고해 보도록 격려하는 것이다. 난관에 맞서서 용감하게 대항했던 가상의 인물 또는 실존 인물을 동일시하도록 해 보는 것도 유용하다. 상담자는 이런 인물에 대해 묘사해 보도록 하고 내담자 자신에게 적용할 수 있는 어구를 작성해 보라고 할 수 있다. 다음 발췌본이 이 전략의 한 예다. 13세의 리즈에게 실제 두려운 신호는 어머니가 악화되는 것이다. 리즈의 어머니는 뇌종양이 있고 치료를 적극 받고 있지만 예후는 좋지 않다. 여기서 상담자와 내담자는 해리 포터의 탄력성에 대해 이야기한다.

상담자: 해리 포터를 생각해 보자. 해리 포터에게 어려운 일이 아주 많이 일어났 잖아.

리즈: 네. 부모님도 돌아가시고 양아버지도 돌아가시고요. 그리고 모든 애들이 해리 포터에게 못되게 굴었어요. 해리 포터가 아주 힘들었을 거 같아요. 볼 드모트가 늘 해리 포터를 죽이려고 하고요.

상담자: 해리를 어떻게 표현할 수 있을까? 해리를 설명하는 단어를 들어 보자.

리즈: 용감하다? 강인하다?

상담자: 회복력이라는 말 아니?

리즈: 음. 글쎄요. 잘 모르겠어요.

상담자: 회복력이란 네가 힘든 일을 잘 이겨 내서 원래 상태로 돌아오는 것을 말 해.

리즈: 해리를 아주 잘 설명하는 말이에요.

상담자: 인내는 어떤 의미지?

리즈: 뭔가를 계속해서 견디는 거 같은데. 그것도 해리에게 잘 맞는 말이에요.

상담자: 만일 해리가 자기에게 일어난 힘든 상황을 그럴 수 있다고 생각한다면 어떨까? 부모님과 양아버지가 돌아가시는 것 같은 사건 말이야. 해리 생각 에 동의하니?

리즈: 아니요.

상담자: 좋아. 우리가 찾은 단어는 용감하다, 강인하다, 회복력이 있다, 인내심 이 있다야. 여기서 시작해 보자. 이 단어가 네게 잘 맞는 거 같아?

리즈: 용감하다? 아니요.

상담자: 왜 아닌지 설명해 줄래?

리즈: 저는 용감하지 않아요. 안 좋은 일이 벌어지면 저는 겁을 먹어요.

상담자: 용감하다는 것이 두려워하지 않는다는 것을 의미하는 거니? 해리 포터 는 늘 두려워하지 않았어?

처음에 내담자는 긍정 명명에 저항한다. 증거를 인내심 있게 숙고하면서 내담자는 긍정 명명이 더 설득력 있다는 사실을 알게 된다.

탄력성 사고는 나쁜 상황을 바꾸는 것이 아니라 내담자가 실제 경고를 전체 시야로 보도록 도우면서 강점을 되돌아보도록 돕고 매우 다양한 환경을 다룰 수 있도록 돕는다.

연습: 활동과 게임

이 단계에 특정한 게임이나 활동은 없다. 슬픔에 관한 절과 마찬가지로 모듈 7의 세 가지 게임이 두려운 생각을 다루는 데 도움이 될 수 있으며 여기서 강조하는 내용을 교육하는 데 사용할 수 있다.

참고문헌

Arnold, M. B., & Gasson, J. A. (1954). *The human person: An approach to an integral theory of personality*. Oxford, UK: Ronald Press.

Biederman, J., Rosenbaum, J. F., Bolduc-Murphy, E. A., Faraone, S. V., Chaloff, J., Hirshfeld, D. R., et al. (1993). Behavioral inhibition as a temperamental risk factor for anxiety disorders. *Child and Adolescent Psychiatric Clinics of North America, 2*, 667-684.

Calkins, S. D. (1994). Origins and outcomes of individual differences in emotion regulation. *Monographs of the Society for Research in Child Development, 59*, 53-72.

Calkins, S. D. (2007). The emergence of self-regulation: Biological and behavioral control mechanisms supporting toddler competencies. In C. A. Brownell & C. B. Kopp (Eds.), *Socioemotional development in the toddler years: Transitions and transformations* (pp. 261-284). New York: Guilford Press.

Calkins, S. D., & Fox, N. A. (2002). Self-regulatory processes in early personality development: A multilevel approach to the study of childhood social withdrawal and aggression. *Development and Psychopathology, 14,* 477-498.

Callaghan, P. (2004). Exercise: a neglected intervention in mental health care. *Journal of Psychiatric and Mental Health Nursing, 11,* 476-483.

Campos, J. J., Campos, R. G., & Barrett, K. C. (1989). Emergent themes in the study of emotional development and emotion regulation. *Developmental Psychology, 25,* 394-402.

Campos, J. J., Frankel, C. B., & Camras, L. (2004). On the nature of emotion regulation. *Child Development, 75,* 377-394.

Camras, L. A., & Allison, K. (1985). Children's understanding of emotional facial expressions and verbal labels. *Journal of Nonverbal Behavior, 9,* 84-94.

Cassidy, J., Parke, R. D., Butkovsky, L., & Braungart, J. M. (1992). Family-peer connections: The roles of emotional expressiveness within the family and children's understanding of emotions. *Child Development, 63,* 603-618.

Chambless, D. L., Sanderson, W. C., Shoham, V., Johnson, S. B., Pope, K. S., Crits-Chrisotph, P., et al. (1996). An update on empirically validated therapies. *The Clinical Psychologist, 49,* 5-18.

Chorney, D. B., Detweile, M. F., Morris, T. L., & Kuhn, B. R. (2008). The interplay of sleep disturbance, anxiety, and depression in children. *Journal of Pediatric Psychology, 33,* 339-348.

Chorpita, B. F. (2007). *Modular cognitive-behavioral therapy for childhood anxiety disorders.* New York: Guilford Press.

Chorpita, B. F., & Daleiden, E. L. (2009). Mapping evidence-based treatments for children and adolescents: Application of the distillation and matching model to 615 treatments from 322 randomized trials. *Journal of Consulting and Clinical Psychology, 77,* 566-579.

Chorpita, B. F., Daleiden, E. L., & Weisz, J. R. (2005). Identifying and selecting the common elements of evidence based interventions: A distillation and matching model. *Mental Health Services Research, 7,* 5-20.

Chorpita, B. F., & Southam-Gerow, M. A. (2006). Fears and anxieties. In E. J. Mash & R. A. Barkley (Eds.), *Treatment of childhood disorders* (3rd ed., pp. 271-335). New York: Guilford Press.

Chorpita, B. F., Taylor, A. A., Francis, S. E., Moffitt, C., & Austin, A. A. (2004). Efficacy of modular cognitive behavior therapy for childhood anxiety disorders. *Behavior Therapy, 35*, 263-287.

Chorpita, B. F., & Weisz, J. R. (2009). *MATCH-ADTC: Modular approach to therapy for children with anxiety, depression, trauma, or conduct problems*. Satellite Beach, FL: PracticeWise.

Cole, P. M. (1986). Children's spontaneous control of facial expression. *Child Development, 57*, 1309-1321.

Cole, P. M., Michel, M. K., & Teti, L. O. (1994). The development of emotion regulation and dysregulation: A clinical perspective. *Monographs of the Society for Research in Child Development, 59*, 73-283.

Cummings, E. M., Hennessy, K. D., Rabideau, G. J., & Cicchetti, D. (1994). Responses of physically abused boys to interadult anger involving their mothers. *Development and Psychopathology, 6*, 31-41.

Darwin, C. (1872). *The expression of the emotions in man and animals*. London: Murray.

Denham, S. A. (2006). Emotional competence: Implications for social functioning. In J. L. Luby (Ed.), *Handbook of preschool mental health: Development, disorders and treatment* (pp. 23-44). New York: Guilford Press.

Denham, S. A., Mason, T., & Couchoud, E. A. (1995). Scaffolding young children's prosocial responsiveness: Preschoolers' responses to adult sadness, anger, and pain. *International Journal of Behavior Development, 18*, 489-504.

Derryberry, D., & Reed, M. A. (1994). Temperament and the self-organization of personality. *Development and Psychopathology, 6*, 653-676.

Efran, J. A., Lukens, M. D., & Lukens, R. J. (1990). *Language, structure, and change: Frameworks of meaning in psychotherapy*. New York: Norton.

Ehrenreich, J. T., Southam-Gerow, M. A., Hourigan, S. E., Wright, L. R., Pincus, D. B., & Weisz, J. R. (2011). Examining similarities and differences in characteristics of anxious and depressed youth in two different clinical contexts. *Administration and Policy in Mental Health and Mental Health Services Research, 38*, 398-411.

Eisenberg, N., Cumberland, A., & Spinrad, T. L. (1998). Parental socialization of emotion. *Psychological Inquiry, 9*, 241-273.

Eisenberg, N., Fabes, R. A., Guthrie, I. K., Murphy, B. C., Maszk, P., Holmgren, R., et al. (1996). The relations of regulation and emotionality to problem behavior in elementary school children. *Development and Psychopathology, 8*, 141-162.

Eisenberg, N., Fabes, R. A., Shepard, S. A., Murphy, B. C., Guthrie, I. K., Jones, S., et al. (1997). Contemporaneous and longitudinal prediction of children's social functioning from regulation and emotionality. *Child Development, 68*, 647-664.

Eisenberg, N., & Lennon, R. (1983). Sex differences in empathy and related capacities. *Psychological Bulletin, 94*, 100-131.

Ekman, P. (1992). Are there basic emotions? *Psychological Review, 99*, 550-553.

Faber, A., & Mazlish, E. (1995). *How to talk so kids can learn at home and in school*. New York: Scribner.

Fiese, B. H., Foley, K. P., & Spagnola, M. (2006). Routine and ritual elements in family mealtimes: Contexts for child well-being and family identity. *New Directions in Child and Adolescent Development, 111*, 67-90.

Fox, K. (1999). The influence of physical activity on mental well-being. *Public Health Nutrition, 2*, 411-418.

Frattaroli, J. (2006). Experimental disclosure and its moderators: A meta-analysis. *Psychological Bulletin, 132*, 823-865.

Fredrickson, B. L. (1998). Cultivated emotions: Parental socialization of positive emotions and self-conscious emotions. *Psychological Inquiry, 9*, 279-281.

Freeman, K. A., & Miller, C. A. (2002). Behavioral case conceptualization for children and adolescents. In M. Hersen (Ed.), *Clinical behavior therapy: Adults and children* (pp.

239-255). New York: Wiley.

Friedberg, R. D., McClure, J. M., & Garcia, J. H. (2009). *Cognitive therapy techniques for children and adolescents: Tools for enhancing practice*. New York: Guilford Press.

Frijda, N. H. (1986). *The emotions*. New York: Cambridge University Press.

Ginott, H. (1965). *Between parent and child*. New York: Three Rivers Press.

Gottman, J. M., Katz, L. F., & Hooven, C. (1996). Parental meta-emotion philosophy and the emotional life of families: Theoretical models and preliminary data. *Journal of Family Psychology, 10*, 243-268.

Gray, J. A. (1990). Brain systems that mediate both emotion and cognition. *Cognition and Emotion, 4*, 269-288.

Greenberg, L. S. (2002). *Emotion-focused therapy: Coaching clients to work through feelings*. Washington, DC: American Psychological Association.

Greenberg, M. T., & Kusche, C. (2002). Executive summary. In D. S. Elliott (Series Ed.), *Blueprints for violence prevention: Promoting alternative thinking strategies* (pp. 7-18). Boulder: Institute of Behavioral Science, Regents of the University of Colorado.

Greenberg, M. T., Kusche, C. A., Cook, E. T., & Quamma, J. P. (1995). Promoting emotional competence in school-age children: The effects of the PATHS curriculum. *Development and Psychopathology, 7*, 117-136.

Gross, J. J., & Thompson, R. A. (2007). Emotion regulation: Conceptual foundations. In J. J. Gross (Ed.), *Handbook of emotion regulation* (pp. 3-24). New York: Guilford Press.

Haley, J. (1991). *Problem-solving therapy* (2nd ed.). San Francisco: Jossey-Bass.

Haley, J. (1993). *Uncommon therapy*. New York: Norton.

Harvey, A. G., Mullin, B. C., & Hinshaw, S. P. (2006). Sleep and circadian rhythms in children and adolescents with bipolar disorder. *Development and Psychopathology, 18*, 1147-1168.

Hayes, S. C., Strosahl, K. D., & Wilson, K. G. (1999). *Acceptance and commitment* therapy: An experiential approach to behavior change. New York: Guilford Press.

Henggeler, S. W., Schoenwald, S. K., Borduin, C. M., Rowland, M. D., & Cunningham, P. B. (2009). *Multisystemic therapy for antisocial behavior in children and adolescents* (2nd ed.). New York: Guilford Press.

Hofstede, G., Hofstede, G. J., & Minkov, M. (2010). *Cultures and organizations: Software of the mind* (3rd ed.). New York: McGraw-Hill.

Houlding, C., Schmidt, F., & Walker, D. (2010). Youth therapist strategies to enhance client homework completion. *Child and Adolescent Mental Health, 15*, 103-109.

Hughes, A. A., & Kendall, P. C. (2007). Prediction of cognitive behavior treatment outcome for children with anxiety disorders: Therapeutic relationship and homework compliance. *Behavioural and Cognitive Psychotherapy, 35*, 487-494.

Izard, C. (1977). *Human emotions.* New York: Plenum Press.

Izard, C. E., & Harris, P. (1995). Emotional development and developmental psychopathology. In D. Cicchetti & D. J. Cohen (Eds.), *Developmental psychopathology: Vol. 1. Theory and methods* (pp. 467-503). New York: Wiley.

Izard, C. E., Kagan, J., & Zajonc, R. B. (Eds.). (1984). *Emotions, cognition, and behavior.* New York: Cambridge University Press.

Jensen, A. L., & Weisz, J. R. (2002). Assessing match and mismatch between practitioner-generated and standardized interviewer-generated diagnoses for clinic-referred children and adolescents. *Journal of Consulting and Clinical Psychology, 70*, 158-168.

Kagan, J., Snidman, N., Arcus, D., & Reznick, J. S. (1994). *Galen's prophecy: Temperament in human nature.* New York: Basic Books.

Kendall, P. C. (Ed.). (2006). *Child and adolescent therapy: Cognitive-behavioral procedures* (3rd ed.). New York: Guilford Press.

Kendall, P. C., Hudson, J. L., Gosch, E., Flannery-Schroeder, E., & Suveg, C. (2008). Cognitive-behavioral therapy for anxiety disordered youth: A randomized clinical trial evaluating child and family modalities. *Journal of Consulting and Clinical*

Psychology, 76, 282-297.

Kistner, J. A., Balthazor, M., Risi, S., & David, C. (2001). Adolescents' perceptions of peer acceptance: Is dysphoria associated with greater realism? *Journal of Social and Clinical Psychology, 20,* 69-84.

Kopp, C. B. (1989). Regulation of distress and negative emotions: A developmental view. *Developmental Psychology, 25,* 343-354.

Kovacs, M., Sherrill, J., George, C. J., Pollock, M., Tumuluru, R. V., & Ho, V. (2006). Contextual emotion-regulation therapy for childhood depression: Description and pilot testing of a new intervention. *Journal of the American Academy of Child & Adolescent Psychiatry, 45,* 892-903.

Kusché, C. A., & Beilke, R. L., & Greenberg, M. T. (1988). *Kusche Affective Interview—Revised.* Unpublished manuscript, University of Washington, Seattle.

Larson, J., & Lochman, J. E. (2011). *Helping schoolchildren cope with anger: A cognitive-behavioral intervention* (2nd ed.). New York: Guilford Press.

Lazarus, R. S. (1991). Progress on a cognitive-motivational-relational theory of emotion. *American Psychologist, 46,* 819-834.

Lewis, M. (2008). Self-conscious emotions: Embarrassment, pride, shame, and guilt. In M. Lewis, J. M. Haviland-Jones, & L. F. Barrett (Eds.), *Handbook of emotions* (3rd ed., pp. 742-756). New York: Guilford Press.

Lewis, M., Haviland-Jones, J. M., & Barrett, L. F. (Eds.). (2008). *Handbook of emotions* (3rd ed.). New York: Guilford Press.

Linehan, M. M. (1993). *Cognitive-behavioral therapy of borderline personality disorder.* New York: Guilford Press.

Mash, E. J., & Barkley, R. A. (Eds.). (2007). *Assessment of childhood disorders.* New York: Guilford Press.

Masten, A. S., Burt, K. B., & Coatsworth, J. D. (2006). Competence and psychopathology. In D. Cicchetti & D. J. Cohen (Eds.), *Developmental psychopathology: Vol. 3. Risk, disorder, and adaptation* (2nd ed., pp. 696-738). Hoboken, NJ: Wiley.

Matsumoto, D. (2001). *Handbook of culture and psychology*. Oxford, UK: Oxford University Press.

Matsumoto, D., & Hwang, H. S. (2012). Culture and emotion: The integration of biological and cultural contributions. *Journal of Cross-Cultural Psychology, 43*, 91-118.

Mennin, D. S., & Farach, F. J. (2007). Emotion and evolving treatments for adult psychopathology. *Clinical Psychology: Science and Practice, 14*, 329-352.

Miklowitz, D. J., & Goldstein, T. R. (2010). Family-based approaches to treating bipolar disorder in adolescence: Family-focused therapy and dialectical behavior therapy. In D. J. Miklowitz & D. Cicchetti (Eds.), *Understanding bipolar disorder: A developmental psychopathology perspective* (pp. 466-493). New York: Guilford Press.

Miller, W. R., & Rollnick, S. (2013). *Motivational interviewing: Preparing people for change* (3rd ed.). New York: Guilford Press.

Mindell, J. A., Owens, J. A., & Carskadon, M. A. (1999). Developmental features of sleep. *Child and Adolescent Psychiatric Clinics of North America, 8*, 695-725.

Moore, M. T., & Fresco, D. M. (2007). Depressive realism and attributional style: Implications for individuals at risk for depression. *Behavior Therapy, 38*, 144-154.

Ortega, F. B., Ruiz, J. R., Castillo, M. J., & Sjöström, M. (2008). Physical fitness in childhood and adolescence: A powerful marker of health. *International Journal of Obesity, 32*, 1-11.

Paul, G. L. (1967). Outcome research in psychotherapy. *Journal of Consulting Psychology, 31*, 109-118.

Penza-Clyve, S., & Zeman, J. (2002). Initial validation of the Emotion Expression Scale for Children. *Journal of Clinical Child and Adolescent Psychology, 31*, 540-547.

Persons, J. B. (2008). *The case formulation approach to cognitive-behavior therapy*. New York: Guilford Press.

Reinecke, M., Dattilio, F., & Freeman, A. (2003). *Cognitive therapy with children and adolescents: A casebook for clinical practice* (2nd ed.). New York: Guilford Press.

Rueckert, L., & Naybar, N. (2008). Gender differences in empathy: The role of the right hemisphere. *Brain and Cognition, 67*, 162-167.

Saarni, C. (1984). An observational study of children's attempts to monitor their expressive behavior. *Child Development, 55*, 1504-1513.

Saarni, C. (1999). *The development of emotional competence*. New York: Guilford Press.

Schwartz, C. E., Snidman, N., & Kagan, J. (1996). Early childhood temperament as a determinant of externalizing behavior in adolescence. *Developmental and Psychopathology, 8*, 527-537.

Shields, A., & Cicchetti, D. (1997). Emotion regulation among school-age children: The development and validation of a new criterion Q-sort scale. *Developmental Psychology, 33*, 906-916.

Southam-Gerow, M. A., Chorpita, B. F., Miller, L. M., & Gleacher, A. A. (2008). Are children with anxiety disorders privately referred to a university clinic like those referred from the public mental health system? *Administration and Policy in Mental Health and Mental Health Services Research, 35*, 168-180.

Southam-Gerow, M. A., Hourigan, S. E., & Allin, R. B. (2009). Adapting evidence-based treatments for youth in partnership with mental health stakeholders. *Behavior Modification, 33*, 82-103.

Southam-Gerow, M. A., & Kendall, P. C. (2000). A preliminary study of the emotion understanding of youth referred for treatment of anxiety disorders. *Journal of Clinical Child Psychology, 29*, 319-327.

Southam-Gerow, M. A., Rodriguez, A., Chorpita, B. F., & Daleiden, E. (2012). Dissemination and implementation of evidence based treatments for youth: Challenges and recommendations. *Professional Psychology: Research and Practice.*

Southam-Gerow, M. A., Weisz, J. R., & Kendall, P. C. (2003). Youth with anxiety disorders in research and service clinics: Examining client differences and similarities. *Journal of Clinical Child and Adolescent Psychology, 32*, 375-385.

Stark, K. D., Sander, J., Hauser, M., Simpson, J., Schnoebelen, J., Glenn, R., et al. (2006).

Depressive disorders during childhood and adolescence. In E. J. Mash & R. A. Barkley (Eds.), *Treatment of childhood disorders* (3rd ed., pp. 336-410). New York: Guilford Press.

Stathopoulou, G., Powers, M. B., Berry, A. C., Smits, J. A. J., & Otto, M. W. (2006). Exercise interventions for mental health: A quantitative and qualitative review. *Clinical Psychology: Science and Practice, 13*, 179-193.

Stegge, H., & Terwogt, M. M. (2007). Awareness and regulation of emotion in typical and atypical development. In J. J. Gross (Ed.), *Handbook of emotion regulation* (pp. 269-286). New York: Guilford Press.

Suveg, C., Kendall, P. C., Comer, J., & Robin, J. A. (2006). A multiple-baseline evaluation of an emotion-focused cognitive-behavioral therapy for anxious youth. *Journal of Contemporary Psychotherapy, 36*, 77-85.

Suveg, C., Southam-Gerow, M., Goodman, K. L., & Kendall, P. C. (2007). The role of emotion theory and research in child therapy development. *Clinical Psychology: Science and Practice, 14*, 358-371.

Thompson, R. A. (1994). Emotion regulation: A theme in search of definition. *Monographs of the Society for Research in Child Development, 59*, 24-52.

Trentacosta, C. J., & Izard, C. E. (2007). Kindergarten children's emotion competence as a predictor of their academic competence in first grade. *Emotion, 7*, 77-88.

Triandis, H. C. (1995). *Individualism and collectivism.* Boulder, CO: Westview Press.

Underwood, M. K. (1997). Top ten pressing questions about the development of emotion regulation. *Motivation and Emotion, 21*, 127-146.

Weisz, J. R., Chorpita, B. F., Palinkas, L. A., Schoenwald, S. K., Miranda, J., Bearman, S. K., et al. (2012). Testing standard and modular designs for psychotherapy with youth depression, anxiety, and conduct problems: A randomized effectiveness trial. *Archives of General Psychiatry, 69*, 274-282.

Weisz, J. R., Southam-Gerow, M. A., Gordis, E. B., & Connor-Smith, J. K. (2003). Primary and secondary control enhancement training for youth depression: Applying the development-focused model of treatment development and testing. In A. E. Kazdin & J. R. Weisz (Eds.), *Evidence-based psychotherapies for children and adolescents* (pp. 165–183). New York: Guilford Press.

Weisz, J. R., Suwanlert, S., Chaiyasit, W., & Walter, B. (1987). Over- and undercontrolled referral problems among children and adolescents from Thailand and the United States: The Wat and Wai of cultural differences. *Journal of Consulting and Clinical Psychology, 55*, 719–726.

Weisz, J. R., Suwanlert, S., Chaiyasit, W., Weiss, B., Achenbach, T., & Walter, B. (1987). Epidemiology of behavioral and emotional problems among Thai and American children: Parent reports for ages 6–11. *Journal of the American Academy of Child and Adolescent Psychiatry, 26*, 890–897.

Weisz, J. R., Suwanlert, S., Chaiyasit, W., Weiss, B., Walter, B,. & Anderson, W. (1988). Thai and American perspectives on over- and undercontrolled child behavior problems: Exploring the threshold model among parents, teachers, and psychologists. *Journal of Consulting and Clinical Psychology, 56*, 601–609.

Werner, H. (1957). The concept of development from a comparative and organismic point of view. In D. Harris (Ed.), *The concept of development*. Minneapolis: University of Minnesota Press.

White, S. W. (2011). *Social skills training for children with Asperger syndrome and high-functioning autism*. New York: Guilford Press.

Wood, J. J., & McLeod, B. D. (2007). *Child anxiety disorders: A family-based treatment manual for practitioners*. New York: Norton.

Zeman, J., & Shipman, K. (1997). Social-contextual influences on expectancies for managing anger and sadness: The transition from middle childhood to adolescence. *Developmental Psychology, 33*, 917–924.

Zeman, J., Shipman, K., & Suveg, C. (2002). Anger and sadness regulation: Predictions to internalizing and externalizing symptomatology in children. *Journal of Clinical Child and Adolescent Psychology, 31*, 393–398.

찾아보기

인 명

Aristotle 18
Arnold, M. B. 30

Campos, J. J. 30
Chorpita, B. F. 110, 153, 334

Darwin, C. 18, 29
Derryberry, D. 54

Gottman, J. M. 51
Gross, J. J. 43

Hayes, S. C. 20
Henggeler, S. W. 76
Hofstede, G. 143

Izard, C. E. 30

James, W. 18, 29

Kagan, J. 145

Linehan, M. M. 20, 259

Maslow, A. 234
Matsumoto, D. 143

Reed, M. A. 54

Saarni, C. 32, 33, 211

Thompson, R. A. 43

Triandis, H. C. 143

Werner, H. 47

내 용

가상 분노기억 게임 340

각 정서에 맞는 인지 기술 337

감정 숨기기 카드 게임 206

개인적 고통 211

개인주의 53

개인차 52

개입 58

걱정 193

결합상담 141

고전적 조건형성 27

고전적 조건화 71

공감 28, 41, 212

공감 기술 211

과잉개인화 309

과잉일반화 309

관점 질문 320

관점 취하기 339

관찰 측정 66

근거 없는 믿음 310

근거/증거 질문 320

근거리 유발요인 76, 78, 80, 82

글쓰기 297

기능분석 76, 105

기능분석 모형 72

기능분석 사용 69

기능분석 적용 82

기능분석기반 평가 69

기능분석을 통한 치료계획 121

기능주의 30

기능주의 학파 30

기본 인지 기술 303

기술 축적 개입 260

기질 51, 54

까다로운 내담자 145

느낌 탐정 게임 158

대처 모델링 112

동정 211

두려움 193

마음 읽기 309

맥락 관련 정서조절치료 19

맥락 단서 34

맥락/상황 정보 79

면담 63

명료화 질문 320

모듈 21

모듈 방식 105, 106

모듈의 표준 요소 111

모의 분노 패러다임 67

문화 53

반응조절 46

받아 적기 288

변증법 행동치료 20

병행상담 141

복합 매뉴얼 문제 106

복합 정서 39

부모/양육자 참여 136

부적 강화 78

분노 198

불안 193

사다리 게임 168

사랑/소속감 욕구 234

사례개념화 69

사회 학습 패러다임 27

사회구성주의 관점 30

사회학습이론 72

삼단 느낌 탐정 게임 216

상황 선택 45

상황 수정 45

생각탐정 331

생리적 욕구 234

선택적 추론 309

선행 사건 관리 233

수용전념치료 모델 20

수줍은/말이 없는 내담자 145

숙련된 모델링 112

슬픔 195

신경과학 18, 28

신체 신호 215

신체 신호 게임 201

실망스러운 선물 패러다임 66

안과 밖 게임 187

안전 욕구 234

양가감정 39

여러분의 추측은 무엇입니까? 게임 334

역할 연기 112

영향/결과 질문 320

영화/TV/책 등장인물 평가하기 게임 171

예방 기술 233

우울 현실주의 350

원거리 유발요인 80, 81

유인력 79, 80

인지 변화 46

인지 삼각형 306

인지 우주선 326

인지 평가 46

인지 혁명 30

인지과학 18

인지행동치료 27

임상 요소 추출 110

임의 추론 308

자기실현 234

자존감 욕구 234

잘 자기 248

적대적 귀인 편향 309

적대적인 내담자 147

전지전능 342

전화인터뷰 프로그램 229

정서 17, 28, 29

정서 강도 54

정서 능력 19

정서 발달 19

정서 비디오 162

정서 사회화 28, 48

정서 역량 28, 31

정서 역량의 발달 211

정서 위험 215

정서 이해 28, 36, 62, 63

정서 이해 기술 181

정서 인식 28, 32, 33

정서 인식 기술 153

정서 제스처 게임 158

정서 평가 61

정서 표현 37

정서 표현하기 게임 191

정서로 추론하기 309

정서를 숨기기 203

정서사전 157

정서장애 27

정서조절 28, 43, 62, 305

정서조절 기술 1 233

정서조절 기술 2 259

정서조절 기술 3 273

정서조절 기술 4 303

정서조절 연구 43

정서조절 측정방법 65

정서조절의 과정/기능 모형 45

정서중심 인지행동치료 프로그램 19

정신생리학 28

정신장애의 진단 및 통계 편람 70

정해진 공식화 127

조작적 조건형성 27

조작적 조건화 71

종이접시 가면 게임 175

주의 배치 45

주제 선정 120

즉흥 연기 정서 게임 175

진단기반 평가 69

질문지 64, 65

집단주의 53

집단주의 문화 143

촉발요인 카드 게임 186
최근 다섯 가지 감정 평가하기 게임 164

통달 259

파국화 309
평가 58
표현 규칙 203
표현 기술 273

하향식 화살기법 323
행동 억제 54
행동과학 18
행동주의 27
행복 200
협조하지 않는 내담자 146
혼입변수 67
활동 선택 개입 260
흑백논리 308

저자 소개

저자 **마이클 서덤 게로**(Michel Southam-Gerow) 박사는 버지니아 커먼웰스 대학교(VCU)에서 심리학과 그리고 소아과의 부교수이고, 불안 클리닉에서 공동책임자를 맡고 있으며, 버지니아 커먼웰스 대학교 심리학 대학원 주임교수를 맡고 있다. 그는 또한 프랙티스와이즈 유한회사의 자격관리를 담당하는 책임자다. 이 회사는 상담자들과 기관에 아동의 정신건강 관리를 위한 증거기반 접근 훈련을 한다.

서덤 게로 박사의 연구는 아동 및 청소년 정신건강 문제에 대해 증거기반 치료법(EBTs)을 보급하고 이행하는 데 초점을 두고 있다. 저자는 미국 정신건강연구협회의 기금지원으로 연구를 하였는데 이 연구에서는 협력 모델을 적용하여 버지니아 중심부에 위치한 지역사회 정신건강 클리닉에서 불안과 우울을 치료하기 위해 EBTs를 변용하였다. 또한 치료 통합에 대해 연구하고 있는데, 이 연구에는 특정 치료 모형을 잘 할 수 있도록 하는 것도 포함되어 있다. 이 연구는 미국 정신건강연구협회에서 5년간 지원받는 연구 과제이며, 브라이스 맥러드(Bryce McLeod) 박사와 공동연구 책임자를 맡고 있다. 서덤 게로 박사의 또 다른 연구 관심사는 아동기와 청소년기의 감정조절 및 이해와 같은 감정처리 과정과 이런 처리 과정이 아동의 정신병리와 어떻게 관련이 있는지와 소아과에서 아동과 청소년을 보살피는 방법과 관련이 있다. *Journal of Clinical Child and Adolescent Psychology*의 부편집장인 서덤 게로 박사는 다수의 논문이 있으며 여러 저널의 편집위원이다.

역자 소개

허재홍(Heo, Jaehong)
서강대학교 경제학과 졸업
연세대학교 심리학과 상담심리전공 석ㆍ박사 졸업
한국상담심리학회 상담심리사 1급(자격증)
전 꽃동네대학교 복지심리학과 교수
현 경북대학교 심리학과 교수

주요 역서
초보상담자를 위한 정신역동 상담-상담자와 내담자의 감정 다루기-(공역, 학지사, 2014)
말더듬 극복하기-NLP를 통한 말더듬 치료-(공역, 학지사, 2015)
심리학의 세계(공역, 학지사, 2015)

정서조절을 이용한 아동·청소년 상담

Emotion Regulation in Children and Adolescents:
A Practitioner's Guide

2016년 7월 15일 1판 1쇄 발행
2023년 1월 20일 1판 3쇄 발행

지은이 • Michael A. Southam-Gerow

옮긴이 • 허 재 홍

펴낸이 • 김 진 환

펴낸곳 • (주) 학지사

　　　　04031 서울특별시 마포구 양화로 15길 20 마인드월드빌딩 5층

대표전화 • 02) 330-5114　　　팩스 • 02) 324-2345

등록번호 • 제313-2006-000265호

홈페이지 • http://www.hakjisa.co.kr
페이스북 • https://www.facebook.com/hakjisabook

ISBN 978-89-997-0978-4 93180

정가 19,000원

출판미디어기업 **학지사**

간호보건의학출판 **학지사메디컬** www.hakjisamd.co.kr
심리검사연구소 **인싸이트** www.inpsyt.co.kr
학술논문서비스 **뉴논문** www.newnonmun.com
원격교육연수원 **카운피아** www.counpia.com